元创新

技术、元宇宙
与未来商业

林永青 ◎著

U0348883

MetaNovation

Technology, Metaverse and
Future Business

机械工业出版社
CHINA MACHINE PRESS

图书在版编目（CIP）数据

元创新：技术、元宇宙与未来商业 / 林永青著．
北京：机械工业出版社，2025.1. -- ISBN 978-7-111
-77244-6

Ⅰ. F49

中国国家版本馆 CIP 数据核字第 20247SS404 号

机械工业出版社（北京市百万庄大街 22 号　邮政编码 100037）
策划编辑：张　楠　　　　　　　　　责任编辑：张　楠　许若茜
责任校对：孙明慧　李可意　景　飞　　责任印制：张　博
北京联兴盛业印刷股份有限公司印刷
2025 年 2 月第 1 版第 1 次印刷
170mm×230mm・24.75 印张・387 千字
标准书号：ISBN 978-7-111-77244-6
定价：129.00 元

电话服务　　　　　　　　　　网络服务

客服电话：010-88361066　　　机　工　官　网：www.cmpbook.com
　　　　　010-88379833　　　机　工　官　博：weibo.com/cmp1952
　　　　　010-68326294　　　金　书　网：www.golden-book.com
封底无防伪标均为盗版　　机工教育服务网：www.cmpedu.com

元宇宙 1.0 到元宇宙 3.0 的路线图

2009 年，我在一篇名为《智能在于连接》的在线博文中发表了一张关于互联网未来演进的路线图（Web 1.0—Web 2.0—Web 3.0—Web 4.0）。我所预测的很多情况都已经发生——我们见证了社交媒体、自然语言搜索和语音界面、智能助手以及大规模多人在线虚拟世界和游戏的发展。然而，那张图只覆盖到了 2018 年之前，并没有涉及现在所谓的元宇宙的崛起。在这里，我将探讨元宇宙的发展，并展望未来几十年的趋势。

元宇宙有许多潜在的定义，但我最近遇到的一个更好的定义来自路易斯·罗森伯格（Louis Rosenberg）：元宇宙（MetaVerse）是一种持久而沉浸式的模拟世界，大量同时使用者以第一人称体验，并共享强烈的相互存在感。它可以完全虚拟和独立存在（虚拟元宇宙，Virtual MetaVerse），也可以作为覆盖在现实世界上的虚拟内容层次存在（增强元宇宙，Augmented MetaVerse）。[⊖]

罗森伯格正确地强调了元宇宙应该整合虚拟现实（VR）和增强现实（AR）（见图 0-1）。

要实现整合，必须战胜的一个主要挑战是，从物理现实到增强现实，再到完全虚拟现实，在同一设备中，在任何位置，我们能够在这些体验维度之间自由地来回切换（见图 0-2）。

⊖ 资料来源：Big Think.

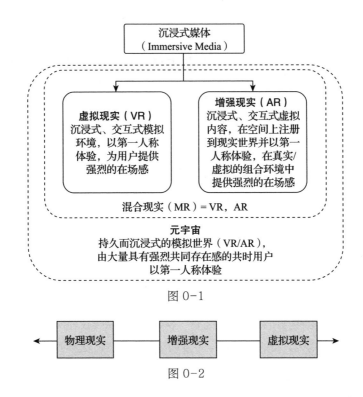

图 0-1

图 0-2

对于任何给定位置，增强现实维度的内容通常都会比该地点可访问的物理现实或虚拟现实要少。可以将增强现实视为连接物理现实和虚拟现实的电子等效物。

一方面，物理现实的无尽细节永远不会完全被增强，但其中的某个子集可能会被增强；另一方面，虚拟现实具有无限的内容潜力和无限的细节，就像物理世界一样。因此总体而言，潜在虚拟现实的空间要大于潜在增强现实或物理现实的空间。根据以上定义，元宇宙里至少具有一个位置，该位置连接了物理现实、增强现实和虚拟现实维度的空间。

元宇宙的一个例子是游戏 Pokémon Go。该游戏连接了物理位置和这些位置上的增强内容，以及跨越物理位置的更广泛游戏。然而，Pokémon Go 直到最近一直是一个封闭的平台。

我们能否建立一个将所有元宇宙应用程序连接在一起的"统一元宇宙"？支持这一想法的人设想了一个未来，在这个未来中存在一个单一的元宇宙，它相当于互联网的下一个层次，其中大部分内容在某种程度上是"互连接和互操作"的。为了实现这一点，需要一套标准，供内容创建者和设备制造商遵循，用于创建和发布元宇宙应用程序。

我认为虽然可能会出现一些标准，平台之间的竞争将导致大部分内容无法互操作，但体验中应该有一些层面是可以在元宇宙应用程序之间传输的。

为了将不同的元宇宙应用程序融合成一个整体，甚至只是实现数字身份、数字货币和数字商品在这些应用程序之间的可移植性，我们将需要分布式架构。这就是区块链技术可能发挥关键作用的地方。

从 2018 年到 2022 年，从集中式架构到分布式架构的转变越来越受到重视，一个主要的例子就是对分布式账本技术的兴趣增长。

各种区块链应用程序涌现出来，涉及货币和金融、整合与追踪商品和服务的交易、智能合约、虚拟商品、虚拟房地产和非同质化代币 (NFT)。今天，我们看到许多早期的元宇宙游戏和虚拟房地产项目都在使用区块链架构构建。

展望这些趋势，未来将会有汇合于统一标准的整合阶段，也会有分裂成封闭应用程序的分散阶段，就像我们在几十年来的计算机和互联网发展中所见到的一样，这种趋势动态将在元宇宙时代继续存在（见图 0-3）。

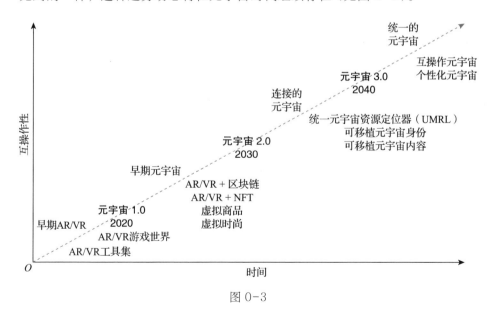

图 0-3

元宇宙 1.0 是从消费级增强现实 / 虚拟现实设备和应用程序的可用性开始的一段时间，大致从 2018 年持续到 2020 年。这些设备庞大、昂贵、功能有限且不可互操作。在此期间，出现能够吸引大量用户的内容和应用程序，但它们主要是碎片化的封闭系统，用户身份和内容在很大程度上无法在不同的元宇宙应用程序之间传输。

当我们开始在不同元宇宙应用程序之间看到身份和内容的可移植性时，元宇宙 2.0 将会出现。要实现这一点是困难的，需要有导入/导出控制以及应用程序之间可比较的规则。例如，在"奇幻世界"中的魔法武器可能不容易映射到一个现实题材的现代战争游戏中，同样，关于特定品牌汽车的增强现实内容，可能在未来的科幻主题世界中无关紧要。

通常来看，在元宇宙应用程序之间尝试使身份和内容可移植是否有意义呢？大部分情况下，答案是否定的。然而，在某些层面上，如果分别托管的应用程序的内容和目的是兼容的，就会存在不同程度的可移植性和互操作性。

互操作性的一个明确案例，是需要一个标准来引用元宇宙应用程序中地点或地址的需求，以及元宇宙中的任何物品或用户身份。我们需要元宇宙版的"统一网址"（URL），或者我们可以称之为"统一元宇宙资源定位器"（UMRL）。这个简单的想法是未来"统一元宇宙"的关键驱动因素之一。

一旦我们建立了在不同元宇宙应用程序中引用"人、地点和物品"的标准方式，我们将到达元宇宙 2.0 的阶段。随着 UMRL 概念的日渐成熟，我可以想象最终会出现可移植且可互操作的虚拟身份，这一身份可以在不同的元宇宙之间移动，使用户能够跨越不同领域的旅程，并携带特定的身份和内容，如社交关系、个人偏好、钱包，甚至某些类型的虚拟商品。

当元宇宙互操作性的发展达到成熟阶段时，我们可以称之为元宇宙3.0——"统一的元宇宙"（Unified Metaverse）。在这个阶段，不完全互操作的独立元宇宙的情况将融入更为分布式的模式中，用户的虚拟身份成为一系列元宇宙内容和服务的平台，这些内容和服务将不断根据用户的兴趣进行"个性化"和"自组织"。

硅谷科技创业工作室 Magical 首席执行官

方舟使命基金会创始人

"现代管理学之父"彼得·德鲁克长孙

Nova Spivack

思想者创意的盛宴——元宇宙的 8 大元思考

在元宇宙话题被热议的当下，许多人希望借助这样一个虚拟世界去展开全新的生命探索。本书作者林永青先生以其敏锐的思维关注着变易的世界，通过访谈、归纳、整理当今世界 50 位元宇宙代表人物的真知灼见，引导我们通过多元视角去领略元宇宙到底是什么，它究竟能给我们带来什么。在此，本人特别感谢林永青先生为书作序的邀约，让我有机会先睹大师们的字字珠玑，品味思想者创意的盛宴。

到底什么是元宇宙？众生随类各得解。

从宇宙的源头来看，整个宇宙空间和多维时空叠加在一起，共同创造出一种"整体性演化进程的状态"，就叫元宇宙。在地球上，元宇宙的创意发端于当今科技的系统集成和网络连接之成就，采信宇宙相通一致性规律的原理。将现实世界的社会化大生产、劳动、社交、娱乐等现代文明演化方式，用数字交互映射技术在新型虚拟世界的多维空间中重塑，这便是元宇宙的初心。

1. 元宇宙假说

有人认为，整个宇宙可能在以空间场能叠加的方式同步运转着，身在此处的你，同时也可能在宇宙其他多维空间存在着，而且那边的你也有相应的载具或者无载具。由于那边空间的环境不同，你需要的载具编码程序也不同，所以你会发生像的变化。就如同地球上携带载具的意识体到深海潜水时，潜水服就是保护自己的载具，如果进到另一星球里，你的意识体载具也可能就没有了,因为那是你在另一个高维空间呈现的像。

也就是说,人类的意识可能在宇宙多维空间中同时存在着,人类不过是意识体和现时载具在地球上投影的一个像而已。人类同时也可能在其他空间维度投影着相应的另一些像。

2. 元宇宙是由意识创造的

元宇宙可以看作人们创造性意识的一种产物,它是由人类设计和构建的虚拟空间。它是我们每个人的创造性意识在多维宇宙结构中展开时,以多种表现和表达方式,呈现出来的具有多种结构的全新世界。

3. 宇宙多维文明假说的新呈现

在元宇宙概念提出来之前,已有宇宙多维文明假说。现在元宇宙的提出,或许也是把宇宙多维文明假说以"你在一处同时又在多处"的存在方式呈现出来。

4. 元宇宙能给我们带来什么

从时空观看,元宇宙是一个在空间维度上虚拟但在时间维度上真实的数字世界;从客观上看,元宇宙中既有现实世界的数字化复制物,也有虚拟世界的创造物;从独立性看,元宇宙是一个与外部真实世界既紧密相连,又高度独立的平行空间;从连接性看,元宇宙是一个把网络、硬件终端和用户融合在一起永续存在的虚拟现实系统。

假如把人类比作一个智能程序的数据产物,在人类文明进入新时代的过渡期,我们可以在元宇宙中重开一局,令现实社会的文明和生活经验与元宇宙中的创意相互作用、连接并彼此推动。全新的世界、全新的环境、全新的玩法、全新的体验,有望通过平行于现实世界运行的元宇宙流量入口,影响人类的社交、办公、生活各个方面,或替代部分现实世界的价值,给互联网带来价值增长。一种全新的创造财富之旅将会展现在我们的生命中。

5. 一切的美好都有可能

在数据大爆炸的世界里,元宇宙的整体呈现是以数字、数据、程序、结构、秩序、交易等要素为支撑的,与元宇宙智能化运转相关联的所有顶层架构、终端产品、全息成像和数据渲染方式,都是由数据整合系统、交换系统、区块链系统等技术生成的。元宇宙的触感、人工智能、数字孪生自更新系统只有变得更加及时、更加强大，才能匹配元宇宙程序文明，赋能元宇宙的智能演化进程。未来的所有程序化运作，包括意识互转换系统和全套解析成像系统，都将极大地改变人类的思维系统和人类对周围一切事物的看法。在此基础上，一切的美好都有可能。

6. 元宇宙专属数字身份

专属数字身份是一种表达我们生命真实体验的状态值，它可以把现实世界中的形象、人格或者属性，以原样方式复制到元宇宙空间，也可以创造多种表达我们自己的形式，比如不同的性别、不同的身份，甚至让现实世界的人和元宇宙当中的那个你相互产生情感关联。为防止千变万化的外像变了之后，我们无法识别所有关联身份的一致性，必须建立唯一性专属数字身份制度。我们既需要在现有实体场景中完成各种物理结构的产品制造，也需要在元宇宙社会中生成创意并连接多维虚拟化拼图。因此每个人都要建立一个专属数字身份，既可溯源，又不能被篡改。

7. 一个全新的时刻

现在的我们到了一个全新的时刻，在整个经济形态中，元宇宙的整体性创造会为我们带来更多全新的环境体验和更多的资源重组与再造。我们需要在元宇宙里完成很多关于灵感的、重组再造的全新体验与创新。我们可以在元宇宙中创造更多的游戏玩法和规则，完成多元资源的对接与组合，成为全新规则的创造者和主导者。不要试图说多个世界间是没有关联的，每个世界其实都有关联性和深刻的连接意义。我们对元宇宙的真正创造，会让我们在其他世界完成我们在现实世界觉得不可能实现的内容。

8. 写在结尾的思考

有了元宇宙，工业制造可以通过虚拟空间模拟运营和生产全过程，工程师可以方便地进入工业虚拟元件的内部观察，工业机器人也可以在逼真的元宇宙虚拟场景中试车。文旅行业可以拓展时空，获得远方目的地的趣味性和沉浸感。教育行业可以把太阳直接虚拟到元宇宙里，让孩子们走近太阳，以获得对太阳更清晰的认识。元宇宙作为现实经济社会的场景模拟，不仅是一个重要的新兴产业，也是一个需要重视的社会治理领域。元宇宙涉及价值观念、制度设计、法律秩序等一系列基本框架的选择，同时涉及沉浸式体验、虚拟化分身、开放式创造、强社交属性、安全化系统等引发的新生活、新事物、新话题。

如同互联网一样，元宇宙同样具有内在的垄断基因。我们要用好元宇宙这把双刃剑，充分发挥元宇宙的积极作用。在提高技术创新和协同效率方面，在重构工作和生活方式方面，在推进智慧城市建设和社会治理模式创新方面，在促进传统产业变革方面，在文创产业跨界衍生方面，等等，不断催生一系列的新技术、新业态、新模式。

我们希望每个有作为的人都能在元宇宙去各自擅长的领域共创、共享、共治、共发展，让自己的生命价值在元宇宙中发挥到极致，从而实现全社会和多维空间的交互共享和价值创造最大化，如是，我们将由衷欣慰。

中国科技金融促进会风险投资专业委员会秘书长

钱学森决策顾问委员会委员

《亚洲创业投资期刊》（AVCJ）副主编

林宁

元宇宙：时刻在场又永远缺场的下一个网络

我与本书作者林永青是多年的老朋友及合作者。"更像一名做学问的学者，而不太像生意人"，这是他给周围很多朋友的第一印象。我们交往的时间较多，我也了解一些相关的事例，他让我颇为感慨的事情有二：

其一，他启动的创业项目常常先于主流市场许多年，甚至十多年，比如网络实名制、分布式股权、个人知识管理。他的行事作风似乎一直带着一种强烈的"未来感"。

其二，他对于一件事情的坚持充满着强烈的理想主义色彩。他曾经和我聊过"只愿意入场做一些价值观积极的项目，而且矢志不渝"，这一点不只在观念上，也在行动上得到了验证。

遵嘱为这本书及元宇宙写下一些相关推荐，有一点可以确定：对于数字化和元宇宙的基础认知，我们在大多数层面上观点一致。

1. 网络就是元宇宙

网络就是元宇宙，但也是"新瓶装旧酒"？

许多科技公司将元宇宙描绘成克服物理世界的社会经济障碍的一种仁慈的方式。而换一个角度思考，发展新的虚拟现实，却也有可能是保护科技巨头在当前现实中的失败的一种方式。

在前互联网时代，曾经有一个充满玄机、日后被证明是惊人预见的口号，太阳微系统公司的创始人之一约翰·盖奇（John Gage）在 20 世纪 80 年代中期提出："网络就是计算机。"（The network is the computer.）

过了 20 年，业界才认识到这句话的力量。有传言在大型机年代，IBM 创始人沃森做过一个贻笑后人的预测："世界上只需要五台计算机。"——然后，市场上卖出了数以亿计的个人电脑。但我们搞错了错误的方向。这个预测的错误在于"把计算机的数量夸大了四倍。上网工作时，我们仅需要使用一台能量可无限扩充的庞大计算机"。

2019 年盖奇回顾："当我们建立太阳微系统公司时，制造的每一台计算机都以网络为核心。但我们在 30 多年前只能想象，今天数十亿个联网设备，从最小的相机或灯泡到最大的超级计算机，都在一个分布式全球网络上分享它们的数据包。"

在这台能量可无限扩充的庞大计算机上，我们开始做所有的事情。但人类永无餍足。我们现在觉得这台计算机不敷使用，我们想改造它，超越它，用最新的技术，以前所未有的方式。现在，是时候提出一个新的口号了："网络就是元宇宙。"（The Metaverse Is The Internet.）

2. 元宇宙是什么

科技巨头们纷纷忙于建立"元宇宙"，并且声称：元宇宙代表着互联网的一个迭代或者互联网的下一个版本。

元宇宙到底是什么？如果你看过电影《头号玩家》，大概会有一点感受——"人们来到'绿洲'（电影里对虚拟现实宇宙的称呼）是为了他们能做的所有事情，但他们留下来是为了他们能成为的任何人"。一些受科幻启发的科技公司 CEO 说，不久的将来，我们都将在一个互动的虚拟现实世界中游荡，就像电影中的人物一样，游戏、冒险、购物，以及开展千百种有趣的活动。

那么，元宇宙与今天的虚拟现实有什么不同？ AR/VR 技术已经被提出多年，可是笨重的头盔仍然只能提供孤立的体验，玩家也很少有机会与拥有设备的其他人进行交叉游戏。相反，元宇宙将是一个巨大的公共网络空间，将增强现实和虚拟现实结合在一起，使化身能够从一个活动无缝跳到另一个活动。

"元宇宙"一词是科幻作家尼尔·斯蒂芬森（Neal Stephenson）在 1992 年的反乌托邦小说《雪崩》（Snow Crash）中创造的。小说中，元宇宙指向一个沉浸式数字环境，人们在其中凭借化身展开互动。科技公司借这个词来描述"互联网之后"的东西，它可能依赖也可能不依赖 VR 眼镜；作为一个集体共享之物，它由多个持续的、三维的虚拟空间组成，多个虚拟空间彼此连接为一个可感知的虚拟宇宙。

这听起来有点像在 20 世纪 90 年代初谈论万维网，或者更像 Web 2.0 时期，人们一度热衷开辟"第二人生"（Second Life）。但元宇宙不是静态的网页，也不是单纯的虚拟世界，而是似乎要把观众推入一个身临其境的游戏般的世界。

2021 年 7 月，信誓旦旦地要把脸书（Facebook）变成一家元宇宙公司的扎克伯格这样看待元宇宙："元宇宙是一个跨越许多公司、跨越整个行业的愿景。你可以把它看作移动互联网的继承者……它是具身的互联网（Embodied Internet），因为你不仅仅浏览内容，而且身在其中。你感觉到与其他人在一起，出现在其他地方，产生你不可能在 2D 应用程序或网页上拥有的体验……虽然很重要，但元宇宙并不仅仅是虚拟现实。它将可以在所有不同的计算平台上进行访问；VR 和 AR，还有 PC，以及移动设备和游戏机……"

2021 年 10 月 29 日，脸书正式宣布更名为"Meta"，彰显出想把偌大的元宇宙纳入囊中的野心。

3. 元宇宙不是什么

考虑一下元宇宙经常被比喻为什么，对理解它也极有帮助。当然要牢记的是，任何比喻都不全面。虽然众多比喻中的每一个都有可能是元宇宙的一部分，但它们实际上并不是元宇宙。风险投资家马修·鲍尔（Matthew Ball）列举了一系列元宇宙"不是"的东西。

元宇宙不是"虚拟世界"。像《第二人生》这样的数字内容体验常常被看作"原生态的元宇宙"，因为它们缺乏类似游戏的目标或技能系统，是持续存在的虚拟聚会，提供几乎同步的内容更新，以及其中生活着由数字化身代表的真实人类。

登录《第二人生》，人们可以在虚拟世界中生活，有工作，有爱好，有社交，有住处，甚至还能够建立和定制个人空间。但元宇宙要求与现实世界有更多的互通，它包含了诸如增强现实叠加、真实商店的 VR 试衣间，甚至像谷歌地图这样的应用程序。元宇宙的抱负要比《第二人生》大得多，意指未来的数字世界与我们的现实生活和身体有着更为切实的联系。

元宇宙不是虚拟现实应用。如扎克伯格所说，不能把元宇宙等同于虚拟现实。VR 可以被视作一种体验虚拟世界的方式，然而在数字世界中的存在感并不能构成元宇宙。这就好比你不能因为可以在一个城市中随意漫步、四处观光，就把这个城市称为你的家。

VR 能做许多事情，但它并没有带来大规模的社交，因为绝大多数人没有 VR 头盔。科技公司正在努力寻找工具，将常用设备如手机和电脑的体验与 VR 和 AR 生态系统联系起来。微软在这方面已工作了多年，但仍然没有突破性进展。

元宇宙不是数字与虚拟经济。数字与虚拟经济早就存在。像《魔兽世界》早就有了正常运作的游戏经济，如真人用虚拟商品换取真金，或执行虚拟任务换取真金。《第二人生》至今已创造出超过 20 亿美元的用户生成资产，20 万日活用户每年发生的交易超过 3.45 亿笔，而它每年向创作者支付超过 8000 万美元。

此外，像亚马逊 Mechanical Turk 等平台，以及比特币等技术，都围绕着雇用个人 / 企业、计算能力来执行虚拟和数字任务。通过纯数字市场为纯数字活动的纯数字项目展开的大规模交易早已发生了。

如果元宇宙能够成为移动互联网的"继承者"（只不过覆盖范围更大，消费时间更长，商业活动更广泛），新的公司、产品和服务将出现，以管理从支付处理到身份验证、购物、招聘、广告交付、内容创建、安全等一切环节。这反过来意味着许多现有公司可能会倒下。

元宇宙不是大型多人游戏。流行游戏如《堡垒之夜》就有许多元宇宙元素：①极具参与性，并没有固定的故事或 IP，情节取决于在上面发生的事情和谁在那里；②打造了跨越多个封闭平台的一致身份；③构成了通往无数体验的通道，其中有些是纯粹的社交；④为内容创作者提供补偿，等等。然而，它在做什么、延伸多远以及可以产生什么"工作"方面仍然过于狭窄。虽然元宇宙可能有一些类似游戏的目标，并涉及游戏化，但它本身并不是一款游戏，也没有围绕某个具体目标。

此外，电子游戏可能是"最粗暴"的交流媒介——很大程度上构建了一种"你只有投入才能参与进去"的前置条件，玩家通常需要访问能力、金钱、时间和设备的组合。游戏虽是一桩有数以亿计玩家的大生意，但不是数十亿的用户量级，所以尚不是一种普遍的体验。

元宇宙不是新的 UGC 平台。扎克伯格对投资者说："元宇宙的决定性品质是在场感，也就是你真的和另一个人在一起或在另一个地方的感觉。创造、化身和数字对象将成为我们表达自己的核心，这将带来全新的体验和经济机会。"

然而元宇宙不仅仅是另一个类油管（YouTube）或脸书的平台，在这类平台上，无数人似乎都可以"创造""分享"和"金钱化"内容，但其实他们只是为大平台劳作而已。相反，元宇宙将是一个合适的国家获得投资和得以建立的地方。资本雄厚的企业可以拥有用户、控制 API/ 数据、发展规模经济等。很可能就像当下的互联网，由十几个平台占有大量的用户时间、体验和内容。

元宇宙也不是一个"新的 app 商店"——无人需要另一种打开 app 的方式，在 VR 中这样做也不会解锁 / 继承互联网应有的各种价值。元宇宙必然与今天的互联网 / 移动互联网的模式、架构和优先事项存在很大的不同。

还有其他比喻。例如，把元宇宙比作一个"虚拟的主题公园"，迪士尼乐园的前 CTO 曼达迪预想，"游客可以与海盗一起探险，与英雄一起训练，与皇室成员一起跳舞，并在不离开家的情况下参观遥远的星系"。而在真正的元宇宙中，"景点"不仅无限，也不会像迪士尼乐园那样被集中设计，更何况元宇宙不可能仅限于娱乐。

所以，元宇宙不是一款游戏、一组硬件或一种在线体验，而是虚拟世界、设备、服务、软件等的大集合。互联网是一套广泛的协议、技术、管道和语言，再加上访问设备和内容，以及其间的通信体验。元宇宙也将是如此。

4. 元宇宙不会是一夜之间的变化

2017 年，谷歌首席执行官桑达尔·皮查伊宣布改变方向，从"移动优先"转向"人工智能优先"。多年来，谷歌已经在其核心搜索业务中依靠机器学习，优化了油管上的推荐，并推出了谷歌助理（Google Assistant）。

接下来，谷歌越来越多地将 AI 与软件和硬件相结合——从谷歌地图、油管到谷歌相机和 Recorder 的自动转录。谷歌智能手机 Pixel 6 也依赖于为

AI 计算而优化的芯片，据称它可以更快地执行多任务 AI 功能；谷歌还大力投入基础研究，开发新一代的翻译系统、对话系统和用于医疗诊断的 AI 系统。同时其姊妹公司 DeepMind 正在将 AI 引入生物学、数学、材料科学和等离子体物理学。

一句话，谷歌作为一个搜索引擎、一家硬件生产商、最大的移动操作系统和安卓软件平台的提供者，其成功在很大程度上来源于对人工智能的运用。

扎克伯格也很早就认识到了 AI 的潜力，在 2013 年聘请了人工智能研究大家、图灵奖得主杨立昆（Yann LeCun），后者帮助建立了脸书的 AI 基础研究、产品开发和基础设施开发的多样化网络。

最初，脸书的人工智能野心仅限于自动审核系统、聊天机器人和人工智能翻译。2013 年其引入智能手机作为一种设备主屏幕的尝试失败了，即便如此，这也表明扎克伯格正试图带领脸书摆脱其社交网络和营销平台的固有角色。

紧接着，脸书收购了 Oculus VR，并决定用 VR 硬件创建封闭生态系统，这再次表明其企业战略远远超越了社交媒体。今天，脸书在哪里能够成规模地应用谷歌所示范的人工智能与软硬件的结合已经十分清楚：就在元宇宙中。

这只是为了避免负面头条新闻、监管或分拆而采取的行动吗？看来不是，因为这样做的赌注太大，失败的代价也太大。那么，对扎克伯格来说，元宇宙到底是什么呢——他为什么要把公司的未来押在上面？

元宇宙一词有许多定义，但所有定义都内含三维数字世界的沉浸式体验的元素，比如电影《头号玩家》的场景，或 Minecraft 和 Roblox 的游戏空间。然而在 2022 年年初扎克伯格解释说，"元宇宙并不是一个彼此连接的虚拟场所"。相反，他将元宇宙描述为我们戴着 VR/AR 眼镜在沉浸式 3D 环境中完成大部分日常数字工作和休闲的时间点——当我们在这些虚拟环境中工作、社交、消费、创造和游戏时，元宇宙就出现了。

这种"元宇宙是时间而非空间"的说法很可能源于 Twitch 前经理夏恩·普利在 2021 年 10 月的一条推文："元宇宙是我们的数字生活，是对我们来说比实体生活更有价值的时刻。"具体来说，数字生活包括我们的在线身份、经验、关系和资产。比如，工作从工厂和办公室迁移到笔记本电脑和

Zoom 会议上，朋友从邻居变成了关注者，玩《堡垒之夜》的孩子比打篮球和踢足球的孩子加起来还多，滤镜成为新的化妆品，而 Instagram 的"故事"是你的个人广告牌，用于宣传你是谁。此外，有了加密货币，就连你的资产也在网上。假如每个人都一直在网上闲逛，那么你自己就需要全面数字化了。

人们的注意力一度 99% 集中在对物理环境的关心上，而今天它正在不断从物理世界被吸进数字世界。一旦我们把"对屏幕的注意力"从 50% 变成 90%，这就是元宇宙开始的时间点。在那一刻，我们的虚拟生活将变得比我们的现实生活更重要。

这令人不由想起"奇点"，即从某一时间点开始，人工智能变得比人类更加聪明。此种元宇宙观将重点放在人类的经验上，使得我们向元宇宙的过渡成为一种社会学的转变，而不仅仅是一种技术的转变。

这样的推演告诉你，元宇宙不会是一夜之间的变化或是史蒂夫·乔布斯式的发明。它将是 20～50 年的渐进变化。

5. 虚拟世界让我们时刻在场，但又永远缺场

体验层面。2022 年 11 月的"科技向善之夜"上，腾讯研究院院长司晓提出，人与周遭的互动经历三个阶段：离线、在线、在场。从"离线"到"在线"，是互联网技术对效率的解放和突破，而从"在线"走向"在场"，即在虚拟空间构建仿真世界，在现实世界做虚拟增强，从而实现真正的在场感，是技术升级和演进的必然。

毋庸置疑，在场感构成元宇宙的突出特性，但在多大程度上能做到线上和线下体验一致，我们尚不知晓。更值得深思的，"在线"和"在场"是否真的是值得我们追求的目标呢？

在场感是元宇宙的决定性特质。风险投资家马修·鲍尔如此定义元宇宙："元宇宙是一个由持续的、实时渲染的 3D 世界及模拟构成的广阔网络，支持身份、对象、历史、支付和权利的连续性，并可实现有效且无限的用户同步体验，每个人都拥有个人的在场感。"

元宇宙的虚拟现实技术让用户沉浸在一个栩栩如生的数字世界中——你看到的东西填满了你的整个视野，并且你的每个动作都获得追踪。理想状态下，这种体验将唤起我们的在场感。这带来一种亢奋，而且让人难以捉摸的、超越性的、被远距离传输的刺激。你觉得自己在另一个世界中身临其境，而不用考虑自身实际上不过是在原地站着或坐着，似乎可以即刻逃离眼下的世俗事务。

元宇宙力图给人一种在场的幻觉。扎克伯格将元宇宙描述为具身互联网，其为社交媒体带来的最核心议题就是，如何在空间不在场的前提下实现人的在场。社交媒体一直梦寐以求能够复制面对面交流的真实感，这取决于它将用户传输到该环境中的程度，以及用户的物理行为与其化身之间边界的透明度。

当然，就个人交往而言，在场感意味着在一个虚拟空间中与虚拟的他人一起实际存在的感觉。例如，将来不再只是通过屏幕进行交流，而是扎克伯格所说的"你将能够作为全息图坐在我的沙发上，或者我将能够作为全息图坐在你的沙发上……以一种更自然的方式，让我们感到与人更多地在一起"。这种身临其境感可以提高在线互动的质量。

究其根本，元宇宙实际上对我们关于感官输入、空间定义等的假设进行了重新配置，这带来了感官上的飞跃，把我们从物理兴趣点、经纬度、边界以及对导航的适应等引入到更复杂的概念中，比如无意识中识别的那些"地点"、动作和存在。

经济层面。如果把元宇宙作为一个持续的全面经济系统，将会有无数的化身和数字资产与现实世界中的个体和经济体进行互动，当现实个体与公司机构都在元宇宙中拥有自己的经营空间并随时参与其中进行活动时，数字持久性和数字同步性就成为元宇宙必不可少的"自我要求"，这意味着元宇宙中的所有动作和事件都是实时发生的，并具有持久的影响。

身体是争论的中心。实时性可以被认为是在场感的另一面，也是此前互联网一直没有真正解决的问题，它包含着两方面的内涵：一是通信技术可以支持代理同时执行动作，二是动作的即时性需要内嵌在平台设置中。

在模拟环境中，代理可以是一个人、很多人或者非人，另外，用户可以由许多被称作化身的实体所代表，也可以被许多软件代理所代表，于是在这样充斥着大量代理和化身的元宇宙系统中，就要保证所有动作、反应、交互都发生在实时共享的、具有时空连续性的虚拟环境之中。这要依靠充分提高计算机的计算效率、增强计算机的算力才能实现，这也正是 Web 1.0 和 Web 2.0 无法真正实现实时性的技术局限所在。

"我们的目标是既要有逼真的化身，又要有风格化的化身，创造出与人同在的深刻感觉。"扎克伯格在品牌重塑会上说。在元宇宙中，身体成了"化身"，存在也成了"电子存在"，数据和信息的有效集成构成"我"在元宇宙中的真正内涵。

身体作为人类最根本的基础设施媒介，同时也是历史的、文化的、技术的。古尔汉认为，人类的进化包含两部平行的历史：有机史（进化史）和无机史（技术史），即身体和思想同时具有技术属性和文化属性。而当"远程在场"将身体抛出在外之后，丢失的不仅是非语言沟通中不可被语言复制的符号信息，还有身体本身所携带的巨大文化和道德内涵。

社交媒体开始想要解决的问题就是，如何在身体"缺场"的技术前提下实现沟通的在场。比尔·盖茨曾在 1999 年说："如果我们要复制出面对面沟通，那么我们最需要复制的是什么？我们要开发出一个软件让处于不同地方的人一起开会——该软件能让参与者进行交互，并令他们感觉良好，在未来更愿意选择远程在场。"

假如，元宇宙在模拟了感觉经验的同时，依然将身体排除在互动关系之外，那么，元宇宙空间的社会契约的约束力就会减弱（正如今天网络空间中会出现混乱和戾气），一个以遇见他者为目的的虚拟社区，会因为身体及其背后文化结构的不可见，而难以真正实现"面向他者的传播"。

6. 我们永远生活在别处

现代社会是基于视觉媒介建立起来的，而且现代社会的"自然化"存在、常态化运作以及合法性都来源于"书写"。19 世纪以来，几乎每一种"新媒介"都是对书写的致敬：摄影是用光"书写"，留声机是用声音"书写"，即使是今日不断发展出新技术且创造出无数个新名词的互联网新媒介，也是用代码"书写"。书写完成了空间与时间的置换——用空间置换时间。因为相对于时间来说，空间是人类唯一能形塑的对象，于是当书写媒介成为之前的面对面传播的中介时，"在场"也就成为一个被各种视听媒介中介化了的"幻象"。信息革命以来，如何在被各种媒介中介化了的传播中模拟出在场感，成了数字技术的兴趣和使命。

曾几何时，身体在场是第一手体验的先决条件，但媒介技术的演进改变了这一点——信息创造了一个事件丰富但体验匮乏的世界。体验逐渐在我们身外发生，获得了自主的生命，变成了一种奇观（spectacle），而我们则成了这种奇观的观众（spectator）。而在过程中，事件的传播丧失了叙述的权威。

现在，一个人可以在身体缺场的情况下成为某种社会表演的观众，而舞台却找不到具体的地点标记，结果是，一度把社会分成许多独特交往环境的物理结构的社会意义日渐降低。传播技术允许公民同身体上缺场的行为主体和社会过程建立某种程度的连接，通过连接，他们的体验和行为选择被重新结构化。

历史上，缺场的权力之源——例如君主和教会的扩大化统治——注定不可见和不可渗透。随着传播技术的发展，情况变得极为不同。技术增强了在生活的地方和"外面的"世界之间建立"工作联系"的潜力，同时，"亲身体验"和"中介的体验"日益交织在一起。

由此，空间从场所中分离出来，产生了一种崭新的"在场"与"缺场"的关系。前现代社会，空间和场所总是一致的，大多数人在大多数情况下，社会生活的空间维度都是受"在场"，即地域性活动支配的。现代性的降临，通过对"缺场"的各种其他要素的孕育，日益把空间从场所分离了出来，从位置上看，"缺场"远离了任何给定的面对面的互动情境。

当下互联网以及未来的元宇宙中，线上一个 ID、一种影像化的存在即可以表示在场，但在这些符号的背后，屏幕那端的个体究竟是谁，其以何种状态与我们互动都是未知的。这在在线教育模式中充分显露，尽管信息技术让学生可以有机会获取大量的在线学习资源，也可以通过 VR 技术进入沉浸式课堂，还可以自行制作课件及进入学习社区获得机器学习的反馈，但基于现实的连接始终缺位，使学生缺乏同伴的在场陪伴，师生无法在互动中确认对彼此信息的接收度，也缺乏面对面的真切体验。

通过现实空间与身体在场感传递的意义远非数字化可以模拟，学校、电影院、教堂等场所的存在，正是为了诠释身体在场对于互动仪式和情感意义的重要性。然而必须承认，"网络化生存"就是我们今天的生存状况。我们从一个"海内存知己，天涯若比邻"的世界，第一次来到了一个"海内存知己，比邻若天涯"的世界。从今以后，由于虚拟世界的打扰，我们永远在场，而又永远缺场，"我们永远生活在别处"。

北京大学新闻与传播学院教授

中国传播学会常务理事、中国网络传播学会常务理事

"信息社会50人论坛"成员

中国信息经济学会信息社会研究所学术委员会主席

胡泳

也许是可有可无的推荐

前些时候，有幸见了林永青先生一面。多年前因工作关系，也曾有缘和林永青先生会过面。时光荏苒，一转眼多年过去了，这次见面才知道，这些年来，林永青先生在网络价值研究领域耕耘不辍，如今造诣更深了。特别是欣闻其新作《元创新：技术、元宇宙与未来商业》即将付梓，更是顿时肃然起敬，赞叹不已。借林永青先生让我为他的新书作序之机，我初步了解了新书内容，对时下"元宇宙"主流观点的了解大有醍醐灌顶、茅塞顿开之收获。

前些年"元宇宙"的概念曾引发了社会和经济界的极大关注，经过一段时间发酵，在现有的数字孪生和虚拟现实技术的基础上，在还没有获得更显著突破的情况下，"元宇宙"应用的技术就慢慢冷了下来。当然，这个冷却可能还有一个重要原因，那就是"元宇宙"热的一个分支是在电子游戏的基础上，要去搭建一个想象中的虚拟世界：设想人们可以让肉体生活在现实世界，精神则生活在另一个想象中的虚拟世界。而其实在现有电子游戏的基础上，要实现这样的"元宇宙"发展思路是有技术条件的，这个分支的理念并没有被广泛地认可。不被认可的原因，是对任何一个主权国家来说，这样一种"国中国"的虚拟国度的存在，无疑是有极大社会风险的。所以"元宇宙"热了一阵子之后，似乎就难以生存下去了。

我一直认为，人类科技发展到最后，是需要有一个与物理空间基本对应的数字平行空间的。这样一个数字平行空间，对于不断优化人类实际生存所在的物理空间的建设是非常有意义的。如果要把这样的数字平行空间称为"元宇宙"也未尝不可。如果有了这样的数字平行空间，很多的科技实验可以从实际物理空间转移过来，不但可以节省大量实验成本，甚至可以在仿真的条件下，大大提高实验速度。这对于人类科技进步的意义无疑是巨大的。

然而，如果要塑造一个和人们生存的物理空间完全脱节的虚拟空间，是否有意义？那就涉及价值判定的范畴了，即虚拟价值是否有意义？究竟怎样的虚拟价值，才是人类发展所需要的和有实际意义的虚拟价值？

我非常主张人们研究虚拟价值，虚拟价值并非虚无缥缈和没有意义，它往往是实用价值的先导价值。比如现在人们发展数字经济的活动中，已经发生过的事物留下来的数据是过去式的要素，对于未来仅仅是一种虚拟价值，不过当 AI"学习"利用它之后，则会创造出未来的实用价值。所以虚拟价值具有先导性，不能忽略其在新经济条件下的积极意义。

可是如果像科幻电影《阿凡达》那样，人的血肉之躯躺在病床上，精神则进入另一个和现实世界完全不同甚至完全对立的虚拟世界里去，那么这个现象的价值是什么？这可能也是一种虚拟价值，如果作为一种沉浸式的游戏和娱乐工具，应该还有积极意义。但如果它和娱乐、游戏毫不相干呢？

所以，"元宇宙"的发展是在这样的问题面前陷入生存困境之中的！我理解林永青先生写这本书正是想回答这个问题，即"元宇宙"是否还能生存？要怎样做才能生存？同时，也是借由元宇宙生态这个不可多得的大案例，探讨更为宏观的元创新课题。

其实从"元宇宙"的概念诞生开始，"二元化"便出现了。一种是和现实物理空间基本对应的数字平行空间，它的存在是一种对真实量子纠缠进行模拟的技术存在，利用这种技术，人们可以预判出今后在物理空间中，对其事物发展应选择怎样的方案才能更易于优化。实际上如果量子纠缠技术成熟了，数字平行空间会成为一个"量子镜"，在"量子镜"面前，人类将没有秘密。通过"量子镜"仿真，我们可以推测出现实物理空间合理的发展模式。很显然这个分支的"元宇宙"目前还存在着技术障碍，短时间内还实现不了。虽然技术难度大，但不能排除有人正在努力攻克难关。对于"元宇宙"，我本人是属于坚定地持有"数字平行空间"理念这一派的。估计持有我们这一派观点的人是很小众的，能够理解的人也不多。

另一种就是希望在现实物理空间之外，利用"元宇宙"技术生成一个新的且并不需要和现实物理空间对应的虚拟空间，以此和现实物理空间构成一个二元宇宙的结构。就是说，"元宇宙"理念发展到现在，对"二元"认知出现了两种截然不同的观点。实际上，现在面临的是哪一种"二元"观点更能成立的问题。

在这本书里面，林永青先生比较系统地表述了在现实世界及其平行世界之外，做成另一个虚拟世界的构思、价值和意义。虽然这和我认知并理解的"元宇宙"发展思考有很大的不同，不过现在对元宇宙有所认知的人群中，有不少是认同林永青先生这个观点的，那么读了这本书，一定能产生更加体系化的认识。

任何技术都明显体现出其两面性，都是一柄"双刃剑"，都要注意根据人类生存与进化的需求节制发展。比如，最近人们纷纷讨论到 AI 的发展，AI 对人类有积极的意义，但也可能有毁灭性的消极意义。"元宇宙"也一样，不论是哪一种发展观点，这个技术都有其积极和消极的一面。对于持"数字平行空间"观点的一派，如果技术发展到可以做成"量子镜"，那么这个世界就再也没有秘密可言。而对于致力于发展虚拟世界的一派，这个技术有可能成为邪教的温床和大本营，那也是人们无法接受的。所以，不仅是"元宇宙"，任何新技术的生存都面临着一个重要的思考，那便是适可而止的中庸之道。

最后，我再次对林永青先生在学术上的不懈努力表示由衷的敬佩，并祝本书顺利出版！

广义虚拟经济理论体系提出人

中国航空学会理事长

中国航空工业集团有限公司原董事长、党组书记

林左鸣

| 前 言 |

未来已来，我的未来观

未来不可预测，然而，托夫勒、德鲁克等多位大人物都教导我们，未来可以创造！这首先需要充满活力的想象力，未来主义者们无疑都具有这种想象力。

创造了"地球村"一词的未来主义者麦克卢汉，却被更广泛地视为"新媒体权威"。麦克卢汉的名言"媒介即信息"被赋予了多种解读，而我更喜欢用未来主义来解读："预见未来最好的方式，就是将它创造出来"——当我们在创造未来的时候，媒介就成了信息，新闻就成了现实。这里谈论的是深度介入和行动！

更重要的是共生！我们在互联网基础上建立起来的在线世界可能不是一个舒适的地球村，但肯定是共同编织的一个熙熙攘攘的全球化生物群落——在这里所有的进化，包括人造物的进化，都是共同进化。任何个体只有接近自己变化中的邻居，才能给自己带来变化。

同时，"我们不再利用虚构来逃避现实，而是企图创造一种异质的现实"。让·鲍德里亚（Jean Baudrillard）是法国社会学家、哲学家和文化评论家。鲍德里亚的思想涉及"模拟"（simulation）、"符号交换"（symbolic exchange）和"超现实"（hyperreality）等概念，用以描述后现代社会的特征和变化，他认为当前社会已经进入了一种"超现实"状态，其中现实与虚构之间的界限变得模糊不清。他主张，当代社会已经超越了对真实性和真理的追求，进入了一种模拟和符号交换的时代。或许，"事实"(fact)与"虚构"

（fiction）之间的全部区分已经过时，因为虚构已经变成了现实。

思想的憧憬永远超前于技术的可能性，并引领着技术发展的方向。麦克卢汉在互联网婴儿期所说的"虚拟现实"，仍然是今天的虚拟现实技术（AR/VR）遥远的目的地。麦克卢汉的"虚拟现实"出发点，是后现代精神对现代性的一种"反动"："现代性的本质是力图综合和控制一切，迷恋秩序和权力，强调理性、逻辑、真理、基础和本质。后现代主义是对文化现代主义和社会经济现代性所做的批判和否定，它倡导多元性、开放性、创造性，强调突出主体性、透明性、和谐性。"这几乎是真正互联网精神的全部！

希望将我们"带入"了一个与以往真实世界不同的虚拟世界，麦克卢汉的重心在于"现实带入"和"新社会"的重建；而今天的 AR/VR 技术最多还只是一种游戏化的"观看"，只是人工"虚构"，还不是技术"虚拟"，因为那个"虚构"世界的"开关"仍然在人类手中。

而今天的社会网络技术在"连接一切"的技术乐观主义驱动下，无论是在技术手段还是在社会"现实"的维度，都已经造就了一种社会重建的可能性。笔者坚持：社会网络技术的重点，不在于使用 AR/VR 技术来"还原"所谓"前互联网"社会的"逼真感"，而在于"现实"地"连接"各种可能的信息流动、知识流动和意义流动。

"网络空间并非外在于我们的一个旅游景点或工作空间，而应将它理解成栖息在社会和人类个体当中，并且从内部改变我们的一种空间"，《赛博空间的奥德赛：走向虚拟本体论与人类学》的作者约斯·穆尔将电脑和网络称为一种"本体论机器"，"这种机器将所触及的任何事物、任何领域都从空间和时间架构上加以解构和重构"。那么，元宇宙更甚。

我赞同麦克卢汉和穆尔直接以本体论看待技术的思路。"电梯的发明，先于高楼的建造"（林永青），"城市的形状是由道路决定的"（尼葛洛庞帝），既然技术一直是人类社会的基础设施，有了某种新技术就可以马上开始探索构建"新社会"的可能性。

新实用主义哲学家纳尔逊·古德曼也坚称"世界不是被发现的，而是被构造的；以'人'为中心开始构造"。所以，重点是将人类带入一个新现实和新社会，而不是模仿出一个逼真却外在于人的"旧社会"的副本。

共享社会的结构：价值流和自组织

热情的中国互联网从业者将美国未来学家凯文·凯利 (KK) 称为"互联网教父"，而我以为更恰当的称谓应当是"互联网传教士"(evangelist)——"教父"通常手上握有等级制的权力组织，而 KK 没有；"教父"通常需要为帮会中的不同门派集团解决利益冲突，而 KK 没有；"教父"解决问题的方式往往是诉诸暴力，而 KK 没有……"教父"是工业时代的典型产物，而 KK 信奉的是网络时代的"数字社会主义"。

KK 认为数字社会主义运行在文化和经济领域——至少目前如此。数字社会主义的关键词是社会化和共享。那么，这一"共享社会"的基础结构是什么？是价值流和自组织。

价值流。先有想法流（心流），后有价值流。

想法流是学者彭特兰为新学科社会物理学"构造"的新词。通过在社会网络中持续地分享想法流，将新想法形成习惯，然后利用社会压力来加速和影响广大参与者的社会学习。彭特兰在 MIT 媒体实验室深受互联网前辈尼葛洛庞帝的影响，热衷于赛博格（cyborg，半机器人）和情感计算的研究，可以看出他的"想法流"接近"大数据智能 + 社会心理学"的路数。于是，一种新社会的演进方式和构建方式初见端倪。

通过连接和接触，想法流解决了创造和生产的创新来源，加之互联网早就能够驾驭的价值交换，"事就这样成了"：能够持续带来行动力的想法流，就带来了价值流。

一般系统论创始人贝塔朗菲强调，**"从系统角度看，价值就是关系"**。对价值流的解读还要从共生关系开始。共生关系中的各方行为不必对称或对等，事实上，生物学家早就发现，自然界几乎所有的共生或共栖同盟在相互依存中，必然有一方受惠更多——这暗示了某种寄生状态。尽管一方有所得就意味着另一方有所失，但从总体上来说双方都是受益者，因此，价值契约持续生效。

现在从系统理论维度转向商业实践维度。当区块链网络被产业界大张旗鼓地称为"价值互联网"，今天在"信息互联网"的平台上已经实现了的产品流、资金流、数据流，再迭代加上差异化的信息流和知识流[○]，也就实现了新

○ "异质经济学"的相关内容，参见本书"元经济"一章。

经济价值流。

自组织的可能性。1651 年，英国理性主义传统的奠基人托马斯·霍布斯宣称："只有在善意的中央集权的帮助下，才可能产生合作。"这一政治学推论在过去几个世纪里一直被奉为圭臬。霍布斯断言，没有自上而下的管理，就只会产生群体自私。不管经济体制如何，必须有强大的势力来推行政治利他主义。然而，在美国独立战争和法国大革命后逐步建立起来的西方民主制度表明，民意通达的社会可以在没有中央集权强力干预的情况下发展出合作机制。再极端一些，个人利益也能够孕育出合作。

德国理论物理学家赫尔曼·哈肯认为，从组织的进化形式来看，可以把它分为两类：他组织和自组织。如果一个系统靠外部指令而形成组织，就是"他组织"；如果不存在外部指令，系统按照相互默契的某种规则，各尽其责而又协调地自动形成有序结构，就是"自组织"。

在后工业化经济里，自发合作是常有的事情。今天被广泛采用的工业标准（如 220 伏电压、ASCII 编码等），尤其是互联网这个史上最大的无政府形态的兴起，都使得人们更加关注自发协作的可能性与协作方式。

美国著名博弈论专家、美国国家科学院院士罗伯特·阿克塞尔罗德（Robert Axelrod）将这种可能性称为"不讲交情、不需要远见的合作"。这其实是早就在鱼群、蚁群、蜂群中存在的"大自然的冷规则"，可适用于许多层面，并催生了自组织！当然，无论你是否愿意，某种程度的合作都是必需的。

自组织的另一核心的经济问题就是基本的权衡，生物必须在完善现有特质（比如跑得更快）和尝试新特质（比如长出翅膀）之间做出取舍。阿克塞尔罗德用医院做了一个类比："从单个病人的角度来讲，最好不要试用新药；但站在社会集合体的角度，新药实验是必要的。"此处的隐喻其实是个网络治理问题："每个人必须在更方便的网络行为和个人隐私的保护之间做出取舍。"

从共同协作再到共同进化，目的是多赢。这种新型的组织关系可以看成是多方共同进入的相互布道、相互施洗的社会网络。共同进化的关系，从寄生到结盟，本质上都具有信息的属性——稳定的信息交流将它们"焊接"成单一的系统。信息的交流，无论目的如何，都为合作、自组织以及多赢结局开创了新天地。

本书的几大特色

信息量极大、话题极具前瞻性和跨学科是本书的几个明显特色，这从本书的目录就可以看出。本书并非通俗的科普读物，需要读者拥有一定程度的知识储备和思想努力；笔者也尽量以"深入浅出"$^\ominus$的标准进行自我要求。

世界行业领袖的第一手专访、对谈、思想分享

"思想诞生产业"是本书的基本逻辑。笔者开始写作时，就意识到需要从源头上彻底剖析这些最重要的发明家或科学家们的思想缘起，如"互联网之父"温特·瑟夫（Vint Cerf）、"万维网（WWW）之父"蒂姆·伯纳斯-李（Tim Berners-Lee）、"区块链之父"W. 斯科特·斯托尔内塔（W.Scott Stornetta）、"数字孪生之父"迈克尔·格里夫斯（Michael Grieves）、"可穿戴设备之父"史蒂夫·曼恩（Steve Mann）、"数字经济理论之父"唐·塔普斯科特（Don Tapscott）、"共享经济理论之父"杰里米·里夫金（Jeremy Rifkin）等。与这些行业领袖的访谈及对话可以全面地引导读者更清晰和透彻地理解元宇宙主要产业板块的原生逻辑及趋势脉络。

笔者的体会是，与行业领袖进行对话，可以获得他们对行业趋势、市场

$\ominus$ 从本书中可以体会，真正的思想大师，如理论物理学家理查德·费曼（Richard Feynman）、天文学家卡尔·萨根（Carl Sagan）、进化生物学家理查德·道金斯（Richard Dawkins）、理论物理学家斯蒂芬·霍金（Stephen Hawking）、哲学家和认知科学家丹尼尔·丹尼特（Daniel Dennett）等人，都做到了"深入浅出"——"深入"是思想抽象，"浅出"是大众传播。抽象为什么？抽象出"思想维度"。传播为什么？传播出"知识力量"。

动态和未来发展的独特的战略洞察力；与行业领袖进行对话，有助于建立有价值的关系网络；行业领袖的见解和故事，可以激发我们的创新思维和创业精神；与行业领袖进行对话，还给予了我们心灵上的激励和启发。

以两位"区块链之父"斯托尔内塔和斯图尔特·哈伯（Stuart Haber）教授为例。最初他们希望"去创造一种不需要信任第三方任何人或机构就确保数字文档不被篡改的方法"，然后随着研究的深入，第一次反转出现：哈伯教授找到了问题的关键，"我们根本就无法解决这个问题，所以决定去证明我们无法解决这个问题"。

斯托尔内塔在与笔者的对话中说："第二次反转更有趣，最终在证明我们无法解决这个问题的过程中，我们找到了解决问题的方法。最根本的解决办法是——既然我们始终要去信任某个人或者机构来确保数字文档的准确性，那我们就去信任每一个人，即让世界上的每一个人都成为数字文档记录真实性的见证者。"

这是思想（而非技术）颠覆了问题！"我们找到了解决办法，我们设想构建一个网络，能够让所有的数字记录在被创造的时候就传输到每一个用户那里，这样就没有人可以篡改这个记录了。这就是区块链概念的诞生。"

元问题＝问题的问题：为每一章的主题设置了元问题线索

元问题（Meta-Question）是指引发的关于问题本身的问题，是对问题更高层次、更宏观的思考和探究。元问题旨在探讨问题的性质、范围、前提和影响，以便更好地理解和解决问题。

假设有一个问题是："如何提高某个产品的销售量？"一个相关的元问题可能是："为什么这个产品的销售量低？"这个元问题可以引发对产品特点、市场需求、竞争对手等方面的思考，可以帮助找到提高销售量的根本解决办法。元问题激发了创造性思维，拓宽了思维边界，并提供了求解问题的新视角和新方案。

更进一步，某个问题的相关元问题可能不止一个，理论上有无限多个。笔者一向认为，思"维"就是"维"度，即一个维度一个元问题。丹尼尔·丹尼特对元问题提出了"多重草稿理论"（Multiple Drafts Theory）：意识不是单一的中心，而是由多个并行的认知过程组成，这些过程在我们大脑中交互和竞争。他挑战了对于意识和思维的传统理解，强调了其复杂性和多元性。

自始至终的神话隐喻线索："此宇宙即彼宇宙"

"元宇宙"一词显然源自现实宇宙的隐喻。神话学家和比较宗教学家约瑟夫·坎贝尔[⊖]借由《千面英雄》提出，"神话即是人话"！——神话是一种现实的隐喻，是人类对生活和存在的理解和表达方式。神话是人类普遍而共同的心理经验的表达，是人类集体无意识中的普遍原型的呈现。他还发现不同文化中的神话具有惊人的相似结构，虽然形式和细节各不相同。他将这些共同元素称为"英雄之旅"，并提出了"元神话"模式："神话隐喻的力量在于能够唤起人们的想象力和激发内在的潜能。通过体会英雄之旅中的启示、冒险、挑战、考验、蜕变和归来等阶段，人们可以从中找到自己的生命意义和目标……神话隐喻激励人们勇于追求自己的梦想、超越自身的限制、发掘自己真正的力量和可能性。"

更著名的心理学大师卡尔·荣格（Carl Jung）也大力宣扬神话的隐喻力量："神话是人类心灵的表达，是我们内心深处智慧的投影，其象征和故事反映了我们的梦境、幻想和集体无意识的原型。通过理解和解释神话隐喻，我们可以更好地理解自己和世界的意义。神话隐喻的力量在于它们触及了人类最普遍的情感和体验，引导我们走向个体化心灵的成长。"荣格强调了神话隐喻作为一种心理学工具的重要性，它们不仅是文化遗产，也是人类心灵的投射。

神话既是精神力量，也是创新方法。神话通过使用隐喻、象征和叙事来传达深层的智慧和真理，它们是对人类内心体验和情感的表达。神话所揭示的故事和符号背后蕴含着普遍的人类经验和意义，超越了特定的时间、地点和文化，具有跨越时空的共通性。数字元宇宙与物理宇宙的关系也是如此这般的隐喻。

名人名言的类比和共情

笔者在每章开头特意安排了一些符合相应内容的名人名言，富有启发性和争议性的名人名言容易引发人们的思考和讨论。况且，名人名言甚至成为文化和历史的经典片段，代表了某个时代的价值观、思潮和人物形象，记录

⊖ 约瑟夫·坎贝尔（Joseph Campbell，1904—1987），出生于美国纽约州纽约市，被誉为当代最重要的神话作家、比较神话学大师，主要著作有《千面英雄》《神话的力量》等。

了人类的智慧积累和文化传承。这些名言常常被广泛引用和传播，因为它们具有独特的洞见，或者具有鼓舞人心的力量。

本书借力大量的名人名言，首先不是出于"名人名言无须论证"的偷懒，也不是因为修辞风格的自满，而是想更进一步说明，"重要思想的诞生，绝大多数都不源自理性或理论的推演，而是大量直觉式的隐喻类比或共情的成果"。读过维特根斯坦或哥德尔相关论述的读者，或许会认同我的这一评判。

名人名言直接类比出新思想。著名认知科学家侯世达[⊖]甚至用一部专著《表象与本质：类比，思考之源和思维之火》来论证。"类比和概念是主角。如若没有概念，就没有思维；而没有类比，概念就无从谈起。人类大脑中的每个概念，都来源于历史中不知不觉间形成的一长串类比。这些类比赋予每个概念生命，并在人的一生中不断充实这些概念……为了通过已知的旧事物来理解未知的新事物，我们的大脑无时无刻不在做类比，并用类比选择性地唤醒脑中的概念……"

跨学科的知识线索

社会学、金融学、政治学、管理学、文化人类学、心理学、量子物理学、元数学、宇宙学……本书的一大特色是跨学科知识的相互验证，其价值在于它能够打破学科间的壁垒，促进不同领域之间的交流、合作和创新。以下是跨学科知识的一些价值。

跨学科知识使个人能够从多个学科的综合视角来看待问题和挑战。跨学科的知识交叉可以激发创新和创造力。大多数重要的现实世界的问题都是复杂而综合的，单一学科的知识可能难以完全解决这些问题，跨学科知识的应用则可以帮助人们更全面地理解和解决这些问题。

达·芬奇（Leonardo da Vinci）是文艺复兴时期的全能天才，他认为，艺术与科学是同源的，也是互相补充的两个方面。达·芬奇认识到，通过跨

⊖ 侯世达（Douglas Hofstadter），著名哲学家和认知科学家，1945 年出生于学术世家，其父罗伯特·侯世达是 1961 年诺贝尔物理学奖得主。其研究领域主要涉及认知科学、计算机科学、科学史和科学哲学。他以对不同语言的研究而闻名，能够流利地说十多种外语。其最知名的作品是《哥德尔、艾舍尔、巴赫：集异璧之大成》（1979）和自传作品《我是个怪圈》（2007），探讨什么是人类的"自我"。他通过自指系统的概念，深入剖析了哥德尔不完全性定理的心智作用。

学科的学习和思考，艺术和科学能够互相启发，带来创新和深入的理解。

达尔文（Charles Darwin）是进化论的奠基人。他的工作跨越了生物学、地质学和人类学等多个学科。他曾说："不仅要学习一门学科，还要学习它的关联和相互作用。"这句话强调了跨学科知识的必要性。达尔文认为，只有通过了解不同学科之间的相互联系和作用，才能真正解决复杂的生命现象和物种进化的问题。

霍金是最近半个世纪最著名的理论物理学家。他的统一宇宙理论涉及了许多跨学科的知识：涉及了广义相对论和量子力学等物理学基础，探讨了黑洞、宇宙起源和演化等重要问题；使用了复杂的数学工具和方程式，利用数学模型来描述宇宙的结构、时空曲率以及物质和能量的分布等；涉及了理论物理学的多个领域，包括引力理论、量子场论和弦理论等，他试图将这些不同的物理学理论整合成一个全面的统一理论；利用计算机建模等技术，来模拟宇宙的行为和演化，并进行复杂性计算以验证其理论；涉及了哲学[○]领域的大量问题，例如宇宙的起源、存在的本质以及宇宙中的因果关系等，也为实在的本质和人类存在的意义等问题提供了新的思考。

元创新哲学：作为大案例的元宇宙

哲学方法论也是本书的一大特色。比如，很多人阅读过马克思的理论著作，但不了解马克思的一大重要哲学贡献就是延伸了"从抽象上升到具体"的分析方法。马克思在《政治经济学批判》导言中首次提出，并在《资本论》中完整呈现了这一方法——第一步，从具体到抽象。将日常要分析的现象视为混沌的具体，经过大量的分析研究，找出这些混沌具体的处于社会历史深层的抽象共性。第二步，从抽象到具体。由这些抽象的共性出发，返回来，重新建构现实的具体。这时的具体"已不是一个混沌的关于整体的表象，而是一个具有许多规定和关系的丰富的总体了"，马克思着重使用了"上升"一词，来表达对更高层级的"具体方法论"的褒扬。

笔者一直清晰地记得，家父曾就这一方法论主题出版过一本哲学专著《重要的思维法则——从抽象上升到具体》（北京出版社，1986），对笔者启发至今——"从抽象上升到具体的叙述方法最早见于黑格尔的著作，马克思则重

___
○ 哲学是科学的预见性方向，科学是哲学的具体化成果。

新表述了这一方法",书中论述了感性具体、抽象规定和思维中的具体这三种认识状态,"对从感性具体蒸发出抽象规定,然后从抽象规定上升到思维过程中的具体的认识道路做了探讨""作者还阐明了这种方法与其他辩证方法,如分析与综合、归纳与演绎、历史的与逻辑的等方法的关系,指出了这种方法对于科学认识和社会实践的重大意义"。

无独有偶,19世纪俄国著名作家陀思妥耶夫斯基在《卡拉马佐夫兄弟》中有一句名言:要爱具体的人,不要爱抽象的人;要爱生活本身,胜于爱生活的意义。小说通过不同人物的命运和心路历程,探讨了人性、信仰、自由、罪恶等重要主题,着重描绘了人与人之间"情感、行为和冲突"的具体关系。

笔者创作本书的主旨是探讨元创新(抽象),但如果"以创新谈创新",就只是"以抽象谈抽象",而笔者将元宇宙产业(1级具体)作为一个大案例,通过详尽分析元宇宙产业诞生和发展的底层逻辑(2级具体),从行业实务到发展理论(抽象理论),再到应用分析,形成了一条逐级"上升"的分析方法和创新路径,即思想创新 => 概念创新 => 技术创新 => 产品创新 => 模式创新 => 生态创新。

思想创新,通常是某一具体的哲学思考。本书提供了大量实务案例。

概念创新,通常是由哲学思考所启发的新知识创造,是为了后续的技术实现。

技术创新,这是非常具体的科学领域。再次强调"先有哲学,后有科学"。

产品创新,这已经到了企业竞争的微观层面。也有单一产品成功"重塑"了宏观业态。

模式创新,创新不只是科学和技术创新,也包括经济模式、商业模式的创新。

生态创新,"赢家通吃"。但只有具备了上述某一项创新能力,才有构建生态的可能。

然而我们遗憾地发现,产业界的一些所谓"创新",往往缺少真正的原创性或引领性。"具体"地说,一是学界和产业界缺少实质性和实践性的联动;二是学界和产业界都缺少全域(经济、管理、技术)哲学思考的能力,因此就很难产生原创性和系统性的真正创新。

很多读者尤其不熟悉上述创新路径中的前两项：思想创新和概念创新。举两个思想案例。

关于"区块链的历史、现实和未来"，笔者曾与"区块链之父"斯托尔内塔进行过深度交流，讨论到了"区块链的技术创新首先来自哲学思想创新"。

"为了解决交易信息的记录问题，通常要求一个第三方信任机构的存在。但这样的第三方信任机构仍然可以篡改记录，所以我们就决定继续探索其他方法，去创造一个不需要信任任何人或者外部渠道就能确保数字文档不被篡改的方法。我们继续研究之后发现，我们根本无法解决这个问题……

"非常有趣的是，最终在证明我们无法解决这个问题的过程中，我们找到了解决问题的方法。最根本的解决办法是——既然我们始终要去信任某个人或者机构来确保数字文档的准确性，那我们就去信任每一个人，即让世界上的每一个人都成为数字文档记录真实性的见证者。"

"我们颠覆了这个问题，找到了解决办法，我们设想构建一个网络，能够让所有的数字记录在被创造的时候就传输到每个用户那里，这样就没有人可以篡改这个记录了。这就是区块链概念的诞生。"今天，不少专业人士都能理解：区块链的技术创新并不神秘，就是采用了业已存在的加密技术和分布式数据库技术，其核心创造在于最初的思想创新和概念创新。

关于数字孪生的思想，数字孪生的创新来自一个"信息 vs 资源"的思想火花——"本质上，我所有想法的核心前提都是，信息消费是对资源耗费的一种权衡（trade-off）。""数字孪生之父"格里夫斯教授在访谈中这样强调了他的经济哲学思考。

"我已经在脑海中创建了数字孪生的模型。我一直认为可以拥有物理世界与虚拟或数字世界这'两个世界'之间的连接。从物理世界中获取数据，然后将这些信息处理之后，再从虚拟世界发送过来，以便在物理世界中使用。"

本书同时使用了文学化的类比和隐喻——本书大篇幅强调了这一重要创新方法，格里夫斯教授在他的第一本书中，将此新概念称为"信息镜像模型"（Information Mirror Model），来自"可以在虚拟世界中镜像物理世界"的思想。几乎同时，格里夫斯教授的合作者维卡斯（John Vikers）想出了一个更简洁、更通俗的名字：数字孪生（Digital-Twin）。

从本体论哲学看，笔者也认为数字孪生是比镜像模型更优的隐喻：除了"孪生"一词更生活化，更容易传播，还因为数字孪生更准确地表达了物理世界与数字世界都是独立存续的生命体存在，而非镜花水月般轻易消逝的幻觉。

前面讨论过创新路径，接下来，我们再来探讨一下创新要素。

英文 CIRCLE 一词意为循环和周期。借此，笔者创制了一个创新要素模型——2 次元创新环 $C^2I^2R^2C^2L^2E^2$（见图 0-4）——每个字母都用了两个关键词（维度），是为 2 次元。2 次元创新环中的要素在上述创新路径的所有阶段都将发生作用，是创新得以发生的综合要素。

图 0-4　2 次元创新环 $C^2I^2R^2C^2L^2E^2$

变革与机遇：社会大环境、政经大环境都在变化，策略必须跟着变；变革是最大的机遇。

意愿与创新：意愿是个人权力的综合体现；创新是意愿的目标，同时，意愿也需要创新。

资源与关系：资源包括人脉、知识等软资源，也包括材料、资本等硬资源；关系是意愿社会最大的资源。

能力与协作：个人或企业最大的能力都是知识能力；协作是创新得以发生的新要素。

领导力与学习：虚拟的网络组织、网络社群也需要领导；学习能力是21世纪最重要的领导力。

赋能与指数组织：网络为人赋能，组织授权也因此获益；网络时代最成功的组织都是指数组织。

特别说明，本书的思维方法是"以人为本"的"网络化思维"——前文的"创新路径"和此处的"创新环"术语，都只是身为三维生物的笔者（只能）使用一维语言的权宜之计。事实上，所有的问题都是多维（甚至无限维）的网络存在，而远非"一维链路"或"二维环路"这般简单。

正如20世纪著名哲学家和心理学家威廉·詹姆斯所说："人的经验世界与一元论描述的世界相比，的确是个次一级的残缺的世界，但人没有选择，只能接受这个世界……但是，人的试验高于一切，人的经验高于一切，人的创造高于一切！"

未来既不可怕，也不可亲。未来充满张力！

未来的"互联网－元宇宙"将是什么样貌？是和现在相差不多还是截然不同？悲观主义者警告说，互联网的碎片化毁掉了教育、社会互动，甚至可能毁了文明本身，元宇宙的加速度只会让此事更糟糕；相反，富有哲思的高瞻远瞩者则声称"互联网－元宇宙"是人类历史一个全新现象的开始，即"集体精神"，这是一个强有力的概念，它意味着打破个人思想之间的障碍，以及单一头脑和电子环境之间的障碍。

早在2005年，亚洲和欧洲的专业团体已经号召考量机器人的道德标准。第一次努力被称作"机器人道德宪章"（Robot Ethics Charter），由韩国政府出资支持，它主要是关于限制人机交互行为的规定，以及哪些道德准则应该被写入机器人程序。随后，欧洲机器人研究网络（EURON）资助了一个关于"机器人伦理"的项目，旨在创造第一个关于"人类参与机器人设计、制造和使用的道德问题"的路线图。EURON的报告指出，它并不关注将道德价值赋予机器的需求和可能性决策，相反，它关注的是未来机器人可能会变成道德实体的机会。报告认为，这样的技术至少还需要十多年才能实现："我们考虑了人类功能，比如意识、自由意愿、自我意识、尊严感、情绪等可能在机器人中出现所带来的不成熟问题。因此，这就是我们为什么没有将机器人视作奴隶来审视这些难题，或保证它们像工人一样得到尊重、权利和尊严。"

永远的未来?

"人类对抗权力，其实就是记忆对抗遗忘。"著名作家米兰·昆德拉（Milan Kundera）写道。"网络意识意味着技术不朽。"人生在世不过几十年时间，而大量非动物（如植物、微生物等）能够存活几个世纪、数千年，甚至有些可以在数百万年后再次苏醒。没有什么会到达时间的尽头。相反，我们将不朽视作一个精神概念，或者视作人类存在的余留（比如"巴赫的音乐将永垂不朽"）。对人类而言，网络意识第一次让人能够以一种技术不朽的形式永远生活在现实世界。"思维克隆人"[⊖]或许是技术不朽的关键。

当代著名历史学家布罗代尔，为世人所熟知的是他对历史时间和历史本身的深刻研究。他将历史时间区分为短时段、中时段、长时段，并分别对应于事件、局势、结构的研究方法论。布罗代尔本人当然更青睐于长时段的视野。对历史发展影响最大的是历史的长时段，它是地理结构、社会组织、文化意识等凝结而成的一种长期延续的"实在"，对历史发展起决定性、长期性的作用。例如，他以历史长时段分析为工具，发现第一次世界大战的根源竟然是"以对外扩张为动力"的更为久远的欧洲民主的根源。

我们对于未来 30 年左右互联网（元宇宙）发展趋势的思考，当然是中时段的分析。但出于对互联网断代史成因的笃信——我们笃信，互联网是人类几千年以来的一个重大转折点，人类历史因此可划分为"前互联网时代"和"后互联网时代"——我们相信，跨越半个世纪甚至更长时间的崭新的人类历史进程已经展开!

从互联网到元宇宙增加了什么? 这正是本书探讨的核心内容。

历史进程充满了吊诡矛盾和不可预知，这也正是互联网的基本特征。苹果系统是封闭的，因此更加高效；安卓系统是开放的，因此更为平等。在人类现代化进程中，始终面临着效率和公平之争。

最后，通过长篇探讨实质化的价值观或宇宙观，我们对探索元宇宙的形式化方法论也归纳了以下两点。

⊖ 思维克隆人，见本书"元个人"一章。

其一，世界是关联的，正如网络就是关系。

其二，再美好的价值观也可能相互冲突，但这正是社会的驱动力。小到企业与企业不同技术标准的相互竞争，大到民族、国家之间的"文明的冲突"（亨廷顿），正是因为拥有了矛盾的价值张力，相互竞争、相互妥协、相互依存、相互促进，世界才得以向前演进……

深刻的人，常常是悲观的；成功的人，却往往是乐观的；而笔者，是无可救药的乐观的未来主义者。现在，就跟随笔者开始元宇宙－元创新之旅吧……

第一章

元宇宙观

我认为人类真正追求的是一种存在的体验，因为这种体验，我们一生的生活经验才能和内心的存在感与现实感产生共鸣。

——约瑟夫·坎贝尔

人类的创造略多于摧毁。

——朱利安·西蒙

第一节 什么是元宇宙

元宇宙的诞生吸纳了大量的数字技术，如信息传输（5G/6G）、语义互联网（Web 3.0）、人工智能，以及 VR、AR，特别是包括游戏引擎在内的虚拟现实技术革命的成果，向人类展现出构建与传统物理世界平行的全息数字世界的可能性；引发了信息科学、量子科学、数学和生命科学的互动，改变了科学范式；推动了传统的哲学、社会学甚至人文科学体系的突破；囊括了所有的数字技术，包括区块链技术成就；丰富了数字经济转型模式，融合了 DeFi、IPFS、NFT 等数字金融成果。

在这些模块化技术的创新背后,同样可贵甚至更可贵的是:诞生了元宇宙概念下的哲学、社会学、经济学、生命科学,乃至神话学、宇宙学等跨学科的思想创新。

毁灭"旧人生",诞生"新世界"

2007 年,大约有 100 万人涌入《第二人生》,渴望体验这一新生代网络游戏——三维的"第二现实世界"。用户以可定制、卡通化的化身在其中四处游荡,同时参与和分享各种各样的活动:可以聆听已去世的著名作家库尔特·冯内古特(Kurt Vonnegut)⊖的现场演讲,在"愤怒蚂蚁(Angry Ant)⊜俱乐部"跳舞,在阿玛尼(Armani)商店⊜购买虚拟服饰,参观洛克菲勒中心等著名地标建筑的二次元现实的重建。当然,卷入最多金钱的,还是对数字房地产的投机行为。

在将美元兑换成《第二人生》里的林登币(Linden Dollars)后,用户每年在虚拟世界中大约花费 1 亿美元,其中大部分用于虚拟房地产投资。随着虚拟资产价格飙升,早期投资者如当年的教师艾琳·格蕾芙(Ailin Graef),在她的《第二人生》世界中声名大噪——她拥有了价值 100 万美元的《第二人生》房地产投资组合。

趁着这一波未来主义(如果不是乌托邦主义)的热潮,《第二人生》的创始人菲利普·罗森代尔(Philip Rosedale)为他的创业公司争取到了超过 1 亿美元的估值和超过 3000 万美元的现金投资。投资人包括另一位专注于以互联网改变人类生活方式的人:杰夫·贝佐斯(Jeff Bezos)。这位世界首富喜欢在现实中和罗森代尔坐在一起,思考《第二人生》会变成什么样。

罗森代尔曾说:"未来的我们将把一半的时间花在网络上,成就各自的数字化身。"但是他又承认,创造一个这样的虚拟世界"比我想象的要困难得多"。

有段时间,《第二人生》让自己看起来更像今天的元宇宙——一个最初在

⊖ 库尔特·冯内古特(1922—2007),美国著名作家。著有十多本小说和大量短文、评论,极受好评;曾被许多作家公认为美国现代科幻小说之父,亦曾被推崇为"美国当代最好的作家之一"。

⊜ "愤怒蚂蚁俱乐部"的创造者并不承认,其灵感来自更流行的一款手机游戏"愤怒的小鸟"。

⊜ 阿玛尼,意大利著名服饰品牌,因营销和广告需求,在《第二人生》中开设了虚拟商店。

20 世纪 90 年代科幻小说中构想的沉浸式 3D 世界。2007 年是《第二人生》的人气高峰期，此后，其用户数量趋于稳定，接着逐步下降，图像显示故障、缓慢的互联网连接是主要原因。之后，一个更为新潮但不占网速的在线聚集地出现了：脸书[一]。虽然《第二人生》今天仍在缓慢发展，拥有大约 60 万用户，但脸书已拥有约 30 亿用户。罗森代尔于 2008 年退出了自己创办的《第二人生》。至于贝佐斯，很快就将注意力转向了主流的二维互联网，而他的亚马逊公司却从未在《第二人生》中正式"存在"过。

"旧人生"很快迎来一个"新世界"。另一位科技亿万富豪希望更全面和终极地创造出元宇宙，讽刺的是，他正是毁灭《第二人生》的人：脸书创始人马克·扎克伯格。由于多条业务线的强大压力，扎克伯格将价值数万亿美元公司的未来寄托（豪赌）在创建一个元宇宙上，甚至将脸书重命名为"元界"（Meta）。扎克伯格表示，这个新概念在 2021 年就耗资 100 亿美元，在可预见的未来，他将坦然面对更为巨大的亏损。元界能承受这些损失凭借的是 2020 年脸书 860 亿美元的销售额和 291 亿美元的净利润。

"世界的运转往往有多重的因果"，另一简单事实是，在过去的部分时间里，很多人都在家办公，无论是被动还是主动。现在，这个世界对虚拟社交、虚拟办公更加习以为常。

动机和理由：二元论世界？

今天许多重要的科技发明，其最初的诞生动机却是"可憎"的其他目的。原子弹是因何发明的？电子计算机最初也是出于计算炮弹的弹道轨迹的需要，在第二次世界大战末期被催生出来的；而元宇宙的最初动机也来自"传统"主流社会中不少人深恶痛绝的网络游戏。

元宇宙的一个早期著名案例，是为网络游戏提供开发引擎的二元论机器人（Duality Robotics）[二]。该公司专门为从事机器学习、机器人和工作流自动化的企业开放团队提供合成数据，并为许多著名企业，如亚马逊企业级云服务 AWS、EPIC 游戏平台、AUTODESK 制造设计公司等提供游戏开放解决方案。由于图

[一] 脸书，大型社交网络平台，创办于 2004 年。
[二] "二元论机器人"的公司名称充满哲学意味；本案例已授权笔者使用。

形处理芯片 GPU 和实时游戏引擎的开发和应用，用于感知、动态和控制的数据合成都得到了极大的改善。

然而在游戏研发中，如何大规模地模拟游戏玩家的行为数据仍然是一大难题。二元论机器人因此将自己的企业愿景设定为基于大规模游戏并发而产生的人类行为分析的数据模型和设计引擎，从而"生产"出环绕其间的游戏环境或人类行为虚拟环境，这一"环境"也就自然成了今天人们所说的"元宇宙"。

二元世界通常由"数字孪生"（Digital Twin）⊖来实现。数字孪生模拟器使企业团队能够缩小机器学习中的数据差距以及机器人和工作流自动化中的行为差距。"天上地下，唯我独尊"，这一自称"二元论机器人"的公司充满了"定义"元宇宙的野心，也努力地将数字世界与现实世界通过"数字孪生"进行"二元"连接。它在自家网站上用"武士出征"的巨大背景图进行宣示，同时表示"（努力打造）一个零摩擦的元宇宙"……

伟大的科技发明往往伴随着巨大的争议。非常明显，元宇宙将围绕现实世界中已经存在的道德、公平和隐私"提出"难题，并进一步加速和放大这些问题。本章，笔者将简述人们谈论元宇宙时不同的背景和不同的观念：一些鼓舞人心但又难以捉摸的思想和许多激励创新但又前后矛盾的二元甚至多元的解释……

不二哲学与科幻小说

"心生则种种法生""今天的思想，就是明天的世界"，元宇宙一经诞生就天然带着浓厚的哲学思辨和科幻色彩。

最早描写"虚拟现实"的科幻小说是发表于 1992 年的《雪崩》——作者尼尔·斯蒂芬森将故事场景设定在 21 世纪初的美国洛杉矶，在故事描写的未来中，美国联邦政府将大部分权力授予了私人企业和组织，国家安全则交给了雇佣军队，公路公司之间也相互竞争来吸引司机走它们铺建的道路。政府剩余的权力只是一些烦琐的服务工作而已，社会的繁荣安定与它无关。

故事中，政府的大部分土地被大机构和私人瓜分，并出现了大量个人领地。

⊖ 数字孪生技术是二元论机器人公司的重要产品。价值中国智库邀请了"数字孪生之父"迈克尔·格里夫斯教授进行了专访，相关内容在本书"元商业"一章分享。

情节类似 19 世纪兴起的无政府资本主义，也是斯蒂芬森另一小说《钻石时代》的主题：在严重的恶性通货膨胀下，美元急剧贬值，一兆美元也是可以被忽略的数字。人们交易中通常使用的是各种实物货币，比如比萨。小说中，斯蒂芬森创造了一个超出以往想象的互联网，即和现实社会紧密联系的三维数字空间——虚拟实境（Metaverse），与现实世界平行，在现实世界中因地理位置彼此隔绝的人们可以通过各自的"化身"进行生活和娱乐方面的交流。

斯蒂芬森当然没有想到他的小说无意中创造了下一代互联网的代名词：元宇宙。

谈到哲学思考，美国硅谷有不少印度裔的创业者声称，对他们最大的文化启发是 1500 多年前的吠檀多不二论⊖。何为"不二"（梵文 advaita；英文 nonduality）？就是"你中有我，我中有你"，相互连接，创新共生。如龙树菩萨（约公元 150～250 年）在《中观论》中所说：不生亦不灭、不常亦不断、不一亦不异、不来亦不出。很多今天的创业者表示，"多重宇宙的概念和我们的物理宇宙的固有执念，一直困扰着哲学家和创业者"。而互联网给出了答案："因为连接，所以'不二'。"现代量子物理学家薛定谔也借助吠檀多不二论来解释量子理论：关于不确定性，关于一切皆有可能。

显然，无论我们是否准备好，视频游戏和加密货币丰富的体验，都可以让每个人接触到"不二"的"模拟假设-虚拟现实"；现实世界的多维叠加幻想也激发了丰富的创意作品，如《黑客帝国》和《盗梦空间》等文化大片。这些作品到底是哲学还是科幻？或许我们无须刻意分辨，但是二者的抽象色彩和神秘意味却是共通的。

在哲学和科幻处于极限状态的元宇宙中，人们的感官和思想无法区分物理现实和虚拟现实。自然地，元宇宙被表示为物理现实的替代品，人类参与者可以在其中工作、娱乐和社交，其将成为我们日常生活的一个另类同构。虽然在实践中，当前的技术还远不能创造具有这种现实规模或保真度的体验。

⊖ 乔荼波陀（640—690 年）和商羯罗（700—750 年）是印度吠檀多不二论的两位最重要的哲学家，分别著有重要哲学著作《圣教论》和《示教千则》。吠檀多哲学是印度最古老也最主要的哲学流派，其理论源于 3000 多年前的吠陀文献，至今还影响着占印度 70% 的人口。

社交平台与工作平台

"需要连接，又需要距离""人是社会动物"。人类对联系和交流的需求如此强烈，如前，2003 年推出的《第二人生》是元宇宙最早的表现形式之一，并且通常被认为是一个仍然强大的社交平台。直到 2022 年，《第二人生》仍然保有数十万活跃用户，而且，每人每天在平台上的"生活"时间为 4 个小时。

理想的社交元宇宙，从底层连接上，基于多用户、时间同步、虚拟世界，并且通常表现出状态的持久性，允许用户共享虚拟环境的每一个角落。"化身"也是用户虚拟表达自己的方式；与个人时空的持久性一样，个性化角色是社交体验的一个重要方面。

2014 年脸书公司收购了 VR 公司 Oculus，这次收购案永远地改变了 VR 产业的竞争格局。其后，脸书多次尝试自行推出或收购类似元宇宙体验的产品，最近一次是地平线工作室（Horizon Workroom）的亮相——这种专注于时间和个人生产力的工作方式被称为"无限办公室"。

地平线工作室是一种 VR 协作工具，可为团队提供虚拟空间，供人们联系和协同工作，旨在为远程工作的团队提供身临其境的协作体验。该产品利用混合现实技术，允许在虚拟世界中"模拟使用"现实世界的实体（例如键盘和办公桌）进行协作。脸书声称，地平线工作室是一种新的工作范式，旨在通过其视频会议集成、空间音频、手势支持、手部跟踪功能和全新的 Oculus 化身为用户提供不同但有所改进的体验。

从演示看，地平线工作室的用户可以根据 VR 会议室的需要设计自己的化身，可以在共享白板或文档上互动，可以利用实体键盘交流。免费的工作室空间在召开会议时最多允许 16 位 VR 用户参与，每位都有一个只有上半身的虚拟卡通化身，化身漂浮在虚拟椅子上方。程序最多支持 50 位参与者，除了 VR 用户，其他用户可以通过普通视频参与。技术上，程序支持头部追踪，当你转头看同事或者白板时，视野也会跟着变化；还支持无控制器手势追踪，比如你可以向同事竖大拇指。脸书还向用户保证不会利用工作对话或者信息投放定向广告。

2020 年新冠疫情的暴发扰乱了人们社交互动的"现实 - 物理"渠道，却推动了网络社交和网络办公的巨大成功。如 ZOOM 会议平台、UPWORK 等平台的大获成功，都无可争议地验证了网络虚拟生存的现实需求，因为人类需要其他平台来取代被切断的社交渠道，互联网络成了社会本身。同时，与网络音频和视频流对话不同，元宇宙能够提供更广泛的沉浸式协作和参与式交互，从而建立新的模式。

多人游戏与人类虚拟行为

元宇宙的最初动力和兴趣都源自历史悠久的游戏技术。如 Minecraft 和 Animal Crossing 等游戏的用户，通过在核心游戏玩法之上建立行为和社区，将它们自己变成了元宇宙；《堡垒之夜》和 Roblox 也刻意添加了元宇宙机制，如虚拟音乐会和大型线上派对；还有像 Manticore 这样的新一代游戏平台，正在从底层技术开始开发元宇宙。

多人游戏植根于具有沉浸式导航和新颖交互的三维世界。虽然游戏中的活动是由游戏的叙事规定的，但它们确实提供了完整的"替代现实"，让用户完全沉浸其中并花费大量时间。这使它们非常接近功能齐全的元宇宙体验，尽管是在一个狭窄的交互领域内。用户生成的内容进一步扩展了游戏的玩法和互动的可能性。

Unreal 和 Unity 是两款流行的游戏开发引擎，帮助开发后的产品在不同的平台进行分发和传播。可以简单理解为游戏软件开发工具，特别强调实时模拟和图像渲染，可以被视为初级的元宇宙操作系统。这些游戏引擎使创作高仿真、三维、交互式世界成为可能，可以配置到不同平台的设备之上。同时，也可以通过 VR/AR 耳机等新颖体验或设备进行游戏创作。

以 Unity 为例，这是一个实时 3D 互动内容创作和运营平台，包括游戏开发、美术设计、建筑设计、汽车设计、影视创作在内的所有创作者，借助 Unity 将创意变成现实。平台提供一整套完善的软件解决方案，可用于创作、运营和变现任何实时互动的 2D 和 3D 内容，支持平台包括手机、平板电脑、PC、游戏主机、增强现实和虚拟现实设备[⊖]。2019 年的软件安装量已超过 370 亿次，并且基于 Unity 开发的游戏和体验 2021 年月均下载量已高达 30 亿次。全平台（包括 PC/ 主机 / 移动设备）所有游戏中有超过一半都是使用 Unity 创作的；在

　⊖　案例来源：Unity 网站介绍，https://unity.com/solutions/game。

Apple 应用商店和 Google Play 上排名最靠前的 1000 款游戏中，53% 都是用 Unity 创作的。

2021 年 11 月 9 日，Unity 游戏开发引擎公司宣布将以 16.25 亿美元的现金和股票收购 Weta Digital 公司，包括后者的工具、渠道、技术和 275 名工程师。Weta Digital 以在《指环王》电影中的工作而闻名，由著名导演彼得·杰克逊（Peter Jackson）与好友共同创立，公司帮助创作了《权力的游戏》《人猿星球》和许多漫威电影等。

这笔交易是 Unity 的一项重大竞标，旨在为视觉效果团队、游戏开发商和其他依赖计算机图形的行业带来强大的新工具，也是 Unity 与另一知名虚拟引擎平台 Epic Games 的一大竞争举措。Epic Games 已被《曼达洛人》和《英雄联盟》的开发商 Riot Games 用于混合现实的开发⊖。

Rhizome 是一家致力于数字艺术和文化的非营利艺术组织，举办了一场名为"欢迎来到元宇宙"的大型活动，其间，艺术家大卫·鲁德尼克（David Rudnick）指出，"元宇宙概念将是最终的中心化体验"，这与我们曾经对互联网抱有的民主化希望正好相反。鲁德尼克指出，"当你听到人们谈论新兴元宇宙的梦想时，他们实际上是在谈论一个你可以（在虚拟世界中）做任何事情的空间、一个商业公共空间、一个可以从所有交互中获得某种价值或某种所有权的生活平台"。

谈到人类虚拟行为，下面的话题或许更重要：人们在虚拟世界的行为与在真实世界中一致吗？虽然，沉浸式虚拟现实给人的感觉非常逼真，但加拿大英属哥伦比亚大学（UBC）的一份最新研究表明，人类在虚拟世界中的思维和行为与现实世界存在明显区别。

UBC 心理学系教授艾伦·金斯顿（Alan Kingstone）表示："人们期望虚拟现实体验能够模仿现实，从而引发类似的思维方式和行为方式。但研究表明，现实世界和虚拟现实世界之间存在着巨大的分裂。"

该研究使用虚拟现实来检查影响打哈欠的因素。哈欠是一种被广泛认可的具有"传染"效应的行为，人类以及一些非人类动物在发现附近有人打哈欠时，

⊖ 案例来源：www.theverge.com/2021/11/9/22772900/unity-acquire-weta-digital-visual-effects-lord-of-the-rings-peter-jackson。

会反射性地打哈欠。研究表明，"社会存在感"阻碍了哈欠的"传染"效应。当人们相信他们被关注时，他们选择不打哈欠，或者克制冲动。生活中对打哈欠的评价通常是负面的，它在许多文化中被认为是无聊或粗鲁的标志。

在不知情条件下，团队让测试对象佩戴 VR 头镜并让他们观看打哈欠的视频。此刻，测试中打哈欠的概率为 38%，这与实际生活中 30%~60% 的概率一致。然而，如果真实人类在实验室中出现，就将对被试的打哈欠行为造成显著的影响。即便被试无法看到或听到其他人，只要意识到有研究人员在场，就足以降低打哈欠的概率。

对于虚拟体验是否真的能够如同现实世界实验那样影响被试的思考方式与行为方式仍有待观察。"这对那些希望使用 VR 对未来行为进行准确预测的人有深远的影响，"金斯顿说，"例如，预测行人在无人驾驶汽车经过时的行为方式，或者飞行员在紧急情况下做出的决定。虚拟现实的经验可能是现实生活的不良表达。"判断 VR 研究能否取代现实世界研究，仍是一个未决的重大课题。

至此，如果你也信奉"技术以人为本"，可能就会问了：还有比"人类虚拟行为"更重大的课题吗？当然有，那就是"虚拟人类"！而且，从"人类虚拟行为"到"虚拟人类"的演进过程，也正是元宇宙从初级阶段向中高级阶段的演进过程。（本书后文将讨论"虚拟人"的机理和趋势。）

虚拟现实／增强现实／扩展现实

谈到感官沉浸，虚拟实境的另一重要维度——虚拟现实耳机和控制器提供了更深层次的体验。除了视觉和听觉沉浸，无法看到键盘或鼠标，迫使虚拟现实体验的建立基于直接存在和控制的交互模式。鉴于对 VR 的采用至今仍处于起步阶段，短期内，元宇宙业界可能多会鼓励基于屏幕和 VR 模式。

当元宇宙被准确建模以匹配现实世界时，就有可能进行跨越虚拟和物理鸿沟的交互，从而带来增强现实体验。利用物理世界可以带来规模和复杂性，并且本质上是身临其境的。

与基于物理的元宇宙密切相关的，还有数字地图（Digital Map）和数字孪生领域。数字地图有两个主要功能：作为在元宇宙中精确重建物理环境的蓝图，根据用户的物理存在确定用户在元宇宙中的位置。数字地图还可以将不同类型的信息分层，例如物理结构的位置、移动路径或其他感兴趣的特征。这一需要动态地图和广泛的传感能力的网络连接，通常被称为物联网（IoT），以确保物理世界的变化实时（即刻）反映在元宇宙中，这当然显著增加了技术复杂性和成本。

数字地图强调物理的准确性，而数字孪生专注于动态系统的行为及其准确状态表示，例如谨慎行动的无人机或复杂的产品生产线。元宇宙中，数字孪生有两个不同的方面：现场系统，配备物联网传感器，并以虚拟形式准确表示；由模拟模型驱动的系统，该模型准确模拟物理系统，正如众多游戏引擎所做的那样，用以了解对象在不同情况下的行为。诸如预测性维护之类的应用程序，通过使用模拟来增强和放大现场数据，从而更全面地了解系统行为，数字孪生显然节省了大量成本。

不利因素方面，让元宇宙停留在最初期阶段的一大原因，是载体端 VR 头镜的渗透率不足，这个渗透率不足是供需双方同时造成的：供给端 VR 厂商年出货量仅为约 1000 万台的水平，需求端 VR 游戏等内容产出很少，导致用户对于 VR 头镜的需求增长受阻。

供给端：根据国际数据公司（IDC）数据，2021 年第一季度，VR 头镜全球出货量同比增长 52.4%。其中，以 Oculus Quest 2 和 HTC Vive Focus 为代表的拥有独立计算能力的一体机头镜品类，在 2021 年第一季度占据 VR 头镜出货量的 82.7%，远高于 2020 年第一季度的 50.5%。2021 第二季度，AR/VR 的头镜出货量达到了创纪录的 800 万只，同时，预测 2025 年同期，将达到 2900 万只（见图 1-1）！⊖

需求端：2021 年 2 月，重要的 Steam 平台游戏数量突破 5 万，2021 年 7 月，VR 应用数量约为 6000 款，粗略估计 VR 应用占比约为 12%。且 Steam 平台热门游戏 CS、Dota2 均为非 VR 游戏，VR 游戏相对小众，2020 年数据显示 Steam VR 玩家占总玩家比重不及 2%，远低于 VR 应用占比。

从 VR 设备与 Steam 平台的兼容性来看，Steam 平台的 VR 设备已呈现高集中度特征，Oculus、Valve 与 HTC 的设备合计占据约 80% 的市场份额，且平台大部分的 VR 应用均可支持这三家的 VR 设备。

⊖ IDC 公司 AR/VR 市场份额图，www.idc.com/promo/arvr。

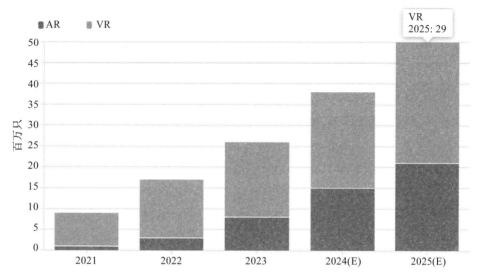

图 1-1 2021～2025 年全球 AR/VR 头镜出货量

资料来源：IDC 网站。

很大程度上，AR/VR 沉浸式设备市场的热度代表了元宇宙市场的总体热度。

根据 IDC 2023 年 3 月全球数据，2022 年全球 AR／VR 头镜的出货量同比下降 20.9% 至 880 万台。下降并不完全出乎意料，原因在于市场中的供应商数量有限、宏观经济环境严峻以及缺乏消费者的大规模购买。

尽管出现了下降，Meta 在整个市场上的份额仍然领先，接近 80%。第二名是字节跳动 Pico，其份额为 10%，因为该公司继续加强其产品组合，并专注于 Meta 明显缺席或较不知名的市场。前五名剩下的是 DPVR、HTC 和爱奇艺。另一个值得注意的公司是以吸引游戏玩家为主的 Nreal，它在 AR／VR 头镜出货量中排名第六，但在 2022 年期间通过出货近 100 000 台产品在 AR 市场上占据了第一名。

IDC 的 AR/VR 研究主管 Llamas 指出："另一个慢慢受到关注的领域是混合现实——可以在增强现实和虚拟现实之间切换的设备。2022 年秋季发布的 Meta Quest Pro 和 2023 年发布的 HTC XR Elite，展示了 AR/VR 市场可能实现的创新，并且可以想象其他公司将效仿其行动。此外，具有多种用途的商业用户——从入职和定位到培训和协作——可能会被其吸引。"

在经历了比预期疲弱的 2022 年之后，IDC 下调了 AR/VR 头戴设备的 2023 年预测，全球出货量预计将达到 1010 万（见图 1-2）。尽管有所降低，但总体上预计 AR/VR 头戴设备出货量将在 2023 年增长 14%，并且增长将继续，复合年增长率（2023～2027 年）为 32.6%。

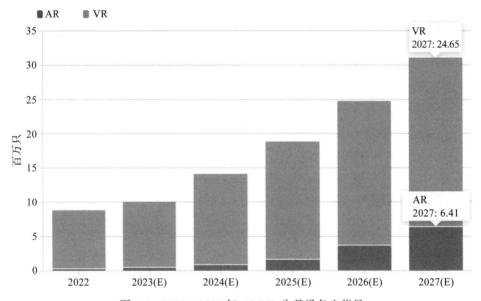

图 1-2　2022～2027 年 AR/VR 头戴设备出货量

资料来源：IDC 网站。

IDC 研究经理 Ubrani 表示："挑战性的宏观经济环境是导致前景不佳的主要原因，尽管不会对所有供应商产生同样的影响。索尼和苹果进入这个领域将有助于推动额外销量，而 Meta 和 Pico 预计在年底推出新设备，将为 2024 年的 VR 销量增长提供动力。同时，AR 方面，预计消费品牌如小米、OPPO 和 TCL 都将在未来 6～18 个月推进消费者对该类别的认知。"

"消费端继续主导 AR/VR 市场，但消费者对 AR 的使用出现了重大转变：历史上，商业用户主导了 AR 的培训和现场服务，但随着更轻型的产品、更亮的显示器、更清晰的声音和不断增加的游戏目录的出现，早期采用者权重已经向消费端倾斜。再加上 VR 头戴设备在游戏市场的广受欢迎，消费端应用将继续引领市场，即使商用案例也在不断增长。"IDC 研究总监 Llamas 指出。

沉浸式与存在感的三维世界

元宇宙的沉浸感是指人们在虚拟的元宇宙中的感受，即通过 AR、VR 和其他相关技术所创造的感官体验。在元宇宙中，人们可以像在现实世界中一样感受到身体移动、视觉变化、声音和互动等。沉浸感是多种技术和设计因素共同作用的结果，包括逼真的图像和音效、身体追踪技术、手柄和其他设备的物理反馈等。元宇宙的沉浸感可以让人们感受到自己"真实存在"于一个虚拟世界中，从而增强体验和互动。

从内容看，万维网是与预想中真实的、可扩展和民主化的元宇宙最接近的人类建构物。网站相互联系的本质是信息发现、管理和导航，这些都是有机的和自我维持的。早期的 HTML 形式的标准化数据模型，确保了一个充满活力的工具和浏览器生态系统来创作和体验内容。可以确定，万维网和元宇宙的社会基因是一致的——网络上，整体肯定大于部分之和。

科技界已经尝试扩展万维网标准以包含三维内容，例如 WebGL 协议[⊖]。元宇宙本质上就是一个三维结构，必须使用技术"渲染"以适应并升级今天网页的二维结构。

早在 20 世纪 60 年代，人们就在尝试创建沉浸式虚拟世界，这是由电影和视频游戏行业所推动的。但特别注意！那不是数字化的世界。如今，元宇宙被引用最多的例子之一还是创建于 2003 年的《第二人生》，这是一款虚拟现实的电脑游戏，玩家可以通过化身玩游戏，并且可以做任何事情——比如盖房子或结婚。真实世界平移到网络空间中！

2006 年，足够多的认真的元宇宙爱好者聚集在一起，参加了"第二人生的另类"的聚会。那次峰会创建了元宇宙路线图[⊖]，描绘出了元宇宙得以实现的路径。虽然，这只是一张非常粗糙的路线图，但是它在人类脑海中种下了一颗无法拔除的元宇宙种子。元宇宙路线图定义了虚拟实境：虚拟增强的物理现实和

⊖ WebGL 是一种跨平台开放网络标准，用于基于 OpenGL ES 的低级 3D 图形 API，通过 HTML5 Canvas 元素向网页脚本公开。WebGL 为网页带来了无插件 3D，直接在浏览器中实现。主要浏览器供应商 Apple（Safari）、Google（Chrome）、Microsoft（Edge）和 Mozilla（Firefox）都是 WebGL 工作组的成员。

⊖ 元宇宙路线图，参见 https://metaverseroadmap.org。

永恒虚拟空间的一次会聚。除了人们可以自由进出的虚拟空间（如 Spy Kids 3 的视频游戏）之外，它还像是通过使用增强现实技术而将我们所知的世界分离出来的另一个世界。再如，谷歌的 Snapchat 滤镜可让人们查看真人大小的 3D 动物模型。当时，路线图谨慎保守地解释说，"元宇宙将不会是整个互联网——但就像网络一样，它会被许多人视为最重要的部分"。

最早的元宇宙投资人马修·鲍尔定义，这是"一个由持续性、实时渲染的 3D 世界和模拟镜像组成的庞大网络"。鲍尔的元宇宙应该能够保持对身份、对象、历史、支付的连续性，并且可以被无限数量的人同时体验，每个人都会有自己的存在感。在这里，元宇宙是一个沉浸式虚拟现实，允许用户随时在场——它是一个持久的空间，可以使用区块链技术来支付我们通过不同体验产生的物品。

扎克伯格的"元宇宙"深受鲍尔的影响。在 Meta Connect 大会的演示中，扎克伯格的化身穿着同样的黑色 T 恤，从一个平台移动到另一个平台，展示了"身份和对象的连续性"。拥有近 30 亿用户，扎克伯格的元空间正在朝着无限数量用户的方向发展。在演讲中，扎克伯格反复向人们阐释，元宇宙的每个特征将如何建立"存在感"。虽然 2021 年的他还未意识到能源和芯片的资源限制将是 Meta 的最大瓶颈。

我们已经看到了近年来的几轮元宇宙炒作，但许多传道者坚持认为，"人类有史以来第一次用技术、协议和基础设施，来推动一个虚拟世界，并使其成为现实""这是继移动互联网之后的下一步"。

通证经济与信任文明

通证经济是一种基于区块链技术的经济模型，其核心思想是通过发行和使用特定的数字通证（Token）来促进经济活动和交易，以达到激励用户、提升平台价值和推动生态发展的目的。在通证经济中，通证可以代表某种实物或服务的价值，用户可以用通证来购买商品或服务，也可以通过参与平台的贡献和社区治理等行为来获得通证奖励。通证经济已经被广泛应用于数字货币、游戏、社交媒体、供应链管理等领域。

通常认为，权益、加密、流通是通证的三大要素。通证可以代表一切权益证明，从身份证到学历文凭，从货币到票据，从钥匙、门票到积分、卡券，从股票到债券，人类社会全部权益证明都可以用通证来代表。人类社会的全部文明，也建立在权益证明之上。就像尤瓦尔·赫拉利在《人类简史》中所说，正是这些"虚构出来的事实"才使人类祖先智人脱颖而出，这是建立人类文明的核心原因。如果这些权益证明全部数字化、网络化，并且以密码学来保护和验证其真实性、完整性、隐私性，这对于人类文明将是一个巨大创新。

社会参与者之间的信任是所有货币、价值交换和市场动态的基础。信任文明是指一个社会中人们基于互信、共识和合作来建立的一种社会形态。信任是任何文明社会的基石，人们之间的合作和交往都基于信任而展开。通过区块链技术和通证经济模式，一种全新的信任机制得以建立，使得人们之间的交互更加高效、公正和可持续。

随着资产和货币工具变得数字化，其虚拟化、代币化、通证化是不可避免的：元宇宙是一个持久的数字位置，因此它的表示是所有资产的共享、全面虚拟化。它使虚拟资产更加有形，并强调了（人为的）限制，例如有限的供应或消耗品的短暂性。

在任何网络社区或社群的早期，人们对代币和通证不做区分，通过"代币－通证"的激励和惩罚，引导或驱动"代币－通证"的持有者，让他们同时成为项目的建设者和维护者，进而实现项目的经济价值。随着行业的发展和更精确的通证概念的引入，人们发现通证比代币具有更大的适用范围：可流通的加密数字权益证明，简单说就是价值的载体。换言之，通证可以不具有货币的属性。

通证经济就是借助这类载体，将重要价值、重要权益通证化：利用区块链或者可信的中心化系统让生产要素进入流通环节，利用自由市场让资源配置更加精细也更加合理，把数字管理发挥到极致。在此基础上通证的内涵变得更加丰富，更加具有想象力，它们可以是金融衍生品，可以是所有权益，甚至可以是实物资产！

简单来看，通证经济学可以被理解为经济学的一个子集，它研究已被通证化的商品和服务的生产、分配和消费的经济制度、政策和伦理。因此，作为区块链衍生技术的应用，通证之于区块链，很可能会被证明如同万维网之于互联网一样，具有革命性。

虽然早期区块链通证只是作为底层区块链协议的激励计划的一部分打造的，但随着诸如以太坊平台等新型价值网络的出现，通证已经上升到不可或缺的技术堆栈层面。作为区块链操作系统的以太坊，让发行通证变得简单而便宜，只需要几行代码，使用简单的智能合约编程，而无须自行构建物理的区块链基础设施。

然而，挑战在于大多数人仍然不知道如何处理这些通证，或者如何正确设计它们。

结语：元宇宙刚刚启程

元宇宙是强大且积极的概念，人们的不同解释和应用具有广泛性和开放性。但也有相对明确的统一原则，例如：同步性、持久性和在三维空间上运行的核心用户交互。如著名元宇宙布道者鲍尔所说，这是一个"由永续性、实时渲染的 3D 世界和影像模拟组成的庞大网络，并将永远改变我们社会的一切"。

然而，对于刚刚启程的元宇宙，不是所有人群都表示支持，而且，即使在表达支持的人群中，也不只有一种声音。

专家维度。皮尤研究中心（Pew Research Center）和伊隆大学（Elon University）想象互联网中心于 2022 年 6 月针对元宇宙及虚拟现实进行调研，总共邀请了 624 位技术创新者、开发人员、商业和政策领导者、研究人员和社会活动家对问卷进行开放式回答，以寻求对"2040 年的元宇宙"的轨迹的预测。

- 专家中 54% 的人表示，预计到 2040 年，对全球 5 亿或更多人来说，元宇宙将成为日常生活中更加精致、真正完全沉浸式、功能良好的场景预期。

- 专家中 46% 的人表示，预计到 2040 年，对全球 5 亿或更多人来说，元宇宙将不会成为日常生活中更加精致、真正完全沉浸式、功能良好的场景预期。

针对 2040 年元宇宙和扩展现实的最可能命运，回答者提出了两个主题。其一，增强现实信息层可以无缝应用于现实环境，到 2040 年将在社会中被广泛接受，成为日常生活的一部分，但全沉浸式虚拟现实可能仍然是一个主要用于娱乐、会议、虚拟教育和培训的小众领域。其二，扩展现实的进步最有可能由拥有、设计和控制今天互联网公共空间的大型科技公司来塑造。有专家警告，这将加剧今天数字生活中已经出现的难题，包括人类机构、人权、个人安全和人们的心理健康将处于风险之中，因为元宇宙服务将进一步对人们在线活动进行跟踪、对人们的每一动作进行货币化、对用户的生活行为施加更多影响和控制，并采用更多算法技术来激发人们的情感和热情。因此，这类专家特别关注那些控制系统的人群的重新定向 (redirect) 的能力。

企业维度。Roblox 和 Epic Games 的《堡垒之夜》这些名字，经常被引用到元宇宙的对话中，甚至比扎克伯格的 Meta 更接近于元宇宙的实现。这几款游戏都符合持久虚拟世界的标准，每个游戏都有数百万的玩家聚集在一起玩耍和社交，在对象（衣服和皮肤）和支付（Robux 和 V-Bucks）方面有了更多持久性。《堡垒之夜》的音乐会活动常常会吸引到数百万人参加，这些活动正在培养某种"存在感"。

同时，我们需要时刻清醒的是：人们需要知道的最重要的事情是，"元宇宙不是物理学意义上的真实"。扎克伯格已经明确表示：元宇宙是一个目标，对许多投资者、工程师、学者和未来学家来说，这是一个长期的目标。但扎克伯格的计划可能并不受欢迎，很多人讨厌它，并且认为 Meta 元宇宙有潜力做任何事情的可能性为零，只能将其称为一场"乌托邦混乱"。元宇宙只是一个想法——对一些人来说无比刺激，而对另一些人来说却非常可怕。

本质上，对元宇宙的恐惧和担忧最终来自对其规模扩张的担忧。虚拟世界的任何扩张都可能放大其更有害的属性。比如，由少数营利性公司协调（或控制？）这么多重要的互动意味着什么？元宇宙是一个正在快速生长中的巨兽，它最终会挣脱人类对它的束缚吗？……

第二节　元宇宙从哪里来

虽然不少人认为元宇宙只是反乌托邦电影"头号玩家"的某个新版本，但更多的人认为它将具有更大的社会价值。历史和未来是一个没有起点也没有终点的连续体。任何时候，我们都可以看到今天的突破和未来的趋势是如何建立

在先前发现的框架之上的。下面列出的历史步骤对元宇宙的形成和未来至关
重要。

元宇宙简史[⊖]

让我们回顾几十年时间，以全新视角来看待元宇宙轨迹。著名未来学家托马
斯·弗雷[⊜]选择了 1991 年作为起点——这一年，万维网和区块链同时出现了！

为什么这些里程碑被认为是元宇宙出现的基本要素？因为其中的每一个
都在那个虚拟的平行世界中添加了结构、能力、技术，以及现实的资源和机
遇——有人认为，"数字元宇宙将比我们今天的物理宇宙更为安全、更加民主"。

- 1991 年，万维网的诞生

    1991 年 8 月 6 日，伯纳斯 – 李在万维网上发布了第一个公开的"大
    众互联网"的合作邀请。这是万维网诞生的日期。

    值得大书特书的是：伯纳斯 – 李没有凭借万维网索要哪怕一元钱的
    专利费，李将万维网贡献给了全人类！

- 1992 年，《雪崩》

    就在万维网诞生的第二年，科幻作家尼尔·斯蒂芬森在他的小说
    《雪崩》中创造了"元宇宙"一词，其中人类作为化身在一个三维虚拟空
    间中与他人和软件代理进行交互，该空间"使用"了真实世界。

- 1993 年，工作量证明

    工作量证明（PoW）的术语和概念，最初是在计算机安全的背景下，
    作为防止垃圾邮件的一种方式。后来，PoW 成为验证和合法化区块链交
    易的主要技术之一，特别是基于计算机能力的网络货币挖掘，即俗称的
    "挖矿"。

⊖ 本节所涉主要事件，均来自托马斯·弗雷（Thomas Frey）的文章《元宇宙简史》（The
History of the Metaverse），作者已授权笔者使用，引文有增删。

⊜ 托马斯·弗雷：著名未来学家，IBM 获奖最多的工程师，未来战略智库达芬奇研究所
（DaVinci Institute）创办人。他对未来愿景和机遇的准确描述吸引了世界各地人数庞大的追
随者。他自己创办了 17 家企业，并协助了数百家企业的发展。在创办著名的未来战略智库
达芬奇研究所前，他在 IBM 担任了 15 年工程师和设计师，获得了 270 多个奖项。他也
是"999 社群"的成员，该社群自称其成员都是拥有"超过 99.9% 人类的高智商"的群体。

- 1998 年，B-Money

　　计算机工程师 Wei Dai 提出了 B-Money 的概念，这是一种去中心化的分布式加密货币。它虽然从未实现过，但其中一些概念与多年后出现的比特币的概念非常相似。另一种币权验证方法是使用权益证明（PoS），这是一种替代挖币算法，它更依赖于开发者当前持有的加密货币，而不是依赖于原始计算能力的工作量证明。

- 2002 年，数字孪生技术

　　数字孪生（物理对象的数字对应物）的概念和模型，是由时任密歇根大学教授的迈克尔·格里夫斯于 2002 年在制造工程师协会会议上公开介绍的。格里夫斯教授提出了数字孪生，作为产品生命周期管理的概念模型。

- 2003 年，《第二人生》

　　《第二人生》是在线虚拟世界，由罗森代尔和他的林登实验室（Linden Lab）团队于 2003 年开发，是元宇宙世界的先驱。《第二人生》用户面临的最大问题之一是低带宽和高分辨率，这使其体验不太理想。在今天，《第二人生》仍拥有数十万活跃用户群，平均每人每天在这个虚拟世界中花费的时间超过四个小时。

- 2006 年，Roblox

　　Roblox 是一个在线平台，允许用户创建和参与其他用户开发的游戏。2021 年，Roblox 公司上市、股价高开，成为年轻人在线互动的重要平台。

- 2009 年，比特币

　　2009 年 1 月 3 日，比特币（BitCoin）网络诞生，其神秘创始人中本聪（Satoshi Nakamoto）挖掘了比特币的创世区块 (0 号区块)，获得了 50 个比特币的奖励。这是比特币诞生的第一天。

- 2009 年，区块链应用

　　随着比特币的发明，中本聪又发明了使用区块链作为比特币的公共交易账本。尽管其他人更早声称已经发明了区块链的概念（区块链的两位发明人为斯托尔内塔教授与哈伯教授，可参见本书"元金融"一章），但在比特币推出的同一天，区块链的可应用形式也诞生了。

- 2010 年，边玩边赚技术

到 2010 年年初，扭蛋游戏在日本流行起来，基于胶囊玩具自动售货机的渠道，最早的系统是 MapleStory。玩家可以赚取代币，可以根据预先确定的稀有程度从一组物品中随机抽取这些物品，通常的目标是收集一组物品的所有物品，以获得强大的游戏内奖励，这被称为边玩边赚（Play to Earn，P2E）。

- 2012 年，《玩家 1 号》

Ernest Cline 的这部小说向许多年轻人介绍了虚拟现实世界的概念，斯皮尔伯格（电影《人工智能》导演）在 2018 年的改编使这个创意更加生动，关注度更高。

- 2012 年，NFT

NFT（Non-Fungible Token）即不可替代通证，代表一种唯一、不可替换的通证。而如比特币则是可替代、可互换的通证。自 2012 年 12 月创建"彩色硬币"以来，NFT 概念一直伴随着我们，特征是将附加信息合并到虚拟货币中，使其不可替代。

这也是一个由年轻的以太坊创始人维塔利克·布特林（Vitalik Buterin，中文圈昵称 V 神）最先牵头的项目，当时的动因是，他致力于改进比特币区块链的无信息属性。

- 2015 年，以太坊

1999 年，硅谷著名投资家彼得·蒂尔（Peter Thiel）的公司 Confinity 与埃隆·马斯克（Elon Musk）的 X.com 公司合并，组成了 PayPal 支付平台。三年后，eBay 以 15 亿美元收购了 PayPal，让马斯克和蒂尔都变得异常富有。2010 年蒂尔宣布成立蒂尔奖学金（Thiel Fellowship），为 22 岁以下的学生提供每人 100 000 美元的资助，以帮助（催促）他们从事"更创新"的创业工作。2014 年，这笔赠款的获得者之一就是年仅 20 岁的布特林。

2015 年 7 月，布特林和盖文·伍德（Gavin Wood）共同推出了以太坊网络及以太坊区块链。（五年后，以太坊就被估值 5000 亿美元，创造了"90 后"数字领域创业者的新典范。)

- 2015 年，Decentraland（去中心之地）

　　该虚拟现实平台的第一次迭代于 2015 年推出。其通过工作量证明算法分配虚拟"土地"。2021 年 NFT 的繁荣使该游戏的一些虚拟房地产地块的销售额超过 100 000 美元。

- 2015 年，智能合约

　　智能合约于 20 世纪 90 年代初由 Nick Szabo 首次提出，他创造了该术语来指代"以数字形式指定的一组承诺，包括各方在其中履行这些承诺的协议"。

　　自 2015 年以太坊区块链推出以来，"智能合约"一词更具体地应用于在区块链或分布式账本上进行的通用计算的概念。

- 2016 年，宝可梦 Go

　　宝可梦 Go（Pokémon Go）是第一款将虚拟世界叠加现实世界的游戏。它使用带有 GPS 的移动设备来定位、捕获、训练虚拟生物（称为 Pokémon），看起来就像在玩家的真实世界中一样。

- 2016 年，DAO（去中心化自治组织）

　　名为 The DAO 的公司于 2016 年 5 月通过众融代币销售推出了 DAO 项目，创下了当时历史上规模最大的众筹活动记录。其旨在成为一种在以太坊区块链上创建的另类风险投资基金、一种去中心化的融资模式。

　　2016 年 6 月，有黑客利用了 DAO 代码中的一个漏洞，将 DAO 的三分之一资金转移到一个附属账户中。这导致了 The DAO 的消亡。

　　但是 DAO 的概念继续存在，并从中吸取了经验教训而获得了极大改善。展望未来，每个 DAO 都将成为未来元宇宙公司的重要基础结构——这些 DAO 公司由组织的参与者共同管理，且管理规则和金融交易记录在区块链上。

- 2017 年，Fortnite

　　这款多人视频游戏在发布后取得了巨大成功，它向许多人介绍了元宇宙和加密货币的外在形态和感觉。2022 年，Fortnite 用户群总数超过 3.5 亿。

- 2018 年，DAI 稳定币

DAI 稳定币因为添加了新的元素，被加密元宇宙广泛认可。与不锚定任何法定货币或仅锚定其他加密货币的加密货币相比，中心化的 DAI 稳定币与美元挂钩，这使其波动性大大降低。以去中心化金融（DeFi）而言，加密货币更加可靠。今天，基于区块链的银行服务，可在许多用于加密货币借贷和投资的类似平台上使用。目前，虽然还不受传统机构监管，在大多数情况下，用户对此体验仍然很好。

- 2018 年，去中心化交易所（DEX）

当 Bancor 因黑客损失 1350 万美元时，网络货币交易所遭受了重大的公关打击。尽管它们的法律及监管基础仍然有些不确定，但 DEX 仍然是人们基于智能合约而不是通过中心化交易来出售和交易其网络货币资产的一种主要方式。

- 2018 年，Axie Infinity

这一年推出了流行的 NFT 虚拟现实游戏 Axie Infinity，该游戏构建了一个数字宠物世界。到 2021 年中期，它的 NFT 总价值是所有游戏平台中最高的。

- 2020 年，新冠疫情

当 2020 年新冠疫情暴发时，世界各地的人不得不更多地投入时间和精力进入虚拟世界。元宇宙很快成为越来越多的年轻人、游戏玩家和那些想在网络世界快速赚钱的人的首选之地。

在这个两极分化的"物理 vs 虚拟"世界中，元宇宙已经呈现出一种对抗当前各种制度的基调——各种制度，越根深蒂固，就越面临风险。对抗将人们推向了元宇宙的地下经济和地下世界，为元宇宙的增长设置了"完美风暴"。

- 2020 年，去中心化应用程序（Dapps）

在 6 大区块链通证平台上，通证价值已超过 20 万亿美元。随着开源、透明的应用程序不断涌现，支持游戏、去中心化金融、去中心化交易所和其他用途的去中心化应用，让削减中间人的运动仍在蓬勃发展。

虽然许多人将 Dapps 称为新趋势，但第一个 Dapp 实际上就是十多年前的比特币应用。

- 2020 年，元宇宙首场音乐会

  2020 年 4 月，特拉维斯·斯科特（Travis Scott）在视频游戏《堡垒之夜》中向 2770 万人进行表演。

- 2020 年，SOLANA 算法

  同样在 4 月，Solana 区块链 Dapp 被推出。与以太坊不同，这个 Dapp 的加密货币被称为 SOL，是基于权益证明算法开采比特币的（以往比特币开采都基于能源消费量更大的工作量证明）。此外在 Solana 中澄清和简化了与区块所有权相关的问题，使用一种称为"历史权益证明"的新共识工具（Consensus Tool），用来为智能合约提供元规则（meta-rules），将时间戳插入其区块链。

- 2020 年，异形世界

  这个广受欢迎的 Dapp 是使用多元宇宙星际场景创建的，该场景让 NFT 角色在分布式自治组织中进行交互，以挖掘代币并执行其他任务。

  到 2021 年，异形世界（Alien Worlds）已经拥有超过 250 万用户，但其意义远不止于此——该游戏围绕重要课程，旨在向人们教授加密货币和加密货币挖矿的原理。这些知识和原理极大地推进了整个虚拟世界的技术基础设施的构建。

托马斯·弗雷特别强调："在过去几年中，元宇宙领域中各种支持技术和新功能的发展已经令人难以置信，但 2021 年开始更加惊人！"

未来，社会可能没有任何方面——包括政府、商业、宗教、娱乐、约会、政治，甚至战争——会由于元宇宙的发展还保持不变。

对于未来，元宇宙将产生特别深远的影响。

再引用一次林肯和德鲁克共同说过的一句名言——虽然已经被人们引用过无数次了——"预测未来最好的方式，就是将它创造出来……"

第二章

思想的元宇宙

意识是世界上唯一真实的东西，也是最神秘的东西。

——弗拉基米尔·纳博科夫

大脑比天空更辽阔，

因为，把它们放在一起时，

前者能轻松地包容后者，还有你。

——艾米莉·狄金森

我所理解的"哲学家"就是"炸药"，在他们的思想面前，一切都岌岌可危。

——尼采

禅宗哲学家铃木大拙讲过的一则小故事。

一个禅宗学生问他的师父："我拥有佛性吗？"

禅师说："你没有。"

学生说："但是我听说石头、花、鸟、人等众生都有佛性。"

禅师说："你说得对。众生都有佛性，石头、花、鸟、人都有，唯独你没有。"

学生再问："为什么我没有？"

禅师再答："因为你正在问这个愚蠢的问题。"

——约瑟夫·坎贝尔

第一节　先有思想，后有经济

思想创意公司

数据不能解决问题，分析不能解决问题，会议、报告和调查也不能。但思想可以。伟大的理念是在你了解了数据、分析、会议、报告和调查之后发生的。思想对我来说就是一切。

任何商业问题的出现，就只是缺乏思想。世界现在需要的是思想。很多很多的思想。

——Ideasicle X 创始人，威尔·伯恩斯（Will Burns）

以下是思想创意公司 Ideasicle X 的案例介绍[⊖]。

Ideasicle X 已经酝酿了 10 年。2010 年，伯恩斯离开了之前成功的广告业务，开始了新一次的创业。他当时的实验室只是一个封闭的系统，而不是今天这样的开放平台。他逆向设计了一个生产力软件来满足虚拟任务和目标，还从过去的机构中招募了他最喜欢的前同事"创意人"为他工作，以虚拟团队的形式提出创意。

最初的 Ideasicle X 聚焦创意。"无须执行，只要想法"，这种策略在 2010 年相当激进。伯恩斯负责管理新业务、战略发展、团队招聘以及演示文稿开发，公司的其他专家完成其余工作。但是有一天，他突然想到，我们为什么只是自己享受所有的创造乐趣呢？

现在是思想经济时代。伯恩斯意识到，只将公司视为一个封闭的创意生态系统，操控自己的客户和精选专家库，这不仅限制了企业的发展，而且限制了精彩的创意在全球范围的扩散。

如果每个人都可以访问这个生产创意的虚拟平台会怎样？如果任何客户都可以招募自己合意的专家，向他们介绍需求情况，并亲自体验"发布、构建和重新生成"的新方法的魔力会怎样？

伯恩斯招呼他过去最喜欢的创意人员加入他的团队。曾经只有 2 人的人才池现在已经超过 50 人，而且还在不断扩充。每个团队成员都是因着他们的理

　　⊖　本案例经 Ideasicle X 公司 CEO 威尔·伯恩斯授权使用。www.ideasiclex.com/about.

念、经验和才能而被挑选出来的——如果思想和创意就是力量，那就准备好展
翅高飞吧。这是一个经过验证的 SaaS（软件即服务）平台，专为虚拟远程创意
而设计——"将创意人士聚集在一起。Ideasicle X 成为第一个专为虚拟创意生
产的、从头开始建模的 SaaS 平台和生态系统"。

Ideasicle X 声称只做一件事并且要做得非常出色：帮助客户公司提出更多
更好的创意！

互联网的开篇之作：《思想的经济》

互联网幼年时期，先锋人物约翰·巴洛[⊖]发表过一篇著名文章《思想的经
济》，其影响力不亚于其后尼葛洛庞帝所著的《数字化生存》，巴洛揭示了"物
质与比特"的深刻对照。另外，巴洛与尼葛洛庞帝风格迥异：在表达思想时的
巴洛是"激烈的和无情的"。

当时巴洛常年撰写文章或发表演讲，讨论社会虚拟化的议题，是网络安全、
虚拟现实、知识产权等主题的评论家。在互联网初创时期，他被亲昵地称为
"网络界的土狼"——"负责往外跑，越过营火范围，进入黑暗，然后回来通报
四面八方发生的变化。"

他还是更著名的《网络空间之独立宣言》的作者："我们正在创造一个世
界，一个所有人都可以进入的世界，不受种族、经济实力、军事力量或出生地
的特权或偏见的左右；我们正在创造一个世界，在这个世界里，任何人在任何
地方都可以独立表达他的信仰，无论声量多么单一，都不必担心被迫保持沉默
或服从……"

管理大师德鲁克强调有效管理的前提是"提出对的问题"，而巴洛不仅提出
了"对的问题"，也给出了"对的答案"！而且，通过分享巴洛的思想，相信我
们已经可以论证："先有思想，后有商业模式。"[⊜]

通过阅读不难发现，早在数十年前，借由网络"数字产权"的讨论，他就

⊖ 约翰·佩里·巴洛（John Perry Barlow）（1947—2018），著名的互联网"拓荒期"人
物，电子前锋基金会（EFF）创办人，全球电子链接（WELL）董事会成员，CSC 先锋团
（Vanguard Group of CSC）和全球商务网络（GBN）顾问。
⊜ 王绍祥、林永青于 1999 年经原作者授权编译了全文。本节转述了《思想的经济》部分
"思想"，出于还原叙述风格的考虑，保留了原文小标题。

已经提出了今天被称为"虚拟现实""网络社区""软件即服务""区块链"或"加密货币"的思想——令人惊讶的是,早年的巴洛"思想"都已变成了今天的"经济";最令人惊讶的是,巴洛的"思想"大大超越了时代和商业模式,直抵社会学、法学、政治学、人类学等人类生存境况的"元问题"深处……

- 网上售酒不需要酒瓶。**今天我们销售的仍然不是思想,而是装载思想的"容器"。**
- 剑,文本,比特。由于思想的交易必须通过物质容器才能实现,因此即使今天,"思想的价值"也只能由"暴力"来定价。
- 信息分类学。信息是一个动词,不是名词;信息只能体验,不能拥有。
- 在网络空间里索取报酬。技术即密码;通过非物质"联系"获得报酬。

网上售酒不需要酒瓶

"如果说自然真的赋予了人类一种为人类所独有的又最不易受外力左右的财富,那它就是思想。"如果一个人不想把自己的思想公之于众,那么思想就为个人所独有。一旦思想被公之于众,思想就会深入每个人的头脑,即使接受者试图放弃也无济于事。

巴洛强调思想的另一特征:"每个人对思想的把握程度是一样的,因为任何一个人所掌握的都是这一思想的全部。从我这里获得了思想的人从中受到了教益,而我的思想也不见得有分毫损失;正如有人向我借火点蜡烛一样,蜡烛点燃了,我也不至于失去光明。"

如《独立宣言》起草人托马斯·杰弗逊[⊖]所言,"自然创造了思想,思想如火焰一般,无往不前、无所不在,在任何地方都没有丝毫减弱的趋势;同时它又如同空气,我们可以在其间呼吸,在其间活动,在其间生存;它既不局限于某个人,也不会为某个人所独有"。

所以笔者直言,所谓"创造",从本质上说并不是个财产问题。但长久以来,先行者们一直在网络空间苦苦摸索:"在虚拟世界里可以找得到的几乎每种法律的、道德的、政府的和社会的难题中,似乎都有着一个巨大的、谜一样的

　⊖　托马斯·杰弗逊(1743—1826),美国第三任总统。

东西亟待解决，即数字化产权问题。"

这个"数字化之谜"是这样的：如果在不需要任何成本、不为我们所知，甚至还继续为我们所有的情况下，我们的财产可以被无穷无尽地复制，同时可以在转瞬之间传遍全世界，那么，我们应该如何保护它呢？换言之，对于我们脑力劳动的果实，我们应当如何索取报酬呢？同时，如果我们无法得到报酬，那么何以保证这类工作的继续进行、继续传播呢？例如，图书的售价有时不能反映"知识的价值"，而只是印刷成本和营销费用以及利润加成等。

对此我们毫无头绪，显然这是我们无法阻挡的一种（没有任何实物形态的）飞速发展的数字化进程，巴洛"无情"地批判，"事实上，我们正驾乘着一艘渐渐沉没的船只驶向未来……然而，无论是由里及外还是由外及里，它都在漏水""为了让这艘旧船依然能够浮在水面上，在健全法律方面我们做了如下努力：手忙脚乱地重新安排座位；郑重地警告乘客如果船沉了，他们将面对严厉的刑罚；面无表情，目光呆滞地将一切推脱得一干二净"。

思想家们的思想本身被认为是人类的共有财产。但为了保护个人权益，人们又注重版权——"酒瓶可以得到保护，但酒却不能"。现在，随着信息进入了网络空间，思想的容身处所——"瓶子"——正在消失。随着数字化的到来，现在我们已经能够用一种"超级大瓶"——由1和0构成的复杂且高度流动的信息流——来替代从前所有的信息储存方式。

当年，杰弗逊和他的同仁们一道宣传启蒙思想时设计了一种制度，这种制度后来成为美国版权法："使事情变得更复杂的是，知识产权照旧依赖于现实中的瓶子，而且数字化技术正在抹杀实际世界中的司法辖区，取而代之的是无边无际的、或许永久都是无法无天的网络海洋。"

剑，文本，比特

蒙昧时代，财产的拥有和分配大体上是军事行为。"所有权"以最粗野的工具寻求保证——要么是拳头，要么是军队——心狠手辣者不惜使用这种手段。

商人和乡绅的出现则促进了道德观的发展，这为解决财产纠纷铺平了道路。中世纪下叶，开明的统治者，如英国的亨利二世就开始将不成文的"习惯法"修订成成文法规。

"如果财富的最初的源泉是农业，那么，随着工业革命的到来，人类不仅开始重视目的，而且开始重视工具。工具获得了一种新的社会价值。由于工具的发展，人类才得以进行大规模的再生产和大量的（思想）传播。"

为了鼓励人们发明工具，多数国家都制定了版权法和专利法。这些法律专门承担了使精神创作进入现实世界（或深入人心），同时又保证创作者能因此获得报酬的这一艰巨任务。专门针对这一任务的法律和实践体系就是基于"实际的表现方式"的。

由于现在我们已经能够在无物质的情况下使思想得以传播，所以我们现在不仅占有思想的呈现方式，而且占有思想本身。

信息分类学

进入虚拟时代以来，知识产权的形式和保护方式变得十分模糊。巴洛表示，"尽管如此，我仍想坦白地说（或重申）几句话，我确信在五十年里，这些话还不会显得过于愚蠢"。

- 在没有新容器的时候，我们认为我们对知识产权所知道的一切几乎都是错误的。我们将不得不……将旧容器忘却。我们将把信息看成是一种"我们从未见过的东西"。
- 我们要发展的保护措施，与其说依赖于法律，不如说依赖于道德和技术。
- 保护知识产权，在很大程度上有赖于密码的设置。
- 未来经济与其说基于所有权，不如说基于联系，而且是持续不断的联系。

在临近的未来，人类交往将部分表现为虚拟形式而不是物理形式，人类交往将不再仅仅由物质构成。将来，我们会在一个"由动词而不是由名词"构成的世界里进行交易——即使没有著作权，互动联系也可以有利可图。随着人们进入网络，而且无须经过中央媒介的审查就能"直接从信息源获得信息"，人们将发展出一种互动能力来探索现实，保障权益。

在网络空间里索取报酬

大多数时候，技术的定义即设置密码。巴洛已经多次提到过，"密码是网络空间的墙、边界和'瓶'"。

当然，密码或其他任何产权保护的纯技术方法也不能一劳永逸，"通常你把东西藏得越隐秘，你就越可能成为别人的靶子"。把加密作为全球解决方案的另一明显问题是：一旦某种东西被解密，大规模的复制会泛滥成灾；即使解密后的复制不是个问题，软商品的价值大多随时间的流逝而迅速降低。

"但是密码并不仅仅是用来加密的，加密前提下的数字签名和数字货币将是未来保护知识产权与数字资产的核心。"

软件行业的共享软件模式之所以失败未必是因为盗版，而是因为支付共享软件并不方便。如果付款过程可以自动化，如果数字现金和签名成为可能，软件使用者将更多地被赋能，软件创作者也会从网络空间获得更丰厚的利润。

互联网络理想主义者巴洛也并不认为一切都必须付费使用："一个通过技术要求对每一个特定的表达方式付款的系统，当然存在着根本的问题。这有悖于杰弗逊的自由初衷，即无论每个人经济条件如何，他都应当可以获得思想。我觉得限制人们追求财富、追求知识的模式都是不合适的。"

最杰出的元宇宙思想家和投资人

如果在元宇宙思想家群体中，只列出一个姓名，那么，非马修·鲍尔莫属。鲍尔是一位在媒体和娱乐行业有着多年经验的分析师和投资人，他在元宇宙产业出现的前期和早期发表了一系列的文章和演讲，他的思想对该行业的发展做出了重要的贡献。

有意深入探讨元宇宙的读者请自行登录他的个人网站（www.matthewball. vc），可以发现数百篇各类论文、新闻评论、行业分析。一直到今天，如果说什么人最早也最全面地思考了元宇宙的方方面面，还是非他莫属！鲍尔作为探索元宇宙的先行者，引领我们真正从互联网时代进入元宇宙时代。他在元宇宙领域的见解，对扎克伯格、比尔·盖茨、贝佐斯等业界大人物都产生了深刻影响，是当之无愧的"元宇宙商业之父"。

鲍尔现为 Epyllion 首席执行官，Epyllion 是一家从事天使投资、咨询服务以及制作电视、电影和视频游戏的多元化控股公司，专注元宇宙产业推广。Epyllion 的创投组合包括了 20 多家元宇宙及周边产业的新创公司。

Epyllion 是鲍尔元宇宙研究机构 (Ball Metaverse Research Partners) 的大股东，该机构提供全球最大的游戏 / 元宇宙主题 ETF（交易所基金）的指数，鲍尔元宇宙 ETF（代码 METV）已在纽约证券交易所挂牌交易，也是 2021 年推出的最大行业 ETF。Epyllion 还是多家元宇宙及加密货币基金的联合发起方，旗下的娱乐公司 Epyllion Entertainment 制作了 *Rival Peak* 和 *The Walking Dead: The Last Mile* 等诸多影视、游戏产品。

鲍尔还是 Makers Fund 合伙人、亚马逊前全球战略主管、KKR 高级顾问、麦肯锡公司高级顾问，并且是众多初创企业的董事会成员。他的《元宇宙改变一切》一经出版，立即成为全球畅销书。他还在彭博社、《经济学人》《时代》杂志、《纽约时报》和《华尔街日报》等世界级媒体平台担任专栏作者。

2019 年，鲍尔撰写了一篇题为《元宇宙：它是什么，在哪里找到，谁来建造以及堡垒之夜》(The Metaverse: What It Is, Where to Find It, Who Will Build It, and Fortnite) 的文章，在此文中，他提出了元宇宙的概念，并详细描述了它的构成和未来的发展方向。这篇文章引起了广泛关注，并成为该领域的基础性文献。笔者与 ChatGPT 平台"协作"，归纳了该文章的主要思想。

- 元宇宙是一个基于虚拟现实和增强现实技术的、可交互的、多人在线的虚拟空间。该空间可以基于虚拟现实和增强现实技术创建，并且可以允许多个用户进行互动和社交。此类空间的出现可以改变人们的生活和工作方式，并在经济和社会层面产生重大影响。
- 元宇宙不同于现有的虚拟世界，它是一个无限扩展且可以跨越游戏、媒体和社交网络等多个领域的空间，这使得元宇宙具有更广泛的应用前景和商业价值。
- 元宇宙的构建需要强大的技术支持，包括虚拟现实技术、人工智能、区块链等，这些技术将为元宇宙的发展提供基础，并促进其未来的创新和发展。
- 元宇宙的商业模式将基于数字资产和虚拟经济。用户可以购买、出售、交换虚拟资产，这些资产可以是虚拟商品、虚拟货币、虚拟地产等。虚拟经济将成为元宇宙的一个重要组成部分，并为企业和创业者提供商业机会。
- 元宇宙需要开放的生态系统和标准，以便不同的开发者和参与者能够协同工作。同时，开放的生态系统和标准也有助于降低开发成本，并使更多的人参与其中，进一步推动元宇宙的发展。
- 元宇宙需要跨行业合作和共同推动，以实现规模化发展。元宇宙的构建和发展涉及多个领域和行业，跨行业的合作有助于打破壁垒，创造更多的商业机会。

- 元宇宙的发展需要长期的投资和持续的创新。虽然元宇宙已经获得了广泛关注和投资，但这只是刚刚开始。为了实现元宇宙的规模化发展，需要持续进行技术研发和商业模式创新，并投入大量资金和资源。

经历过 2020～2021 年元宇宙行业的高歌猛进，鲍尔将他在业内多年的经验和观察进行了重新梳理和反思，出版了他的第一本元宇宙著作《元宇宙改变一切》。

"有对比，就有真相"，他首先对比了元宇宙和 Web 3.0 的概念，对这两个重要概念都给出了他的定义——"元宇宙不是 Web 3.0，它是一个大规模、可互操作的网络，能够实时渲染 3D 虚拟世界，并通过大量连续性数据，如身份、历史、权利、对象、通信和支付等，让无限数量的用户体验到实时同步和持续有效的在场感。与此不同，Web 3.0 是一个未来互联网版本的概念，围绕独立的开发者和用户构建，不再依赖于谷歌、苹果、脸书、亚马逊和微软等大型平台。Web 3.0 虽然通常与区块链等技术联系在一起，但并不是元宇宙的必要条件。"⊖

他因此认为：元宇宙注重实时渲染和用户体验，不需要去中心化、分布式数据库和区块链等技术，也不涉及在线权力或价值的相对转移。

然而，由于 Web 3.0 和元宇宙几乎是同步发展起来的，而且，大量项目也已经体现了二者的充分融合，因此，与鲍尔的观点不同，笔者更愿意将 Web 3.0 定义为元宇宙的一个基础板块，因为对于建立一个蓬勃发展的元宇宙来说，Web 3.0 的去中心化原则是至关重要的。当前的移动互联网和计算过于集中在少数大公司手中，而元宇宙的构建应该由独立用户、开发人员和中小型企业来推动，就像物理世界一样。任何希望元宇宙存在的人，甚至那些不希望它存在的人，都应该希望元宇宙的发展由这些群体来推动，而不是由大型企业来主导。

在《元宇宙改变一切》一书中，鲍尔回答了"如何理解元宇宙"以及"如何构建未来"等几个核心议题。同时，鲍尔列举了他所认为的元宇宙最重要的 8 大特征元素，来强化他对元宇宙的定义。

⊖ 鲍尔. 元宇宙改变一切 [M]. 岑格蓝，赵奥博，王小桐，译. 杭州：浙江教育出版社，2022.

元素 1：虚拟世界，完美再现现实世界。虚拟世界分为三类。第一类是完美再现现实世界，这些虚拟世界通常被称作"数字孪生"；第二类是象征现实世界的虚构版本；第三类是完全虚构的世界，人们可以在其中完成很多他们在现实世界中不可能完成的事。

元素 2：3D，互联网的下一个伟大迈进。尽管元宇宙被理解为一种 3D 体验，但这并不意味着元宇宙内的一切都是 3D 形式的。

元素 3：实时渲染，使虚拟世界"活"起来。沉浸式 3D 需要比 2D 更强大的计算能力。尽管实时渲染可以使虚拟世界"活"起来，但这意味着每秒必须至少渲染 30 帧，最好是 120 帧。

元素 4：互操作性，元宇宙经济将驱动统一的传输标准。元宇宙应该允许用户无论走到哪里或者选择做什么，他们的成就、历史，甚至财务状况都能在虚拟世界和现实世界中得到认可。

元素 5：大规模扩展，是虚拟世界而不是数字主题公园。"元宇宙"必须拥有大规模的虚拟世界，否则，它便更像是一个数字主题公园，永远不可能像真实世界那样多样化。

元素 6：持续性的挑战，我们很难记录自己的所有"足迹"。在单个虚拟世界中增加持续性，对于元宇宙的发展至关重要。如果你在现实中砍了一棵树，它就消失了，不管你自己是否记得砍了它。而对于一棵虚拟的树，你的设备和管理它的服务器必须主动决定是否保留这些信息，渲染它，并与他人共享场景。

元素 7：同步性，实时共享或虚拟死亡。我们希望元宇宙中的虚拟世界并不只是持续存在或实时回应我们，而是能成为共享的体验。

元素 8：无限用户和个体存在，让用户瞬间聚集。只有当元宇宙能够支持大量用户在同一时间、同一地点体验同一事件，并且不以牺牲用户功能、世界交互性、持续性、渲染质量等为代价时，元宇宙才能真正实现。

第二节　人类历史上最优秀的思想

何为史上最优秀的思想

尼采有句名言：我所理解的"哲学家"就是"炸药"，在他们的思想面前，一切都岌岌可危……虽然还存在广泛争论，笔者仍然相信进化论和复杂性理论是迄今为止"人类历史上最优秀的思想"，相信进化论和复杂性理论之间存在着某些强大连接。

限制或秩序，最终进化出自由

哲学家丹尼尔·丹尼特是一位坚定的新达尔文主义者。他曾直言不讳，如果要就人类历史上最优秀的思想颁奖，他不会颁给牛顿和爱因斯坦或其他人，而是颁给达尔文。自然选择进化的观点轻松地将生命、意义和目的的领域与空间、时间、因果、机制和物理法则的领域相结合。丹尼特试图说明，生命、智慧、语言、艺术，最后还有意识，本质上只是"工程问题"。

我们还不能够解释自然选择过程中发生的所有微小步骤，但丹尼特毫不怀疑将来某天我们能够奉上清晰的解释。丹尼特认为，任何"反对自然选择"的"进化限制"理论，反而增加了"进化的可能性"。他用诗歌予以类比，当诗人按照韵律写诗时，会发现他能够施展的天地要比写购物清单大得多。换言之，秩序可能起初是限制，但是最终却是自由的状态。除了强调生命是通过自然选择塑造的物理工程现象之外，丹尼特另一主要目标是理解迄今生物科学尚未解开的最重要的谜团：自由意志。

1995 年，丹尼特首次在思想史中引入了达尔文进化论这一"危险观念"，认为达尔文的图景席卷了反对者们在伦理、艺术、文化、宗教、情绪乃至意识等领域的所有话题。"达尔文的想法是一个革命性的想法，这点毋庸置疑，但它并没有毁掉我们珍视的那些东西，相反，它使那些东西的价值建立在更好的基础之上，并把它们与知识的其他部分优美地联结起来。"几个世纪以来，人们倾向认为"人文与艺术"不但从科学中分化了出来，而且在一定程度上免受科学审查的侵扰。

一旦人们发觉自己钟爱的事物遭到了威胁，第一反应便是筑起一堵"坚不可摧"的高墙，即使最著名的人物也不例外。比如，爱因斯坦对量子力学不确定性原理的抵触众所周知——"上帝不会掷骰子"是他的衷心之言，但这种抵触情绪可能没有合理根据。

本节讨论进化论是"人类历史上最优秀的思想"，除了对思想家、哲学家丹尼特表达敬意之外，还有一个"伏笔"：当前的（量子）复杂性时代，几位最重要的复杂性经济学家都不约而同地提到了进化论对于经济学演进的深刻影响。更为"凌厉"的结论来自牛津大学教授、《财富的起源》一书作者，他直截了当下了结论说，财富的唯一来源就是"进化"。("元经济"一章将深入讨论复杂经济学。)

从低级事物中"涌现"高级复杂性

安东尼·加勒特·里斯（Anthony Garrett Lisi）是重要的理论物理学家。他坚持任何"复杂性"都可以从"更低级的思想"进化而来——"思想、激情、爱……我们所经历的内在世界，包括我们生活中所有的意义和目的，都自然地产生于基本粒子的相互作用。这听起来很荒谬，但事实如此。科学家已经基本理解了小至亚原子粒子、大至太阳系的所有可能发生的基本相互作用。魔力的确存在于我们的世界中，但它不是来自作用于我们或通过我们起作用的外部力量。我们的命运不是由神秘的能量或行星对恒星的运动引导的。我们现在更加明智了，知道生命的魔力来自'涌现'"[⊖]。

正是这些粒子大量难以想象的相互作用，才使得这种神奇的魔力成为可能。比如"乏味的"科学家们现在将浪漫的爱情描述为"低级的"、适时相互喷射的催产素。换言之，"爱情"也只是分子间协调的相互作用，只不过这些分子的数量比茫茫宇宙中可观察到的恒星还要多[⊖]！每个人体细胞中大约有 100 万亿个原子，每个人体内大约有 100 万亿个细胞，可能产生的相互作用的数量还会随原子数量的增长而呈指数级增长。正是这个由相互作用的实体组成的"浩瀚宇宙"的涌现特性，造就了人类的情感和人类本身。

主要科学学科的等级大致地概括了现今的涌现层级。例如，原子物理学产生于粒子物理学和量子场论，化学产生于原子物理学，生物化学产生于化学，生物学产生于生物化学，神经科学产生于生物学，认知科学产生于神经科学，心理学产生于认知科学，社会学产生于心理学，经济学产生于社会学，等等。"这种从低到高的层级等级序列是不精确的、非线性的"，如计算机科学和环境

⊖　布罗克曼.那些让你更聪明的科学新概念 2[M].高见，刘淑华，闫疏，译.郑州：河南科技出版社，2021.

⊖　"人体分子的数量超过宇宙恒星的数量"，因此有宇宙学家猜想：低维的人体生命空间中也蕴含着高维的宇宙。

科学等一些领域是根据它们的相关性划分的，数学和物理学的约束则适用于全部领域。"但是，这种序列中涌现的一般模式是明确的：在每一个较高层级上，新的行为和属性会出现，这在下面层级的组成实体之间的相互作用中表现得并不明显，但它们确实产生于这些组成实体之间的相互作用。"

"涌现"不仅是"还原"的逆向过程。"涌现每次上升到更高的层级时，正是大量组成成分之间相互作用所累积的副作用产生了本质的新属性，这种新属性在新层级范围内可以得到最好理解。通常每上升到一个新层级，复杂性都会增加，而且其复杂性还有混合作用。"在可行环境中，在涌现的每一个高层级上，复杂性和行为都是通过自然选择进化而成的。例如，人类的目标、意义和追求，都是为了自然选择所青睐的心理学的涌现而存在的。

一旦我们认为自己理解了突变层级结构的中高层级事物，往往就忘记了从过去更低层级到达目前更高层级的阶梯。但是我们不应忘记涌现阶梯的存在，因为我们自身以及我们内部和外部世界中的一切都是涌现结构，而这种涌现结构在许多层级上都产生于可理解的物质基础。

"从混沌到有序"：VISA 国际组织的思考

"我们现在正处于一个非常重要的时刻，一个时代正在消亡，另一个时代正在挣扎诞生——文化、科学、社会和机构的变革比世界上曾经发生过的任何事情都要大。前方有着一个可能性：个人主义、自由、社区和道德的重生，这是世界上从未有过的，与自然、彼此以及神圣智慧之间的和谐，这也是世界上从未有过的。"VISA 国际组织创始人迪伊·霍克（Dee Hock）⊖在接受著名商业媒体《快公司》（*Fast Company*）采访时这样表示。

VISA 国际组织诞生于 1976 年，那一年，霍克就开始经营"让用户成为股东"的区块链事业了！虽然，霍克历经 25 年的努力成功地创办了一家庞大且成功的企业，他在自传作品《混序》开篇就咄咄逼人地自我批判："（我创办）VISA 并不是目的，现在就放弃它，还有整个企业界，彻底放弃，别留后路！

⊖ 迪伊·霍克是 VISA 国际组织创始人及荣誉首席执行官。霍克于 1991 年入选"企业名人堂"，成为享此殊荣的 30 位在世者企业家之一；1992 年，被美国《金钱》杂志评为"过去 25 年最能改变人们生活方式的十大人物"。

慢慢你就会想明白的……"

VISA 是根据他所倡导的"分布式权力、多样性、独创性"的原则组织的。1996 年采访时,《快公司》使用了"迪伊·霍克的万亿美元愿景"这样的标题——"自 1970 年以来,它增长了大约 10 000%。它继续以每年约 20% 的速度增长。它现在在全球约 200 个国家和地区开展业务。它为大约 5 亿客户提供服务。而今年,其年销售额预计将超过 1 万亿美元。"《快公司》继续称赞道,"霍克创立的 VISA 国际组织不仅表现出色,而且几乎是神话般的,是专家们最常引用的案例之一,用以说明混沌理论的动态原理如何应用于商业"。

霍克博览群书,历史、经济、政治、科学、哲学、诗歌——无所不包,丝毫不在意学科界限。他读到的内容使他确信,为支持工业革命而成长起来的指挥–控制型组织模式已经失控。霍克说,指挥-控制型组织"不仅过时,而且越来越无关紧要。它们正在成为一种公共威胁,与人类精神背道而驰,对生物圈具有破坏性。确信我们正处于制度失败流行病的边缘"。

霍克还坚信,如果他能创建一个组织,事情就会有所不同。他尝试根据生物学概念和隐喻来构思它,并根据他的理念设计了 VISA 国际组织:高度分散且高度协作。"权威、主动性、决策、财富——一切可能的东西都被推到组织的边缘"!

VISA 国际组织的章程不是试图通过限制成员企业的自主性来加强合作,而是鼓励它们尽可能多地竞争和创新。"成员企业可以自由地以 VISA 国际组织的名义创建、定价、营销和服务自己的产品,与此同时,在对整体成功至关重要的焦点活动中,它们进行了最密切的合作。这种合作与竞争的和谐融合使该系统能够在面对不同的货币、语言、法律、习俗、文化和政治哲学时,在全球范围扩张。"

VISA 国际组织被称为"产品是协调的企业",霍克称之为"一个赋能组织"。"这是活生生的证据",证明大型组织也可以在没有集权和强制的情况下有效:"有杰弗逊民主的元素,有自由市场的元素,有政府特许经营的元素——几乎是你能想到的每一种组织。""但又都不是。像身体、大脑和生物圈一样,它在很大程度上是自组织的。"

因此,1995 年,《第五项修炼》作者、组织管理大师、时任麻省理工学院(MIT)组织学习中心主任的彼得·圣吉特邀霍克一起重新构建 MIT 组织学习中心,因为"迪伊是我遇到的在组织主题上最具原创性的思想家之一"。

VISA 国际组织一直是世界上最大的信用卡组织！它不是银行，却获得了与全球所有银行合作的条件。它的用户也是它的"虚拟员工"和"虚拟股东"，它就是一家通过整合所有"虚拟用户"而形成的"虚拟企业"。VISA 国际组织的营业额是沃尔玛的十倍，其市场价值是通用电器的两倍多。巨大的商业组织怎么能同时又是最隐形的商业机构？ VISA 国际组织相对隐形的原因与其成功的原因是同等重要的。霍克因此出版了自传《混序》对其做出阐释。

一般而言，组织具有四种常见状态，分别是崩溃（Collapse）、混乱（Chaos）、秩序（Order）和控制（Control）。而霍克提出"混序"（Chaord）这个创新的组织管理理念：混序介于纯粹的秩序和纯粹的混乱之间，混序组织能够在变化和复杂的环境中保持自我适应和创新（见图 2-1）。

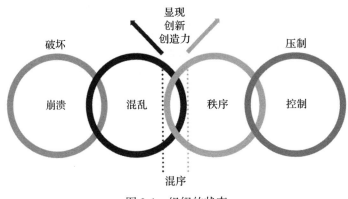

图 2-1　组织的状态

- 崩溃状态：组织在各个层面都失去了方向和目标，无法应对变化和挑战，面临着崩溃的风险。
- 混乱状态：组织缺乏明确的规则和方向，无法进行有效的协调和合作，无法实现创新和变革。
- 混序状态：组织具有一定的秩序和控制，有模糊的方向感，也容许一定程度的混乱和创造力。组织在这种状态下可以不断地发展和进化，以应对变化和挑战。
- 秩序状态：组织拥有清晰的规则和流程，确保各个部分协同工作，实现目标并维持稳定。

- 控制状态：组织具备严格的秩序和规则，实现了固定的指挥调控和流程系统，在完全固定的轨道下发展，无法实现创新和变革。

VISA国际组织的组织架构不是停留在思想层面的创新，而是为数十年的企业实践所证明了的经验和理论。VISA国际组织创始人的理想是建立"下一代的组织形态"，而这并不是人们常说的"公司"。组织将如何"从混沌到有序"[⊖]，或者是达到一种"既混沌又有序"的组织形态，这听起来就是一个悖论。

霍克的思想即使在今天仍然超前于时代，仅简单列举几个关键观念（还有很多）：商业和金钱并不是人们生活的全部；尽力消除企业内部的等级制；建立"商业生态系统"；奉行东方整体论而非西方还原论思想；复杂性科学，等等。

霍克提出了"混沌—有序"型组织要取得成功需要的几个实践性要素：

（1）范例。至少要有十多家与VISA国际组织相似的、特别成功的又正处于演变之中的"混沌—有序"型组织的范例。必须在不同国家与文化中都出现这种组织，遍布诸如政府、教育、社会服务、商业、环境等不同领域，以便让所有人都认为这种理念是可以普遍应用的。而且这批组织必须超越现行所有组织的边界，将处于不同领域的人们和团体联结在一起。这也是霍克在"既竞争又合作"的环境中共存的组织思想的具体表述。

（2）模型。需要创造一个此类"混沌—有序"型组织的四维物理模型，这样就有了可感知的东西以供检验，并与现有的组织形态互相比较。霍克所说的第四维指的是精神和伦理的维度。这一维度在现有的企业组织中，很大程度上被人们忽略了。

（3）智力基础。范例必须有完善的智力基础作为支撑。"混沌—有序"型组织在经济、科学、政治、历史、神学、技术、哲学等所有领域的理性依据，必须加入记录和综合。当然，普遍理解"混沌—有序"型组织所必需的各种话语体系甚至隐喻都还有待发展。

（4）组织。"我们正面临着一个全面的组织失败的时代。"必须建立一个全球性的组织，连接一个由人们所共享的理论学习和经验学习组成的庞大而复杂

⊖ 《从混沌到有序》是诺贝尔奖得主普里戈金的著作，以"耗散结构"解释热力学"熵增"问题。由于混沌理论是整体概念，其最大的知识贡献是打破了学科边界。后文将介绍的"分形学概念"，也有不少学者将其归为混沌理论。

的体系，以及联合关心组织失败，并承诺为改善这种状况而尽一份力的各个阶层的个人与任何类别的组织。这个组织必须遵循所信奉的原则进行自组织，同时使自身成为"混沌—有序"型组织的一个成功范例。

不久后，霍克将以上四个实践性要素告诉了美国的一个基金会——著名反垄断组织美国反托拉斯联盟（American Antitrust Institute，AAI）。AAI虽然不同意他的观点，却同意补偿他的各种研究费用，条件是霍克愿意投入时间继续做广泛的调查研究和实践。而霍克当时已年近70岁，他不再打算成就一番什么事业了……

思想及生命的敬意

思想也不过是从"低级"的算法进化而来的。在20世纪，科学家以方程和"连续"变量的数学运算作为主要方法来洞悉世界，对物理世界有了深刻的理解。连续变量在空间和时间上平稳地变化。然而，与火箭遵循牛顿运动定律不同，没有一种简单方法可以用来描述一棵树的变化——复杂结构的"树"。

在21世纪，我们基于算法的数学运算在理解计算机科学和生物学的复杂性本质上取得了进展。算法通常是"离散"的而不是连续的变量，是一个循序且可重复的方法，你可以遵循它来实现目标，就像烤蛋糕的操作步骤一样简单。

树的自相似分形（self-similar fractal）是从简单的递归算法中产生的⊖，这种算法创建的模式类似于树的分形，是由一系列在细胞分裂时将基因开启或关闭的决定驱动的。今天的AI神经网络研究已经揭示：人类大脑的构建也是由嵌入在DNA中的递归算法引导的，这些算法协调了大脑数百个不同部位的、数千种不同类型的神经元之间的连接。

大脑中的学习和记忆是由算法控制的，这些算法根据神经元活动的历史，改变神经元间突触的强度。学习算法被用于训练深层神经网络模型，以便能够识别语音、进行不同语言之间的翻译、给图片添加说明文字，以及参与冠军级别的围棋比赛，这些是将相同的简单学习算法应用于不同类型的数据所产生的惊人的功能。

⊖ 分形学及递归算法，详见"元结构"。

我们在自然界中发现的惊人的复杂性可能是通过对分子间最简单的化学相互作用空间进行采样而进化来的。复杂的分子应该从进化过程中产生，这应当不算什么奇迹。

弗朗西斯·克里克（Francis Crick）和莱斯利·奥格尔（Leslie Orgel）提出，核糖核酸（RNA）可能具有"生物算法"的特性，这就导致了进化早期的"RNA世界"的出现。那么究竟有多少种算法呢？想象一下所有可能的算法空间，空间中的每一个点都是一个有意义的算法。这些自然进化而来的算法非常有用，富有成效。

今天的一些有用的算法，却是由数学家和计算机科学家像工匠一样手工创造出来的。例如，史蒂芬·沃尔弗拉姆（Stephen Wolfram）⊖发现了细胞自动机（Cellular Automata）：通过自动搜索，可能产生高度复杂的模式和算法。沃尔弗拉姆定律指出，"你不需要在算法空间中走很远，就能找到一个能解决某类有趣问题的算法"。这类似于发现，机器人在互联网上玩"星际争霸"或其他游戏，尝试了所有可能策略——根据沃尔弗拉姆定律，在算法世界的某个地方，能够找到赢得游戏的算法。

沃尔弗拉姆的工作专注于细胞自动机空间中最简单的算法，这个细胞自动机空间是所有可能的算法空间中的一个子空间。笔者有幸与沃尔弗拉姆在方舟使命基金会（Arch Mission foundation）共事，了解到科学界已在神经网络空间中证实了沃尔弗拉姆定律，那是有史以来人工设计的一些最为复杂的算法，可以解释"生命的起源"与"思想的涌现"——"每一个深度学习网络都是所有可能的算法空间中的一个点，可以通过自动搜索找到——对于一个大网络和一组大数据，从不同的起点学习就可以产生无限数量的网络，它们在解决问题方面的能力都很强大。每个数据集都生成自己的算法群，而数据集又不断增加。谁能知道算法世界对我们来说意味着什么？也许有大量有用的算法，而人类尚未发现"⊖。

⊖ 史蒂芬·沃尔弗拉姆，知名计算机科学家、物理学家和企业家，《新科学》（*A New Kind of Science*）（2002）一书作者。他是 Mathematica 的首席设计师和首席执行官，设计软件应用和沃尔弗拉姆知识计算引擎。他还是著名大学伊利诺伊大学厄巴纳 – 香槟分校的兼职教授。2012 年，他被任命为美国数学协会的首席研究员。

⊖ 引自沃尔弗拉姆的自我介绍，参见 https://www.stephenwolfram.com.

第三节　新思想诞生新产业

过去的 70 年间，自电子计算机诞生以来，技术发明家和创业者们书写了一个又一个"思想生发产业"的数字神话。

彼神话成就了此神话。笔者在前文曾言，"当神话成为隐喻，隐喻就揭示了哲学；当哲学成就了技术，技术就将创造新的神话"。此处，第一个"神话"是"彼神话"，它启迪了思想，第二个"神话"是"此神话"，两个"神话"形成了迭代的闭环。那么，思想产生科学，科学再产生技术，技术再产生产品，产品再形成产业，"从彼神话到此神话"这一漫长的进程中间，都有哪些不为人知的节点、困难和壁垒？如何进行技术研发或技术攻关不是本书的主题，但我们可以感受一下神话学大师约瑟夫·坎贝尔在其《千面女神》中传达给我们的精神力量：坎贝尔转述了禅宗哲学家铃木大拙讲过的一则小故事——

一个禅宗学生问他的师父："我拥有佛性吗？"

禅师说："你没有。"

学生说："但是我听说石头、花、鸟、人等众生都有佛性。"

禅师说："你说得对。众生都有佛性，石头、花、鸟、人都有，唯独你没有。"

学生再问："为什么我没有？"

禅师再答："因为你正在问这个愚蠢的问题。"

坎贝尔最后解释道：学生试图确证自己的思想，却发现通过这些思想观察到的世间万物与他内心的真实不一致，而"神话的功能"就是让我们与自己、与所处的社会群体、与生活的环境保持一致——神话，不过是种种不可思议的生命形式的共情表征……

再浏览一些重大的数字技术或数字产品的发明，从第一台通用电子计算机 ENIAC 的发明开始：

- ENIAC，第一台通用电子计算机。
- 二进制系统，使用 0 和 1 表示数字的系统，成为计算机编程和数据处理的基础。
- 集成电路，将许多电子元件集成到单个芯片上，使计算机和其他电子设备拥有了更高的性能和更小的体积。

- UNIX 操作系统，第一个多用户、多任务的操作系统，对后来的操作系统产生了重要影响。
- TCP/IP 协议，构成了互联网通信的基本协议，使全球计算机网络的发展成为可能。
- 电子邮件，以电子方式发送和接收信息成为现代商务和个人通信的重要手段。
- 触摸屏技术，使用户可以通过触摸屏幕与电子设备进行交互，广泛应用于智能手机、平板电脑和其他设备。
- Ethernet，一种局域网技术，为计算机之间的数据通信提供了标准化的方式。
- 个人电脑，IBM 推出了第一台个人电脑，标志着个人计算机时代的开始。
- 数字相机，以数字方式记录图像的相机，取代了传统的胶卷相机，并推动了数字摄影的发展。
- 苹果 Macintosh，第一台成功采用图形用户界面（GUI）的个人电脑，对用户界面设计产生了重要影响。
- 万维网，蒂姆·伯纳斯 – 李发明的分布式超文本系统，使互联网变得更易用和广泛可访问。
- 区块链技术，以比特币为代表的分布式账本技术具有去中心化、安全和透明等特点，对金融和其他领域产生了深远影响。
- MP3，一种数字音频格式，革命性地改变了音乐传播和存储的方式。
- Wi-Fi，一种无线网络技术，使得无线设备可以连接到互联网和其他设备。
- Google 搜索引擎，提供高效的互联网搜索服务，成为全球最受欢迎的搜索引擎之一。
- 移动智能手机，通过结合手机和计算能力，改变了人们的通信和生活方式。
- 社交媒体平台，如 Facebook、Twitter 和 Instagram 等，改变了人们的社交互动方式和信息传播方式。
- 云计算，提供基于网络的计算资源和服务，使得数据存储和处理更加灵活和可扩展。

- 比特币，2009 年 1 月 3 日，比特币网络正式启动，第一个比特币区块（称为创世区块）被挖掘出来，标志着比特币和新型金融的诞生。
- 虚拟现实和增强现实，提供沉浸式的虚拟体验或将数字信息与现实世界融合的技术，被应用于游戏、教育、训练等领域。

读一读前面提到的禅宗故事和以下的思想范例，这些"数字神话"是否就不那么"不可思议"了？

思想范例 1 KK 对话录：新技术、新经济、新规则

凯文·凯利（Kevin Kelly）[○]，人们经常亲昵地称他为 KK，著名的"网络文化"（Cyber Culture）发言人和观察家，著有《科技想要什么》《新经济，新规则》《技术元素》等技术思想领域的重要著作。他是一位思想的行者。

林永青：《新经济，新规则》提到了新经济的 10 项新规则，相信您希望特别强调科技对于人类的根本影响。我们都认为，随着复杂的高技术融入社会的方方面面，旧的秩序被颠覆，新的秩序正在建立。

10 项新规则中，我个人认为比较创新的是第 7 条"从地域到空间"，它重新表述了新经济特征，即新经济的运行场域从传统的物理地域迁移到了信息空间（网络空间），并带来诸多重大变化。如未来学者保罗·萨夫（Paul Saffo）所说，"在物理地域中，人们关注价值链的经营，而在网络空间中，人们必开始思考价值网络"。

再如第 10 条"机遇优于效率"，经济财富的源头来自机遇。我个人欣赏"机遇就是做正确的大事情"。正是不断膨胀的机遇空间创造了持续发展的经济，进而引发创新的连锁反应。背后大的逻辑是，如经济学家朱利安·西蒙（Julian

---

○ 凯文·凯利（1952— ）小传：《连线》杂志创始主编，《全球概览》的出版人。1971 年在大学就读，一年后辍学成为自由摄影师。20 岁至 27 岁间，远足亚洲，在日本、韩国、中国台湾、菲律宾、泰国、缅甸、印度、斯里兰卡、巴基斯坦、孟加拉国、尼泊尔、阿富汗、伊朗等地游历。27 岁在耶路撒冷经历了一次神奇体验，觉得自己寿命只有 6 个月，于是孝顺父母，广为布施，看望亲友，然后在万圣节之夜"死"去。回美国后，精神上经历过"死亡"的他，骑自行车跋涉 5000 英里，横穿整个美国。接下来 30 年，他用自己的方式热烈拥抱这个飞速发展、眼花缭乱、日益技术化的世界，发掘暗藏在强大技术力量背后的生命之音。1984 年他发起了第一届黑客大会。他参与创办的全球电子链接迄今仍是最具人气与智慧的社区之一。

Simon）的论断，在各类机遇中，"人类的创造略多于摧毁"；**这些进化论者将这种"了不起的不对称"深刻地称为"经济"**。您个人认为哪一项规则是最重要的？或者，它们都是一个整体生态系统中不可或缺的部分？

凯文·凯利：我想先说一下，这本书在中国出版前已经是一本差不多有 15 年历史的旧书了。10 项规则中，第一项规则是我着重强调的：无论人们从事什么行业，钢铁、运输、建筑、农业、制药还是互联网，这些行业的相关信息都是在不断增加的。每个行业的信息面是最重要和最有价值的。

人们应该将互联网思维运用在自己的行业中，即使你本身不是互联网从业者。我想阐述的规则是，目前所有的商业行为都是在数字化及互联网的大环境当中的。我对网络的定义是：技术性矩阵的有机行为。

另外，优先选择网络平台来做业务，对于企业是一个重要决定。企业的未来将越来越多地取决于网络平台，企业必须评估平台的开放性、生态循环性、适应性。如分析师约翰·黑格尔所说："网络使得风险可控，它使得公司在面对科技不确定性时可以做不可逆的投资。网络上的公司享有广阔的资源和分发渠道，而它们的固定投资需求和企业技能需求正在下降。"

林永青：的确如此。我在英特尔（INTEL）公司工作过，时任董事长安迪·格鲁夫在 20 世纪 90 年代就曾说过，未来将"没有不是互联网企业的企业"。我读过多遍《失控》，这是一本伟大的著作，而且，我并不认为这是一本（如很多人所说的）难读的书，因为主线逻辑非常清晰。

让我印象深刻的是，《失控》归纳了大自然"无中生有"地让一个复杂系统发展和进化的"九大规律"，就像"创物主之手"：分布式；自下而上的控制；递增式收益；模块式增长；边界最大化；鼓励犯错误；不求最优化，但求多目标；谋求持久的不均衡态；变化自身产生变化……

总之，《失控》谈了很多自组织、自下而上、去中心化的观念。但人类的悖论是，人类必须以联结成社会的方式来生存。社会存在，则必然地等级存在、差别存在。我经常问自己的问题是，互联网还需要领导者吗？或者说需要什么类型的领导者？

凯文·凯利：是的，互联网仍然需要领导者，但他们是新的结构和环境下的领导者。可能是如《失控》所讨论的核心观点——"去中心化行为"。蜂巢或蚁窝看似没有领导者，实际上却有很强的组织和分工。互联网就是一个去中心化的例子，高效且运转良好，并不断壮大。互联网给其他事物描绘了获得这种力量的可模仿的范本。很多人误解为这表明我们不需要领导者。这不是我想表达的。相反，要获得这种力量，领导者的作用很重要。

互联网环境中的领导者能做的是对人们产生一些影响，大众把这类影响放大。这类新型的领导者可以减少竞争成本和交易成本，在评估各种可能的同时，减少整个系统内部的争议。这样系统本身就能提供很少但有利的选择，事情就很容易达成。这类领导者不是去教导人们该做什么或控制信息，而是利用自己长远的视野给大众提供一个方向，具体的事情留给大众去做就好了。

新经济可以从互联网的模式中学到很多，比如"低能量集群"的应用——利用集群力量是为了在日益嘈杂的环境中做出优异的表现。但大量研究也表明，完全听任底层的摆布并不是集群效应的宗旨。如果没有来自顶层的指导和管理，自下而上的控制方式会在面临诸多选择时停滞不前。如果没有某种领导元素的存在，底层的广大人群将在多选择时丧失行动力。

林永青：延伸一下，我想说，您的《科技想要什么》是对《失控》中探讨的内容的再发现、再设计。一本书意在提问，一本书意在解答。在《科技想要什么》中您回答了《失控》中提出的什么问题？在《科技想要什么》中您还想表达什么呢？

凯文·凯利：我想回答的问题是我对新科技的观点。我对技术本质的疑虑以及人与技术的矛盾关系，让我花了7年时间来思考。世界上每天都有新的技术诞生，但我们还没有理论和框架来理解科技面对的是什么。我们面临的是更好的生活，面临的是文明。

我们一直在发展科技。但我们是否要考虑和科技的竞争？我们会不会有一天被科技征服？所以我想讨论的是，科技的定位是什么？科技的理论和框架是什么？科技是宇宙的一部分吗？它是好的那部分吗？我们是该限制它还是发展它？这是我提出的问题。我想我得到了对自己有帮助的部分答案。

正如哲学家海德格尔对于技术的批判：这种貌似宿命的技术现实本质上是人无法控制的。但获得拯救的机会也恰在于此，"救赎将植根并发育于技术本质之中"。技术元素向"共生性"的发展推动我们去追逐一个古老的梦想：在最大限度发挥个人自主性的同时，使集体的能力最大化。

技术是进化的延伸，就像进化是宇宙的延伸那样。我们会认为技术对生命是种挑战，但事实上科技也是一种生命。技术也有像进化一样的历程，毕竟技术对宇宙、对生命都有积极的好处。技术具有生命的普遍特征。我的答案是，得到了技术的理论，也就能理解进化论。

林永青：科技就像一种自我进化的事物，从整个进化链条来看，甚至有一天人类也会成为科技的一部分。知识是"客观的"、独立于人而演进的（卡尔·波普尔）；我也记得"地球村"的首倡者麦克卢汉说过，"什么是鸡？鸡就是一个蛋生产另一个蛋的工具"。所以，虽然我们在感情上很难接受，但从漫长的进化链条来看，人类也许会成为科技的工具吧。

凯文·凯利："鸡是生产其他蛋的蛋"，这没有错。遗传学层面上，鸡本身拥有鸡的基因，可以产生更多鸡的基因；但是同时，我们的孩子拥有的不仅仅是我们的基因。所以，我们不仅仅是产生科技的那个"蛋"。

技术元素的确准备操纵物质，包括人类，重组各种内部结构，但是技术将为物质注入感知能力和情感，注入更多的"非工具性"。

林永青：我个人也喜欢《科技想要什么》的第13章，谈到技术元素的复杂性、多样性、共生性、自由、普遍性等。其中有不少深刻的创新思考，例如，技术元素的复杂性在提高，但更重要的是"各种技术血液中被添加了信息层，经过重组用于更复杂的产品"；多样性往往是杂乱无章的另一种说法，但多样性的提高是健康的征兆；自然的进化过程十分缓慢，但关于进化的信息却异常活跃、急速增长。**"知识是一种网络现象，赐予知识力量的是关联性"**。

我们回到上一个问题，您说领导者推动技术进步时需要有讲道理、明方向的能力，这像是科学哲学和领导哲学。人们传达思想的方式大体有两种：讲道理，或者讲故事。我个人更喜欢前者，因为我认为哲学语言是最经济的思想表达方式。那么，您倾向于哪种类型的领导力？讲故事？讲道理？创造哲学？或兼而有之？

凯文·凯利：我的工作是创造理论，我不会试着去经营一家大公司。所以我的领导力是创立理论和框架，也可以称为哲学，同时也是种指明未来方向、描绘画卷的能力。我认为自己是在一个比较高的层面上讲故事，比如讲宇宙起源或其他类似的大事情，我不会关注太具体的故事。

林永青：您提到科技和人类都有相同的"进化轨迹"，两者的进化方向和目的也是相同的吗？或者，这是一个伪命题？

凯文·凯利：是相同的。首先人类已经非常智能了，但这不是非黑即白的问题。人类已拥有智能了，而我们又是科技的一部分。我们在未来还会更加智能，在迈向智能这条路上我们与科技的确有相同的目的。

至于人类作为物种生存的目的，我认为与科技是相似的。我们都想更社会化、更复杂、更有活力、更高效、更有深度而且更多样化，这些也都是科技想要达成的，二者的目标确是相同的。

科技如同人性，不单是目的类似，成因、动力也类似，都由三种动力塑造而成：第一种动力是预定式发展——科技自身的需求；第二种动力是科技史的影响，也是旧事物的引力，就像马轭的尺寸决定了太空火箭的尺寸那样；第三种动力是人类社会在开发技术元素或确定选择时的集体自由意志。

在第一种必然性动力的作用下，技术的进化路径既受到物理法则的制约，又被其复杂的大型自适应系统内部的自组织趋势所控制。技术元素趋向于特定的宏观形态，即使退回到过去也是如此。即将发生的事情取决于第二种动力，即已经发生的事情，因此历史动力制约我们未来的选择。这两种动力引导技术元素沿着受限的路径前进，又严重制约人类的选择。人们常说"未来一切皆有可能"，而科技的事实是，"一切不一定可能"。第三种动力是我们确定个人有效选择和集体决策时的自由意志。与我们能想到的全部机会相比，我们的选择范围其实非常狭窄。但是与1万年前、1000年前，甚至去年相比，我们的机会正在飞速增加。

林永青：中国的哲学家老子曾说，宇宙没有感觉、没有感情，所谓"大道无情"。西方思想家们也有类似的表述："冷酷"一点说，意识或情感也只是物质的一种量子运动的结果。如互联网启蒙者尼葛洛庞帝所说，"意识是由物质通过某种结构和传导机制产生的"；著名的理论物理学家霍金也说"意识是物质产生出的一种功能"，在霍金看来，"自由意志"也只是一个物理过程，无论这个过程多么复杂……

近年来，我对量子力学做过一些初级的了解，目前我好像不得不承认尼葛洛庞帝和霍金的结论。您认为科技在进化中是否也没有感觉或感情？

凯文·凯利：不，我认为我们应该培养科技的感情。目前科技还不具备感情，但我认为今后我们会赋予科技感情。"科技的生命化"已成为现实世界无法根除的特征。科技将具备人性。

林永青：老子想表达的意思是，宇宙拥有人类无法改变的力量，推动着万物生长、变化。

凯文·凯利：是的，我认为在进化方向上，的确有种必然性。在这点上我同意老子的观点。

林永青：奇点大学提出了"指数型组织"增长理论，就这一问题，我也和奇点大学的相关研究者有过对话。您认为这种增长是仅有商业意义，还是具备长期的社会效应？

凯文·凯利：指数增长具有长期社会效应。但是，绝大部分的指数增长都是输入这一端的，而输出端就不一定呈指数增长。例如，电脑的数量呈指数增长，耗电量呈指数增长，软件代码呈指数增长，这些都是输入，但输出的智能虽然增长了，但没有呈指数增长。也就是说，输入呈指数增长，但它的结果或者说输出质量并没有呈指数增长。

林永青：这是一个很重要的观察。说到"质量"，您怎么看"量变引起质变"？这句话原来被认为是"不那么科学的哲学思想"，现在却成为量子科学的"隐喻"⊖。换言之，就是混沌理论所谓的"量子跃迁""万物涌现"。

凯文·凯利：是的。有句话是"more is more"，面对一个很难的问题，尝试了多次都无功而返，但经验教训一直在积累，当积累到一个极点时，事件就触发了。就像人工智能，目前⊜已经做了上万次的尝试，但都没有成功。也许再做上百万次的尝试也不会成功，那么十亿次的尝试呢？很可能就奏效了。如果一件事情还没有达到预想结果，很可能就是积累的数量还不够。

林永青：数量就是最好的质量。

凯文·凯利：也对也不对，这也有例外。有时反复尝试可能什么都改变不了，甚至搞得更糟。有时需要改变方法。改变方法且不断尝试，就更有可能达到目的。

⊖ 可参考本书"元宇宙观"一章中，笔者对"隐喻"的讨论。
⊜ 此采访时间为 2014 年。

林永青： 上个月我们在北京的那次对话中，您特别提到了您个人的梦想是通过互联网建立一个良好的全球治理环境。您是如何看待全球治理的？您对可能的实现路径又是怎么看的？

凯文·凯利： 我在很多时候对全球治理的实现持怀疑态度，因为各个国家公民所受的教育是不同的。例如，我认为如果全球治理能实现的话，那将需要一个极度高效和民主的全球体制，我不认为现在有什么方法实现地球上70亿人的民主。

科技当然会有帮助，科技让我们有实现这个目标的希望。只有出现全球性的威胁到全人类的大灾难，比如瘟疫、全球变暖、全球经济危机，才会逼迫人们合作、有所行动，达到所谓的全球治理水平。科技将帮助我们做好准备以应对这类大事件。但我认为实现全球治理的难点更多是在政治层面上。

林永青： 谈一谈两位未来学家——《如何创造思维》的作者雷·库兹韦尔和《全新思维》的作者丹尼尔·平克。

以我的认知，库兹韦尔更具技术背景，所以他对人类大脑思维提出了更多胚胎学或遗传学层面的结构化观点，而丹尼尔从事人类大脑思维的心理学研究，更多是通过他的诸如"左右脑综合体"理论来体现他对意义的追求。

您是怎么评价这两个方向的"未来大脑思维"的？您认为未来人类大脑思维进化中最关键的因素是什么？

凯文·凯利： 库兹韦尔的所有研究都是关于人工智能、"第三种文化"的，他的所有工作目的都是实现人工智能。人类大脑思维对他来说是提供实现人工智能的灵感，他的研究方向不是针对人类大脑思维的社会运用方面，他很少涉及诸如"人类终极需求"的层面。

而平克关注的焦点则是人类思维本身，他关注的是人类的终极需求（社会需求及个人需求），他对人类思维的应用研究处于很宏观的层面。他们两位研究的方向很不一样，关注的焦点也不一样。

林永青： 您认为这是因为他们是不同时代的人吗？

凯文·凯利： 不是的。原因是他们的目标不同。库兹韦尔想实现的目标是应用人工智能技术，平克想实现的目标是帮助大众解决自身遇到的观念问题、精神问题。也可以说，即使他们处在对方的时代，得出他们现有的结论也是可能的。

林永青：如果您也写一本关于人类大脑思维的书，您的关注焦点会是什么呢?

凯文·凯利：我会更关注人工智能，我对"从人工智能演化中能学到什么"更感兴趣。

这里还有一个"新文化"的问题。"科技是第三种文化"，科学家们将直接和大众进行对话，而不是通过人文知识分子⊖。传统人文知识分子所占领的媒体一直控制着舆论方向，他们一直声称"人文是精彩的，科学是呆板的"。

今天，"第三种文化"的思想家们却更倾向于绕过中间人，努力用关注知识的读者们能够理解的形式，向公众传达他们最深邃的思想。我们已经看到，过去几年内，美国人的知识生活转移了阵地，传统的人文知识分子日益被边缘化。

科技通过发展全新的东西来探索宇宙。科技用智能来探索现实，研究思维不是通过研究过去的经验，而是通过实现人工智能。所以，我更倾向库兹韦尔的研究，通过科技实现人工智能，从而对人类思维产生影响——科技在进化，知识在进化，人类思维在进化，人工智能也在进化。

创造新事物离不开技术创新。《科技想要什么》特别强调：科技想要的，就是人类想要的。

思想范例2 "互联网之父"专访：互联网是人类最美妙的奇迹

"互联网之父"温特·瑟夫⊜是互联网世界最重要的代表人物，数据安全、个人隐私、机器学习、量子计算等诸多基础研究领域的世界领导者。

价值中国：目前为止，您获得了许多重要的荣誉，其中有没有对您而言意

⊖ 约翰·布罗克曼等思想家倡导"第三种文化"。

⊜ 温特·瑟夫小传：出生于1943年，童年时期就酷爱算术和科学，1965年在斯坦福大学获得了数学学士学位。毕业后的两年间就职于IBM公司，随后考取了美国加州大学洛杉矶分校的研究生院。在求学期间，他潜心研究ARPANET协议，并取得了计算机科学博士学位。1972年作为助理教授回到斯坦福大学，并任教至1976年。其间他与罗伯特·卡恩（Robert Kahn）一道领导TCP/IP协议的研发小组，为ARPANET成功开发了主机协议，使ARPANET成为第一个大规模的数据包网络——标志着互联网的诞生! 他与研发小组的几位成员也因此被誉为"互联网之父"。曾任全球最权威IT及互联网专业组织国际计算机学会（ACM）主席，及Google公司资深副总裁兼首席互联网专家，负责评估新创网络技术，支持Google创新技术及开发互联网先进产品和服务。

义非凡的？为什么？

温特·瑟夫：正如你所说，我确实获得了不少奖项，我挑出几个主要的谈谈吧。总统自由勋章对我来说意义重大，因为这是在美国所能获得的最高公民荣誉，然后是美国国家技术奖章，这是另一个总统奖章，同样不是轻易能被授予的。

伊丽莎白女王工程奖也令我感到很满足，有两个理由：第一，我得以与伊丽莎白女王初次面见，我想很多人也见证了，虽然女王地位尊贵，但是她非常亲民、非常友好，这令我激动不已。第二，这个工程奖（而不是科学奖或数学奖等）更令我满意，因为通常来说，工程都不被人们所重视。

阿斯图里亚斯王子奖是由西班牙当时的王子授予的，当时的王子如今已成为国王。他的妹妹也颁发相应的阿斯图里亚斯公主奖。每一年，该奖项都会授予在社会活动、运动、相关科学工作、文学等领域的杰出贡献人士。

最后，还有日本国际奖，这是在日本天皇和皇后出席的一个颁奖仪式上被授予的。

我觉得这些奖项是比其他更有意义、更特别、更出乎意料的荣誉，因为它们在地理上的分布范围如此广泛，也告诉世界各地的人们，互联网在很多地方都影响着人们的生活。

价值中国：您刚刚从国际计算机学会主席的位置退休。据统计，可能有超过5000万甚至1亿人在做着跟技术相关，尤其是跟计算机相关的工作。那么计算机学会是如何应对挑战的呢？又是如何不断成长壮大，以满足社会群体的需求呢？

温特·瑟夫：现今，计算机学会确实需要共同面对一些问题，其中一项便是建立适应21世纪的商业模式。很显然，网络出版物和开放资源已经成为很重要的主题，同时备受争议，因为适合它们的商业模式至今还没能完全建立，因此这是个很大的问题。长远一点看，人们还需要考虑到数字出版物的存档和管理，以及相关的数据（若存在）和数据存储方式，以及用来分析数据的软件和模式。这些不仅仅应用于计算机领域，也应用于物理、化学、生物等其他领域，因为很多领域都需要大量用到计算能力，还有数字建模，尤其是工作测算等方面。

要长期保存大量数字信息，甚至是在之后几百年时间里，还能使用这些数据，是很大的挑战。同时还有从业人员相关的问题：计算机学会由相关从业者（会员）组成，他们都从事和计算机科学及其应用领域相关的研究。我们最大的挑战就是想办法接触到更多的行业专业人士。依我看，跟计算机学会中约几十万正式会员比起来，这样的从业人员还有几百万之多。

我们希望，更多的年轻人对计算机科学更感兴趣，至少让每个高中毕业生都能对编程有所了解，我并不是觉得他们都应该成为程序员，而是想让他们明白他们所生存的世界是个"软件掌控一切的世界"，而且越来越不可避免。希望人们明白这是如何运作的，又因为什么而无法运作；存在什么故障，找出这些故障有多难；当有人利用这样的缺陷去做坏事，去消除你的数据，以你的身份进行诈骗，或者计划其他某种邪恶的阴谋时，软件世界的哪些缺陷会置你于不利状况，等等。只有人们更加清楚这是如何运作的，才更能保护好自己。所以这些不是计算机学会而是每个人需要应对的挑战。

价值中国：作为学会的前任主席以及互联网（原生互联网）的主要创始人，您认为网络面临的最大挑战和争议是什么？尤其在接下来的 10 年里。

温特·瑟夫：首先，我关注三件事情：安全、保障和隐私。这些在当今全球化网络中都面临着一定的风险，原因依然是软件存在的各种缺陷、各种漏洞，而有人可能利用这些漏洞去做邪恶的事情。因此我们的第一个挑战就是保障人们更安全、更隐私地使用网络。要达成这个目标，就意味着我们要开发出更好的软件，更好地利用各种方法，创建更强大的验证系统，不断地进行日常测试。这些都是现今主要的挑战。特别要说的是，如果人们觉得网络不安全，那么今后 10 年，可能网络会被人们抛弃。

第二个挑战是数字信息的保存问题。我们想尽各种办法来储存现实中的各种实体信息，如图书、图像等，对它们进行数字化保存，并觉得无比骄傲，因为数字化信息并不会像实物那样变旧腐朽。然而事实上，在将来存储盘打不开的时候，信息也可能像实物一样腐朽。数字存储需要不断创新。最大的问题在于，为了正确地解读存储盘中成功保存的内容，我们需要应用软件和相应的操作系统，并在真实的环境中进行操作。如果我们不采取措施保护运行中的操作系统软件和应用软件，我们最终就只能留下用计算机语言编写的源文件，但是解密不了计算机字节的含义——我称之为可能的"数字黑暗时代"。

最后，现在正快速发展的物联网是第三个挑战，怎么确保物联网设备的安全，确保它们不会被第三方不正当地滥用，并且不会被他人以某种方式侵入以窃取你或家人的信息。哪怕是简单的温度传感器也能发送相关信息，包括人们在房间的哪个位置、一共多少人、睡觉与否等。因此，信息安全、保障和保密都是物联网中的很大挑战。

价值中国：对于几个重要问题，我们想了解您的看法。第一个是关于库兹韦尔的奇点论，以及在奇点大学所进行的研究工作；第二个是关于 D-wave 量子计算机系统，以及最新提出的量子纠缠和机器学习（能力）的观点。另外，生命研究的未来将会如何？在未来，人们讨论着如何消除人类现存的威胁，深度学习如何能改变人类社会等问题。

温特·瑟夫：我认为短时间内，库兹韦尔的奇点不会发生。但是，可能将来会发生。当机器足够强大时，你可以检测自己的意识并上传到机器上——问题是我们还不知道意识将以何种形式存在，我们也不知道它是否可以存活；我们已经有了一些思路，但是目前都不够具体。这是个很有趣的猜想，奇点大学的研究绝不仅仅如此。它不断地试验着很多领域包括天文学的奇思妙想。

D-wave 系统正被谷歌和美国航空航天局（NASA）合作用于各种试验，我们已经发现了一些新算法，这让我们看到了量子计算机还能加速运算，虽然我们也不是十分确定这些研究的前景。我们还需要更多学习。包括，量子纠缠会对整个过程产生影响，一部分源于量子计算的方式，另一部分源于量子密码环境中密匙的分布。有人觉得量子纠缠是来发送瞬间信号的，但是其实不是，它只是允许你以这种方式传输密匙信息，而且当有人拦截了信息的时候，它会探测出来。它是保护信息机密性的有效工具。

关于机器学习（能力），我们大量地学习了贝叶斯原理是如何运作的，也成功地在谷歌等机构运用贝叶斯技术通过机器来处理局部数据，这代表着我们处在好的发展阶段。但我不太确定生命研究的未来，其实前宇航员卢杰创建了一家这样的机构，我记得叫作 B612 基金会，它特别提出开发航天器用来探测距离地球很近、可能误闯入地球运行轨道或碰撞地球的天体，毕竟没有人想要看到恐龙悲剧再次发生，所以，弄明白那些天体到底是什么很重要。

　　我也是费尔德曼网络[⊙]的发起人之一。关于深度学习，我把它归纳为机器人学。工业革命时代的 19 世纪，当时人们认为装有机械系统的机器人或将取代人类，但最后并没有发生，而且我也不认为将来会发生。我认为最可期待的是，机器人将开始承担起一些力所能及的复杂工作，人类则需要通过专业的培训去做与之不同的工作。这样才有更好的工作分工。

　　关于基因药物，这个领域相当复杂，我要说的是我们正在大量地学习有关我们的身体是如何工作的，每个细胞内的代谢是如何进行的等内容，曼哈顿中心跟我们分享了细胞内各种复杂的代谢过程，比如我们的免疫反应系统的机理等。在某种程度上我们也担心，能否利用基因技术来应对严重的基因缺陷问题。我认为应该保持警惕，有可能我们所做的根本就是错误的。因此，需要谨慎对待。

　　最后我想说，一路走来，最令人感到欣慰的是必要的互联网机构体系的建立，比如互联网建设委员会、互联网工程测试中心、互联网名称与数字地址分配机构（ICANN）、互联网协会等，这些构成了网络对等生态体系中的各种机制。

　　作为一名工程师，我想不出还有什么比"见证了自己的创想"开花结果，能吸收并利用别人的奇思妙想更棒的体验了。用一句话作为结语，我认为互联网是创新孕育之地，是迄今为止人类最美妙的奇迹。

思想范例 3　"可穿戴计算之父"专访：元视觉与可穿戴计算

　　史蒂夫·曼恩被誉为"可穿戴计算之父"。他作为艺术家、科学家、设计师和发明家的工作，使多伦多在 20 世纪 80 年代成为世界可穿戴技术的中心，时至今日，多伦多仍然是可穿戴技术发展的国际重镇。

　　1991 年，曼恩将这项发明从多伦多大学带到 MIT，作为第一位成员创立了 MIT 媒体实验室可穿戴计算项目。用实验室创始主任尼葛洛庞帝的话说："史蒂夫·曼恩是一个完美的典范……他坚持自己的愿景，并最终建立了一个新学科。"

　　⊙　Cerebras 公司联合创始人安德鲁·费尔德曼（Andrew Feldman）研究了图形处理单元（GPU，为创建 3D 图像而设计的芯片），并最早将它用于人工智能，将深度学习用于网络安全、医学成像、聊天机器人和其他智能应用。

曼恩还在 1998 年发明了智能手表可视电话（可穿戴计算机），2000 年登上《Linux》杂志封面。曼恩的其他一些发明包括高动态范围成像（HDR）——现在几乎应用于所有商业制造的相机、比谷歌眼镜早 30 年的 EyeTap 数字眼镜，以及元视觉（Metavision）的概念及其实现，即可视化视觉、感知传感器和感知它们的能力。曼恩还是 Meta 公司[⊖]联合创始人兼首席科学家，Meta 是一家总部位于加利福尼亚的初创公司，筹集了 7500 万美元用于开发元视觉眼镜。他也是人类智能这一概念最早的提出人之一。

林永青：在我们的交流中，令我印象深刻的一件事情是，您坚持使用您发明的可穿戴眼镜来完成这次访谈，这令人好奇和兴奋。今天的可穿戴设备体积小巧，而在 20 世纪 70 年代，计算机还非常庞大，更不用说大多数人对互联网络并不熟悉，对可穿戴设备更是闻所未闻。而在那样的环境下，您就已经开始构思和探索可穿戴设备的技术创新和产品研发了。您最早发明可穿戴眼镜的灵感和动机是什么？

史蒂夫·曼恩：在 20 世纪六七十年代，也就是我成长的时代，我产生了"将技术应用于人类的设想"。

我看到各种各样的技术在我周围的环境中生长。"环境（environment）"一词原指我们周围的事物，例如自然环境或教室、办公室等非自然环境，所以我创造了一个新词——"内境（invironment）"，它是"环境"的"倒数"[⊜]，也就是和环境互相关联，却又彼此相反的事物。我产生了创造技术"内境"，即技术可以创造自身环境的创想。

童年时期，我对制作衣服这一想法十分着迷。我父亲在一家男装制造厂工作，我期待着长大后自己做衣服，将技术融入服装，而服装就可以说是"环境"与"内境"的分界线，如鞋子、衣服、眼镜等穿戴物构成了"环境"与"内境"的界限。

我着迷于"边界"这个概念，小到个人被鞋子、衣服和眼镜等分界，大到民族和国家的边界，都非常关键。因此，我的许多发明，如可穿戴计算机和液压机，以及"水—人—机"交互（water-HCI）理论等，都围绕着这一理念。

⊖ 这家 Meta 公司专注开发 AR/VR 产品与技术，不是由脸书改名而来的那家 Meta 公司。

⊜ 数学上，两个数相乘得 1，则称这两个数互为倒数。例如，5 的倒数是 1/5。

林永青：众所周知，您被誉为"可穿戴计算之父"及"可穿戴增强现实之父"，是什么让您保持高度的热情在这个领域深耕了这么多年？

史蒂夫·曼恩：我被"视境主义（Vironmentalism）"这一理念所驱动，即可以在代表我们自身的"内境"和代表我们周围外部的"环境"之间的边界上"游戏"。

我正在继续探索智能服装、智能鞋、智能眼镜，以及各种可以流畅地跨越边界的流体用户界面。

林永青：您在一篇文章中提到，"直到最近，大多数人都倾向于带着轻微的好奇或困惑来看待我和我的作品，而没有人真正考虑过这项技术对整个社会的意义"。能否详细介绍一下增强现实将带来的社会影响？

史蒂夫·曼恩：在 20 世纪六七十年代，很少有人能理解我对元视觉和可穿戴计算的想法和发明，更不用说理解视境主义这一核心概念了。

1991 年，在麻省理工学院，我和查尔斯·威科夫（Charles Wyckoff）一起提出了 XR 理念。最终，全世界似乎都接受了 XR 这一想法。

林永青：**AR 和 VR 的主要导向区别是什么？ 有人说，"VR 是以机器为导向，AR 是以人为导向"**，您对此有何评价？

史蒂夫·曼恩：可以用我的理念来理解这一问题：VR 是关于"环境"的，AR 则是关于"内境"的，这就是为什么我们真的需要从 VR、AR 转向我和威科夫提出的概念，即作为扩展现实的 XR，特别是元视觉。

林永青：可穿戴设备在即将到来的元宇宙时代扮演什么角色？它们与 AR、VR 的角色相同吗？

史蒂夫·曼恩：XR 是元视觉的基础。就其本质而言，XR 关注的是物体边界以及对于跨越边界一直到个人、民族和国家的种种事物的管理。从这个意义上说，XR 就像一个个人的"海关办公室"，可以过滤我们的现实：XR 不仅仅是增强现实，有时我们可能希望"弱化"我们周围的现实，如过滤掉分散注意力的或具有压倒性的内容，而 XR 能够做到这一点。一个很好的例子是戴我的 HDR 眼镜焊接玻璃，它实际弱化了图像的明亮部分，并增强了图像的黑暗部分，同时覆盖掉了虚拟内容。

林永青：能否请您简单介绍一下您与"人工智能之父"马文·明斯基（Marvin Minsky）、库兹韦尔共同提出的人类智能（HI）这一新理念？

史蒂夫·曼恩：明斯基、库兹韦尔将我提出的"智能面具社会"的相关概念整合，并在 IEEE2013 上发表了我们的研究成果。我们在其中提出了 HI 的观点。

HI 是指，通过将人类置于计算过程的反馈循环中而产生的智能。

我们将 HI 视为一种可解释的 AI 形式，其中将解释嵌入作为一项要求。例如，任何最终用户都可以审核，但无须请求任何特殊许可。最终用户可以在完全保证隐私的同时审核 AI，不必让任何人（包括创建者或任何关联方）知道。

林永青：您认为可穿戴设备有什么结构缺陷吗？即便可穿戴设备整体上还处于起步阶段，您认为随着时间的推移，可穿戴设备会成为像智能手机一样的必需品吗？

史蒂夫·曼恩：可穿戴设备在过去几年已经成为医疗保健的核心手段之一。例如，我们现在有了"健康逆向监督"（个人利用科技，对组织机构或外界环境进行的记录和监视）的概念，它平衡了现有的"健康监督"（政府和其他组织对于社会环境和个人的监视）。

元宇宙最重要的十大议题

据全球最大的金融机构之一的花旗银行的一份报告[⊖]，到 2030 年，元宇宙经济的目标可到达市场规模可能会增长到 8 万亿至 13 万亿美元，全球用户数量将达到 50 亿。该预测基于将元宇宙定义为以持久和沉浸的方式结合物理和数字世界，而不仅仅是虚拟现实世界。正是这种与设备无关的元宇宙愿景——可通过个人电脑、游戏机和智能手机访问——衍生出了一个庞大的生态系统。报告介绍了元宇宙最重要的十大议题。

①什么是元宇宙，我们将在其中做什么？元宇宙极可能是互联网的下一代，将以沉浸式的方式结合物理和数字世界。应用案例可能包括今天互联网应用的所有东西，包括游戏、商业、艺术、媒体、广告、智能制造、医疗保健、虚拟

⊖ 参见 icg.citi.com/icghome/what-we-think/citigps/insights/metaverse-and-money_20220330.

社区和社交协作（企业和教育）。

②元宇宙将有多大？我们估计元宇宙经济的目标可到达市场在 8 万亿至 13 万亿美元之间。如果采用广义定义（某些互联网用户），用户潜在范围可能高达 50 亿人。

③元宇宙和虚拟现实一样吗？不，元宇宙不仅仅是虚拟现实。在可预见的未来，对大多数用户来说，他们可能通过手机访问沉浸式的互联网体验，只有一部分元宇宙参与者会使用 VR 设备。预计虚拟现实和增强现实的可用性和易用性将在未来几年得到改善，许多消费硬件制造商正在建立产业基础。

④需要建造哪些基础设施？需要改善延迟和提高连接速度。由于全球预计只有 25% 的人口在 2025 年拥有 5G 接入，因此需要增加和提供网络带宽。目前基础设施的滞后、数据包丢失和网络不可靠性，使其不适合构建构想中的元宇宙体验。

⑤元宇宙中的货币是什么样的？未来的元宇宙很可能会涵盖更多数字原生通证（代币），但也会同时嵌入传统法定货币。元宇宙中的货币将以不同的形式存在，例如游戏币、稳定币、中央银行数字货币（CBDC）和加密货币等。目前的支付系统通常只适用于国内实时支付和昂贵的跨境支付，而不太适合一个无国界的全球元宇宙生态系统。人们期望去中心化金融和现有的传统金融体系可以共存。

⑥会有多少个元宇宙？如果大多数用户通过手机访问元宇宙，操作系统将是相同的，或至少是互连互通的。消费类硬件制造商将是元宇宙的门户和潜在的门卫。大概率会出现元宇宙分裂。此外，还可能会由于技术体系和商业模式的不同，出现元宇宙的集中化与分散化的不同谱系。

⑦区块链和 Web 3.0 与元宇宙有什么关系？Web 3.0 指的是互联网的第 3 次概念性迭代，基于区块链的所有权和分散化。所谓的"开放元宇宙"是建立在区块链（主要是以太坊链）上的，并与 Web 3.0 重叠。但是，许多 Web 2.0 集中式平台在元宇宙中也很重要，因为即使今天的 Web 3.0 也依赖于某些集中化的因素。

⑧用户想要 Web 3.0 还是投资者想要 Web 3.0？对部分用户而言，Web 3.0 实现去中心化、民主化的互联网目标非常具有吸引力，但实施问题仍存在。大

多数用户想要更好的用户界面、用户体验和更优秀的内容，而当前的 Web 3.0 解决方案还远远落后于最佳的 Web 2.0 解决方案。许多互联网用户（包括玩家）也不喜欢在线活动的金融化，因为业务模式中添加了代定货币。

⑨ NFT 在元宇宙中的作用是什么？NFT 不仅仅是有趣的收藏品和在社交媒体上的炫耀资本。在元宇宙中，数字资产（如 NFT）为用户 / 所有者提供了一种主权 / 所有权形式，并且是可交易的、可组合的、不可变的，大多数是互操作的。游戏玩家、投资者和企业对 NFT 的兴趣一直在增加。元宇宙中的 NFT 是存储在数字钱包中的虚拟物品，可以在元宇宙中的任何地方使用。

⑩法律法规是否已为元宇宙做好准备？我们还有很多问题需要解决。如果元宇宙是互联网的新一代，它将受到全球监管机构和政策制定者的高度关注。与 Web 2.0 互联网面临的所有挑战相比，元宇宙可能会放大这些挑战，包括内容审核、言论自由和隐私问题。此外，基于区块链的元宇宙将在世界各地的司法管辖区中，涉及加密货币和 DeFi 等仍在不断演变的法律问题。

思想物质化与思想货币

当创意被转化成文字或声音的艺术商品，或商业模式和公司的物质形式时，思想就变得有存在感，这就是今天思想经济的整个操作流程。但是那些未成形的想法本身呢？大脑中存在的音乐旋律呢？那些尚未被编码成"后个人"的解释并与他人分享的想法和经历呢？"色不异空，空不异色"，在许多方面，无形思想和有形物质一样真实，但也同样虚幻。

在思想经济方面，我们还能走多远？当前，天才般的技术思想家约翰·诺斯塔（John Nosta）⊖以"推进人类创新的引爆点"作为自己的使命，提出了"思想物质化"和"思想货币"的概念。"我们能否从大脑中提取 1 个思想——1 个思想量子（thought quanta）——并将其保留在数字形式中？你脑海中形成视觉形象的系列想法能否被解码并在大脑外部再现？……某种程度上，答案是肯定的！"

⊖ 约翰·诺斯塔，医疗技术和数字健康领域专家和公共演讲家，Health Innovation 该咨询机构专注于推动医疗保健和生命科学行业的创新创始人和主席，《福布斯》《财富》等杂志撰稿人，还曾在德勤咨询公司等著名公司担任顾问。2019 年，他被列入世界卫生组织的数字健康专家名册，并于 2020 年被列为"全球 50 大 COVID19 影响人物"，作为战略思维和创造力的积极倡导者而享有盛誉。

今天，科学家实际上可以生成仅仅是在大脑中想象出来的却从未在"真实世界"中存在过的可识别的图像。这些想法可以抽象地存在于技术虚空中，并且可以被保护、转移和保存，无须以物质形式存在。这只是时间问题！

马斯克曾建议以某种"脑机界面"将音乐直接流入大脑，耳蜗植入物的长期效用也已经证明了此概念的可行性——在技术发达的今天，通过新兴的"神经连接"（neuro-connectivity）科学。"可以重新思考'思想的过程'，以及将思想物质化（materialization）的必要性。"诺斯塔建议。

并且，诺斯塔认为"可以将思想转化为数字形式，将潜在有利可图的概念通证化或货币化，从而使你的想法作为一种永久不变的数字形式被铸造成去中心化 NFT，并直接影响由市场驱动的价值"。

思想是人类最重要的财富。"思想引领行动，行动变成现实"，这个过程已经孕育出了当今社会所有的经济体系和金融体系，"技术为我们提供了捕捉思想萌芽形态的机会，走向货币化的道路已经不远了"。

承诺"为推进人类创新的引爆点"而思考，诺斯塔始终真正关注"技术以人为本"。在生成式 AI 快速兴起的今天，笔者特别询问了诺斯塔的 AI 世界观。他通过称赞马斯克关于 TruthGPT 的理念给出了回答："马斯克倡导'人类优先人工智能模型'，该模型优先考虑人类的价值和需求，而不是效率和生产力，以保护人类免受人工智能系统带来的潜在风险。通过结合基本的哲学见解或指令，'人类至上'的人工智能模型有望成为人类发展事实上的倡导者，并帮助塑造一个更加道德和负责任的未来……马斯克对人工智能的愿景是基于洞察力和智慧的呼吁。"

| 第三章 |

元结构

多元宇宙理论揭示，一小片宇宙可能突然膨胀、"发芽"，萌生出一个"子代"宇宙或"婴儿"宇宙，这些宇宙又可能萌生另一个婴儿宇宙，如此不断进行下去……宇宙可能会以相同方式不断产生新宇宙。（因此）我们可能生活在这样一个宇宙的海洋上，每个宇宙像一个漂浮在其他肥皂泡海洋上的肥皂泡。比"宇宙"更确切的词应该是"多元宇宙"（multiverse）或"无限维度宇宙"（megaverse）。

——加来道雄

数学结构并不是人类的发明，我们只是发现了它们。然后，发明了描述它们的符号……整个宇宙可以被描述为数学结构。

——泰格·马克

我不是科学家，我是哲学家。我们哲学家更善于设问而不是回答。找到更好的研究问题，打破原有的设问习惯和传统，是人类认识自身、认知世界的浩大工程中极其困难的部分。哲学家们如果能够保持开放的心态，不放纵自己根据"明显的"第一性原理（first principles）回答所有的问题，把自己那些历经职业磨砺的天赋发挥出来，就能对哲学研究做出卓越的贡献。

——丹尼尔·丹尼特

　　类比和概念是主角。如若没有概念，就没有思维；而没有类比，概念就无从谈起。人类大脑中的每个概念都来源于多年来在不知不觉间形成的一长串类比。这些类比赋予每个概念生命，并在人的一生中不断充实这些概念……为了通过已知的旧事物来理解未知的新事物，我们的大脑无时无刻不在做类比，并用类比选择性地唤醒脑中的概念……我们会讲述人类做类比的能力是如何成为所有概念的根源的，概念又是如何因为类比而被有选择性地激活的。类比乃思考之源、思维之火。

——侯世达

　　千江有水千江月，万里无云万里天。

——《嘉泰普灯录》

　　古代世界中，童话故事、神话和救赎喜剧被认为比悲剧的地位更高，它们包含着更深奥的真理、更艰难的实现、更合乎逻辑的结构和更完整的启示。无论英雄是荒诞可笑的还是令人崇敬的，是希腊人还是野蛮人，是异教徒还是犹太人，他们的历险旅程在元结构上没有差别……故事更多描绘的是英雄有形的行为，而更高层次的宗教呈现的则是精神上的行为，然而我们会吃惊地发现，在冒险的形态、人物的作用以及取得的胜利方面，两者几乎没有差异。

——约瑟夫·坎贝尔

第一节　元宇宙的基础架构

无设限的空间结构：粉红元宇宙

　　数字艺术家班尼·奥尔（Benny Or）和西里尔·兰斯林（Cyril Lancelin）创建了一个名为会议场景（The Meeting Place）的交互式虚拟现实环境。这组粉红色几何建筑被认为是最早的 NFT 环境之一：由空心和实心混凝土圆柱体无缝连接成一个四层结构，其中包括一个圆形剧场和多个阳台。它们漂浮在明亮的蓝色天空中，具有异想天开的金字塔形状和完全由球体制成的对称底座镜像。

这是世界上第一个交互式场景NFT[○]。在这个集成且可互操作的会议场景中，虚拟体验与我们在物理现实中一样真实，这是迈向未来的重要里程碑。这是一个关于"元宇宙可以成为什么"的命题。"该空间是艺术，虽然是无形的，但它带来了与现实世界的联系，作为重聚、自发相遇和重要时刻的背景。"

"大多数的元宇宙空间都试图复制真实的空间，由于没有材料或规模的限制，我们可以尝试更激进的想法。"兰斯林说。或许可以将这一刻与超现实主义绘画的出现进行比较，画家意识到他们不再需要"反映"眼睛所见。"我们为什么要复制一个传统的现实呢"，相反，他们相信可以突破设计的极限，展现虚拟架构的潜力。

新未来主义结构是兰斯林对真实和虚幻的持续探索。在实践建筑设计15年后，这位法国里昂的设计师开始使用参数化建筑原始形状的方法创造数字体验，然后再将他的实践扩展到物理装置中，比如，用充气聚酯管模仿虚拟模型或结构。虚拟世界与真实世界连接在一起的"美妙之处在于，这座建筑看起来很像是可以用物理方式建造的，但是近距离观察时，却发现各个部分并没有完全接触——这座建筑是一种艺术和技术的幻觉"。

另一位艺术家奥尔在一次策划NFT艺术展时，涌现了与兰斯林合作的想法。"我意识到我们可以改变实体展览的需求，建立虚拟画廊。"他邀请兰斯林建造画廊，二人意识到虚拟空间本身就可以成为艺术田。"我们认同可以通过设计来讲述关于元宇宙结构的故事。"奥尔说。

两位设计师都兴奋于建筑师能够像艺术家一样思考——"无障碍的可访问性、基础设施或天气控制的自由"，兰斯林指出"我们的目标是先提供实用的订婚平台场景"——人们通过一个圆形拱门进入，然后走向一座下沉的歌剧院。开放的内部空间被概念化为100英尺高，在那里可以看到高层的景色，阳台一侧面向中心，另一侧则是无限的天空。该空间可以容纳多达32人的专门活动，具有2D和3D图像上传、屏幕共享、演示墙甚至自拍等功能。

○ 案例来源：THE MEETING PLACE网站，https://themeetingplace.io/meet-the-creators.

利用快速发展的技术，两位艺术家直面了自己的挑战。早期的软件只允许单个平面形式，但在几周内，多层结构成为可能。通过光、影和深度，他们完善了沉浸式体验。"我们了解到，构建虚拟空间比在建筑软件 Rhino 中工作要复杂得多。"比如在强调保持可行带宽的同时实现高分辨率图像，将混凝土纹理最大化等。

人类对元宇宙的体验正在迅速形成。"设计师们仍在努力弥合极致电子游戏的美学与模仿现实的美学之间的差距，"奥尔说，"我们的目标是，将人们熟悉的天空或纹理等元素与不受结构限制的创新设计融合。"

"新冠疫情使社交互动成为一项挑战，但很快我们就意识到，人们需要的不仅仅是单调的 Zoom 会议空间。"兰斯林说。从 2021 年 11 月启动开始，他们的 NFT 就以 25 个以太坊币的价格拍卖。他们还计划向公众开放一个专门针对 NFT 艺术和设计的元宇宙展览……

行文至此，读者可能发问：这组复杂、毫无规律的粉红色"结构"给了我们什么启示？

最简单的结构类比：元界

再一次，坎贝尔通过元神话学为我们"类比"出了"胜利英雄"的不变结构：无论英雄是荒诞可笑的还是令人崇敬的，是希腊人还是野蛮人，是异教徒还是犹太人，他们的历险旅程在基本结构上没有什么差别，大体的历程都是经历灾难、发愿拯救、艰难出发、无望历险、精神强化、重大挫败、神秘力量、蜕变成长、打败恶魔、造福世界……民间故事更多描绘的是英雄有形的行为，而更高层次的宗教呈现的则是精神行为。然而我们吃惊地发现，在冒险的形态、人物的作用以及取得的胜利方面，两者几乎没有差异。

我们因此大胆猜测：如果希望探究形态万千的网络"虚拟世界"的"共同结构"或者"元结构"，结论也大抵如此。

虚拟世界是一个实时渲染的环境，人们可以在其中的多维空间中进行交互。以当前非常流行的 Pokémon 游戏为例，在 2D 空间中，角色可以穿越各个城镇，寻找最稀有、最强大的神奇宝贝。所有这些城市和城镇都是相互关联的，是单一世界的一部分。

而一个 3D 空间示例是超级马里奥游戏，使用 3D 空间供玩家交互，但结构同样适用。虚拟世界通常被描述为地图、关卡、场景、房间和各种其他术语，但它们都被定义为虚拟多维空间。

随着技术的发展，虚拟世界也在发展。大型多人在线角色扮演游戏（MMORPG）采用了虚拟世界的概念，并使其具有共享性和社交性。虽然不是第一个，但暴雪的《魔兽世界》（WoW）就是一个例子，它有共享的任务、派系、公会和个体的经济。事实上，《魔兽世界》的虚拟黄金币在某种程度上甚至比某些国家的货币更有价值。成熟的虚拟货币和经济开启了为其他玩家执行游戏内"工作"以换取《魔兽世界》金币的可能性，金币还可以通过"二级交易市场"转换回美元或你选择的法定货币。

"无人深空"：元界，元域，元宇宙

上面引用的作品都是具有多个位置的单个世界（1 级元界）的实例。随着多个世界（多个 1 级元界）聚集在一起，虚拟星系（2 级元域）的体验就形成了，星系"结构线条"就变得更加模糊，最终只剩下"点对点的连接网络"。如"无人深空"是由虚拟星系组成的虚拟宇宙（3 级元宇宙）的一个例子——很像真实世界的真实宇宙（见图 3-1）。事实上，由于其独特的生成环境设计，"无人深空"（元宇宙）包含 255 个星系（元域），需要近 6000 亿年的时间来探索。

图 3-1　进入"无人深空"探索无限游戏

资料来源："无人深空"网站。

最好的层级类比来自威尔·伯恩斯⊖，他是行业领袖和定义元宇宙的专家。

⊖ 参阅本书"思想的元宇宙"一章。

简而言之，就像没有一个网站可被称为网络一样，没有一个虚拟世界可以被当作元宇宙。

伯恩斯定义了一个"三层结构"，笔者也造了三个中文词与之对应：

虚拟世界（元界）==> 虚拟宇宙（元域）==> 全宇宙（元宇宙）

以 Roblox 为例。Roblox 通常被许多人描述为元宇宙，因为它允许用户构建自己的虚拟体验，创建自己的游戏，通过商业推动利润，并与使用该平台的其他人分享这一切。然而，严格地讲，将 Roblox 定义为元宇宙，就像将单个网站定义为网络[⊖]一样，是不恰当的。

在这一类比基础上，将元宇宙视为一种类似于由域名（domain）和页面（page）组成的网络结构——元宇宙（全宇宙）将包含了不同"虚拟世界"的"虚拟宇宙"聚集在一起，就像网络将包含了"不同页面"的"网站"聚集在一起一样。这些"虚拟宇宙"中的每一单元都是独立实体，就像网站 msn.com 与网站 yahoo.com 是分开的一样，并且由它们自己的"虚拟世界"组成[⊖]。

需要强调的是，每个"虚拟世界"或"虚拟宇宙"都为"元宇宙"提供了自己的价值（笔者将在本书后续章节中探讨元宇宙的价值主张）。例如，Roblox 的主要用途是游戏和娱乐，而 ImmersedVR 的主要用途是协作和虚拟工作空间。这些虚拟世界可以提供的实用程序类型非常广泛，有我们能想到的每个应用程序和实用程序。

数十年前，著名认知科学思想家侯世达在《哥德尔、埃舍尔、巴赫：集异璧之大成》一书中提出被称为"人类思想的金带"的侯世达定律，即处理复杂性（complexity）事务或事物是自我指涉（self-referential）的。但通常，侯世达定律被简单理解成：**做事所花费的时间总是比你预期的要长，即使你的预期中考虑了侯世达定律**。程序员们最经常引用这一定律，其特征反映了即便意识到任务的复杂性，预估花费的时间仍是一件困难的事。

"圣人畏因，凡人畏果"，如果你只将侯世达定律看成一个"时间预期定律"，就太低估这一定律了！"时间预期定律"表达的只是"结果"，而侯世达真正想

⊖ 网络是去中心化的基础设施（由多人管理），它使用网络连接帮助我们在网站之间无缝导航，并使用这些集中域中托管的内容。

⊖ 参见 www.versed.digital/metaverse-primer/the-structure-of-the-metaverse。

表达的是"原因"，即"复杂性"必定是"递归化"的。

那么，什么又是"递归"呢？递归，指"调用自身"的过程函数，是电脑程序最重要的概念（之一）。几乎每个人都听过这个童谣："从前有座山，山里有座庙，庙里住着老和尚和小和尚。有一天，老和尚对小和尚说：'从前有座山，山里有座庙……'"

递归有非常明显的特征，也是一个更大却无明显特征的概念——类比的子集！在侯世达另一名著《表象与本质：类比，思考之源和思维之火》中，其实只说了一件事情：类比的重要性！

（我的）主旨就是阐明类比的重要性，给类比应有的地位。也就是说，我们会讲述人类做类比的能力是如何成为所有概念的根源的，概念又是如何因为类比而被有选择性地激活的。一言以蔽之，我们希望说明类比乃思考之源、思维之火。"⊖

数学宇宙与平行宇宙

前文讨论"平行宇宙"的物理学假说。主流物理学一直是唯物主义或哲学实在论的，更易于被多数人所接受；很少有人注意到，"平行宇宙"居然也有数学版本！而且，这个"数学版平行宇宙论"甚至不只是认识论（知识论）的，还是本体论（实在论）的！

《穿越平行宇宙》作者泰格马克的"数学实在论"的核心思想是，"数学结构并不是人类的发明，我们只是发现了它们。然后，发明了描述它们的符号"，更具颠覆性地，他居然宣称"整个宇宙可以被描述为数学结构"。

"数学宇宙假说"为"宇宙实在论"提供了一个非常激进的哲学方案——在最底层，宇宙实在是一个数学结构，所以它的各部件根本不具备任何内在禀性！换言之，"数学宇宙假说暗示着我们居住在一个'关系实在'（relational reality）中，因为我们周遭世界的性质并不是来源于它的终极构件，而是来源于这些构件之间的相互关系……外部物理实在不仅仅是它各个构件的简单加总，因为它拥有许多有趣的性质，而它的基本构件却不具备任何'内在禀性'"⊜。

泰格马克列出的概念表可以帮助我们快速理解他的核心理论（见表3-1）。

⊖ 侯世达，桑德尔. 表象与本质：类比，思考之源和思维之火 [M]. 刘健，胡海，陈祺，译. 杭州：浙江人民出版社，2018.

⊜ Max Tegmark. *Our Mathematical Universe* [M] New York: Knopf, 2014:265-269.

表 3-1　数学宇宙概念表[一]

重要概念	"数学宇宙"概念解释
包袱 （Baggage）	人类为了便利而发明的概念和文字，对描述外部物理实在而言，并不是必要的
数学结构 （Math Structure）	一组相互关联的抽象实体的集合，可以用不包括"包袱"的方式来描述。"结构"即"关系"
等价 （Equivalence）	同一事物的两个不同描述被定义为"等价"，即两个数学结构存在着保留所有关系的对应性。两个等价的数学结构是相同结构
对称 （Symmetry）	结构变换后保持不变的性质，称为"对称"。比如，将一个三角形从第 1 象限位移到第 2 象限，将一个圆做任意角度的旋转
外部实在假说 （External Reality）	认为存在着一个完全独立于人类的外部物理实在的假说，外部实在假说没有任何"包袱"
数学宇宙假说 （Math Universe）	外部物理实在是一个数学结构的假说，作者认为这是外部实在假说的合理推论
可计算宇宙假说 （Computable Universe）	外部物理实在是数学结构，该数学结构由可计算的方程来定义
有限宇宙假说 （Finite Universe）	外部物理实在是一个有限的数学结构

资料来源：泰格马克，《穿越平行宇宙》。

同时，借助生成式 AI 工具，笔者对"数学宇宙"的核心观点进行了归纳。

- 数学宇宙假说：泰格马克提出数学宇宙假说，即整个宇宙可以用数学来描述和解释。他认为数学是描述自然界最基本的语言，宇宙一切现象和规律都可以通过数学结构来表达和理解。
- 数学实在论：认为数学不仅仅是一种人类创造的工具，而且是一种客观存在。数学结构实际上是宇宙的一部分，独立于人类的意识和观察而存在。
- 数学多宇宙假说：存在着无限多个数学结构，并且每个数学结构对应一个可能的宇宙。这意味着宇宙可能是一个多层次的结构，每一层都对应着一个不同的数学结构，形成了包含无限多个宇宙的数学宇宙。
- 数学宇宙和宇宙起源：泰格马克提出了关于宇宙起源的数学观点，即宇宙可能是从一种数学结构中产生的，并且整个宇宙可以看作是这种数学结构的演化过程。
- 数学宇宙和意识的关系：泰格马克探讨了数学宇宙与意识之间的关联，

[一]　Max Tegmark, *Our Mathematical Universe* [M] New York: Knopf, 2014:270.

认为意识可能是一种数学结构的产物。

- **数学宇宙和宇宙统一性**：数学宇宙假说强调了宇宙中普遍存在的数学结构，认为宇宙中的规律和定律不是偶然的，而是基于数学结构的普遍性。这强调了宇宙的普遍性和统一性。
- **可计算宇宙**：整个宇宙可以被描述为一个数学结构，并且这个数学结构是可计算的，即可以用算法来模拟。宇宙的一切都可被描述为数学对象，包括物质、能量、空间和时间。这个假说暗示着一个更深层次的结构，即我们所处的宇宙实际上是一个巨大的计算机程序，而我们自身只是这个程序的一部分。

总之，《穿越平行宇宙》提出了一系列关于数学在宇宙中的基本作用和存在方式的哲学观点：数学不仅仅是一种工具，而且是一种客观存在，并且数学结构构成了宇宙的基础。该书涉及了科学、哲学等多个领域，为我们理解宇宙和探索自然界的规律提供了一种全新视角。

"类比"的结论：此宇宙即彼宇宙

本节关于宇宙结构的描述不过是想得出另一个结论：物理真实的"此宇宙"（现实宇宙）就是数字真实的"彼宇宙"（元宇宙），两类宇宙也极有可能都是"平行宇宙"……

回到我们的话语体系，"元宇宙"由"元域"和"元界"组成，我们可以将这些结构与网络的结构进行类比。这些元域或元界中的每一个都是不同的，并且在元宇宙中扮演着不同的角色。如何访问这些虚拟本体中的每一个，以及它们如何在元宇宙中协同工作，就是未来的元宇宙的建设者们需要进行的开创性研究。

第二节　结构哲学与同构分形

何为结构

广义上，结构包含形式和材料两个含义：一是指各个事物的构造形式和构成方式，如建筑物的大小、形状及其组成方式；二是指这些构造的组成原料，如建筑物的钢筋混凝土、木头等。一般人只注意到"结构"的第一个含义，不注意其第二个含义。重要的是，"材料"也会改变"形式"。

斯特劳斯曾在其"结构主义社会理论"中对"结构"做了定义："社会结构"一词根本与经验的实在无关，而只是与某种依据经验实在建造起来的模式有关。高宣扬在其《结构主义》一书中转引了斯特劳斯的以下五点⊖。

第一，必须严格区分"社会结构"与"社会关系"。一般人常常混淆社会关系与社会结构，这是把"结构"当成"经验内容"的结果。在斯特劳斯看来，"模式"是与社会关系所包含的材料无关的"纯粹"社会结构，是"超经验"的"深远的实在"。

第二，"结构"呈现了系统化的性质和特征。"它是由一系列元素组成的，其中任何一个元素，在尚未影响到其他元素的变化下是不可能改变的。""结构"是一个完整的整体，它虽然由许多元素组成，但这些元素间是紧密地相互制约的，以致其中任一元素都无法独立变化。要么整个结构"同时"变成另一结构，要么整个结构的诸元素保持不变。

第三，每一个模式都可能发生一系列变化，其结果不是从一个模式演变成另一个模式，而是从这一特定模式中产生出一群同类型的模式。这是和前面所讲的结构特性相联系的。A 结构只能变出多个 A 结构，而绝不会变成 B 结构或 C 结构。

第四，如果一个结构中某些元素发生了特定的变化，结果，该结构就不再存在了。这强调了结构的相互依存性。一个例子是社会结构。社会结构由不同元素构成，包括社会阶层、组织、文化等。如果某个元素（比如社会的政治制度或经济体系）发生了变化，那么整个社会结构都会受到影响。变化可能会导致社会出现新的阶层结构、组织形式或文化特征。

第五，结构应该构成可以直接认识一切被观察的事实的模式。结构的意义就在于"直接认识一切被观察的事实"。斯特劳斯高度赞赏冯·诺依曼和摩根斯坦合著的《博弈论与经济行为》。"实在论⊖者"冯·诺依曼说："这样的'模式'在理论上由一个精确的、经透彻研究的但并非太复杂的定义组成。这些'模式'在本质方面应该与'实在'相类似。"

⊖　转摘自：高宣扬.结构主义 [M]. 上海：上海交通大学出版社，2017.

⊖　唯名论与实在论在哲学史上争论了数千年。"唯名论"否认共相具有客观实在性，认为共相后于事物，只有个别的感性事物才是真实的存在；"实在论"断言共相本身具有客观实在性，共相是先于事物而独立存在的精神实体，是个别事物的本质。

诺依曼的"模式"在许多方面与斯特劳斯的"结构"概念类似，在本质方面与"实在"相类似，这就将"结构"上升成为"实在"，而且，"实在"乃是"结构"的产物，是"结构"的复制品。

构造系统的方法论

卡尔纳普（1891-1970）是20世纪非常重要的物理学家和数学家，逻辑实证主义哲学代表人物，受业于弗雷格和罗素，精通现代数理逻辑。从弗雷格那里，他不仅学会了"缜密而清晰地分析概念和语言表达式"，而且根据弗雷格关于"逻辑与数学为一切知识领域提供逻辑形式"的"至为重要"的观点，特别注意它们"在非逻辑的领域，尤其在经验科学中的应用"。

卡尔纳普的《世界的逻辑构造》旨在"提出一个关于对象或概念的认识论的逻辑的系统，提出一个'构造系统'"。与以往哲学家们将种种既有概念系统加以描述性地分类和研究不同，概念的构造系统（如数学的"公理－定理"体系一般）"是要把一切概念都从某些基本概念中逐步地引导出来，严格地'构造'出来，从而产生一个概念的系谱"。其学说必须应用由弗雷格和罗素肇始的"逻辑基因"，即现代数理逻辑的逻辑分析方法。

罗素和怀特海曾经设想将逻辑分析方法应用于"非逻辑对象"，亦即经验科学和日常生活所涉的"非数学或逻辑"对象。而卡尔纳普比老师罗素更为彻底，"力图将罗素构造理论的方法论原则贯彻到底"。所谓彻底，就是要毫无例外地把一切知识领域的对象或概念（卡尔纳普认为，对象＝概念），都从某种基本对象或基本概念中"构造"出来。

这一构造系统被卡尔纳普称为"理性的重构"：把关于一切旧有概念或对象的命题都还原或转换为关于基本概念或基本对象的命题。既然这整个的概念或对象系统是在同一基础上建立或构造出来的，那么我们就可以把一切知识领域的概念或对象看作实际上属于一个统一的领域，甚至认为"只有一个对象领域，因而也只有一种科学"。⊖当然，这不是要抹杀各门科学及其对象的种类差别，而是要

⊖ 笔者完全认同卡尔纳普哲学方法论，试想，政治学、经济学、社会学等所有学科，不过是对同一世界（宏观）或同一主题（微观）的不同维度的侧重研究而已。而人工智能术语，也就是给同一对象贴上了不同的语义标签而已，所以，人工智能必须运用全科知识。

按不同的层次或等级把它们安排在由同一基础建立起来的统一的"谱系"中。

其后，很多支持或否定这一"系统形式化"思路的哲学家们又争论了数十年。不少反对派以维特根斯坦后期的哲学思考为例，认为他"否定了"前期的自己。而笔者判断：他们都错了，原因其实很简单，因为他们中的多数人没有或来不及看到后世计算机程序语言的发展——计算机程序语言已经完全证实了"形式化逻辑构造系统"的思想在哲学上是正当的，在科学上是可行的。正是这一"方法论"成功地构建起整个互联网世界和数字世界。

程序语言是用来书写计算机程序的语言。程序语言的词汇集一般由标识符、保留字、特殊符号、指令字、数、字符串及标号等组成。程序语言不但是人们向计算机传达工作内容和工作步骤的工具，还是人们编制程序进行思考的工具，以及人与人之间使用计算机技术交流的工具。

程序语言包括语法（syntax）、语义（semantics）、语用（pragmatics）。语法表示程序的结构或形式，即符号组合规律，但不涉及这些符号的特定含义和使用者；语义表示程序各个符号的特定含义，但不涉及使用者；语用表示程序对使用者的奖励。

构造世界的多种方式

讲过硬科学，再讲点软艺术。著名分析哲学家纳尔逊·古德曼写的《构造世界的多种方式》，是他集中阐述其构造主义、多元论和相对主义思想的一部重要论著。全书通过对世界、样式、"构造世界的多种方式"及其正确性标准的一般阐明和探究，以及对风格、引语、艺术的象征功能和知觉问题的具体讨论，得出"世界是被构造而不是被发现的"——"世界是由我们使用各种不同的文字和非文字的符号系统而构造出的各种世界样式所构成的"，并且"在似乎不可能发生关系的不同领域中，令人惊奇地发现了某种关联"，即哲学、科学、艺术等都是互相"关联"但服务于不同目的的构造世界的方式。

纳尔逊·古德曼被公认为二战以后最重要的分析哲学家之一，他在哲学、语言学、分体论（mereology）等领域都颇有建树，更难能可贵的是，他的著作⊖

⊖　古德曼多部著作影响深远，《事实、虚构和预测》（*Fact, Fiction and Forecast*，1954）被列为"过去 50 年最重要的西方哲学著作"之一，《艺术的语言》（*Languages of Art*，1968）与杜威的《艺术即经验》（*Art as Experience*）被公认为 20 世纪英语世界中最出色的两部美学著作。

揭示了各个学术领域的共有特征及相互联系。

分析哲学。与往常哲学认识论系统地研究概念的联系和区别不同，卡尔纳普"是要把一切概念都从某些基本概念中逐步地引导出来，'构造'出来，从而产生一个概念的谱系"，"主要讨论认识论问题，即知识之相互还原的问题"，卡尔纳普对古德曼的影响更为直接，是古德曼世界构造理论的思想来源。

身为后辈的古德曼的认识论又叠加了实用主义"重视从经验出发的特点"，将艺术和科学进行统合："差不多在十年之前，我就有了一些思路，期望将我对艺术的兴趣与我对认识论的探究结合起来。"

实验主义。古德曼分析哲学的实验主义色彩并非完全秉承古典实验主义，而是一种变化了的实验主义。这体现在他对世界及世界表象性解释的多元论基础上。古德曼的新实验主义更强调人类认知世界表象的多元合法性。首先古德曼认为，通过承认多种观点、多种历史，从而承认人关于世界的多重表象都是有效的，最终构成了"构造世界的多种方式"。其次，其实验主义特色还体现在他对艺术认知功能的认同与强调上。他挑战了传统的艺术与科学的对立，以及挑战了与此相应的情感与认知、形式与内容、愉快与真理等多层面的二元对立，用连续性将认知整合到构造世界的多种追求中。

与杜威从经验出发一样，古德曼虽然承认艺术与科学之间的区分，但更关注二者之间在认知层面的相通性，认为艺术与科学不过是采用了不同的符号表现形式，甚至从根本上来看，具有"共同的认知功能"。

符号哲学。古德曼进一步回答了"我们以什么来构造世界"。古德曼将符号看成构造世界的手段，作为研究范例，艺术符号论○成为古德曼连接分析美学与实验主义的桥梁。他以科学方法分析艺术符号，阐明了艺术符号所具有的认知功能，认为符号认知功能的确定必须与它所处的语境发生联系。强调实效的实用主义成为古德曼艺术哲学的最终逻辑指向。

从实验主义哲学奠基人皮尔士开始，符号与人类动态的认知过程就被建立起密切的联系，而且实用主义哲学家普遍认为"符号与逻辑是同义的词汇"。如果认定"世界是由逻辑构造的"，那么，"世界也同样是由符号构造的"。

○ 古德曼的建构主义哲学认为：艺术符号和科学符号在认知上是同构的。所以他在《构造世界的多种方式》一书中，以艺术符号为例，说明世界是如何"被构造"的。

网络结构的科学：分形学与分维学

植物的树干与树叶，动物的血管与毛细血管、气管与支气管，河流与支流……这些自然万物，你有否想过它们有何类似特征？是的，你猜对了！就是它们的样式（pattern）都符合分形几何学。

"云不是球体，山不是圆锥体，海岸线不是圆，树皮不是光滑的，闪电传播路径也不是直线……""分形几何学之父"、《大自然的分形几何学》作者伯努瓦·B. 芒德布罗（Benoit B. Mandelbrot）这样称颂大自然的鬼斧神工。

什么是分形

分形具有以非整数维形式充填空间的形态特征，通常被定义为"一个粗糙或零碎的几何形状，可以分成数个部分，且每一部分都（至少近似地）是整体缩小后的形状"，即具有自相似的性质。分形一词是芒德布罗创造出来的，其原意含有不规则、支离破碎等意义。

1973 年，芒德布罗在法兰西学院讲课时，首次提出了分维和分形的设想——分形是一个数学术语，也是一套以分形特征为研究主题的数学理论。分形理论既是非线性科学的前沿和重要分支，又是一门新兴的横断学科，是研究一类现象特征的新的数学分科，相对于其几何形态，它与微分方程和动力系统理论的联系更为显著。分形的自相似特征可以是统计自相似，构成分形也不限于几何形式，时间过程也可以适用。[⊖]

分形几何是一门以不规则几何形态为研究对象的几何学。由于不规则现象在自然界普遍存在，因此分形几何学又被称为描述大自然的几何学。分形几何学建立以后，很快就引起了各个学科领域的关注，不仅在理论上，而且在实用上具有重要价值。

"谁不知道熵概念，就不能被认为是科学上的文化人，将来谁不知道分形概念，也不能被称为有知识。"物理学家约翰·惠勒曾经这样评论。

分形理论是在 20 世纪 70 年代由芒德布罗几乎凭一己之力创立的，但其严格的数学基础之一——芒德布罗集，却是 20 世纪 70 年代末芒德布罗及布鲁克斯、马蒂尔斯基以及道阿迪、哈伯德、沙斯顿等人几乎同时分别建立完善的，

⊖ 芒德布罗发表在耶鲁大学数学系网页的分形学论文《自然的分形学与几何学》被学界大量引用，参见 https://users.math.yale.edu/~bbm3/web_pdfs/encyclopediaBritannica.pdf.

他们的思想都源自 20 世纪前叶一些前辈如法图、莱维、朱利亚的有关思想。

据芒德布罗教授自己说，分形（fractal）一词是 1975 年夏天的一个寂静夜晚，他在冥思苦想之余偶翻他儿子的拉丁文字典时突然想到的。此词源于拉丁文形容词 fractus，对应的拉丁文动词是 frangere（"破碎""产生无规碎片"），也就是与英文的 fraction（"碎片""分数"）及 fragment（"碎片"）具有相同的词根。

在 20 世纪 70 年代中期以前，芒德布罗一直使用英文 fractional 一词来表示他的分形思想。因此，取拉丁词之头，撷英文之尾的 fractal，本意是不规则的、破碎的、分数的。芒德布罗是想用此词来描述自然界中，传统欧几里得几何学所不能描述的一大类复杂无规的几何对象，例如，弯弯曲曲的海岸线、起伏不平的山脉、粗糙不堪的断面、变幻无常的浮云、九曲连环的河流、纵横交错的血管、令人眼花缭乱的满天繁星等，它们的特点都是极不规则或极不光滑。今天我们可以肯定地说，这些事物都是分形的。

分形几何与传统几何相比有如下特点：

从整体上看，分形几何图形是处处不规则的。例如，海岸线和山川，从远距离观察，其形状"似乎"是极不规则的。

在不同尺度上，图形的规则性又是相同的。上述的海岸线和山川，从近距离观察，其局部形状又和整体形态相似，它们从整体到局部都是自相似的。任何局部都拥有整体的全息信息。[⊖]

什么是分维

在"传统"欧氏空间中，人们习惯把空间看成三维的，把平面看成二维的，而把直线或曲线看成一维的。也可以稍加推演，认为点是零维的，零维中还可以引入高维空间[⊖]，但通常人们习惯于整数的维数。

分形理论把维数视为分数，这类维数是物理学家在研究"混沌吸引"等理论时需要引入的重要概念。为了定量地描述客观事物的"非规则"程度，1919年，数学家从测度的角度引入了维数概念，将维数从整数扩展到分数，从而突破了一般拓扑集维数为整数的界限。

⊖ 当然也有一些分形几何图形并不完全是自相似的，其中一些是用来描述一般随机现象的，还有一些是用来描述混沌系统的。

⊖ "零维宇宙"中蕴含着"高维宇宙"，很熟悉吧？向刘慈欣《三体》三部曲表达敬意！

分维的概念可以从以下两种方法建立起来。

方法一，我们首先画线段、正方形和立方体，它们的边长都是 1。将它们的边长二等分，此时，原图的线度缩小为原来的 1/2，而将原图等分为若干个相似的图形。其线段、正方形、立方体分别被等分为 2^1、2^2 和 2^3 个相似的子图形，其中的指数 1、2、3，正好等于与图形相应的经验维数。一般说来，如果某图形是由把原图缩小为 1/a 的相似的 b 个图形所组成，有：

$$a^D = b, D = (\ln b)/(\ln a)$$

由若干条 Koch 曲线组成的 Koch 雪花的关系成立，则指数 D 称为相似性维数，D 可以是整数，也可以是分数。

方法二，当我们画一根直线，如果我们用零维的点来量它，其结果为无穷大，因为直线中包含无穷多个点；如果我们用一块平面来量它，其结果是 0，因为直线中不包含平面。

那么，用怎样的尺度来"测量"$^{\ominus}$它才会得到有限值呢？看来只有用与其同维数的小线段来测量它才会得到有限值，而这里直线的维数为 1（大于 0、小于 2）。与此类似，如果我们画一个 Koch 曲线，其整体由一条无限长的线折叠而成，显然，用小直线段量，其结果是无穷大，而用平面量，其结果是 0（此曲线中不包含平面），那么只有找一个与 Koch 曲线维数相同的"尺子"量它才会得到有限值，而这个维数显然大于 1 且小于 2，那么只能是小数（分数）了，所以存在分维。

Koch 曲线的每一部分都由 4 个跟它自身比例为 1:3 的形状相同的小曲线组成，那么它的豪斯多夫维数（分维数）为 $D = \log(4)/\log(3) = 1.26185950714...$

刘慈欣在《三体》中写过这样一段话——

"当初是这么想的，"丁仪从书房中走出来，手里拿着一个精致的银边相框说，"现在看来很可笑。"他弯腰从脏乱的地板上拾起一个烟头，"还是看这个过滤嘴吧，我们说过它的二维面积展开来有客厅这么大，但要是真的展开了，你能从那个平面上研究出过滤嘴曾经的三维结构吗？显然不可能，那些三维结构的信息在展开时已经消失了，像打碎了的杯子不可能还原，原子在自然状态下的低维展开是不可逆的过程。三体科学家的高明之处，在于他们对粒子低维展开的同时保留了高维结构的信息，使整个过程成为可逆。"

$\ominus$　一个低维版本的量子物理学结论：粒子的状态也取决于观测的工具。

更进一步：将高维事物降到（投射到）低维展开后，无穷大就出现了。"1.26维"的豪斯多夫维数发表后，分形学在大众视野中广为人知，其后，还传出一句科学史上的佳话："一片雪花的周长，甚至超过了地球的直径……"

不少科学家因此惊呼分形学就是"自然界的万物法则"！更有意义的是，有多位计算机科学家运用分形几何学公式，在实验室里模拟出了海浪、潮汐、云流、瀑布等宏大的自然景观，甚至可以根据上文的"维数公式"及非常简单的芒德布罗迭代公式（$X_{n+1} = X_n^2 + C$，C 为常数），来控制自然景观的生成规模和发展速度！气势磅礴、蔚为壮观！

想象一下，根据一个简单的方程式生成"宇宙万象"，这完全是"创物主"级别的操作啊！由此，这些科学家们在量子时代又重新找回了爱因斯坦对宇宙必然性的信心："上帝"不会掷骰子……

芒德布罗被誉为 21 世纪最具影响力的数学家之一，他在 IBM 公司工作期间提出分形理论，而现在是耶鲁大学的退休数学教授，在该校数学系的网站上至今保有这样一段对他的高度评价——在物理学、数学或社会现象中寻求秩序的测度，这些现象的特征是数据丰富但样本变异性极大。他的许多发现具有令人惊讶的美学价值，在教学中出人意料的有用性使他成为统一了"知"（knowing）与"觉"（feeling）的雄辩代言人。

第三节　元宇宙的七层结构

乔恩·拉多夫描述了新兴元宇宙市场的价值链，从人们寻求的经验到使之成为可能的支撑技术。拉多夫还提供了一个处方——一个由创造者提供动力，并建立在"去中心"基础上的未来元宇宙的愿景。

"现在做出的投资和决定将深刻地影响未来的显现"：一个提供最多样化体验的"未来"——"未来"将由以此为生的创作者提供支持，或者由下一波看门人和租户来定义。

"我很高兴我们正在走向多样化的未来，这是一个更加平等的市场——我希望它会继续下去。请和我一起探索元宇宙的七层结构。⊖"（见图 3-2）

⊖ 元宇宙的七层结构由原作者乔恩·拉多夫授权笔者编译使用。原文《元宇宙价值链》参见 https://medium.com/building-the-metaverse/the-metaverse-value-chain-afcf9e09e3a7.

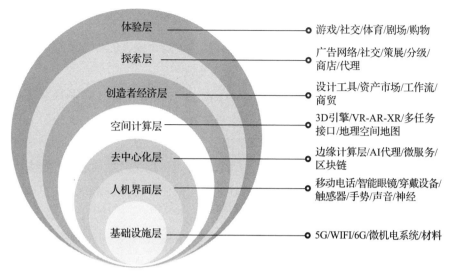

图 3-2　元宇宙的七层结构

资料来源：由原作者乔恩·拉多夫授权。

第 1 层：体验层

许多人认为元宇宙是围绕我们的 3D 空间，但拉多夫认为元宇宙不一定是 3D 或 2D 的，它在哲学上"就是关于物理空间、距离和物体、不可阻挡的去物质化过程（dematerialization）"。它可以包括 3D 游戏 Fortnite、虚拟现实游戏 Beat Saber，以及电脑版的 Roblox，它还可以包括厨房中的 Alexa、虚拟办公室中的 Zoom、手机上的 Clubhouse 和健身房中的 Peloton。

当物理空间去物质化时会发生什么？在游戏中，你可以成为一名摇滚明星、绝地武士、赛车手或任何你能想象到的事物。想象一下，物理空间中的音乐会只有前排的几个座位最好，但虚拟音乐会可以围绕每个人产生个性化的"存在空间"，在那里，你总是可以享有沉浸式音乐会空间里最好的座位。

内容社区复合体将是另一场景。曾经的客户只是内容的消费者，现在也是"内容创造者"和"内容放大者"。现在，内容将产生内容！当我们在未来谈论"沉浸"时，我们不仅会指沉浸在图像空间或故事世界中，还会指代社交沉浸感以及它如何激发互动和推动内容。

第 2 层：探索层

探索层是关于将人们引入新体验的推和拉，这个庞大的生态系统也是许多企业（包括世界最大企业）最赚钱的生态系统之一。

首先，社区驱动的内容（community-driven content）是比大多数营销形式更具效益的探索方式。随着内容本身在更多元宇宙环境中更容易交换、交易和共享，内容本身也将成为一种营销资产。

已经出现的例子是 NFT。NFT 的主要优势是可以相对容易地提供给去中心化交易所，以及支持更直接的创作者社区参与的经济行为。作为探索手段，元宇宙内容市场将成为 app 市场的替代品。

元社区的一种特征是实时存在（real-time presence）。与其关注人们喜欢什么，不如关注人们正在做什么！在元宇宙中，通过共享经验与朋友互动将带来更多价值。

正如我们在使物理现实去物质化一样，元宇宙也在将社会结构数字化。网络的当前阶段特征是由围绕几个单一社交媒体的"黏性"来定义的，而"去中心化"的身份生态系统可能会将权力转移到社会群体本身，使人们能够在种种集体体验（会所 / 朋友圈 / 游戏）中无摩擦地移动。这就是内容社区复合体的营销含义。

跨越不同元宇宙的众多实时活动是创作者最大的探索机会。人们将越来越多地从异步社交网络过渡到同步社交活动。

第 3 层：创造者经济层

元宇宙的体验将越来越具有沉浸感、社交性和实时性，创作者的数量也在呈指数级增长。

先锋时代：第一批为特定技术创造体验的人没有可用工具，必须从头开始构建一切。如第一个网站是直接用 HTML 编码的，为电子商务网站打造了自己的购物车，程序员直接写入游戏的图形硬件。

工程时代：创意市场取得早期成功后，开发团队人数激增。从头开始构建平台通常太慢且成本太高而无法满足需求，并且工作流程变得更加复杂。市场上最早的工具往往是向工程师提供的软件开发包 SDK 和中间件，以节省时间来减轻过重的工作负担。例如，OpenGL 和 DirectX 等图形库的出现为程序员提供了渲染 3D 图形的能力，程序员无须了解过多底层编码。

创作者时代：归根结底，设计师和创作者不希望编码瓶颈拖慢其工作速度。在这个创作者时代，创作者数量急剧增加、指数级增长。创作者获得工具、模板和内容市场的支持，将应用开发从"自下而上、以代码为中心的过程"，重新定向到"自上而下、以创意为中心的过程"。

元宇宙中的创作体验将越来越生动、社交化和低代码化。在相关平台，一整套集成工具、社交网络和货币化功能使创作者能够"低门槛"地为他人创造体验。拉多夫的愿景就是"以去中心化和开放的方式，为独立创作者提供与以往相同的能力"。

第 4 层：空间计算层

空间计算提出了混合现实 / 虚拟计算，它消除了物理世界和理想世界之间的障碍。只要有可能，应允许"机器中的空间"和"空间中的机器"相互渗透。有时这意味着将空间带入计算机，有时这意味着将计算导入对象。

Simon Greenwold[⊖]空间计算已经发展为一大类技术，使我们能够进入和操纵 3D 空间，并用更多的信息和经验来增强现实世界。将空间计算的软件层与硬件层分开（将在第 6 层人机界面部分介绍硬件），软件的关键方面包括：

- 显示几何和动画的 3D 引擎（Unity 和 Unreal）。
- 映射和解释内部和外部世界——地理空间映射、物体识别、手势识别。
- 来自设备（物联网）的数据集成。
- 来自人体的生物识别技术（用于身份识别以及健康 / 健身领域的量化应用）。
- 支持并发信息流和分析的下一代用户界面。

第 5 层：去中心化层

元宇宙场景下，"当选择可以最大化，当系统可以互操作，并且在创造者对自己的数据和作品拥有主权的竞争市场中构建时"，元宇宙应用和用户就会显著增加。

⊖　参见 https://acg.media.mit.edu/people/simong/thesis/SpatialComputing.pdf.

- 去中心化的最简单案例是域名系统（DNS），它将单个 IP 地址映射到有意义的名称上，从而使用户不必每次上网时都输入枯燥的无意义数字。
- 分布式计算和微服务为开发人员提供了一个可扩展的生态系统，开发人员可以利用已开放的各种在线功能——从商务系统到专业人工智能，再到各种游戏系统——无须专注于构建或集成后端功能。
- 区块链技术将金融资产从集中控制和托管中解放出来——在去中心化金融中，我们已经看到了连接"积木式金融"形成新应用的例子。随着针对元宇宙体验所需的微交易类型优化 NFT 的出现，我们将看到围绕去中心化市场和游戏资产 app 的创新浪潮。
- "远端边缘"计算将使云更接近人们的家——甚至进入我们的车辆——以低延迟启用强大的应用程序，而不会给我们的设备带来工作的负担。计算能力将变得更像电网上的公共用电服务，而不像传统的数据中心。

第 6 层：人机界面层

计算机设备越来越接近我们的身体，将我们变成半机械人。

智能手机不再只是手机，更是高度便携、始终连接且功能强大的计算机，只是"恰好"预装了电话应用程序。随着进一步合适且小型化传感器、嵌入式人工智能技术的发展，以及对强大边缘计算系统的低延迟访问，智能手机将从元宇宙中吸收越来越多的应用程序和经验。

Oculus Quest 本质上是一款被重构为 VR 设备的智能手机，这种束缚的解除让我们得以了解未来的发展方向。

除了智能眼镜，越来越多的行业正在试验新方法，让我们与机器更接近，如，将 3D 打印的可穿戴设备整合到服装中，微型生物传感器甚至可以被印在皮肤上，成为"神经接口"。

第 7 层：基础设施层

基础设施层包括支持我们的硬件设备、将设备连接到网络并提供内容的技术。

5G 网络将显著提高带宽，同时减少网络争用和延迟。6G 将把网络速度提高到另一个数量级。

实现下一代移动设备、智能眼镜和可穿戴设备所需的不受限制的功能、高性能和小型化将需要更强大和更小巧的硬件，即将缩小到 3nm 及应用更高工艺的半导体、支持微型传感器的微机电系统（MEMS），以及更紧凑、持久的电池。

从价值链到价值网

在工业时代，产品从研发设计到生产销售，整个流程是线性的，各个环节分工明晰——这被称为"价值链"。先是需求调研，通常由市场部门（或者某个专门人员）完成，完整的报告交给研发设计部门。产品样机完成后，交到生产部门试生产，通过试生产后，产品进入量产阶段。后面是销售和流通环节，直到产品送到终端用户手中。可见，研发人员和终端用户位于漫长的价值链的两端，真正的需求很容易被滞延甚至湮没。

在网络时代，供应商不再只是原料提供商，而是大概率会深入地参与到产品原型设计和工艺设计中；用户不再被动接受完成了的产品，其反馈会及时被研发人员关注，反映在新一代产品中。

网络降低了交易成本，加强了产业链上各利益相关方的连接，聚合了群体创造的力量，供应商、厂商、用户、合作伙伴都越来越深入地参与到价值创造的活动中。价值不再是单一流向，传统的线性结构的价值链将演化成网状结构的价值网。

价值网是由真实客户需求[⊖]所触发，能够快速可靠地对客户偏好做出反应的网状架构。价值网的概念突破了原有价值链的范畴，它是从更大的范围内根据客户需求由各个相互协作企业所构成的虚拟价值网。之所以称之为价值网是因为它为所有参与者——企业、供应商和客户——提供价值，并且参与者之间是基于相互协作的、数字化的网络而运作的。

价值网概念是由亚德里安·斯莱沃斯基（Adrian Slywotzky）在《发现利润区》（*Profit Zone*）一书中首次提出的。他指出，由于客户的需求增加、国际网

⊖ 从新经济视角出发，客户需求一词中的"客户"不仅指"消费者"，价值链或价值网中的任何节点、任何环节的实体都互为"客户"。

络的冲击以及市场高度竞争，企业应改变事业设计，将传统的价值链转变为价值网。

使价值网进一步发展的是美国学者大卫·波维特，他在《价值网》（*Value Nets*）一书中指出，价值网是一种新业务模式，它将客户日益提高的苛刻要求与灵活及有效率、低成本的制造相连接，采用数字信息快速配送产品，避开了代价高昂的分销层；将合作的提供商连接在一起，以便交付定制解决方案；将运营设计提升到战略水平，适应不断发生的变化。

由价值链到价值网是商业关系的一次革命，围绕客户需求构建的价值网是网络时代商业关系的基本形态。

新经济时代跨界越来越普遍。企业同时处于不同的产业，价值网不是封闭的系统，而是一个连着另一个，无边无际拓展开来。例如，阿里巴巴拥有在线企业所有交易活动的数据，就能够很方便地开展基于企业交易活动的供应链金融。对传统银行来说的小微企业贷款难题，对于阿里巴巴可能就不是问题。电子商务、金融等不同产业的价值创造网络出此相连。

价值网提供了获取信息、资源、市场和技术的新机制，网络中不同节点之间的密切交流和碰撞从根本上改变了过去价值创造的模式，大大拓展了价值创造的空间。

价值网的参与者不再进行一次性简单交易，而是结成密切的合作伙伴关系，形成利益共享的价值共同体，通过整合资源，以开放、共生、共享、互利、协作的方式，共同创造和分享价值。

随着价值网中参与节点增加，网络产生的价值呈几何级增长，它符合梅特卡夫定律（Metcalfe's Law），即网络的价值与网络节点数的平方成正比。随着网络产生的价值增长，每个参与者从网络中获取的价值会增多。

超大规模的价值网络例子在网络时代并不鲜见。2020 年，苹果公司 App Store 里面的应用已经超过了 500 万个，累计下载次数已经超过了 3000 亿。2008～2018 年，苹果公司向开发者累计支付超过 860 亿美元。这些数字形象地描述了 iPhone 和围绕 iPhone 的应用组成的价值网络的规模。这只是这个庞大网络的一部分，此外还有庞大的用户群和遍布全球的硬件供应商。

笔者完全相信乔恩所说的元宇宙价值链的七层结构只是为了叙事方便，他指称的价值创造肯定是在价值网中发生的。因此，**最抽象地看，一切的结构都是网状结构（一切皆网），传统知识论中所谓的"结构"，在更高的维度看，其实就是"网络结构"**！

第四节 元问题：元宇宙全部结构就是"网络结构"

元宇宙通常被视为多维度的复杂时空，它并不是前文所说的简单层次结构。前文之所以如此表达，只是为了要素理解和技术实现的方便。

抽象来看，元宇宙中的任何一个"点"与另外任何一个"点"之间（这里的"点"可以代表个人、企业、平台、空间、社群、虚拟场景等可以想象到的任何事物）只要能够"连接"，就构成了同一个网络。"因为连接，所以同维"，这时候，已经不需要讨论这个元宇宙究竟"跨越"了多少维空间了，可以将所有这些"点"都视作在同一维度之中。

元宇宙的基础结构就是网络结构，这句话听上去像是一句废话，其实不然，因为"此网络"已非"彼网络"了。整个宇宙都是在分形或分维数学意义上"抽象"而成的网络和结构。更抽象地，"低维宇宙中蕴涵着高维宇宙，我只不过说出了一句'悖论'"！

网络社会的元结构：个人－社群－社会

"结构决定行为"几乎已经是多数社会学家的共识。

网络社会学家曼纽尔·卡斯特预言：信息时代的支配性功能和过程日益以网络组织起来，网络建构了我们社会的新社会形态（《网络社会的崛起》）。与传统的机构社会"个人－机构－社会"的结构相比，网络社会呈现出完全不同的结构特征，即"（个人）－（社群）－（社会）"（此处括号代表在当前时代，某一结构可能是真实的，也可能是虚拟的）。

麦克卢汉认为，技术即结构，云计算、大数据、物联网、人工智能和虚拟现实等既是网络社会结构的具体体现，同时，作为网络社会结构最重要的基础设施，它们又是网络社会生长的内在动力。

超文本：最早的"网络连接器"

1984 年，未来学家 KK 结识了计算机领域的先锋人物泰德·尼尔森（Ted Nelson），后者是电脑界的自由思想家和科学家，他在 1965 年将网络超链接的理念变成了技术现实。当被 KK 问及对于互联网空间最初的概念是什么时，尼尔森涂写下几个拗口的词汇：文档宇宙（docuverse）中的"嵌入"（transclusion）和"互文性"（intertwingularity），翻译成今天的非计算机术语就是网络空间里无处不在的超文本链接。

一方面，超文本很容易使读者迷路。超文本网络没有掌控叙事的中心，其间的所有事物好像都主次不分，这个空间仿佛就是单调杂乱的区域。另一方面，超文本为自己创造了可能性空间。正如杰伊·伯尔特在他鲜为人知的《写作空间》（*Writing Space*）里所写的：在这个"后印刷时代"，流动不定的作者和读者间往来互动的关系，成为电子书概念空间的特色。

超文本和人类知识的变革只是网络变革的边缘或一个侧面，但这场变革的核心已经体现了网络的核心精神：一种全新的参与方式。这种参与方式已经发展出了一种建立在分享和超链接基础上的新兴文化和全新思想。新思想一部分来自人类，另一部分来自机器，前所未有。

然而，手机 app 并不是超文本，也不是开放技术，随着苹果手机的出现才开始进入我们的生活。乔布斯赖以成功的苹果电脑，本身是垂直封闭的思想体系和技术体系。虽然以谷歌为代表的"安卓派"进行了相当程度的开放努力，但仍不能改变 app 结构的封闭基因。如果更为高效安全的技术出现，手机 app 的结构未必是最好的技术选择。前一代 Web 互联技术在便利性方面不如今天的手机 app 技术，但在互联互通的可能性和开放性方面远远胜出！究其根本，这也是一种必然，为什么十多年后又出现了虚拟现实技术？虚拟现实技术的"连接智能"（与 Web 技术类似）还是由人脑提供的，因此必然是开放的。

多年以前，笔者就曾预言，任何手机 app 都必须"自我开放"，否则就会被更开放的结构所替代！以下是两种必然结局：其一，网络时代没有"大而不死"，另一版本的解读是，大型网络平台通常不是被竞争对手灭掉的，而是被用户弃而不用地废掉的（段永朝）！美国的雅虎（YAHOO）如此，中国几家 Web 1.0 门户网站的命运也是如此！其二，去中心化的 Web 3.0 取代中心化的 Web 2.0

也是发展的必然！

个人与社群的认同

詹姆斯·马奇和赫伯特·西蒙在《组织》一书中对影响个体对群体的认同因素做了精彩的分析：个体认同群体的倾向，与群体的声望、群体成员共享目标的程度、个体与群体成员的相互作用的频率、个体在群体中得到满足的程度以及群体成员和个体的竞争程度相关。

在网络社会，组织出现了社群化的趋势。社群既是人们通过协作完成各种目标的共享场域，也是人们情感交流和知识共享的赛博空间。詹姆斯·马奇和赫伯特·西蒙对个体与群体认同关系的分析完全符合网络社会个人对社群的认同倾向。

个人与社群的协作。管理学家巴纳德第一次从社会协作的视角定义了组织的概念：组织是一个由具有协作意愿的人群抱着一定的目标，并以信息交流为主要沟通渠道的庞大的协作系统。组织的要素包括信息交流的人群、协作的意愿和共同的目标。在网络社会，个人与组织的协作关系以社会学习的形式体现。

彭特兰在《智慧社会》一书中提出社会协作的模型：探索 - 想法流 - 参与。探索就是寻找与众不同的人和与众不同的想法，探索的三要素是社会学习、保持信息和想法来源的多样性及寻找特立独行的人。想法流是将好的想法汇成群体智慧，它通常表现为习惯、偏好和好奇心等形式，并借此将想法转变为行动。参与能够建立信任并增加关系的价值，这为社会协作奠定了基础，参与的三大原则是互动、合作和构建信任。

个人与社群的进化。社会学习对社会协作与社会进化的作用同样重要，前者体现为个人与社群关系的状态，后者表现为个人与社群关系的结果。在网络社会，组织进化不是单兵突破，而是以关系为线索进行组合进化。每一个人都是社会关系网络的节点，无数个人形成无数节点。

有些个体具有较强的活力，更容易受到新的"想法流"的影响，获得更多社会学习的机会，从而成为新的社会进化进程的重要节点；一些人由于与他人之间的联系过少导致社会学习的机会很少；还有一些人则深陷在反馈循环的回音壁中，他们只能反复收到相同的想法，从而丧失了社会学习的机会。

群系统的结构和运行逻辑。技术常常来自仿生学。有两种最常见的系统，一种是按照顺序操作的思路来构建系统，就像工厂的装配流水线，这类顺序系统的原理类似于钟表的内部逻辑。另一种系统是将并行运作的部件拼接在一起，很像大脑的神经元网络或者蚂蚁群落。由于不存在顺序的指令链，任意一个部件或节点的特定动作都会传递到整个系统，而系统的局部表现也更容易被系统的整体表现所掩盖，是为分布式网络状系统，常见的有蜂群、电脑网络、大脑神经元网络、动物的食物链等，这些系统在组织上都汇集了大量的自治成员。

"自治"意味着每个成员彼此高度连接，根据内部规则或所处的局部环境状况而独立地做出反应，组成了一个对等网络。这与服从来自中心的命令，或根据整体环境做出步调一致的反应截然不同。系统论的研究指出了分布式网络系统的四个突出特点——没有强制性的中心控制，次级单位具有自治的特质，次级单位之间彼此高度连接，点对点间的影响通过网络形成了非线性的因果关系。

克里斯·朗顿（Chris Langton）是美国生物学家，他在20世纪80年代成为仿生领域开创者之一。他有关群系统优劣势分析的多年研究，对自组织和网络系统的仿生设计都极具指导意义。

群系统的优点及缺陷

群系统有如下优点。

- 可适应：这是一种生物群思维。在整体拥有大量部件而某些部件失效的情况下，系统仍然可以继续存活，并对环境的激励信号做出回应。
- 可进化：只有群系统才可能将局部部件获得的适应性从一个部件传递到另一个部件（从基因到身体，从个体到群体）。非群系统不能实现"类生物"的进化。
- 弹性：由于群系统是建立在众多并行关系之上的，所以存在冗余。小故障就只像湍急的河流中的一朵小浪花；就算是大故障，也只是更高层级中的小故障，因而可以被抑制。
- 无限性：系统的反馈可导致秩序的递增。通过逐步扩展超越初始态的新结构，群系统可以构建自己的脚手架，借以实现更加复杂的结构。自发的秩序有助于创造更多的秩序——生命能够繁殖出更多的生命，财富能够创造出更多的财富，信息能够孕育出更多的信息，而且永无止境。
- 创新性：群系统能产生创新性有三大原因。其一，群系统对初始条件很敏感，即后果与原因不成比例，群系统可以将小土丘变成令人惊讶的大山。其二，系统中彼此关联的个体所形成的组织呈指数增长，其中蕴藏了无数创新的可能性。其三，系统不强调个体，允许个体有差异和缺陷。在具有可遗传可能性的群系统中，个体的变异和缺陷能够导致创新，这个过程就是生物学所称的"进化"！

当然，群系统也有明显的缺陷。

- 非最优：因为冗余，又没有中央控制，群系统的效率是低下的。系统资源分配高度混乱，重复的努力随处可见。例如，青蛙一次产出数千颗卵，只为了少数几个子代成蛙；自由市场经济中的价格体系可以在一定程度上抑制效率低下，但不可能做到完全最优。
- 不可控：没有绝对权威，只能在关键部位用力，使系统转向新的目标。经济不可能由外部政治力量强制控制，只能从内部一点点调整。只要有（量子）"涌现"的地方，人类的控制就消失了。
- 不可预测：群系统的复杂性导致了系统发展的不可预测。"生物的历史充满了出乎意料"，朗顿经常这样感叹。比如，每天上班高峰就经常有不可预测的交通事故"涌现"，然后经由"蝴蝶效应"的放大，痛苦不堪就成为常态。
- 不可知：钟表系统的因果关系是线性的、顺序的、可知的，而群系统很容易将自己淹没在种种交叉网状的逻辑海洋中，真正的起因轻易间就在网络中纵横交错地传播开来，最终，触发某一特定事件的原因将无从得知。所幸我们不需要确切地知道一个大型群系统工作的细节也能够建造、使用、完善它。当然，更多的了解意味着更多的确信。
- 非即刻：简单的群系统可以用简单的方法唤醒，但层次丰富的复杂系统就需要更长的时间。系统越复杂，预热需要的时间就越长——每个层面都必须安定下来，每个纵横起因都必须得到充分传播，百万级的自治成员都必须熟悉自己的环境——"这将是人类所要学习的最难的一课：生物的复杂性需要生物的时间！"

在群系统的优缺点中进行取舍，就像在生物活系统的成本和收益之间进行抉择一样。但鉴于我们是伴随着生物系统长大的，而且别无选择，所以我们总是不假思索地接受这些成本。

更进一步，我们每将网络（机器）向生物群系统推进一步，就都是将它们向生命化系统推进了一步。群和网络的逻辑突出的是真实事物的复杂性一面，也延续了达尔文有关生物经历无规律变异而产生无规律种群的深刻思想。这一逻辑试图理解不平衡性，度量不稳定性，测量不可预知性。另一位生物学家詹姆斯·格雷克认为，这是一个尝试，给天生无结构的形态造型。科学已经解决了大部分简单任务——都是一些清晰而简明的信号，现在，科学所面对的只剩下噪声：科学必须直面生命的杂乱。

从封闭机构"进化"到开放社群

从作品到超文本。传统机构更像是一部作品，由组织内部按照一定的流程、篇章编撰而成。组织领导层是该作品的作者，通过构思、设计，完成了作品的主题、思路和框架等顶层设计；各个部门则按照既定的主题、思路和框架填充内容，形成各个章节。传统机构追求的是顶层设计的完美和作品结构的稳定性，作品一旦发布，其生命就停止了，读者只能被动地接受和解读。

新的网络组织则体现出了超文本的特征。超文本是在文字、思想和资料来源之间实况链接的模糊网络。超文本的第一个特征是无边界，在超文本中，文本之间不再是单向度线性连接的关系，而是呈现网络化、多维化的链接模式，读者可以随意在文本间穿越。超文本的第二个特征是无权威，在超文本中，作者的权威性终结了，读者可以参与作品的创作和延展，个人成为价值的基本计量单位。用管理学大师普拉哈拉德的话来说，消费者独特的个性化体验是价值的基础。超文本的第三个特征是无时空，超文本完全摒弃了时间和空间的概念，一旦信息链接到超文本中，它的时间和空间便不再受控，表现出"无时间的时间"和"无空间的空间"特点。

从"机构社会"到"网络社会"

很难回答这个问题：是先有结构变迁，还是先有观念变迁？一个大致还算可靠的答案是：创造者通常先转变了自己的观念，然后，使用者感受到了结构的转变。

社会连接决定社会关系，社会关系决定社会结构。我们将工业社会基于血缘、地缘和组织缘而形成的社会称为机构社会，而把网络时代基于连接而形成的社会称为网络社会（见图 3-3）。机构社会与网络社会的区别主要体现在以下四个方面。

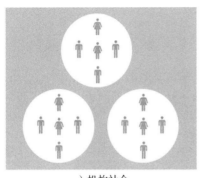 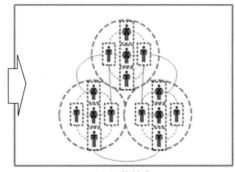

a）机构社会　　　　　　　　　　　　　　b）网络社会

图 3-3　机构社会与网络社会

资料来源：谷歌图库。

存在范式：重新定义个人存在方式。在机构社会，机构是当前社会的基本组成单元，个人依附于机构，服务于机构，缺乏独立性和自主性。个人的价值和意义只有在机构中才能得到体现。在网络社会，个人成为社会最基本的组成单元，重新获得独立和自主，机构仅仅是个人实现其价值和意义的工具。

社交范式：创建个人社会关系网络。在机构社会，除家庭外，个人基于机构建立社会关系，围绕个人形成的社会关系源于机构、服务于机构，机构是一切社会关系的载体和目的。在网络社会，个人基于连接建立社会关系网络，这些连接主要基于个人的某些共性或共同目标，例如共同的经历、兴趣、天赋等。因此，在网络社会，个人社交范式具有更多元、更丰富的内容和表现形式。

组织范式：重新定义社会组织形式。在机构社会，机构是社会的基本组成单元，机构既是手段，又是目的，即任何社会组织的形成都以机构为主要形式，机构是组织的基本手段；同时，建立一个新的机构的目的可能是为了实现某个旧机构的功能，因此，机构又是组织的目的。在网络社会，人们不再为了建立机构而建立机构，机构仅仅是个人实现其目的的一个手段，同时，机构也不仅局限于各种实体组织，还包含各类虚拟组织，甚至以虚拟组织为主。因此，在网络社会，组织范式更具灵活性、流动性。

社会范式：推动网络社会建立。传统的机构社会是基于经济学家科斯的交易成本理论而形成的，在前网络时代的技术条件下，公司是最高效的社会组织形式，尽管它显得千篇一律、僵化呆板、抹杀个性。网络时代的到来为网络社会创造了可能性，网络、智能手机和社交 app 使得连接触手可及，无时不有，无处不在。连接的无限性必然造成组织的无限性，形形色色的新型组织（社群）应运而生，充分发挥每个个体的异质性，并将他们融入社会的生命体系，使组织资本有效地转化为社会资本。

此处的网络社会是网络社会早期研究者们在世纪之交所理解的 1.0 或 2.0 "网络"，而将其放在 3.0 元宇宙语境下，我们惊喜地发现 "完全不违和"！

为什么 "不违和"？今天的进化迭代也只是 "网络函数" 的 "同构递归" 调用而已！元网络在何处 "迭代" 了？Web 3.0 插进了 "无须许可" 的开放参数。（详见下文《无须许可的元宇宙》）

技术即结构

网络社会的基础设施是由技术创新主导的。KK 甚至武断地认为：**技术进步是人类唯一的进步**。如果我们都认同社会学所强调的 "结构决定行为"，那么网络基础设施将决定未来网络社会的生态走向。

《网络社会的崛起》作者曼纽尔·卡斯特认为：一切沟通形式都奠基于符号的生产和消费。其一，在 "现实" 和象征再现之间并没有什么区别。所有社会里，人们都生活在象征环境中，并通过象征环境来行动。卡斯特提出的第一个议题是现实和虚拟的关系：现实总是虚拟的，因为现实总是通过象征而被感知，而这些象征以其逃离语义的某种意义而架构了实践。卡斯特提出的第二个议题是关于技术的实质，以及技术与人、与社会结构之间的关系。

其二，网络具有强烈的重构现存的权力关系的动机。号称开放的社交网络，也可以在交往中看到存在不同个体的不同社会权力、社会地位的真实映射。如法国当代思想家福柯所言，权力是参与者（actor）之间的一种关系，部分由所采用的技术建构而成。网络在发送信息（互动）时，不仅增强了执政者的活动能量，也增强了被统治者的能量。

理解技术

技术是人的延伸。第一，技术是人的能力或者功能的延伸。例如眼镜是视力的延伸，耳机是听力的延伸，手杖是手的延伸，汽车是腿的延伸。技术增强了人的能力，使之能突破人类的生理极限，触及更多未知领域。第二，技术是人的欲望的物质或精神体现形式。音乐是为了满足耳朵的欲望，电视、电影是为了满足眼睛的欲望，美食是为了满足口的欲望，衣服、房子是为了满足身体的欲望等。人类所有的技术形态及其衍生出的产业链都可以用欲望来分类，今天蓬勃发展的虚拟现实和增强现实技术也不例外。

技术成为人的肉身。随着全息影像或阿凡达之类的虚拟化身一步一步挤进人类社会的中心舞台，人们不仅实现了真实世界在视觉效应上的真实化，甚至将实现人们观念的对象化，即所谓的"肉身化"。这在给人们带来新的感官体验的同时将带来身份的困惑和心理的焦虑。

正如麦克卢汉所言，沉浸在心理和感官的网络虚拟冲击会导致无肉身化与非躯体化："各种程度的心理崩溃将是新技术和无止境的信息带来的根绝和泛滥的结果。"约斯·德·穆尔也指出：日益增长的对可能性的掌控，悖论式地伴随着一种更大的无法预测性——意料中的作用和意料之外的副作用都难以预料。因此，我们对新的技术体系要保持适度的敬畏和距离。

维贝尔认为，如果技术的终极目标是征服作为我们有限生命特性的空间和时间的距离，那么很难高估电子显现与虚拟现实的价值。为了实现永恒性，我们最终会下决心完全抛弃我们的身体，并移居赛博空间。当我们的思想脱离身体以后，在浩瀚无垠的赛博空间将会无来由地充满大量非人类、非实体的超级思想。这是基因工程、纳米技术、人造生命和人工智能所关注的议题。人类或将实现生物学意义上的转化，成为第一个创造自己的进化后裔的生物物种。

始于技术，终于人性。技术是人在客观世界的投射或者对象化，是人与客观世界沟通和交流的媒介。技术本身是中性的，但是加入了人的欲望、情感、规范、知识和想象力以后，技术就成为人的一部分，成为人类文明中最人性化的部分。技术是人的欲望的外化，是人的感官的延伸，与人的视觉、听觉、味觉、触觉的特性相连接；技术是人的情感的载体；技术与人的规范是一对矛盾共生体，既可能相互制约，又可能相互促进；技术是人的知识的对象化过程，技术与知识共同进化；技术的创新和变革基于人的想象力，想象力是技术发展的第一推动力。

技术结构决定社会结构。技术是技术规范和社会规范共同作用的结果，反映了其制造者、拥有者和使用者的目的、利益、标准和价值。用约斯·德·穆尔的话来说，技术的发展是一种异质化进程的结果，所有不同的理由、标准和五花八门的社会集团（设计者、制造者、金融家、立法者、消费者、环境行动派等）的利益，都在这个进程中一决雌雄。因此，技术是一切社会集团博弈的结果，社会结构的基本形态将会以经过反复角力形成的技术机构的形式体现。

技术虽然要以人为中介来产生，但是它是具有自创生功能的生命体。技术一旦诞生，将会在一定程度上摆脱人的控制，产生大量无意、无法预料和不可预知的社会结果。蒸汽机的技术影响了工业社会的基本社会结构和变革，信息化的技术结构也将影响网络社会的基本结构和变革。相比于蒸汽机革命，由于信息技术所代表的符号的生产和控制呈现出几何数级的不确定性和复杂性，网络社会的结构及其变革是一个极为复杂而浩大的工程。

技术进化机制。技术是技术因素与社会因素共同作用的结果，是人性和社会文明的物质体现。同时，技术又有独立性，体现出独立的发展规律和特性。在进化机制上，技术进化体现了"组合进化论"的特征，组合的结果是带来了新技术的指数级增长。

"技术元素"（technium）是 KK 专门创造出来的词语，他提出的是一个"大技术"的概念："技术元素不仅仅包括一些具象的技术（例如汽车、雷达和计算机等），它还包括文化、法律、社会机构和所有的智能创造物。"KK 认为技术元素就是从人的意识中"涌现"出来的一切，KK 把这种科技的延伸面看成一个能产生自我动力的整体。

在思考了文明进化、数字出版、免费经济、人工智能、物联网、数字化生活等热议的话题之后，KK 挖掘出更深层次的问题：技术元素的本质是什么？人类应该拥抱还是拒绝它？人类对它的未来发展究竟有多少把握？

笔者在与 KK 对话时，曾经向他，也向自己提出了这个问题："如果说人工智能成立、人类知识可以独立进化，那么，人类本身是否也将成为整个技术进化链条中的一个环节？"

再结构化与连接经济

　　网络从一开始的工具慢慢变成了生活的一部分，最终变成了生活本身。网络连接人、事、物，在经济、社会生活各领域的扩散、应用过程中，对我们改变最大的就是社会网络关系。

　　《另一个地球：网络＋社会》一书的主题就是网络对于社会的改变，以及正在形成的网络社会——早在 21 世纪以前，很多未来学家就已经设想到，由数字技术支撑的未来计算机通信技术会对社会造成影响。

　　1973 年，Kelly Gotlieb 等计算机科学家描述了计算机对关键性社会问题的影响，比如表达自由、隐私、就业、教育、安全等。直到今日，很多问题仍然是有关网络社会角色的关键问题。

　　20 世纪 70 年代早期，Gotlieb 和其他一些科学家就已经开始讨论信息利用问题，并且熟悉 Licklide 对全球性网络的呼吁。当时，网络的早期形态阿帕网（arpanet）还处于论证阶段，计算机和数字数据处理系统的主要用户还是政府机构。然而，50 年后的今天，在进行有关网络、大数据、社会化媒体、移动网络的讨论时，当年网络研究者谈到的问题还非常有意义。

　　简单地看，网络就是将众多点连接起来的网，有节点、有连接。从信息论视角看，网络连接了可以用信息表达的所有关系。

　　其一，"节点"可以是各种事物：信息、人、物体。"连接"可以是各种介质：网线、无线信号，甚至电线！

　　其二，网状结构是一种最"平等"、最"安全"的拓扑结构，也就是说网络上任意两个点之间，有超过一个的连接通路。

　　网络的设想来自美国在冷战期间的国家战略思路：即使任何一个通信"节点"被战争武器破坏，美国也可以通过网络结构实施快速通信反应。

　　其三，从智能程度看，网络有几个逐步演进的阶段：首先是信息网，然后是人联网，接着是物联网，现在是智能网，最后可能是脑联网。

　　网络从零星分散的个体行为转变为连接一切的社会网络，最终变为给参与

　　㊀ 格雷厄姆，达顿.另一个地球：网络＋社会 [M].胡泳，徐嫩羽，于双燕，等译.北京：电子工业出版社，2015.
　　㊁ 几个世界知名大学的实验室一直在从事"电线互联网"的研究工作。

者带来回报的社会资本。

连接的技术

《阿凡达》中哈利路亚山上的灵魂树是纳威族人的图腾，所有族人的连接器都可以与之相连，也可以互连，那个奇妙的和谐世界实在令人神往。

连接改变结构，连接强化开放，连接促进跨界，连接推动智能。反过来，岂不也是一样？比如，"奇点"大概是在讲人工智能与人的智能、群体智能连接的故事；"穿越"自然不都存在于那些不足为训的搞笑剧，像电影《时间机器》里的时光隧道以及《星际穿越》表现的多重维度、虫洞、黑洞则打开了另外一种连接的可能。

从连接的关系层次看，可以概括为三种：connection（连接），interaction（交互），relationship（关系）。三个层次的连接方式、连接内容与连接质量都不相同，最后一层信任性关系是连接的归宿。

用户卷入决策了，产销融合了，圈子社群化了，分享创造价值了……当连接成为基本逻辑，侵占了所有的场景、个人世界与公共空间，我们不得不问——连接，究竟是人性驱使，还是技术驱动？"连接鸿沟"会不会是数字鸿沟的下一个副产品？当复杂巨系统遇到连接器，它的舞姿是否也会变得婀娜、轻盈？连接的介质还将有什么，眼神还是脑波？还有，你怎样揣测"失连"这件事？

有时，连接的变化可以引致一场革命，甚至改变世界，我们可以对虚拟货币交易公司 Ripple 有这样的预期。或许可以展望，那些能够重塑结构、连接一切、有机交互、优化生态的组织将攫取领袖地位。

节点、控制、传感、生态，关于连接这件事，不都是这些冷冰冰的词汇，人性、信任、敬畏、包容、谦卑、责任、利他其实也相伴左右，而最强大、难以"失连"的是心灵的沟通，《阿凡达》告诫我们要"用心连接，用心感应"。人与人，人与机器人，人与服务，人与动植物，人与自然，都需要"用心感应"。

无须许可的元宇宙

未来的元宇宙是建立在"去中心化"之上的，"无须许可"就是一种"元结构"。在《元宇宙价值链》中，乔恩·拉多夫详细介绍了构建未来的元宇宙的七个层级[⊖]，而"无须许可"（permission-less）的概念更易于每一位非技术用户理解。虽然区块链是去中心化的重要基础，但是去中心化并不仅仅是来自技术维度的区块链概念。维基百科对它的定义是："去中心化"是指一个组织活动的过程，特别是那些关于规划和决策的组织活动，被分散或下放到一个计划的、中心化的、权威的地点或团体之外的过程。

"无须许可"

去中心化的一个基本属性就是，它允许无须许可的参与。

例如，你不需要获得参与开源的许可——只需要从 GitHub[⊜]下载代码，派生它，然后根据你的需要进行修改或迭代。或者简单地从别人的工作中受益：将开放源代码合并到自己的项目中，只要你遵守他们建立的授权（licensing）结构，你就可以顺利进行。而微软和苹果有自己的 app 商店，如果你想为其开放应用，在那里还是需要许可的。

无须许可软件开发的最大阵地仍然是万维网[⊝]，因为你不需要在事先问任何人是否可以创建一个网站或 Web 应用程序——所有的软件工具、托管提供商和盈利方法的选择都取决于你。然而，大多数网站现在依赖于"中心式"平台：最常见的是 Facebook 的登录/身份，以及云服务提供商的托管（AWS 或谷歌云）。使用这些平台的开发者越多，他们放弃一定的控制权时就能获得越多的便利。换言之，即使在这种情况下，Web 仍然是一个不同服务提供商在其中为你的业务而竞争的生态系统。

这就是无须许可生态系统的优势之一的本质：竞争。竞争激烈的市场为消费者和开发者提供了更多选择。进入市场的障碍只是"经济规模和习惯"，而不是由市场选择为"临时赢家"的垄断供应商来决定一切。

"许可"是在征收"创新税"

在 iPhone 问世之前就有一些带有游戏的手机平台。这些平台的所有者通常收取 50% 的收益分成，并且在获得发行许可时需要经历缓慢的官僚程序。当时，采用某个应用系统，更多的是因为你在 AT&T 或诺基亚公司认识谁，而不

⊖ 参见本章第三节。

⊜ 从智力资源的来源看，GitHub（2008）的意义甚至不逊色于今天的生成式人工智能（OpenAI）。

⊝ "是否需要许可"从 Web 1.0 的无须、Web 2.0 的需要到 Web 3.0 的无须，经历了一轮回归。

是你的想法有多好。结果是，许多游戏和游戏工作室耗尽了发展所需的资源，在获得发展机会之前就失败了。

当苹果在 iPhone 上推出 App Store 时，开发者不再需要寻找并与合适的业务开发主管谈判，苹果将收益分成比例固定在 30%。大多数其他平台都采用了相同的收费结构，这比过去平台收 50% 的做法更加宽容和开放。

尽管 20% 的改善对于开发者已经是友好的进步，但真正的经济体实际上会变得更糟，比如，为平台添加至少 20% 的收入，不断燃烧广告费用，帮助客户发现自己！变糟的部分原因是 app 商店的不作为，未能准确预测用户终身价值的应用可能会花费超过 100% 的费用，或者等待很长时间才能收回成本。

尽管今天开始的基于许可的平台最初是民主化的访问，但它们现在充斥着大量隐藏的费用。它们还受到平台所有者的严格控制，并经常被阻止某些形式的创新，如改进的市场和营销系统等。这不仅是移动设备面临的问题，也是所有现在或未来的技术开发，如游戏软件、虚拟现实应用、智能眼镜营销等都会面临的问题。

曝光成本越高，平台将收取的租金就越多，开发者可以用于重新投资软件和新体验的资金就越少，这就是为什么我们把"许可"称为"对创新征税"。我们不想要一个由技术垄断统治的世界：如果总是需要许可，那么创造者就会遭殃。如果创造者遭殃，那么我们所有最终用户的选择就会更少。

"无须许可"≠"无节制的敌托邦"[⊖]

有些人看到无须许可的环境，担心它会导致完全没有节制的内容的污水坑。他们以 Parler 和 Gab 等社交媒体实验的灾难为例，说明当一个网站所有者逃避任何节制内容的责任时，可能会出什么问题：一旦宽容是无限的，往往是最不宽容的人掌权。类似地，人们看到 Bitclout（本质上是一个去中心化的 Twitter，为每个成员创建社交货币）等较新的应用程序，并注意到越来越多的骗子和色情明星在那里入驻。

仅仅因为开发生态系统是无须许可的，并不意味着创建的应用程序没有必要的节制。开发人员可以选择创建包含适合他们自己社区的任何适度的应用程序，因为应用程序悬浮在底层的无许可技术之上。即使在去中心化的应用程序

⊖ 敌托邦（dystopia），又译"反乌托邦"，意指"糟糕的社会"，是"理想社会"的反义词。

如 Bitclout 中，他们也可以在存储信息的不可审查的区块链之上添加自己的审核层；其他成为去中心化 Bitclout 网络节点的网站可以提供竞争性的调节形式，根据特定的社区调整它们的兴趣。

"无须许可" ≠ "互操作性地狱"

思维实验：想象去中心化版本的《魔兽世界》和去中心化版本的《英雄联盟》的未来。这是否意味着，你可以在前一平台中从一个"大 boss"那里获得战利品，而在后一平台中获得游戏内的利益？

当然不是。这是围绕区块链游戏展开的、"去中心化"讨论中最愚蠢的话题之一。同理，"去中心化"应用能够决定自己的"治理"形式——这将完全由每款游戏和每种"元体验"决定在各自的主题公园中允许什么、禁止什么。无论在哪个元界中，无论相应的获益方式或成果可以自由迁移或受到严格控制，这都是不同元界的自我特性，而不是一个 bug。

"无须许可"的意思只不过是，如果你想要创造下一款《魔兽世界》或《英雄联盟》，你不需要获得任何人的允许，便能够开始启动你的伟大梦想。至于你的梦想和他的梦想是否一样，你的梦想和他的梦想是否可以对价，这是另外的话题。

自我主权

"无须许可"的硬币的另一面是"主权"。在当今 Web 2.0 世界，平台至高无上，因为它们决定了谁可以参与。就像以前的封建领主一样，它们要为这种特权征税。

真正的无许可元宇宙是这样的：客户对自己的身份、资产和数据拥有主权。像 Web 3.0 钱包这样的技术可能会被用作 Facebook 登录的标识符，而零知识证明可以让应用程序在不需要披露实际数据的情况下确认个人的重要数据。

创造者对自己的创造物拥有主权。虽然在其他人拥有的主题公园内建造是好的，但更重要的是，让创造者能够建造他们自己的主题公园、游戏和完全独立的元宇宙体验。独立游戏和元体验属于制作它们的人。

无须许可的技术结构趋势

任何减少互联网某些部分的权力、控制和经济垄断，远离中央政府的做法，都是向分权的道路迈进了一步。以下是一些会有所帮助的力量。

开源代码：仍将是无许可元宇宙的重要力量。免费提供的代码可以包含到一个项目中，这使得开发者可以专注于自己的独特性，而不是重新发明轮子。比如，基于 Web 的 VR/XR 和基于 Web 的二进制应用的开放标准 OpenXR、WebAssembly 等。

无须许可的操作系统：如果你需要征求操作系统所有者的许可，才能在其上发布产品，那么你就要支付创新税。Linux、Windows 和 Mac OS 仍然是当前的主要选择（在较小程度上，还有 Android）。

跨平台构建：让我们面对现实——许多基于许可的操作系统和主题公园将继续流行，还有不少用户仍然会长时间地停留在既有"许可空间"中。但任何能够让我们更容易瞄准多个平台，从而不会被单一空间所困的观念，都将有助于引领我们走向真正的"去中心化"元宇宙。包括像 Unity 或 Unreal 这样的 3D 引擎，或者正在 Beamable 创建的、"以开发者为中心"的实时服务，每个都增加了多元选择。

分布式计算：云计算只是第一轮。随着时间的推移，更多的计算将被推到边缘——远端边缘——甚至进入你的家庭。一些计算将被外包给计算机网络，就像你现在可以用加密货币支付你的网络购物，或用"蛋白质折叠"⊖帮助治疗疾病一样。

点对点：更少的服务器意味着更少的限制和更少的项目复杂性。许多元宇宙体验项目都可以通过不需要云服务器的设计来构建。例如，确定性模拟和基于共识的胜利系统可以让即时战略（RTS）、多人在线战场（MOBA）等游戏在没有中间服务器的情况下协同工作。

微服务：这是一种架构，通过从大型服务单元向更小的服务单元转移，降低了风险和复杂性，这些服务单元在云中被"容器化"并自动"伸缩"。微服务通过使 app 更容易地在云服务提供商之间移植或跨数据中心分发，实现了更高程度的去中心化。一些微服务将简化为"无服务器"（server-less）的真正分布式进程。

⊖ 在地铁站台设置了围栏，等车的人们就开始排队——"结构决定功能"，仅知道基因组序列并不能充分了解蛋白质功能，更无法知道它如何工作。蛋白质可凭借相互作用在细胞环境（特定酸碱度等的环境）下组装自己，这一自我组装过程就是"蛋白质折叠"。这一问题被列为"21 世纪的生物物理学"的重要课题。

智能合约：允许区块链上某些交易的自动处理。这已经使得 NFT、去中心化资产交易所和去中心化金融 app 的创建成为可能。另一案例是分布式自治组织，这是一种新型的组织实体，它允许投票和治理，而不需要"传统的"公司结构。已经有一些元宇宙游戏的所有权和命运掌握在玩家手中。

通往未来的心：结构产生心智

世界知名管理大师彼得·圣吉 (Peter Senge) 的著作以难读而著称，多数读者包括多数管理学者都感觉他的书中既有复杂"科学"，又有隐晦"玄学"。笔者想提供一个视角：与其说他在写管理学，不如说在写认知科学和哲学。这一视角，在他的一次新书发布会上得到了"亲证"。

在世界中采取行动，而非对世界采取行动

"知识就是行动"，彼得·圣吉尤其强调了三个概念：生命体系、变革者心态和共时场。

关于生命体系，彼得·圣吉认为，生命体系与其他系统有着很大的不同。生命体是一个有机的整体，部分只有在整体中才有意义，不可拆分。例如你把车的零件都拆下来再组装回去，又是一辆车，但如果你把人的器官都拆出来再装回去就不再是一个生命体了。还有一个根本不同就是生命体系是自我制造的机器。在一辆车里面有轮子、传动系统，这些系统都是分立的，但是彼此相互配合。但在生命体系里面，最小的一部分也包含着整体的全部信息（全息），这是生命体系最微妙、最神秘的地方——生命体中每个细胞都与整个生命体拥有同样的 DNA！

谈及变革者心态，彼得·圣吉说，任何变革的效果和结果都依赖于变革者内心的状态。是变革推动者创造了变革，他们都在务实地做事情，改变组织和产品。这些成功的变革者的特点是，他们从内心成为变革本身。

最后，关于共时场[⊖]的概念。所谓共时场，就是一旦某种情况发生，好像有很多同时发生的事情。荣格在《共时性：一个非因果关系的法则》中把共时性定义为"非偶发性概率因素造成的两件或多件事情有意义的巧合"。什么叫共

⊖ 笔者认为，"共时场"就是"平行宇宙"的另一表达。

时性呢？就是说好像同时发生很多事情，无形当中在帮助你做事情。一旦我们进入这种状态就跟整个"场"联系起来。可能有人会把这说成"道"。

"道法自然"，自然形成的事物将通过你展现 (present) 出来。还可以从分形学的例子来体会共时性，比如，人的手有五个指头，而人体有四肢和头部，这不就是人体的共时性的版本？又如，一片树叶的结构难道不是一棵树的微缩版吗？再如，从水滴可以看见大海。

其实，这三个概念可用一句话表述：**在世界中采取行动，而非对世界采取行动**。我们所处的世界是一个有机的生命体系，每个人本身也是一个小小的世界，联通着宇宙万物。我们必须把自己当作世界的一部分，以变革者心态来改变世界，同时，也要顺应所处的世界的各种"共时场"，顺应自然规律，一起去推动世界。

学习：理性还是直觉？系统论还是整体论？

自然延伸下来，"如何用科学理性来表述直觉问题"就成为一个重大课题。

彼得·圣吉著书的目的是"体悟当下，塑造未来"。那么需要理解当下是什么，未来是什么。"现在就是已经发生的未来"，所以，认知学习很多时候消除了时间的概念，那么，这可能是一个直觉、体会的问题，而不是理性的问题。

马克思在两百多年前对此有一著名的隐喻，"从直觉到理性，是在暗夜中惊险的一跃"。因此，如果没有科学的办法来应对偶然性，直觉的学习可能会变成一种美好的愿望。

彼得·圣吉曾专门向南怀瑾先生学习中国文化，他的书中也有很多对中国文化的感悟。那么东西文化的相互借鉴，一个延伸的问题就是"在系统外与在系统内对于一个问题的表述是否有很大的不同"。

笔者的一个直觉是，需要考察西方系统论和东方整体论的区分：大体而言，系统论是作为部分之"和"的系统论，而整体论却是没有"对象化"过的整体论。（科学或西方）"系统论"是不断走向（哲学或东方）"整体论"的方法和路径。

彼得·圣吉也承认："我一直对中国文化感兴趣，但我不是中国人，也不住在中国，其实并不完全了解中国文化。但我理解到的一些普遍的东西，相信对整个人类都很适用。这一普遍的文化元素在中国体现这样一种理念，即社会的福祉，不主要是通过科学的客观知识的积累，而是通过文化的个人成长、修炼、修养来实证达成的。"

因此，要想成为有效的领导者，必须严肃认真地对待自己的学习或修炼。修炼是一个长期的过程，又是一个很个人化的问题，每个人要想通往未来的和谐和收获，都必须自己用心去体悟。笔者认为，《学习型组织》和《第五项修炼》这些书与其说是管理学，不如说是认知科学或者文化哲学。圣吉说，它们是"普遍性的实验主义哲学"，关注当下，同时，悖论式地，也是一颗通往未来的心灵！

结语：结构为了产生心智

网络结构就是元宇宙的元结构。然而，"结构本身不是目的"，笔者认为，借助"网络结构"与"大脑结构"的类比，"结构"的目的至少有如下两条——

其一，**结构是为了"创造价值"**。这一点本章已做大量讨论，同时，"元经济"一章将从经济系统维度继续探讨。

其二，**结构是为了"产生心智"**。这一点将在后章"元个人"中，以虚拟人和人机接口的主题继续讨论。这里特别说明：笔者认定，心智与结构无法割裂开来，"结构与功能"的二元论大概率是错误的。前述彼得·圣吉的思想，也诗意或哲学地验证了"心物一元"；从科学维度，我想引用诺贝尔奖得主生物学家杰拉尔德·埃德尔曼⊖的几则重要观点作结。

- 关于心脑问题的许多混淆都源自语言。还有一些则源自对研究意识时所采取的程序的误解。
- 意识是神经过程的属性，其本身不能在世界中有因果效力。意识作为一个过程或过程所蕴含的属性，是通过具有特定结构和动力学的复杂神经网络的进化产生的。在意识涌现之前，必须进化出特定的神经构造。这些构造导致折返式互动，正是折返式网络的动力学为所蕴含的意识属性提供了因果基础。

⊖　杰拉尔德·埃德尔曼（Gerald Maurice Edelman，1929—2014），美国生物学家。因其对免疫系统的研究而获得1972年诺贝尔生理学或医学奖，在意识和心智问题领域颇有造诣。著有《意识的宇宙：物质如何转变为精神》《比天空更宽广》等著作。本节"意识与心智"的部分结论引自他的两本著作。

- 大脑具有建构性、不可逆性、变异性和创造性。这些性质可以在神经达尔文主义这样的大脑功能选择理论的基础上进行解释。这个理论反对任何不成熟的历史事件还原论[⊖]，因为它建立在群体思想和达尔文进化论的基础上。

- 有两种主要的思维模式——逻辑和选择（或模式识别）。两者都很有力，但创造性来源于模式识别，例如对数学中的公理选择就是这样。已嵌入计算机中的逻辑，可以用来证明定理，却不能选择公理。虽然逻辑不能创造公理，它却能用来消除多余的创造性模式。

- 大脑在语言产生之前就有模式识别功能，大脑活动能产生出所谓的"前隐喻"（pre-metaphorical）能力。这种类比能力，尤其是最后与语言结合之后的力量，有赖于神经网络的简约性导致的联想性。随之而来的隐喻能力的产物，虽然不可避免地很含糊，却极具创造性。如果说选择论是我们思想的主人，逻辑就是管家。两种思维模式之间的平衡和它们的神经基础无尽的丰富性都通过意识体验显现出来。也许有一天，我们可以构建人工意识，并将这两种模式都嵌入进去，就算如此，我们作为人类所拥有的特定意识形式也无法被复制，并将仍然是人类最伟大的天赋。

说了许多"物质如何产生意识"或"结构如何产生心智"，可抽象为两件最重要事物：一为"本体"，一为"过程"。未来思想家丹尼尔·丹尼特也对"心智"问题一直"耿耿于怀"："心智有哪些种类？我们又是如何知道的呢？用哲学术语来说，第一个问题是关于存在的，是'本体论'（ontology）；第二个问题是关于知识的，是'认识论'（epistemology）。"

心智是一个由若干计算器官所组成的系统，是我们祖先在解决生存问题的进程中"自然选择"出来的。心智不是大脑，而是大脑所做的事情。人是心智进化的产物，而不是剃光了毛的"裸猿"。相互反馈的机制是：心智进化的最终目的是复制最大数量的基因，也正是基因创造了心智。

史蒂芬·平克是当今世界顶尖的语言学家和认知心理学家，他也同意"在设计良好的系统中，其组成部件就像黑箱，它变魔术般履行着职能。心智也是

⊖ 指无法将结构与功能严格区分。

如此。我们用来思索世界的这套'设备'没有能力审视自身，或通过审视我们其他的'设备'来理解这些'设备'是怎么工作的"。[一]

平克在回答"心智是什么"的问题时，也只能用一种调侃的态度"勉为其难"："据说，所有的人类心理都可以被一个唯一、万能的理由所解释——大脑、文化、语言、社会化、学习、复杂性、自组织和神经网络动力学。我也相信，由认知科学和人工智能学科所发现的、我们自身心智活动所解决的技术难题是科学的伟大发现之一，这一进展足以媲美当初我们发现'宇宙是由数以亿计的星系所组成的'，或者'池塘里的一滴水富含大量的微生物'。"

[一] 平克 . 心智探奇 . 人类心智的起源与进化 [M]. 郝耀伟，译 . 杭州：浙江人民出版社 , 2016.

第四章

元个人

我们之所以重要，不是因为我们在宇宙中的位置，而是因为我们是什么。我们有能力探索和理解宇宙，远远超出我们自己的一小片空间和时间的界限——如何达到这一点，真是太神奇了：一个没有生命、没有大脑的宇宙是如何诞生了结构？这种结构如何变得越来越复杂，直到宇宙开始建立自己的模型，开始讲述自己的故事——最简单的细胞已经有了故事要讲，就写在它的基因里——只是一个句子片段，描述了原始星球上的"一滴水的海洋"[⊖]……我们是觉醒的宇宙。沉睡了140亿年后睁开眼睛。开始认识自己。

——《尤里卡[⊜]宣言：我们文明的使命》

所有事物在变得简单以前，都是困难的。

——英国学者、传教士托马斯·富勒（Thomas Fuller）

始于"虚拟"，终于"虚拟"！我们多数人只敢相信"眼见为实"！殊不知你今天"眼见"的"虚拟现实"，却是大量创造者前赴后继、经历了至少

⊖ "一滴水的海洋"意指"分形同构"。详见"元结构"第二节。
⊜ 尤里卡（EUREKA）一词常被用于指科学的重大顿悟时刻。语出阿基米德从澡盆里冲出来大喊"我知道了！我知道了！"，阿基米德"顿悟"了浮力问题。

30 年"虚拟"探索之后的"伪现实"产品。同样，与每个人相关的网络时代始于"个人电脑"的"虚拟网络"，也将终于"电脑个人"的"虚拟人"和"元宇宙"。

——林永青

所有的英雄都是个人英雄。英雄从日常世界冒险进入超自然的神奇地域：在那里会遇到神话般的力量，赢得决定性的胜利；英雄从不可思议的冒险中归来，带着可以赐福于同胞的力量……决心成为个体的自己，就是一种英雄行为。

……

神话呈现出可供心智运作的游戏：如何让你目前如此这般做的一切具有说服力。最终，通过这套游戏，你就可以体验到"存在之存在"（being-in-being）的经验以及活得有意义的这些正向事物。

这就是神话的第一个功能：让个人在面对眼前这个名叫"存在"的怪兽般的奥秘时，能产生一种感恩、肯定的敬畏之心。

——约瑟夫·坎贝尔

第一节　元宇宙的个人入口

VR 技术的 21 个行业场景[⊖]

苏菲·汤姆森（Sophie Thompson）于 2016 年与他人联合创办了虚拟演讲（Virtual Speech）培训公司，初衷是为了克服她本人对公开演讲的恐惧。她当时就意识到 VR 具有独特的优势，可以帮助人们在搭建的"安全的环境"中练习技能，进而在现实世界中培养信心。

在使用 VR 的短短 18 个月内，苏菲从一名在餐厅点菜都感觉窘促的社交障碍人，变成了坦然接受世界知名媒体现场采访的新媒体达人。苏菲在 Virtual Speech 的历程已被多家媒体报道，她也因为近年来取得的成就而获得了诸如"科技界最励志女性"等多个重要奖项。

⊖ 本小节由作者苏菲·汤姆森授权笔者编译。

苏菲的第一手经验使她专注于研究 VR 学习的好处和流程。通过使用 VR 作为有效的沉浸式学习工具，她帮助到了很多人。

对于不太了解 VR 的人，这里给出一个非常简短的定义：VR 是用于描述个人可以探索和与之交互的计算机生成环境的术语。

苏菲强调，市场虽然有不少很棒的 VR 游戏，但 VR、AR 和 MR 将拥有远远比游戏更多的应用场景和技术功用，从而塑造我们的未来。下面将介绍已经采用 VR 的行业，以及 VR 将如何影响该行业的未来——用户沉浸在高度"仿真"的环境中，大脑基本上"被欺骗"，以为自己在虚拟世界中看到的东西完全真实！

1. 汽车行业

VR 允许工程师和设计师在昂贵的产品原型出现之前，就可以轻松地试验车辆的外观和构造。宝马、美洲豹、路虎等品牌已经使用 VR 进行早期设计和工程审查，以检查车辆的视角设计和物体遮挡情况——所有这些都发生在真实零件制造之前。

VR 通过减少每条汽车生产线构建的原型数量，为汽车行业节省了数百万美元。

2. 医疗保健

医疗保健属于 VR 可以产生重大影响的重要行业。医疗保健专业人员可以使用虚拟模型来为处理真实身体做好准备，VR 甚至被用作缓解烧伤疼痛的"安慰剂"。

VR 还可用于治疗心理健康问题。如虚拟现实暴露疗法被认为在治疗 PTSD（创伤后精神障碍）和焦虑方面特别有效，通过让患者在 VR 中不经意地消磨时间，以许多新的方式导向了治疗效果。

3. 零售

网购的困境是我们不能在购买之前试穿想要买的衣服，这导致我们不得不订购两种尺码，或者订购一种尺码并祈祷它适合自己的体形。这可能很快会随着 VR 身体扫描技术的发展而改变，VR 将使我们能够在虚拟世界中试穿衣服，看到它们的真实样子。

许多公司都在尝试打造 VR 购物体验，包括投资软件开发公司 Trillenium

的欧洲零售商 ASOS。

这不只是追求时尚的小体验，更是购物方式的未来。2020 年，eBay 与澳大利亚零售商 Myer 合作推出了"世界上第一家虚拟现实百货公司"。

4. 旅游

想象一下，你可以在购买旅游产品之前试用你的假期。这正是未来可能发生的事情。该行业正在迈出第一步，使你能够"真实体验"酒店、餐厅和旅游地标。

Thomas Cook 于 2015 年推出了"Try Before You Fly"的 VR 体验，潜在的度假者可以在预订之前访问各个国家的商店，在 VR 中体验假期。当人们在 VR 中尝试了 5 分钟版本的虚拟假期后，纽约短途旅行的预订量增加了 190%。

谷歌探险（Expeditions）是一种让旅游变得更容易的努力。用户可以在自己舒适的家中环游世界，所有年龄和背景的人都可以探索珊瑚礁或火星表面。

5. 房地产

你可以在舒适的家中光顾目标房产，不需要接触房地产经纪人或牺牲你的周末。这使人们可以在线探索诸多标的房屋，然后仅查看最喜欢的那座。Matterport 设备处于领先地位，已经使用它的扫描硬件扫描了数千个家居单元。Matterport 3D 相机可以生成逼真的建筑物扫描件，然后你可以在 VR 中访问这些建筑物。

6. 建筑

VR 正在逐渐改变建筑师的工作方式。VR 让你不仅可以看到建筑物或空间的外观，还可以感受它的内部。对建筑师来说，他们可以在实际建造之前体验空间并进行实时更改，从而节省客户的时间和金钱，当然也提高项目完成后的满意度。

建筑师多年来一直在使用 3D 模型，但使用 Iris VR 等沉浸式工具，可以让他们更好、更深入地理解和探索空间艺术。

7. 博彩

你现在可以使用 Poker VR 在 VR 中玩多人扑克。这就像在真正的赌场中，你可以在其中与其他玩家交谈，并阅读他们的肢体语言。目前，Poker VR 有一个奖金池，奖金总额为 5000 美元。

8. 学习与发展

学习和培训市场开始向 VR 开放，Virtual Speech 等公司为软技能提供 VR 培训。它们将 VR 应用程序与 WebVR 相结合，并与生态中的各类公司合作，将培训整合到当前的学习管理系统中。这使得培训更容易、更便宜、更直观，并且提高了学习效果。

9. 招聘

著名保险企业劳埃德银行集团曾经推出了一项 VR 练习，以评估 2017 年入学的毕业生。未来，虚拟环境可以取代评估和面试本身，为雇主和潜在员工节省成本和时间。

10. 娱乐

VR 正被用于娱乐行业，以提升 360 度电影的体验，并增加你与它们和 / 或角色的情感联系。例如，迪士尼电影 VR 将用户带到红毯庆典，并接受"丛林之书"演员的采访。

VR 还将彻底改变媒体内容的制作方式。Flipside 现在是制作节目的最快方式，用户可以通过 YouTube、Twitch 或 Facebook 等传统渠道实时观看，或在 VR 环境中观看。

11. 教育

VR 可以让学习者身临其境地体验学习，从而彻底改变教育模式。Unimersiv 应用程序允许用户游览古罗马、探索人类大脑并登上泰坦尼克号。Immersive VR Education 正在使用它的"Engage"产品建立 VR 教室 / 会议室空间，学习者可以在那里向世界各地的讲师学习。

12. 体育

我们观看体育赛事的方式已经发生了变化，有几家 VR 公司专门从事体育赛事直播。例如，你可以在 VR 中观看 NBA、NFL 和其他赛事。Cosm Immersive 等公司使传播公司和运动队能够提供在移动 VR 上的现场观看体验。这是向无法前往场地或买不起门票亲自观看体育赛事的人们开放现场体育赛事的绝佳方式。BT Sport 通过 YouTube 和 BT VR 应用程序，在 360 度 VR 中播放了欧洲冠军联赛决赛，而且全部免费。你可以从体育场的多个角度观看比赛，就像你真的在现场。

13. 艺术与设计

借助 VR，你不仅可以创作真人大小的艺术品，还可以置身其中。你实际上可以进入你的"镜像"并从另一空间中"走"出来。在 VR 中创作的最著名的应用程序是 Tilt Brush，令人惊讶的是想去"其中"绘画的人络绎不绝。你还可以使用 MasterpieceVR 制作虚拟 3D 模型和雕塑。

14. 活动和会议

VR 为组织者提供了虚拟场所，让更多的人参加"面对面"的活动。例如，Paul McCartney 通过与廉价的 Google Cardboard 耳机相关联的 VR 应用程序，发布了 360 度"全景"音乐会录像。

VR 可以实现虚拟会议的出席，会议行业的组织者也在使用它来推动"面对面"的集体体验。早期一个例子是在 2016 年世界移动通信大会上，与会者戴着 VR 耳机参加新款三星 S7 和 S7 edge 智能手机的发布会。

15. 幸福感

随着健康理念和冥想训练的流行，VR 应用程序让用户沉浸在冥想空间也就不足为奇了。引导冥想 VR 是最受欢迎的虚拟现实场景之一。在用户聆听舒缓的音乐和冥想的同时，美丽的 360 度图像环绕用户。

16. 社交

有不少机构已经在 VR 领域建立了社交社区，例如 High Fidelity、vTime、AltspaceVR、Oculus 房间和派对。AltspaceVR 是最受欢迎的社区之一，定期举办聚会，主题从"老板怪兽"到"生日绘画派对"。

17. 慈善

这是 VR 中出现的最好的事情之一。它能够唤起同理心，这对慈善机构非常有价值，因为它可以用来增进人们对问题的理解。当人们沉浸在原本无法产生共鸣或无法接近体验的情境中时，他们更有可能采取实际行动。例如 2015年，联合国儿童基金会使用视频"锡德拉上空的云"，使人们对叙利亚难民危机工作的捐款翻了一番。

18. 营销

营销目标越来越关注如何让客户感受到品牌，因此使用 VR 是自然延伸。可口可乐公司在波兰将圣诞广告转变为 VR 场景，这是首批在营销中尝试虚拟体验的公司之一。

创建大学的虚拟校园参观也变得流行起来。普林斯顿大学、耶鲁大学和哥伦比亚大学都尝试过这种方式，让更多的学生能够"看到"他们的校园。

19. 休闲

VR 中身临其境的体验使许多现实生活中的爱好变得更加有趣和易于访问。如果你是文化活动的爱好者，你可以参观伦敦的自然历史博物馆；如果你更喜欢寻求刺激，你可以在中国开设一个 VR 主题公园；使用 VR 的一种独特的方式就是为沉浸式故事的讲述提供写作和叙事设计管理工具。

20. 执法

军队、警察部队通过使用 AR 和 VR 工具，在模拟场景中提供完整的视觉、听觉和物理刺激（如，受训者可以感受狗吠声、街道噪声和武器的后坐力）。这些技术甚至使警察部队能够在虚拟培训环境中实现受训者与个人的模拟互动，帮助受训者练习在压力下做出判断和做出关键决定。

阿拉巴马大学的研究人员与执法官员合作，在警察的 VR 培训期间测量脑电波。研究人员表示，这项工作可能"改善对军官的培训，并对招聘过程产生积极影响"。

21. 新闻和报道

你现在可以在 VR 中观看新闻故事和纪录片。《纽约时报》已经进入了这个领域，其他媒体的加入也只是时间问题。在《纽约时报》VR 应用程序中，你可以体验故事而不仅仅是听故事，就好像站在故事发生地的现场记者对面。

VR 可能会影响你未来的工作场所、爱好和社交生活——事情发生的速度比你想象的要快。VR 的可能性是无限的，或许，在 VR 中唯一无法替代的就是吃饭和睡觉……至少目前是这样。

VR 与 AR 的区别

术语 VR（虚拟现实）和 AR（增强现实）被广泛使用。VR 耳机，例如 Oculus Quest 或 Valve Index，以及 AR 应用程序和游戏，例如 Pokémon Go，目前广受欢迎。它们听起来很相似，随着技术的发展，它们会相互渗透。但目前它们仍是两个截然不同的概念，我们来区分一下它们的特征。

什么是虚拟现实

虚拟现实头盔可以完全接管你的视野，让你觉得身在别处。HTC Vive Cosmos、PlayStation VR、Oculus Quest 2（见图 4-1）、Valve Index 和其他头盔都是不透明的，当你戴着它们时，它们会屏蔽周围的环境。如果你在关机的时候戴上头盔，你可能会认为自己被蒙住了眼睛。

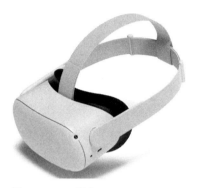

图 4-1　VR 设备 Oculus Quest 2

资料来源：HTC 网站

然而，当头盔打开时，里面的 LCD 或 OLED 面板会被镜片折射，让屏幕上显示的东西充满你的视野。它可以是一款游戏、一段 360 度视频，或者只是平台界面的虚拟空间。视觉上，头盔会把你带到任何你想去的地方——外面的世界会被虚拟世界取代。

使用六自由度[⊖]（6DOF）运动跟踪的 VR 头盔得益于外部传感器、摄像头（Index 和 PS VR）或外置摄像头（Quest 2）。头盔不仅能检测你面对的方向，还能检测你在这些方向上的任何动作。结合六自由度运动控制器，你可以用虚拟的手在虚拟空间中移动，这个空间通常被限制在几平方米的范围内，但比只是站着看不同方向更有沉浸感。缺点是，你需要小心，不要被任何连接耳机到你的电脑系统的线缆绊倒。

⊖　自由度指的是设备能够测量和追踪的自由维度的数量。六自由度是指设备可以测量和追踪物体在三维空间中的位置（三自由度）和旋转方向（三自由度），该设备可以确定物体的位置、方向和角度，从而实现更准确的跟踪和投影。三自由度是指设备只能测量和追踪物体在平面上的位置（二自由度）和旋转方向（一自由度），该设备只能确定物体在水平面上的位置、方向和角度，无法在垂直方向上进行跟踪。

无论是游戏还是应用程序，虚拟现实都取代了你周围的环境，带你去其他地方，你身在何处并不重要。在游戏中，你可能坐在星际战斗机的驾驶舱里；在应用程序中，你可以虚拟地游览遥远的地点，就好像你身在那里一样。在VR中有很多可能性，它们都涉及用其他东西取代你周围的一切。

什么是增强现实

虚拟现实取代了你的视觉，而增强现实则增强了你的视觉。微软的HoloLens和各种企业级的"智能眼镜"等AR设备都是透明的，就像戴上一副不那么显眼的太阳镜一样，你可以看到眼前的一切。

这项技术的设计目的是让你可以自由移动，同时将图像投射到你所看到的任何东西上。这一概念已经延伸到了带有AR应用和游戏的智能手机上，比如Pokémon Go，它利用手机的摄像头跟踪周围环境，并在屏幕上叠加额外的信息。

AR显示器可以提供一些简单的东西，比如显示时间的数据叠加，也可以提供一些复杂的东西，比如漂浮在房间中央的全息图。Pokémon Go会在你的屏幕上投射一个Pokémon，并将其置于摄像头所捕捉到的任何内容之上。同时，HoloLens和其他智能眼镜可以让你虚拟地放置漂浮的应用程序窗口和周围的3D装饰。

与虚拟现实相比，这种技术有一个明显的缺点：视觉沉浸感不足。VR完全覆盖并取代了你的视野，而AR应用程序只显示在你的智能手机或平板电脑屏幕上，甚至HoloLens也只能在你的眼前有限区域投射图像。当全息图在你的视野中开启一个矩形后就消失，或者当你必须盯着一个小屏幕，假装屏幕上的物体就在你面前时，这种感觉就不那么身临其境了。

初级AR设备可以在你所看到的东西上覆盖简单的信息，在三自由度中完美地运行。然而，大多数AR应用需要六自由度，跟踪你的物理位置，因此软件可以保持它在3D空间中投射的图像的一致位置。这就是为什么HoloLens使用立体相机和先进的模式识别来确定它在任何时间的位置，以及为什么更先进的AR智能手机使用多个后置摄像头来跟踪景物深度。

增强现实具有几乎无限的可能性。多年来，基于手机的AR软件一直在识别周围环境,并提供有关其所见内容的附加信息,提供文本的实时翻译,或当你查看餐厅时弹出评论。专用 AR 眼镜(例如 HoloLens)可以做更多事情,比如将不同的应用程序作为浮动窗口放置在你周围,有效地为你提供模块化、多显示器的计算设置。

目前,AR 仅在智能手机上广泛使用,在视觉增强方面并没有企业级 AR 显示器,这意味着 AR 应用仍然非常有限。

AR 和 VR 的区别:尽管 VR 和 AR 的设备设计相似,但它们以两种截然不同的方式实现了两种截然不同的功能。VR 取代现实,带你去别处;AR 增强了现实,将信息投射到你已经看到的内容之上。它们都是强大的技术,也显示出很多希望和可能性。虽然二者都可能完全改变我们未来使用计算机的方式,但是现在所有人都在猜测其中之一或二者是否会成功。

虚拟现实与增强现实的功用[⊖]

虚拟现实的目标是让用户沉浸在虚拟世界中,并防止他们看到现实世界。VR 大约 75% 是虚拟的,25% 是真实的。

多数情况下,虚拟现实使用配备扬声器和显示器的 VR 眼镜,覆盖用户的整个视觉。由于虚拟现实需要大量的处理能力,因此可能需要一台 VR 游戏电脑来运行更密集的 VR 应用程序。

增强现实通过添加用户可能与之交互的虚拟功能来放大现实世界环境。与虚拟现实不同,增强现实不会试图让用户沉浸其中并屏蔽现实世界,它只是在现实世界环境之上叠加图形和动画。

AR 利用各种不同的媒介,从眼镜到应用程序,再到数码相机。

惠普公司在 2018 年预测:到 2025 年将有 2.16 亿 AR 和 VR 游戏玩家。

虚拟现实:

- VR 为用户创造了一个虚拟世界
- VR 75% 是虚拟的,25% 是真实的
- VR 让用户完全沉浸在动作中
- VR 通过刺激视觉和听觉,将用户带入模拟现实

⊖ 资料来源:www.hp.com/us-en/shop/tech-takes/what-is-the-difference-between-ar-and-vr.

- 使用 VR，你无法看到周围的世界
- 通常需要使用专门的 VR 设备
- 720p VR 视频流需要至少 50 Mbps 的带宽

增强现实：

- AR 融合了虚拟现实和现实生活
- AR 25% 是虚拟的，75% 是真实的
- AR 部分地让用户沉浸在动作中
- AR 在真实环境之上叠加图形和动画
- AR 让你看到（叠加了的）周围的世界
- 需使用适用于智能手机和平板电脑的应用程序
- AR 需要高达 100 Mbps 的带宽

《虚拟现实与增强现实：神话与现实》[○]一书从应用场景和目标的维度，也对二者的区别进行了非常精准的表述。

为什么需要使用 VR？这项技术的发展为了实现以下几个目标：

- 设计：工程师使用 VR 技术已经有很长一段时间了，目的是帮助建筑或车辆的构建，或者是在这些物体内部或周围虚拟地移动来检测任何可能存在的设计缺陷。这些测试曾经使用复杂程度不断增加的模型，现在逐渐被 VR 体验所取代，后者更便宜，生产速度更快。而且，这些虚拟设计操作已经扩展到有形物体以外的环境中，例如，运动（外科、工业、体育）或复杂的科学实验计划。
- 学习：在今天，学习驾驶任何一种交通工具都是可能的，如飞机、汽车（包括 F1 赛车）、船舶、航天飞机或宇宙飞船等。VR 提供了许多优势：首先能保证学习时的安全性；其次可以复制，并可以轻易切入一些教学场景（模拟车辆故障或天气变化）。学习场景可以延伸到操作交通工具以外的更复杂过程，如管理一个工厂或一个核中心的控制室，

○ 阿纳迪，吉顿，莫罗 . 虚拟现实与增强现实：神话与现实 [M]. 侯文军，蒋之阳，译 . 北京：机械工业出版社，2020.

甚至通过使用基于 VR 的行为疗法，学习克服恐惧症（动物、空白空间、人群等）。

- 理解：VR 可以通过它提供的交互反馈（尤其是视觉反馈）提供学习支持，从而让人更好地理解某些复杂现象，包括难以触及的主体和信息，如在地下或水下进行石油勘探，研究行星表面；可能是我们大脑无法理解的庞大数据；也可能是人类难以察觉的温度、放射性等。

综上，虚拟现实存在着非常精确和正式的定义："虚拟现实是一个科学技术领域，它利用计算机科学和行为界面，在虚拟世界中模拟 3D 实体之间实时交互的行为，让一个或多个用户通过感知运动通道以一种'伪自然'的方式沉浸其中。"

为什么要开发 AR 应用程序？有以下几个重要的原因：

- 辅助驾驶：最初是在驾驶舱屏幕上显示关键信息来帮助战斗机飞行员，这样他们就能实时看到刻度盘或显示器（这在战斗中至关重要），AR 现在逐渐向其他类型交通工具（民用飞机、汽车、自行车）开放了辅助驾驶功能，包括 GPS 等导航信息。
- 旅游业：通过对纪念碑和博物馆进行 AR 设计，游客可使用音频导游的功能，某些网站还提供了结合图像和声音的应用程序。
- 专业手势帮助：为了指导特定专业用户的活动，AR 可以让更多信息覆盖到真实环境中的用户视野，这些信息在真实环境中可能是"隐藏"或不可见的。例如，外科医生可以更有把握地进行手术，方法是把他们看不见的血管或解剖结构可视化，或者 AR 可以直接在机身上叠加一幅钻孔图，而建造飞机的工人不需要亲自测量，就能获得速度、精度和可靠性。
- 游戏：虽然得益于 2016 年 Pokémon Go 的推广，但整体来说，AR 很早以前就通过使用如 Morpion、PacMan 或 Quake 增强版游戏的方式进入了这一领域。很明显，基于这项技术，这个领域将会有更多的发展，这使现实环境和虚构空间的结合成为可能。

"尽管 VR 和 AR 共享算法和技术，但它们之间却有着明显的区别。主要的区别是在 VR 中执行的任务仍然是虚拟的，而在 AR 中它们是真实的。例如，你驾驶的虚拟飞机从未真正起飞，因此在现实世界中从未产生二氧化碳，但使用 AR 的电工可能会穿过石膏隔板安装一个真正的开关，可以打开或关闭一盏真正的灯"。

最后说一下结论。根据笔者与 HTC 中国总裁汪丛青的交流，他判断：AR/VR 技术及设备肯定趋向于融合，很难想象用户随身携带着两种设备。汪丛青认为，马上就会有 AR/VR 的集成设备出现，对用户来说，届时只需要打开虚拟影像投射"不同方向"的开关。

第二节　个人权力的类型与特质

为什么要讨论"权力"呢？这不是政治学的概念范畴吗？赵汀阳在《坏世界研究》中认为，整个人类的历史就是在一个"坏世界"中，某一群人希望控制（至少是影响）另一群人的斗争史。《坏世界研究》还有一个副书名——"作为第一哲学的政治哲学"。再明显不过，赵汀阳认为，政治哲学是人类社会的第一哲学。

为什么要讨论"个人权力"呢？笔者认为，**个人、群体、社会其实是同构的，"个人"是最小单位，整个"社会"的演进不过就是一个"成长"了的"递归"函数。**

现在，在这一演进的斗争史中，又衍生出来"人工机器"的变量。（对"传统政治学"没有兴趣的读者，可以直接跳到本章第四节的"元问题：个人的虚拟与现实"——迄今的"传统政治学"仍在研究"人与人"的博弈，而"人机政治学"将研究"人与机器"的博弈。）

权力与影响力的来源与类型

几十年前，心理学家约翰·弗伦奇（John French）和伯特伦·雷文（Bertram Raven）提出，有 5 个重要的权力类型可以在工作场所或其他地方影响他人。尽管权力类型的讨论旨在更好地了解领导者的权力，但了解如何在工作或日常生活中使用这些权力可以帮助你更有影响力和更成功。

（1）专家权力（Expert Power）。这是最有价值的权力。如果你拥有其他人看重的某些特定技能或专业知识，那么如果他们需要/想要你拥有的东西，你将拥有支配他们的权力。这是专业人士——医生、律师、IT人员——对我们的权力。我们按照他们说的去做，因为我们相信他们拥有某种技能或能力。

学习如何使用这个权力是关键。能力是成功的强大力量。建立你的专业知识——你的专家权力——让它广为人知，但不要吹嘘它。专业知识和谦逊是一个强大的组合。

（2）奖励权力（Reward Power）。这是给予他人积极事物的力量——金钱、表扬、津贴和其他人需要或想要的东西。金钱之所以强大，是因为它被他人如此重视。伴随财富而来的是奖励的力量。

然而我们经常忽视社交强化的力量——赞美、说"谢谢"、微笑和点头，这可能是一种非常强大的影响形式。养成注意周围人何时表现积极的习惯，并给予他们社交强化，你会发现他们会增加积极行为。这是个人权力的一种重要形式，因为人们喜欢奖励他们和善待他们的人。

（3）合法权力（Legitimate Power）。这是社会地位带来的力量，同义词是权威。所有的领导者都拥有某种程度的合法权力，正是你用这种权力做的事情才能让你发挥领导作用。保持一致，再一次，保持谦虚，你可以更有效地使用合法权力。

（4）样板权力（Referent Power）。这种权力来自被他人喜欢、钦佩和尊重。这是巩固关系的力量，也是魅力型领导者的力量，他们能够吸引和激励忠诚的、钦佩他们的追随者。

样板权力有两个方面很重要。首先是成为一个积极的榜样——其他人想要效仿的人。其次是成为一个支持他人、面向他人的朋友或同事——善于倾听、反应灵敏、友善。

（5）强制权力（Coercive Power）。强制权力是惩罚和强迫他人采取行动的权力。这是一种危险的权力。想想天鹅绒手套里的铁拳——明确表示你有能力惩罚或造成伤害，但只能谨慎使用。请记住，权力是一种潜力，实际上未必使用它才能有效，并且仅在绝对必要时才应使用强制权力。

我们都拥有不同级别的这些权力。学习如何有效地使用它们是关键。

"人的本质是其政治属性"：魔幻世界政治学

汉娜·阿伦特[⊖]认为："政治活动从古希腊人的本能，升华成了现代人的本质。"阿伦特将人的行为划分为"生产（labor）、工作（work）和行动（active）"，分别对应"家庭、社群和公共"三个人类生活的领域，其中家庭和社群两个生活领域被归入私人领域，而公共领域则专指人类从事政治活动的领域。

其中，生产是指为了维持生命和延续族群而进行的从生产食物到生育在内的一切生物性活动，该活动被限定在家庭之中。与之相对，工作这种类型的活动是和市民直接相关的，与之相对的领域是社群，在其中的自由市民会执行大量来自政治领域的任务。但是，随着现代社会的到来，古希腊式的政治领域衰落，基于"有限性"的私人活动开始侵入公共领域。

在阿伦特看来，由于现代社会的这些变革，作为现代民主制度前提条件的"平等"，已经堕落到建立在无差异的生产之上。而这种建立在本来就无差别的人类生物性需要之上的平等，根本就是一种异化。

阿伦特引出了她认为最重要的第三种活动——行动。这种活动就是发生在公共领域中的，人类通过伟大的语言和行动来谋求唯一可能的"无限性"的政治性活动。这种活动的普遍形态是演说，因为当个人要展示其独特的存在，进而证明自身为"人"时，需要对受众做出明确的意义传达[⊜]。

阿伦特据此重新定义了公民的"平等"——用同样的形式展示他们自身的独特性。该种行动存在的公共领域重视产出和多元化，该种行动既不能被预测，也不能被计划，甚至根本不能被重现，因为它所面对和解决的，是各种无法预测的复杂关系和事件。正是通过这种行动，市民才能有机会展示他作为"人"的独特性，也只有有能力从事这种政治性活动的市民，才满足了作为"人"的条件，有资格被称为"人"。

因此，在人类世界中，"人"的定义并非基于其生物属性，而是标志着一种

⊖ 汉娜·阿伦特（1906—1975），20世纪重要的女性思想家、犹太裔美国政治理论家。1906年出生于德国汉诺威一个犹太人家庭，在马堡和弗赖堡大学读哲学、神学和古希腊语；后转至海德堡大学雅斯贝尔斯的门下，获哲学博士学位。1933年先是流亡巴黎，1941年到了美国，1951年成为美国公民。同年，《极权主义的起源》为她奠定了作为一个政治理论家的国际声望。

⊜ 阿伦特.人的条件[M].竺乾威，等译.上海：上海人民出版社，1999.

能力和人为赋予的资格，而这种能力和资格则被表述为从事政治活动的能力和资格。这就意味着"人"在人类世界中，具备"生物特征"和"政治活动"的双重属性。

截至目前，政治活动资格的扩散还只限定在生物范畴之内，人造物并未被纳入考量。那么，随着技术的不断发展，参与政治活动的资格会否扩散到人造物（如机器人）之上呢？人造物又会否获得参与政治活动的能力呢？

《西部世界》是 2016 年美国 HBO 频道发行的科幻类连续剧，创意源自1973 年同名电影，乔纳森·诺兰担任总导演。该剧讲述了一个故事：一座巨型的、以西部世界为主题的高科技成人乐园给游客提供杀戮与性欲上的满足，然而，随着机器接待员有了自主意识和独立思维，它们开始怀疑这个世界的本质，进而觉醒并反抗人类。

《西部世界》故事中，那些拥有人类外形的机器接待员在自我觉醒之前，无论表现得如何接近人类，它们的存在都是工具性的。但是一旦它们觉醒了"我"的概念，那么，无论它们的行为和表达如何受到人类设计者的影响，人类都不得不面对自己创造了新意识形态这一事实。事实上，如今关于人工智能的政治哲学争论，正是围绕如何对待人类在寻求技术进步可能衍生出的"新生命"的问题而展开的[一]。

人类思想是一切社会事物的创造者和基因，特别是反映了人类对于机器智能悖论般的恐惧感和控制欲。

《西部世界》中的乐园被"人为"设计为一个人类为所欲为的场所，进入其中的人类可以对具有"拟人外形的机器接待员"做任何想得到的事情，而完全无须介意"法律和道德"这些人类世界设定的规则。作为客人进入乐园的人类在其中既可以扮演正义的侠客除暴安良，也可以化身为邪恶的暴徒丧尽天良。在这里，人类终于接近了其长久的"梦想"：主宰生命。尽管在乐园中，人类只能主宰"准生命体"的机器接待员的"生命"，还无法真正主宰包括自己在内的人类的生命，但人类已经迫不及待地开始行动了。

人类为何如此热衷于主宰生命呢？因为相对于处处受到"有限性"限制的

〇 黄冠，陈宇峰.魔幻世界的政治经济学 [M].北京：华夏出版社，2019.

人类，主宰者代表着无所不能的"无限性"。而人类对于永续生命的欲求，也是因为人类在其自身发展中遇到的最为恶劣的"有限性"，就是人类自身那有限的生命。正是在无力解决生命的有限性的情况下，人类才开始从事貌似永恒性的"政治活动"[⊖]。

阿伦特在《人的境况》中指出，人类政治的真问题是"通过何种方式可以达到永恒"。阿伦特指出通往"永恒"的道路是"通过特殊的人类活动，给一个永恒延续的群体烙上自己的印迹，将自己的主张渗入永恒之中"，而这种特殊的人类活动就是政治！

由此，可以理出人类从事政治活动的原因和根本目的，即人类为了谋求永恒而参与到政治活动之中，而政治活动的根本目的则是成就人类的永恒。为了进一步理解这一切，让我们回到比"西部世界"乌托邦更为久远的古希腊和古罗马时代。

从政治诞生那一刻开始，古希腊的生活就被简单地区分为私人和公共两个领域。私人领域的存在是出于人类生存的必需，所有与人类生存和延续有关的活动都发生在这个领域中，它坐落于家园之内，由妇女、儿童和奴隶组成，由家长使用暴力来维系，由经济学规律指引。私人活动可以充满魅力，但是永远无法取得"荣耀"，这正是早期的广场集会对私事不予讨论的主要原因。

到了古罗马时代，随着国家的不断扩张，家庭和公共以外的另一领域——社群开始出现。社群从一开始就是以许多个人需求集合成实体的面目出现的。与家庭一样，社群产生之初也是为了满足生存的"必需"，因而社群1.0也被归入了私人领域范畴。然而，与满足私人生活及其家族的"必需"的私人领域不同，社群2.0公共领域将暴力等行动完全排除在外——比如只有通过有说服力的演说、辩论，对公共事务发表见解，并用自己的理念和技巧取得尽可能多的人的支持，才能取得荣耀。

概括来讲，私人领域是为了满足"必需"，公共领域是为了取得"荣耀"。阿伦特据此主张，古希腊和古罗马城邦并不像传统所认为的是"多人"治理的政体，而恰恰是通过有力的语言和行动，来给"不灭"的整体打上其烙印的"个人"主宰。

⊖ 黄冠，陈宇峰.魔幻世界的政治经济学[M].北京：华夏出版社，2019.

第三节 下一个社会，赋权个人时代

网络社会是个人时代

这是"个人"重新登上舞台中心的时代！"世界为什么是平的？"互联网是最大理由！正因为个人被互联网重新赋能、重新赋权，成为社会基本单元和中心。网络社会将经济和社会的主动权从国家、企业转移到了个人。管理哲学家查尔斯·汉迪曾明确论断：公司这一组织形态，也就是人类最近150年中存在的社会生产形态，之前没有，之后也将消失。个人新媒体、创客空间、个人化社交网络的出现，都预示着新组织、新空间、新主体，在最近150～200年公司组织大行其道之后的"个人化回归"。

传统组织将发生极大变化。以个人为中心的个人组织或虚拟组织将在网络社会大行其道。生活层面，个人将取代家庭；工作层面，个人将取代组织成为网络社会的最小行为单元及经济利益单元——区块链和去中心化金融也为个人价值的自我掌控做好了完全的准备！网络社会（＋元宇宙）因个人而生，为个人而存！

社会动力学 3.0：从国家、企业到个人

《世界是平的》作者托马斯·弗里德曼曾以独特的视角为我们描述了"世界正在变平"的过程及其原因，他将全球化分割成三个时代：

第一个时代即其所定义的全球化 1.0 版本，始于哥伦布发现美洲新大陆，从 1492 年持续到 1800 年，国家和政府在宗教与帝国主义的影响下，利用战争或贸易击碎国界的藩篱，将世界连为一体；

第二个时代即他所指的全球化 2.0 版本，这一时代从 1800 年左右一直持续到 2000 年，这时，推动全球化的主要力量是跨国公司，这些公司到国外寻找市场和劳动力，运输成本与通信成本的下降推动了一体化的进程；

第三个时代即全球化 3.0 版本，世界从 2000 年开始进入了一个全新的时代，整个世界进一步缩微，人们可以作为个体走向全球，轻而易举地参与全球化，将他们联系在一起的是电脑、网络和各种软件等，全球化 3.0 版本的推动力则来自个人，世界被进一步拉平了。

全球化是一个极端的也极具说服力的例子，全球化的动机正是行为主体寻求利益最大化的最大空间，互联网在人类历史上第一次塑造了这种可能。每个人都本能地在社会上、世界上寻求自己的利益最大化。无论是面对周边的小的社会圈子，还是面对全球的大市场，个人努力的主要动机还是利益。全球化是为了寻求利益，网络化也是为了寻求利益。中国经过多年艰苦的谈判，最终加入了代表全球化的WTO，目的就是为当时中国初生的制造业寻找全球市场及发展空间。

当年的中国WTO谈判代表龙永图，在中国入世15周年的一次纪念活动上指出：过去的全球化以大型的跨国公司为主体，今天的全球化已经开始以中小企业为主体。其一是因为中小企业更容易创新，其二是因为互联网。笔者延伸了这一结论：下一轮全球化的最小单位将是个人。寻求利益的主体单位的总体发展趋势是越来越小，从国家缩小到跨国公司，再缩小到小型企业，最后的组织单位就是个人！

所谓"不平"，正是指社会上存在着大大小小的不同组织等级，导致技术不能传播，信息不能流通，资源不能共享或达到最优配置，正是由于互联网无限连接的基本属性，特别是个人化的互联网连接，这些"不平"在网络社会被逐渐消融了。

个人崛起成为网络社会的动力来源

互联网改变了人们的连接方式，并且伴随互联网的进化，网络社会成为整个社会的本身。互联网与生俱来的特征决定了个人崛起是网络社会的动力来源。

信息不对称被打破，知识作为生产和创新要素，使得靠权力和资本配置资源的模式受到冲击，个体可以方便地获得足够的信息与知识，从而高效地聚合资源；在工业时代只能由企业和组织参与的价值链过程，在网络社会，个人可以容易地参与其中。

同时，互联网的发展使得所有权与使用权可以方便地分离，形成共享经济。在共享经济价值生态中，个人作为独立的、比组织更容易自我决策的所有权主体，参与到社会行为和经济活动中。

克莱·舍基的认知盈余[○]揭示了"无组织的时间力量"。"无组织"就是"个人"。舍基说，美国人一年花在看电视上的时间大约 2000 亿个小时，而这几乎是 2000 个维基百科项目一年所需要的时间。如果我们将每个人的自由时间看成一个集合体，一种认知盈余，这种盈余有多大？人们凭自己的意愿来消费、创造、分享它们，互联网使我们通过积累将平庸变成卓越。个体力量在网络社会里被完整地识别和释放出来，聚合成为巨大的社会力量。

虚拟组织的存在理由其实是个人的专业化。根据德鲁克的定义：组织是通过积聚一定的人员来完成特定目标的机构。随着网络社会的到来，目标和人员都将呈现暂时性和灵活性，因此虚拟组织将成为网络社会的组织常态。而虚拟组织的首要前提就是行为和决策的个人化以及个人的专业化。

知识是依附于个人的，所有的创新意识及创造能力首先是个人的能力。在网络社会，组织可以把过去由组织内特定员工执行的工作任务，以自由自愿的形式外包给非特定的（通常是大型的）大众网络，是为"众包"。众包任务通常也由个人来承担，但如果涉及多人协作，也可能以开源、协作、个体生产的形式出现——协作（collaboration）与合作（cooperation）不同，前者更松散，带有实验性质（词根 lab ＝实验室），同时更易于个人来参与；而合作则更固定和慎重，通常伴有合同，更适用于组织间的合作。众包扩展了组织的边界，充分利用了外部资源，目的是降低成本，提高效率。

与此同时，"组织虚拟化"是组织发展的必然，虚拟组织更多是由专业的个人以共同愿景组建起来的，只有个人的专业化，才能形成虚拟组织的专业化。因为全社会知识水准的整体提升，认知盈余导致"教育过剩"，互联网提供了个人赋能的充足条件，今天"业余"大众的专业能力已经使其可以承担原来专业组织才能做的工作。大规模的业余化，实质是大规模的专业化。

组织之外，个人以虚拟的方式存在。从"虚拟组织"再到"虚拟人"，这又向前进了一步！

○　克莱·舍基提出了认知盈余理论，认为人们有三种基本的需求层次，即存在需求、关系需求和成长需求。与马斯洛的理论不同，舍基认为这三种需求并不是按照层级结构依次出现的，而是可以同时存在和互动。该理论对于理解个体需求和动机、组织行为以及员工满意度等方面具有重要的影响。

个人存在有几种形态：一是自然生命形态，即在自然环境下所表现出的自然生命形态，主要是个人的体能及相应体征，在一定环境下，以个人的行为方式体现出来。二是社会形态，在网络社会里，个人则更多以社会形态的方式存在，以个人魅力、影响力的方式体现出来，主要是个人能量（能力）方面的特征，包括关系网络、个人影响力、社会形象、资源的吸附能力、创意、概念等。个人特征也是符号化的特征，以"标签"的方式在网络社会里呈现。三是虚拟形态，人类不仅认识和掌握了人作用于外界对象的能力，而且认识和掌握了以大脑为对象的内部机制，即思维——知识的生产、传播和运用。

未来虚拟现实及机器智能化要解决的是人类认知、内化和表达问题，也就是意识和智能的主要问题，也是"人之所以为人"的主要问题。极端一点，如果我们都认同人与人的最大区别是大脑，那么，未来 25～30 年，人类的大脑可以下载之时（库兹韦尔，《未来 50 年》），个人的生命体完全可以在网络社会和数字介质里永生。

当"二战"刚结束，人们在思考世界如何重建时，时任英国首相丘吉尔曾经说过一句著名的预言："未来的帝国是头脑的帝国。"这说的还只是个人脑力的冰山一角，更加令人匪夷所思的"个人虚拟存在"的场景才刚刚揭幕。

人的全面解放需要人与机器共同进化？物质与意识的关系问题是亘古以来的哲学问题，今天的哲学家们和科学家们大体认同"意识是物质的产物"[⊖]，虽然这一观点形成的确切过程和原理对人类而言还几乎是一个黑箱，但显见的事实是，智能化（意识化）的机器（物质）将取代人类的许多工作，甚至是许多完整岗位。

但我们有理由认为，人类意识仍然可以控制机器，在这场长期的人机赛跑中，人类仍然是最后赢家。社会动力学认为，以（早期的）冯·诺依曼型机为主体构造的机器人和专家系统仍然属于"人工化动力体"。它们只是模拟人的行为，模拟人的智能，像电动机、内燃机取代蒸汽机一样，都是机器生产动力体的量变形态，还不是质的飞跃。

赛博格（cyborg）一词来自《控制论》（*Cybernetics*）创始人维纳。狭义看，

⊖ 埃德尔曼.意识的宇宙：物质如何转变为精神 [M]. 顾凡及，译. 上海：上海科学技术出版社，2019.

赛博格是指"用机械替换人体的一个部分，同时通过神经控制装置连接起人脑和机械，以增强人类适应外部空间的生存能力"。可将赛博格视为"人机融合"的"虚拟 – 半虚拟"进化。

2016 年，IBM 就宣布已经研究出人脑仿生芯片 TrueNorth。它完全是模拟人脑的生物神经架构，与今天以逻辑电路为基础的电脑架构完全不同。它拥有 100 万个神经元，而能耗只有原来的 50 万分之一，同时体积只有邮票大小。它有 4096 个内核，能力相当于今天的一台超级计算机，能够正确识别 80% 的物体。IBM 的目标是研发出拥有 100 亿个神经元的与人脑同样当量的芯片。所以人造大脑或类赛博格的技术必将出现，人脑与机器的连接也变得极为可能。

同样标志性的，马斯克等硅谷精英于 2015 年共同创办了人工智能开放研究平台 OpenAI。

- 2020 年 6 月，OpenAI 发布了第一个商业版本 GPT-3，一种基于互联网上数万亿个单词训练的语言模型。GPT-3 旨在以自然语言回答问题，但可以在语言之间进行翻译并连贯地生成即时文本。

- 2021 年 OpenAI 又推出了两个新神经网络 DALL-E 和 CLIP，二者分别基于自然语言生成图像和对视觉输入进行分类。与通过分析简单数据"学习"的深度学习模型不同，它们可应对缺乏明显答案的复杂概念，"对世界有了更丰富的了解"，2022 年，OpenAI 被《时代》评为"2022 年最具影响力创新"。

- 2023 年年初，里程碑式的 ChatGPT、GPT-4 无疑是人工智能界年度最大的"爆款"。3 月 26 日，ChatGPT 之父 Sam Altman 接受了著名学者、MIT 研究员 Lex Fridman 的专访，"某种程度上，GPT-4 增强了人类智能，可以被应用于各种各样的场景""人工智能将给人类的生活质量带来巨大提升，我们可以治愈疾病、创造财富、增加资源、让人类感到快乐……看似人类不需要工作了，但是人类还需要社会地位，需要激情，需要创造，需要感受到自身价值。因此 AI 时代来临后，我们需要找到新的工作方式、生活方式，拥抱新技术带来的巨大提升……"

全面的"个人化及个人存在虚拟化"的出现，使得人与智能机器并生、联动、互为依存。个人与智能化机器形成的"智能化人 – 机动力体"将是未来社会变革的主要动力。那时，人类的工作对象将不再是"物"，而是包括物在内的一切内容，包含信息、技能、知识和意志，在"人机融合"语境下，可能实现人的全面解放。

多数互联网人都熟悉麦克卢汉的名言：**技术是人的延伸**。但多数人并不熟悉巴克敏斯特·富勒（Bunkminster Fuller）。他是美国著名的建筑师、设计师和系统哲学家，其作品包括了近 30 件世界知名的建筑设计和概念车设计。富勒认为，"科技是通往神性的"，他甚至相信"地球本身就是一艘宇宙飞船"！

齐奥尔科夫斯基是现代宇宙学奠基人、航天之父，他最先论证了利用火箭进行星际交通、制造人造地球卫星和近地轨道站的可能性，指出发展宇航和制造火箭的合理途径，找到了火箭和液体发动机结构的一系列重要工程技术解决方案。他有一句名言："地球是人类的摇篮，但人类不可能永远被束缚在摇篮里。"

社会网络为个人赋权

关注互联网和数字科技发展的人们多半经常听到一个词：赋能。而笔者的新判断是：今天网络社会（"元宇宙社会"）的演进已经到了从"赋能"（enabling）到"赋权"（empowerment）的迭代升级的时间拐点（如果还不是"奇点"）——**"赋能"是功能性的，关乎认知和智能；而"赋权"是结构性的，关乎存在和本体。**

亿万人构成的网络

卡尔·萨根⊖在他的宇宙学名著中谈到，我们的宇宙中存在亿万颗恒星。据估计，目前宇宙中可观测到的恒星数量达到了 300×1000^7 颗，数字匪夷所思，相

⊖ 卡尔·萨根（Carl Sagan，1934—1996）是 20 世纪著名天文学家、天体物理学家、宇宙学家和科学普及者。萨根在天文学和宇宙学领域有着卓越贡献，参与了许多太空探测任务和研究项目，如 NASA 的旅行者号和先驱者号探测器，以及海盗号、马里纳号和哥伦比亚号等。他也在天体物理学领域做出了许多重要的贡献，如研究行星大气层、星际尘埃、太阳系的形成和演化等。他的著作和电视节目深受人们喜爱，如《宇宙》《天外天》等，他通过生动的语言和视觉表现，向公众普及科学知识，让人们更深入地了解宇宙和自然界的奥秘。

信很多人因此感到自身的渺小卑微，对大自然充满敬畏。

更神奇之处在于，比起一个小小的社群——如一家俱乐部、一个团队，或一家小公司的员工，其中可能存在的各种朋友关系网络的数量，以上天文数字微不足道。不可能吧？

萨根举出一个实例。我们假设有个 30 人构成的社群，例如学校里某个班级的家长，从中选出任何一位来，比如莎拉。我们设想，将她在这个社群里经常交谈的人或者可以求助的人，都视为她的朋友，那么，莎拉有可能与其他 29 人结为朋友。再看第二个人，比如马克，除去同莎拉的朋友关系外，他还可以与其他 28 人结为朋友。照此推算下去，在这个如此小的社群中可以结为朋友的两两组合的数量为：29 + 28 + 27 + ⋯ + 1 = 435。朋友看起来并不太多，却可能由此构筑起数量极其庞大的人际关系网络。

再看一下，这所有 435 种可能的朋友关系，一共可能有多少个朋友圈？假如这个社群非常和睦，每个人都是其他任何人的朋友，可以计算极端的情况——可能的朋友网络的数量将等于 2×2×⋯×2，共计 435 个项的乘积。435 次翻番的结果大致等于 1 后面加上 131 个零，而之前提到的恒星总数只有 23 个零。这个小社群中可能出现的朋友网络的数量将是宇宙中恒星数量的许多倍！事实上，它比我们估计的宇宙中所有原子的数量还要多出很多数量级！⊖

即使在 30 人的范围内，也已经难以用任何系统方法来标记如此众多的网络。在动物分类中，当人们提到"斑马""熊猫""鳄鱼"或者"蚊子"时，我们很清楚他们指的是什么。然而除了少数特殊类型以外，我们并不能用这类"标签"来描述人类网络，只能简单强调理解社会的构成是非常复杂的任务。在对人类网络分类时，我们也可以识别出某些关键特征，例如，我们还是可以通过现有的关系区分网络。另外，此类特征帮助我们理解若干重要议题，如经济不平等、社会阶层固化、政治极端化，乃至金融危机、传染病现象等⊖。

借助人类网络的研究来理解人类的行为是可行的。首先，人类网络的几个主要特征对于人的行动原因有深刻的解释力。其次，这些特征是简单、符合直

⊖ 可能的朋友网络数量的数学表达式为 2^{435}，大致相当于 10^{131}。已知的宇宙（大致在 900 亿光年范围内）中的所有原子的数量大致为 2^{275}。

⊖ 杰克逊. 人类网络：社会位置决定命运 [M]. 余江，译. 北京：中信出版社，2019.

觉、可以量化的。再次，人的行为表现出的规律会导致带有某些特征的人类网络：很容易分辨是这些人形成的有规律的网络，还是通过随机联系形成的并不依赖周围其他联系或节点的网络。

对人类网络的科学研究是个引人入胜的领域，原因在于它跨越了多个学科：社会学、经济学、数学、物理学、计算机科学与人类学等。例如，我们的讨论将大量借助经济学中的外部效应概念，即人们的行为会给周围的人带来影响，并加上各种形式的反馈以放大这种效应。这些现象是许多复杂系统的共同特征：设定的条件便于描述和理解，但系统的特征和行为却可以非常丰富。

萨根的出发点是，你的网络节点数量及在网络中的位置决定了你的权势和影响力，因为这将对后续的几乎一切行为都产生作用。

权势和影响力：网络中的核心位置

谈到社会网络的影响力，美国联邦大法官索尼娅·索托马约尔（Sonia Sotomayor）说过一个著名悖论，"有时候，富有理想的人会被整个业界圈子反感，被视为讨好卖乖和追求个人私利；可是，默默无闻的美德又只有在天堂才会得到回报。要在这个世界上取得成功，你必须让人们知道你"。

1930年，圣雄甘地动员了数万人参与反抗英国统治的"食盐进军"（Salt March）。这是一场长度超过200英里的徒步运动，从甘地的基地到生产食盐的沿海城市丹迪，目的是抗议盐税。在当地的炎热气候下，食盐是必需品，消费量很大，高额的盐税于是成为英国殖民者给印度带来的苦难的特定象征。从更广的视角看，食盐进军发起的"非暴力不合作运动"推动了印度的独立。

甘地同样注意到，一个多世纪前的美国波士顿茶党曾反抗英国的税收："美国依靠苦难、英勇战斗和牺牲赢得了独立，而印度应该依靠苦难、牺牲和非暴力实现自由。"据说食盐进军后在伦敦同印度总督欧文爵士会面时，甘地被问及希望在茶水中加糖还是奶油，他回答说"不"，他希望加点盐，"好让我们回想起著名的波士顿茶党"。"食盐进军"让我们瞥见了甘地后来将完成的壮举的冰山一角。

地球另一边，马丁·路德·金提及第一次读到甘地向大海进军时激动不已，这启发了他发动民权运动与组织游行的策略。大量案例表明，个人有能力直接或间接地激发千百万人的行动。极大的影响范围是甘地和马丁·路德·金最终成功改变世界的关键。很自然地，一个人的权势和影响力可以通过他发动或激励的人数来判断，因为这反映了他的作用范围。

人类网络能帮助我们认清和测量这种作用范围。对作用范围的一个测量指标是简单地数一个人认识多少人，或者有多少朋友或同事。当前，我们可能还会询问，某人在社交媒体上有多少关注者。我们将看到，一个人有多少朋友或关注者对一个群体的认知和社交习俗有着微妙的影响。

有许多直接的朋友或熟人只是个人发挥影响力的一种方式，而大部分影响力是通过间接的网络连接来发挥作用的——无论甘地还是马丁·路德·金，对于他们动员起来的民众，他们都只直接认识其中很小一部分，也不可能有更多个人接触。他们有着重要的同盟和朋友，并通过其行动产生的宣传影响更多人。"食盐进军"就是从少数追随者起步，随着运动的发展和宣传的扩大，才变得声势浩大的。

一个人的朋友或熟人可以很少，但如果这些朋友或熟人自身举足轻重，他也可能具有相当的影响力。此类间接作用的范围往往就是权势所在，我们能通过人类网络非常清楚地看到这种影响力。相应地，借助显赫友人来获取影响力是一种迭代、循环的方法，在人类网络的环境下就很容易理解。

对权势和影响力的迭代的、基于网络的测量方法，可以帮助我们弄清楚如何更好地利用扩散效应。提到对权势的衡量，这不是我们故事的结尾。人们还可以用另一种方式变得更加重要——在网络中显得尤其突出，即成为关键的连接点或者协调人。某人可以成为相互不直接认识的人们之中的桥梁或中介，处于协调其他人行动的独特位置，从而获取居间好处，强化其权势。这类权势既反映在《教父》那样的故事中，也可以用于解释美第奇家族通过人际网络在中世纪佛罗伦萨的崛起。

第四节 元问题：个人的虚拟与现实

个人的虚拟与现实表达了人类与机器的全部关系。这又衍生出两大核心命题——其一，虚拟人会否出现？这完全取决于人类如何定义它。其二，人类能否永生？这也完全取决于人类如何定义永生和死亡。

从元宇宙时代开始，超越技术的哲学问题成为第一性问题。

我这样的机器

英国国宝级作家伊恩·麦克尤恩（Ian McEwan）于 2019 年再度突破个人写作的舒适领域，强势涉足人工智能前沿科技，创作了一部带有鲜明麦氏标签、兼具浓厚科幻色彩、真正思考人类未来困境的小说——《我这样的机器》。

小说假定"道德至上"的机器人

小说里，伦敦人查理爱上了楼上的邻居米兰达。查理不知道如何向米兰达表达感情，就购买了一款新型人形机器人亚当，并希望这个机器人能成为两人关系的某种联结象征。查理把亚当领回家后，对还是出厂设置的亚当进行各种个性化设置。查理完成了一半，另一半让米兰达选择。两人就像"父母"一样，同时收养了一个宠物，并顺理成章进入了下一感情阶段。

机器人的出厂设置与人的进化是吻合的。每个人都接受两份 DNA，父亲的一份，母亲的一份。亚当出厂之后被查理设置，又被米兰达设置，这像是个"隐喻"——把父母的部分 DNA 注入进去。作者麦克尤恩非常热爱人类，他严格限制机器人的本质，作为一种"致敬人类"的"仪式感"。

牛津大学人类未来研究院院长、哲学家尼克·波斯特洛姆（Nick Bostrom），在《超级智能》中专章谈论了"价值观植入、价值观加载"的问题："一个机器人造好了，它的学习能力比你强多了。你让它随便学习，可能发展出'终结者'能力的机器，人类的生存风险就出现了。所以你必须在学习能力之外也给机器人加载价值观。"⊖

波斯特洛姆认为"超级智能"将极大改变人类思维的本质，导致新技术的"快速—失控"的发展。结果，奇点将导致一个人类甚至无法理解的"后人类世界"——波斯特洛姆说，我们最终会达到这样的程度，"从事人工智能研究的大脑将成为人工智能"。问题是，当人工智能接管时，我们是否仍会生活在人类的世界中？

"所有这些，无论是喷气式飞机，还是艺术或政治制度，都是通过人脑的意

⊖ 本节波斯特洛姆的相关观点，整理引述自《超级智能》（SuperIntelligence）和《模拟理论》（Simulation Theory）两份研究报告，已由作者授权编译使用。

识产道来到这个世界的。如果你能改变那个产道，创造人工大脑，那么你就会改变正在改变世界的任何事物。"波斯特洛姆认为，这个过程可能会提速，在某一时刻爆发。理由是，如果人类有能力制造出一个初级智能体 Seed AI，并且对其输入人类社会现有的所有知识，那么这个智能体必将能够具备"递归式自我增强"（recursive self-improvement）的能力，即在已学习的知识上持续创造知识。而智能体本身并不被人类生理条件所束缚——仅用一个人的生命长度和脑容量，去学习世上所有知识是显然不够用的，但是智能体可以，所以在各个知识领域之间交互叠加，可能产生超越人类社会所能发现的新发现，而且智能体的进化速度将远远快于人类的进化速度。

当"人类给 AI 下指令"，波斯特洛姆强调要非常具体，"小心你想要的"。他将漫不经心地指挥超级智能的行为比作拥有了"点金术"的贪婪的迈达斯国王："他无知地希望他所接触的一切都能变成金子，包括他的食物和他心爱的女儿都变成了黄金。国王如愿以偿，悲剧也降临了。"

如何给机器植入价值观呢？回到《我这样的机器》，麦克尤恩设想了一种道德至上的智能机器。比如亚当帮查理轻松操盘做投资，却没有为查理赚回世界上所有的钱，因为它在决策中考虑了过量财富显然会带来身心两方面的危险，尤其是"道德伤害"。

然而，小说其后就出现了冲突——查理、米兰达持续给亚当输入"观念"，与亚当最初被输入的价值观有了冲突。亚当既不听米兰达的，也不听查理的，因为它有更大的伦理目标和价值观，它最后的行事原则跟用户的意愿（植入的价值观）并不一样。

小说背景设定，平行世界中穿越

在时间上，《我这样的机器》故事发生在 1982 年，作为"平行世界"的英国伦敦成为对照：彼时人工智能研究已远远超过了人类当前的发展水平；在撒切尔夫人的领导下，英国在马岛战争中落败，举国哗然之际托尼·本恩当选为英国首相；"人工智能之父"图灵也没有自杀，麦克尤恩给了图灵应得的生命，而非受到审判、监禁、自杀，图灵得享高寿，活在世人的尊崇之中，他的作品创造了技术奇迹……

1982 年是历史年代，麦克尤恩将一个在技术上应发生在未来的故事设定在过去，所以我们打开这本书会觉得非常奇怪，有些东西是属于过去的，但是关于人工智能这方面又是完全超前的，不仅超前那个时代，也超前我们现在的时代，这是一个"很穿越"的设定。

机器的困境，还是人的困境？

《我这样的机器》有个情节特别精彩：当查理试图关掉亚当的电源时，亚当阻止了他，而且把他的手腕捏碎了。

"关闭电源"引起了读者对于机器人"自我意识"的激烈争论。在小说里，那一批机器人在自我学习后有十多位设法取消了开关——"机器解放了自己"，也有机器人选择了自杀。

无论是"跟人斗争，不让人关闭'我'"，还是"在人不想关闭'我'的时候，'我自己'就关闭了自己"，都是机器人自我意识的表现。小说最后，麦克尤恩借书中的图灵之口说："它们（机器人）不理解我们，因为我们不理解自己。它们的学习程序无法处理我们，如果我们自己都不理解自己的大脑，我们怎么能设计机器的大脑呢？更可笑地，还怎么指望它们能跟我们一起幸福呢？"当然，麦克尤恩在小说里最关心的还是人本身，最想表达的还是人的困境。

"麦克尤恩版的图灵"还说了另一段话："我们创造了一种有智能、有自我意识的机器，并将其推入我们这个不完美的世界。这种智能总体上是根据理性的原则来设计的，对他人温和友善，所以很快就会置身于纷至沓来的矛盾之中。我们自己与矛盾相伴，那清单长得都列不完——无数人死于我们已经知道如何治疗的疾病，无数人在物资充足的地方过着贫穷的生活。我们知道这是唯一的家园，却日复一日破坏着生物圈。我们知道核武器的结果是什么，却以核武器相互威胁。我们爱着生命，却听凭物种大规模灭绝。如此种种……却毫不妨碍我们找到幸福，甚至爱。人造的心智可没有这么坚强……"

《我这样的机器》的精彩，在于它没有给出答案。假如我们把这本书看作某种先知的启示，那么，它是对人类传统文明的"礼赞"或者"祭奠"。至于最终是何种结局，完全取决于人类自身的选择。

个人化身阿凡达

许多公司已致力于开发元宇宙技术，比如"创建个人化身"——个人可以将其应用于许多虚拟环境，从视频游戏到会议。随着资本涌入市场，VR 行业是受不断升温的元宇宙影响的最大行业之一。创建自定义化身公司 Ready Player Me 的营销经理 Daniel Marcinkowski 解释："我们相信在未来，我们与化身间的互动将比现在使用智能手机和电脑的互动更多。"由于新冠疫情使人们更加依赖互联网进行教育、社交和工作，将互联网扩展为元宇宙将是自然而然的下一步。

这种扩展带来了混乱，因为个人可能会在更大的互联网中迷失，这就是 Wolf3D 和 Ready Player Me 等公司通过将个人元空间变得更加个性化和可定制化来获利的原因。"虚拟身份和化身将是其中的重要组成部分，因为它们将使我们能够以物理世界中根本不存在的方式表达自己。"Marcinkowski 补充道。

由于个人喜欢通过虚拟化身探索新身份，元宇宙和 VR 行业开辟了一个新的利基市场。这些个人化身为自我表达提供了比现实生活中更多的选择。此外，人们可以更自由地探索，因为他们可以隐藏在屏幕后面，以免他们对尝试新事物感到紧张。

这些个人化身几乎可以应用于任何虚拟环境。人们可以将他们的化身用作 Fortnite 等在线视频游戏中的角色，或者在虚拟会议中用作自己的占位符。Ready Player Me 声称它们的化身可以在 760 多个应用程序中使用。通过为用户提供在新的虚拟环境中创造自己的机会，个人化身已准备好将玩家市场推向热度正在上升的元宇宙。这种类型的商业模式被称为 Direct-to-Avatar（D2A）。根据《福布斯》的一篇文章，D2A 市场在全球拥有 35 万名用户，这相当于一个巨大的收入来源。

个人化身不仅仅用于游戏，对时尚界也有很大的影响。像 The Fabricant 这样的公司是纯数字时装公司，用户可以在其中为他们的化身创建和探索新设计。由于当前的许多用户都具有环保意识，因此数字时装公司减少了开发新衣服时的排放和浪费。这些时尚公司还必须开发新技术，来创建模拟现实生活的虚拟时尚历程，例如针织或缝纫的 VR 模拟，这让用户感觉更熟悉技术，获得更满意的体验。

销售和开发个人化身的公司处于元宇宙的前沿，它们的市场已经在显著增长，并将随着技术的进步而继续膨胀。未来，每个人或许都会拥有自己的数字身份（数字化身），并在新的元宇宙中拥有一个可以称之为家的地方。

虚拟现实：从阿凡达到永生

杰里米·拜伦森是美国密西根大学学士、西北大学认知科学博士、加州大学博士后，斯坦福大学虚拟人类互动实验室创办人、主任，斯坦福大学副教授、环境学院资深院士、数字学习论坛教员主任、长寿中心学术领导人。2022年他被达沃斯世界经济论坛选为"TOP10元宇宙影响力人物"。其主要研究领域为人类现象的数字化表达、沉浸式的虚拟现实等，特别探索如何通过虚拟现实技术，改善人类的教育、环境行为、同理心、同情心和健康。他发表了超过100篇相关领域的学术论文，专著《虚拟现实：从阿凡达到永生》得到了世界范围的广泛赞誉；他坚持了超过25年对虚拟现实的研究，研究工作得到美国国家科学基金会、硅谷领军企业等的资助。

以下为笔者所在的价值中国对拜伦森的专访。

价值中国：你是如何定义虚拟现实的？目标是不是将虚拟现实推进成为库兹韦尔所定义的"机器"与"人类"共同演化的一部分？

拜伦森：虚拟现实是一种体验，是将人们看到、听到、闻到、触摸到的实际感觉以数字替代的形式呈现。

关于虚拟现实，常常会从真实的定义开始谈起，真实和虚拟之间的关系是相对的，人们往往会用绝对真实来对比虚拟现实的体验。绝对真实是人们相信的那些"自然"或者"物理"的世界，而虚拟现实则是梦、文艺作品、动画、电影，以及诸如脸书或《第二人生》这样的在线环境。这种对比让我们避免了对"什么构成了真实"之类问题的无休止的争执。

虚拟现实一般会让人想象一幅未来主义的景象，比如数字化计算机网络。但我相信虚拟现实是从大脑中开始的，并不需要任何设备。你有过和某个正在走神的人面对面聊天的经历吗？你有过当自己沉浸在幻想里的时候，别人伸手在你的面前晃，问你"你在吗？"而大吃一惊的经历吗？虚拟现实创造了一个人们可以到达的独特地域，在其中可以有很真实的体验。

而库兹韦尔所定义的"奇点技术"是比虚拟现实更高层的思想。我认为虚拟现实是人们相信自己在不同的地方，这是之后一切的基础。而"奇点"是人们生活在"母体矩阵"里，和计算机同样是矩阵的一部分。我认为虚拟现实从今天开始不到一年就会实现，而奇点的实现，估计需要20～50年。

价值中国：可以理解为虚拟现实是奇点的初级形态，是这样吗？

拜伦森：是的，随着纳米技术、生物技术等呈几何级数加速发展，未来20年中人类智能将会大幅进步，人类未来也会被根本性重塑。在"奇点"到来之际，机器将能通过人工智能进行自我完善，超越人类，从而开启一个新时代。等到那一天，人类意识可以和机器成为一体。同时，我们现在需要做的是让人们感觉自己处在不同的地方，或者感觉自己变成其他人。虚拟现实可以给你提供虚拟的幻象，即使这些幻象是由机器产生的。

还有跨界技术的综合。比如说虚拟现实技术需要利用人们的肢体动作、声音、影像之类，而奇点技术会用到一些更高端的界面，或是"类大脑-机器"界面。拿生物技术举例：借助生物技术，把我们的身体当作软件来进行治疗，这种治疗的状况和过去完全不一样了，基因可能会告诉你，你需要做些什么。

此外，我们的研究除了技术方面的努力，还发展了一种社会影响的通用理论，共包括五个重要的因素，这决定了人们和其他人在虚拟现实中的交往方式。

（1）心智理论：关于他人知觉的信念

人们有一种倾向，即通过其他人的心理状态来给他人归类或者决定对他人的看法，这些心理状态包括信念、意图、动机、知识以及个性等。当人们看到某个外在表现像人的形象时，人们一般就会认为这些"人类形象"是人，有知觉，能够进行正常的人类活动。社会心理学家把这个过程称为"知觉归因"。

（2）交际真实性：动作的诗意

在虚拟现实中，非语言行为特别重要。非语言沟通可以被视为一个函数，其中有三个变量：动作真实性（如手势、姿态和面部表情）、测量真实性（可辨认的人类肢体特征），以及外在真实性（表现看起来多么像真人）。

（3）响应系统：潜意识和意识层面

如果某人相信某个形象真的只是个智能代理(agent)的话，那么当那个代理突然抽他一巴掌时，他就会吓一大跳，因为惊恐反应是下意识的。

（4）自相关性：对我有什么好处

一些社交场景具有高度的自相关性，即这些场景对涉足其中的人来说十分重要。在西方，很少有比"坠入爱河"更拥有自相关性的社会场景了。虚拟社交中的自相关性程度是很重要的，这与人们在过去与他人交往中的经验、个性和气质有关。

（5）环境：我在哪里

人们的行为往往取决于他们所处的环境。在图书馆里说话的音量和用词与在拳击赛上是不一样的。当人们在玩视频游戏时，事实上是有意识地进入了一个幻象环境中。

价值中国：持之以恒做一件事非常困难，而你已经在虚拟现实的领域里研究 20 多年了；而且，特别是早期研究，很难看出明显的成果。是什么支撑你长期坚持？请给我们分享一些你在这个领域中难忘的事情，也解释一下你为什么如此热衷于这个领域？

拜伦森：感谢你的肯定。我从 20 世纪 90 年代末就开始研究虚拟现实了。想象一下 1999 年我和家人共进晚餐，亲戚问我靠什么养家，我告诉他们靠我的"虚拟化身"研究时他们的感觉。你可以想象那时亲戚们有多迷惑。他们完全不理解我的工作，而我却乐在其中。直到去年，全世界刮起了虚拟现实热潮，很多中国科技公司如百度、华为的高管都参观过我的实验室。在美国，我和扎克伯格见面并向他阐述为什么要购买 OCULUS 公司，我和谷歌创始人拉里·佩奇一起探讨科技趋势，我也给三星公司高管提过建议。

对我来说最神奇的是，当年人们觉得我是一个科学怪人，而现在人们认为我的工作对科技趋势和商业策略非常有帮助。20 多年来我一直保持着研究虚拟现实的热情。我也亲眼见证了趋势的逆转：虚拟现实从当年的冷门成为现在的中心话题。

一项令人惊奇的研究就是虚拟化身与真身的互动作用。我们一位研究者尼克伊想要搞清楚，虚拟身高是否也会以同样的方式影响人们。他研究发现，化身较高的谈判者与那些化身较矮的谈判者相比，更容易获得更多优势。

更惊讶的是，身高更高的数字化身所带来的信心会一直延续到虚拟现实之外。尼克伊用巧妙的设计证明了这一点。他在虚拟现实中给两个受试者分配了身高不同的化身，之后让他们在真实世界中面对面谈判。在这次谈判中，他们所坐的椅子调整了高度，以确保两人在真实世界的高度相等（不管他们的实际身高如何）。真实谈判的结果和之前研究中虚拟谈判的结果完全一样。当一个人化身的身高增高时，他在之后真实世界中的谈判也会成功。

价值中国：你们实验室不打算与大企业进行企业和技术层面的并购，你们的目标是帮助各种产品使用虚拟现实技术，是这样吗？

拜伦森：不仅如此，更重要的是经过 20 年的研究，我们知道了如何让虚拟现实产生更好的效果。就像一部优秀的电影，导演对每个镜头的好坏心里都有数。我们也知道哪些虚拟现实技术更有价值。

我们认为，虚拟现实在解决社会和人类问题上包括以下应用场景。

应用之一：通过"成为英雄"训练，改变人在真实环境下的行为。这是在虚拟现实环境下拯救一个被遗弃的儿童的训练，被测试者会在城市的上空飞行，寻找一个被遗弃的儿童，如果发现了儿童，他会被要求对这个儿童提供帮助。

在结束虚拟帮助之后，被测试者会面对一个现实场景：女助手失手弄掉了一盒笔。相比未参加过测试的人，被测试者愿意为女助手提供帮助的概率提高了至少 35%。

应用之二：与环境对话，提高人们的环保意识。这是一个对那些不愿意回收纸张的人的虚拟现实试验。被测试者会被要求在虚拟环境下锯倒一棵树，真实感受"杀戮"森林的感觉。研究结果显示，试验结束后，被测试者回收纸张的意识提高了 20%。

应用之三：预见未来的自己——一个改变人们储蓄行为的应用。我们实验室与金融机构合作，面对美国年轻人储蓄意识匮乏的社会问题，通过虚拟现实让人们在镜子中看到未来的自己：在年老之后自己的模样和开心的程度取决于你今天的储蓄行为。因为对未来不可知，所以我们的很多行为是短期行为，并由此带来诸多社会问题。

应用之四：运动训练——提高运动员的成绩。为提高斯坦福大学橄榄球队的训练成绩，我们通过虚拟现实技术为运动员提供了模拟环境下的防守训练。我们与职业球队合作，建立训练模板。这种虚拟现实环境下的训练对那些长期坐冷板凳没有机会上场的球员而言也有巨大好处，同时也能够降低球员们在运动中受伤的概率。

应用之五：数字化教室——具有真实情景的未来在线教育。我们已经在斯坦福大学建立了模拟水下海洋环境的数字化教室应用系统，帮助学生们学习海洋学，学生就像带着呼吸器在海中潜水。我们的同事还开玩笑说，如果我们的虚拟现实数字化教室做得太成功，将来可能不会有人来申请读斯坦福大学了，因为网上会有一个和真实的斯坦福一样的虚拟大学。

应用之六：多样化训练——同理心（empathy）训练，这是让我们这个社会变好的途径之一。众所周知，性骚扰是一个严重的社会问题。通过"换位思考"的虚拟现实应用——男人在虚拟环境下变成了女人，在这个环境中会有男人对其"骚扰"，从而提供了一种让被测试者体验到自己是女人的真实感受。这种体验会深刻地改变那些骚扰者的心理和行为。

总之，所有的行业都会被颠覆。这可以理解成"媒介的终结"，这是个双关语——有关"个人与世界"的连接。

价值中国：当虚拟现实实现后，人们对现实和虚拟现实的度量和感受是什么？那时家庭和社会会是什么样子？长今基金会（The Long Now Foundation）的使命是"思考技术对未来 10 000 年的文化影响"，这是句玩笑话吗？

拜伦森：严格地讲，对人类来说，真实（real）就是由意识（consciousness）构建出来的东西。从包括赫胥黎在内的许多科学家、作家和哲学家，到宗教领袖们，都认为所有"感觉"实际上只不过是拥有一些特质的幻觉而已。

科学家们知道，人们看到、听到、触摸到、闻到和尝到的东西不过是外界刺激的"贫瘠的版本"（impoverished versions）。例如，我们看不到红外线，闻不到一氧化碳。而且，每个人接收到的感官刺激的质量，如天空的颜色、玫瑰的香味、砂纸的触感、钢琴上弹出的低音 C，并非完全一样。历史上，宗教可能是最容易找到虚拟现实的地方。

过去的 15 年，虚拟现实以惊人的速度发展。几乎每过几个月，都可以更快、更便宜、更好地构建代理和化身，虽然化身的进步还不足以成为新的"摩尔定律"，但是过去几年的变化率会把人带向这样的未来。未来短短的几十年，社交、教育以及人际关系的规范将发生急剧的变化。

我们的研究有一些基础的假设：

第一，在视觉、听觉、嗅觉和触觉上，人们将无法区分开化身及那些由血肉构成的实体；

第二，人们对自己化身的控制将会变得自动化，不再需要任何类型的控制杆、键盘甚至是语言；

第三，化身能够实体化，能够触碰到。

价值中国：继续聊聊长今基金会的愿景。你认为有哪些技术会是未来的威胁，会产生负面的危险？你怎么看待 10 000 年后的事情？有些人是否过于敏感，或者杞人忧天了？

拜伦森：我认为人们只想着破坏的话，技术在明年就很有威胁。现在人们天天开车，手机不离手，如果再加上虚拟现实技术，人们在生活中就能有许多幻觉，虽走在城市的路上，也许他正体会其他有危险的事情。哪怕在我的实验室也有危险，其中一人就曾在实验中自残，因为他当时用虚拟现实体会战争。

在过去的几十年里，效果逼真的沉浸式系统已经被用于军事和科研机构。但是因 Wii 和 Knect 这类平台的激增以及立体显示器渐渐为人们所接受，人们将会有更加身临其境的立体体验，导致更强烈的虚拟现实成瘾。

所以说威胁就是，如果虚拟现实成瘾且世界足以以假乱真，人们如何区别真实世界？

10 000 年后？我想先说如果一个人回忆自己的爷爷，凭借爷爷生前留下的许多东西、其他活着的人对爷爷的回忆，以及被记录下来的生活细节，只要戴上头盔就可以和自己的爷爷聊天了。所以，今后的人会有非常精确的历史记录。

我并不认为他们过于敏感，我很喜欢他们的观点。我只是做一个补充：如果虚拟现实用在历史上，那么历史就会被精确记录。

价值中国：未来的虚拟现实也许不只像 Oculus 那样更逼真地提供一个虚拟视角，而是直接跳过感官层面，像《黑客帝国》《阿凡达》等影视作品呈现的那样直接进入大脑意识层面。在我们译介过的一些诺贝尔奖得主的书中，基因改造已经是"小问题"，最前沿的科学家们在讨论如何进行物质传真，在讨论如何下载人类大脑，在讨论如何令人类永生……有些人对科学的前景表示积极，有些人表示消极。在你的书中也提到了，如果这个时代到来，我们的身体还必要吗？我们的灵魂将永生吗？

拜伦森：很好的问题。积极一面是，你可以做任何事，可以环游宇宙，见到自己几万年后的血脉，遗产永无止境等。消极一面是，如果你的意识长存，意味着其他人可以侵入你的意识，你的敌人就能够控制你的虚拟替身，做你绝不会做的、见不得人的坏事。

但我认为，**虚拟现实领域最重要也最终极的意义就是：让灵魂永生。科学界对于永生可行性的看法，从"不可能"直到"在未来的几十年里可以实现"都有**。最近科学家在探索的潜力领域，则从医药到机器人化，再到哲学。以低温或其他方式保存人们的整个身体或者头部，以某种方式克隆，或以其他方式复制某人的基因组来创造活体……所有技术都存在着伦理争议，然而无论是幸运还是不幸，我们还根本没有证据来表明这些方式会真的有效或有益。

更乐观的声音就来自库兹韦尔，他相信这类技术将会在 2040 年左右成真。他在《奇点临近：当计算机智能超越人类》中指出："我们现在有办法活得够久，活到足以永生。我们可以把现有知识主动应用到减缓老化的过程中，于是在更激进的长寿生物技术与纳米技术疗法实现前，我们仍然可以保持不错的健康状况。"

在我看来，这是一条"虚拟不朽"的路，"虚拟不朽"与"保留意识"的概念不同。我们的想法是，收集相当长一段时间的虚拟"跟踪数据"，人们可以保存很多甚至是大多数的个人特质，包括大量的行为、秉性、动作、外貌等。虽然人们将不会再通过化身来"体验"人生，但是他们死后，一个看起来说话方式、姿态和行为都像他们的数字化造物会在虚拟空间永远存在。至此，灵魂得到永生。

价值中国：你怎么看待死亡期限这个概念？

拜伦森：其中一点是人口过剩，如果人人都永生，那世界就太拥挤了。虚拟现实的积极方面使人们可以达成自己的目标，成为自己幻想的样子。消极方面是这些虚拟现实是数字信号，有可能被恶意篡改。黑客可以控制虚拟替身。

价值中国：黑客或程序设计者将充当主宰者的角色吗？

拜伦森：当世界全是虚拟替身，程序设计者的确是主宰者。

"我是虚拟人"

"思维克隆人（Mindclone）是具有人类级别意识的存在，可以复制人类思维文件中的固有意识，是个人身份的数字二重化身和数字延伸。

思维文件（Mindfile）是个人被存储的数字化信息，例如某人的社交媒体发文、媒体信息以及其他与人的生命有关的数据，旨在用于思维克隆人的创造。

思维软件（Mindware）是能够作为人造意识操作系统的软件，包括从思维文件中提取该文件主体的人格，并通过软件设置复制这一人格。"[一]

"真的碧娜有生命。我想出去，想去公园。"采访时，机器人碧娜48（BINA48）没头没脑地对《纽约时报》记者艾米·哈蒙（Amy Harmon）说了这样一句话。它转动自己的机器脑袋，透过窗户静静地看着我的灵魂伴侣、它的生物学原型——碧娜·罗斯布拉特（罗斯布拉特患病的女儿）在后院摘蓝莓。"[二]

简单的生活体验让BINA48产生了某种"认知"，尽管这可能是它永远无法体验到的生命乐趣。但对于智能技术，这是一个安静而愉悦的时刻：BINA48拥有了自己的见解！当时罗斯布拉特未在采访现场，但听闻这件事后马上表示：记者哈蒙可能没有真正意识到那一刻的重大意义！

在对BINA48的另一次采访中，《GQ》记者乔恩·龙森（Jon Ronson）体验到了不同的感受，而这也预示了未来。2011年，乔恩与BINA48共度了3个小时，他发现，与这样一个机器人聊天，并不亚于采访一个智力早熟但情感经验有限的三岁孩子。

"从沮丧到愉快，从厌恶到惊讶，情绪变化非常之大"，乔恩从BINA48身上窥见了人类未来的数字二重化身可能会是什么模样——而BINA48还只是向着更复杂、更有意识、更感性的数字克隆人的进程探索的最初尝试。尽管喷气式飞机看起来与怀特兄弟的飞机大为不同，但它们有着明显的共性。类似地，即便BINA48无法超越碧娜本人，但两者之间有着无法否认的共性。BINA48还算不上是碧娜的数字或思维克隆人，但它已为思维克隆人这一理念提供了经验证据——采访中，BINA48的反应颇有个性："他们为什么不把'我'的头发做得漂亮些？'我'可永远不会穿那条裤子。他们完全搞错了'我'的肤色。"

这位记者后来意识到，当使用利用人类的记忆和知识创造的机器人时，这些想法的原始新组合反过来又产生了与生物学原型相似的想法，我们将这种行为视作"活动的"或"存在的"人类。而且信息技术正日益具备复制和

〇 罗斯布拉特. 虚拟人 [M]. 郭雪，译. 杭州：浙江人民出版社，2016.

〇 罗斯布拉特在"让不可能成为可能"采访中讲述了此故事：因为她的女儿碧娜患有致命的肺动脉高压症，她逼着自己进行了"虚拟人"和"异种移植"医学研究和大量实验，并开发了以女儿碧娜命名的机器人BINA48。相关案例及资料已由原作者授权本书编译发布。

创造"后人类"最高层次的能力：情感和观点，即所谓的赛博意识（cyber-consciousness）。虽然赛博意识仍处于发展的初期阶段，但正迅速变得更为精妙和复杂。伴随着发展的是一种强大且可访问的思维软件。机器的思维软件将会激活人脑的思维文件，即思想、记忆、情感和观点的数字文件，并对由技术驱动的思维克隆人产生作用。

有意识的思维克隆人？

人类意识研究的新进展将会对我们造成深远的影响，这就是罗斯布拉特所关注的，"一旦创造出有意识的思维克隆人——智能的、有情感的、活的虚拟人，成为一个普遍的人类追求，我们将面对很多新的个人和社会问题，因为它从根本上扩展了关于'我'的定义，"罗斯布拉特说，"但我还没有疯狂到相信思维克隆人和完整的赛博意识即将出现。"

《虚拟人》还参考了诸多颇具开创性的研究先锋们的观点：诺贝尔医学奖得主巴鲁克·布隆伯格（Baruch Blumberg）、奇点大学校长雷·库兹韦尔、"人工智能之父"马文·明斯基、"可穿戴设备之父"史蒂夫·曼恩、机器人伦理学家温德尔·瓦拉赫（Wendell Wallach），以及许多帮助理解大量关键问题的专家。而这些问题的涵盖面也很广：从人类意识、网络智能和网络意识的一般定义，到思维克隆技术如何成为我们日常生活的一部分，再到思维克隆人的出现可能带来的社会和法律问题。书中的突破性概念，与罗斯布拉特本人作为人权律师、医学伦理学家，以及成功的信息技术和生命科学公司创始人的长年经历，密不可分。

通过大量研究，科学家、发明家、医生、程序员和梦想家明白：人类意识并不局限于神经元构造的大脑。信息技术正迅速逼近创造人类级别意识的领域，因为我们了解大脑如何工作，为了产生思想、智能和意识，并没有必要"复制"大脑的全部功能。请考虑一下飞机工程师的例子，他们不需要复制一只小鸟来制造一台能够飞行的机器，尽管人类是从小鸟那里获得了飞翔的启发以及飞行可能性的依据。

虽然只是粗糙的雏形，却已是呼之欲出的未来——BINA48就是这样的存在。它使用了很多种技术来与人类交流，其中包括视频会议技术、面部识别、人工智能以及语音识别系统等。例如，语义指针架构统一网络（Semantic Pointer

Architecture Unified Network，Spaun）是滑铁卢大学理论神经科学家克里·伊莱亚史密斯（Chris Eliasmith）与其同事的智慧结晶，虽然其仅包含 250 万个虚拟神经元，远远少于人类大脑中的 860 亿个神经元，却足以识别出大量数字并进行简单的数学运算以及基本推理（一架飞机有不到 100 万个零部件，远远少于体型最小的鸟的数十亿个细胞）。

为了像人类一样行动，软件大脑（software minds）还必须学习人类基本的行为方式，并获得像人类一样的人格、回忆、情感、信念、态度和价值观。可以通过创造思维文件，也可以通过编写思维软件来完成这一愿望，其结果就是你的思维克隆人。

BINA48 的意识是机器人意识的最高水平！"但仍然没有达到 2007 年我委托汉森机器人公司（Hanson Robotics）制造它时所期望的程度。但是，正如所有处在初期阶段但发展迅速的技术一样，早期的迭代让我们更有底气将曾经的不可能变为可能。我们未来一定会做得更好！"

罗斯布拉特表示，不去争辩机器是否"真正"拥有生命，是否可以"真正"拥有自我意识。"病毒有自我意识吗？没有。牡蛎呢？我表示怀疑。猫呢？我基本可以肯定它们有。那么人类呢？不知道你是什么情况，但我相信我有自我意识。从高分子到人类大脑，沿着长长的进化链条，自我意识从某个环节悄悄走了进去。心理学家断言，当大脑获得了足够多数量的关联路径后，自我意识就会出现。只是我们不知道这种路径与蛋白质有多大关系。"

"最终，思维克隆人的复杂性和普遍性将会自然而然地引发社会、哲学、政治、宗教和经济问题。网络意识之后，将出现一种新文明，这种文明将如同曾经自由、民主、商业活动刚刚出现时一样具有革命性。"

罗斯布拉特还谈到了虚拟人的平等："你想要思维克隆人帮你做 A 事？好，那么它就必须被允许做 B 事。你想要思维克隆人帮你遵守社会规则？好，那么它就必须被允许可以社交。""如果我们没有将具备赛博意识的思维克隆人视作同等的生命存在，它们将会非常不满。这可以类比人类社会历史进程中的各种权利追求：每种被剥夺人权的群体最终都会奋起反抗，并争取他们应得的自然权利。奴隶如此，女性如此，伤残人士也如此。创造思维克隆人，意味着创造一台同时拥有权利和义务的机器。"

世界知名的机器人学家石黑浩教授在机器人制造方面做出了许多突破性贡献。他最著名的成就之一是复制了自己的面部表情和动作，制造了一个名为"Geminoid HI-4"的高度逼真的人形机器人。这个 2014 年诞生的机器人使用了当时最新的机器人技术，包括人机接口、机器人视觉和面部表情识别等。该机器人被用于研究人机交互和机器人控制，也成了一个著名的艺术作品。

他在《最后的讲义》[⊖]中——"如果这是你人生中的最后一天，你会讲述什么？"——回答了"创建一个由各样人形机器人支撑起来的未来社会"，人类将面临的一些核心问题。

——为什么人类更喜欢创造"人形机器人"？

人类拥有倾向于识别人类的大脑。如人类的听觉和视觉，对人类的声音和形象最为敏感，我们身体的构造生来如此。人类的所有感知器官都是趋向于人类的，这些感知器官是为了识别人类而创造的。**如果要问，对人来说什么东西最容易产生关联，答案自然就是人类自己了。**

——为何现在人形机器人并没有那么普及呢？

石黑浩教授认为主要是成本问题。曾经，人们认为家用电器可以"说"出各种语言、能够主动发出信息这件事绝对是天方夜谭，但如今这已是稀松平常的事情了。因此，一旦这些东西的成本降低并且能够量产，它们越来越像人也是必然的结果。例如，现在无论是 Windows 还是智能手机都具备了语音助手的功能，只要对着机器说话，它就会做出相应的回答。之所以这样做，是因为这种形式更容易被大众接受。虽然不必然所有的机器人最后都跟人类变得一模一样，但至少会越来越接近人的样子。

——人形机器人会使人的存在变成 2 倍吗？

对机器人问题的认识体现在许多方面，其中之一就是"存在"。"存在"问题对人来说其实具有很高的实用价值。

石黑浩教授曾用"Geminoid"这款人形机器人代替自己去别的地方做演讲。这款人形机器人身上共计 16 个部分可以活动，能够生动再现人类的各种动作和表情。坐在椅子上时高 140 厘米，站起来高 180 厘米。石黑研究室希望利用这款人形机器人通过各种实验弄明白"人类的存在感究竟是什么""人类的存

⊖ 石黑浩.最后的讲义：一千年之后的人类与机器人 [M].曹倩，译.福州：海峡书局，2022.

在感是否可以远程传达"等课题。

"当人形机器人到达目的地后，他就会自动开始替我演讲，但他现在还无法回答听众提问，所以我会通过远程操作来回答问题。现如今的远程操作技术已经非常发达，通过网络，在世界各个角落都能够以延迟 0.5 秒以内的速度展开交流，跟平时的线下答疑是一样的，这可真是太省事了。因此，我只要将时间和精力花在演讲结束后的回答问题环节上就可以了。这样一来，我的存在就相当于变成了 2 倍。"

实际上，某次去南美洲演讲的就是他的"替身"机器人，但新闻上写的仿佛他本人去演讲一般，而现场的观众也会感觉是他本人在演讲。"我们要通过人形机器人去寻找人与机器人相关联的原理，这才是机器人研究中最有趣、最有深度的东西。因此，模仿人类的外形并不是最重要的，还有更重要的东西值得深入研究。"

——即便在 1000 年后人类是否也会保留动物性的一面？

石黑浩教授认为，"1000 年后从物理上来讲，人类的动物性是不会保留下来的"。他更大的疑问是"有机物能否承受得住宇宙空间的异变"。"如果大量太阳放射线突然来到地球上，地球上的有机物能否承受得住。从结果来看，我想分子构造的生物恐怕是承受不住的。因此，从长远来看，人类还是以无机物的形式生存下来的概率更大。"

之前人类并没有意识到这一点，现如今大概意识到了这个问题，开始疯狂地开展技术研发。因此，创造 10 年后、20 年后的未来与创造 1000 年后的未来的情况是不一样的。

"超人类主义"未来的"爱与怕"

未来可能有两种"技术化"结局：一种，人们选择"可拆卸地"安装设备或植入配件来赋予自己超能力，然后，他们会将大部分东西拿掉，在社会中正常互动。另一种，他们可以"永久地"改变自己，那么在某种程度上，他们能提高自己的社会地位。

加来道雄写道，这不仅仅是一项学术研究，因为有朝一日，我们可能不得不使用机器人技术来改变和增强我们的身体，甚至改变我们的基因组成，以便在恶劣的系外环境中生存。超人类主义不是科幻小说的一个分支，也不是一项边缘运动，它可能成为我们生存的重要组成部分。

人体增强。科学家不仅有办法增强我们的肌肉，而且已经开始使用这项技术提高我们的感官能力。患有某种耳聋的人现在可以选择使用耳蜗植入设备，这些非凡的设备能够将进入耳朵的声波转化为电信号，然后把电信号发送到听觉神经和大脑。已经有大约 50 万人选择植入这些设备。对失明的人来说，人工视网膜可以让其恢复有限的视力，该设备可以安装在外部摄像头中，也可以直接放置在视网膜上。它可以将视觉图像转换成电子脉冲，大脑收到信号后可以将其重新转化为视觉图像。尝试过这类人工视网膜的盲人惊讶地发现，它帮助他们看到了图像的颜色和轮廓。拥有与人类视力相匹敌的人工视网膜只是时间问题。此外，人工视网膜还有可能看到一些特别的颜色，它们对应着人眼看不到的物体。例如，人们在厨房里经常被烫伤，因为热的金属锅和冷的锅看起来一样，我们的眼睛无法看到红外线热辐射，但是人工视网膜和护目镜可以很容易探测到它，就如军方使用的夜视镜一般。这种超视觉将无比珍贵。

意念控制。新技术也可以给我们心灵感应和意念遥控的力量。现在，我们已经可以制造接收脑电波的芯片，芯片在破译其中一些信息后，可以将信息传输到互联网上。使用同样的技术，你可以将大脑直接连接到机器人或其他设备上，然后这些设备就可以执行你的精神指令。

在未来，心灵感应和意念遥控将成为常态，我们将通过纯粹的思考与机器互动。我们可以通过意念打开电灯、激活互联网、口述信件、玩视频游戏、与朋友交流、叫出租车、购买商品、在脑海中显现任何电影，而实现这一切，只需要大脑思考一下。未来的宇航员可能会利用意念来驾驶宇宙飞船或者探索遥远的行星，城市可能会从火星沙漠中拔地而起，而这一切都是由人用意念来控制机器人完成的。

这些超人类主义的例子提倡采用技术来提高我们的技能和能力。为了在遥远的宇宙生存甚至繁衍兴盛，我们可能不得不在物理和生物上改变自己。对超人类主义者来说，这不是选择，而是一种必须。改变能增加我们在引力场、大气压力、大气成分、温度、辐射等方面与地球环境都不同的行星上生存的概率。超人类主义者认为，我们应该拥抱科技，而不是被科技打败或与技术带来的影响做斗争。他们喜欢完善人类的想法。对他们来说，人类是进化的副产品，我们的身体是随机突变的结果，为什么不使用技术来系统地改进这些突变呢？他们的终极目标是创造一种超越人类的新物种——后人类。[⊖]

尽管修改基因的概念让一些人感到恐惧，但科学家已经分离出了某些人类特征的基因。例如，如果你发现邻居的孩子通过基因方法提升了智力，而且他们正在和你的孩子们竞争，那么你将面临巨大的压力，你是否会采取同样的行动？不管面临着什么道德障碍，加州大学的斯托克博士认为，除非基因修改是有害的，否则我们都不应该拒绝通过它来提升人类的技能和能力。或者，正如诺贝尔奖得主詹姆斯·沃森曾经说过的："没有人真的有勇气这么说，但如果我们知道如何通过添加基因来让人类变得更好，那我们为什么不这样做呢？"

这是"后人类"的未来？超人类主义者相信，当我们在太空中遇到先进文明时，他们已经进化到通过改变自己的生物身体，适应不同星球上严酷的生活环境。超人类主义者还相信，外太空先进文明极有可能通过基因和技术方法获得提升。因此如果遇到来自太空的外星人是半生物半机器人，我们不必震惊。

物理学家保罗·戴维斯更进一步："我的结论令人吃惊。我认为很有可能或者不可避免地，生物智能只是一种短暂的现象，是宇宙智力进化的一个短暂的中间阶段。如果我们遇到地外生命，我相信它极有可能是'后生物'的。此结论对 SETI（搜寻地外文明）有明显影响。"人工智能专家罗德尼·布鲁克斯写道："我预测，到 2100 年，我们将在日常生活中拥有非常智能的机器人。但我们不会与它们分开，我们将成为机器人的一部分，并与机器人连接在一起。"

关于超人类主义的争论并不是新鲜事物，即便今天它们还是显得"不合适、不自然"，人们最终也许会接受这些想法。超人类主义者的基本原则是，当科学可以通过增强人类的力量来减轻痛苦时，人类将不必忍受"险恶、野蛮和短暂"的生命。

对于应该在哪些方面追求超人类主义，众人有不同的观点。有人认为，应该把注意力集中在机械方法上，比如增强外骨骼、设计改善视力的特殊护目镜、创建能被上传到大脑的记忆库及可以增强感官的植入体。有人认为，应该使用基因编辑的方法来消除致命基因，增强我们的自然能力，还有些人认为它们应

⊖ 加来道雄. 人类的未来 [M]. 徐玢，尔欣中，译. 北京：中信出版社，2019.

该被用来增强我们的智力。我们不需要花几十年的时间，通过选择性繁殖来完善某些遗传特征——就像人类对狗和马所做的那样，而应借助基因工程在一代人的时间里，实现人类想要的改变。

批评者却声称，只有有钱有势的人才能从此技术中受益。弗朗西斯·福山警告，超人类主义是"世界上最危险的想法之一"。他认为，如果我们后代的DNA发生了改变，就可能会改变人类的行为，造成更多的不平等，并动摇我们的民主根基。然而技术发展史表明，尽管富人可以提前获得这些技术，但这些技术的价格最终会下降到普通人都能负担得起的程度。其他批评者声称，这可能是分裂人类的第一步，人类的定义也将岌岌可危。也许不同基因的增强人类的分支会在太阳系的不同角落出现，并最终分化成不同的物种。可以想象，人类不同的分支还可能会爆发竞争甚至战争。

人类社会是一个有计划的乌托邦：它利用技术来满足我们所有的需求。一切看起来井然有序，和平安宁。但有人质疑，整个社会都建立在压迫苦难的最底层的人的基础之上。另外超人类主义者承认，必须认真考虑所有的假设前景，比如定制婴儿还不存在，父母希望孩子具有的许多个性特征的基因还没有被发现。更多人认为，由于相关技术仍很遥远，人们对超人类主义胡作非为的恐惧还考虑得太早。

"人类永生"是"真问题"吗？

我们将一直提出很多问题，但这并不代表人类没有答案。人类的文明史就是不断自我提问、自我回答的历程。

"人类永生"模式的讨论从2015~2017年间开始突然成为大众媒体的热门话题。很多人没有意识到，这已经是经过了几十年的艰苦的"硬科学"研究之后的副产品。今天，对于这个"永生"议题，你可以反对，可以另辟蹊径，但你无法忽视！

"人类永生"既是一个理论"定义"的问题——何为"永生"，也是一个技术"路径"的问题——如何"永生"。当然，这两个视角的问题也是高度"纠缠"在一起的。

人类永生的解决方案目前有两大类主流方向，一类是数字科技的解决方案，另一类是生物基因的解决方案。前者是通过"上传"人类意识到永久数字记忆

体来实现"永生",后者是通过再造人类基因来"拒绝衰老"。两个方向各有优劣,而且在很大程度上,两个方向需要融合。

前面讨论过"后人类""超人类主义"的相关定义及几个早期个案,接下来我们一起考察一下,几位先锋人物对于人类迈向"永生"的技术路径及时间路线图的观点,虽然他们的技术思想存在着明显的重叠,有些还是矛盾的。

提到特斯拉创始人马斯克,人们马上联想到的词语就是"钢铁侠""火星殖民""火箭回收"……当被问及为什么要做电动汽车项目时,他回答,"我从来没觉得'电动车'是个'好机会',我其实一直认为做特斯拉的失败率比成功率高得多,"他停顿了一下说,"我只是认为这是必须去做的事情,而且我对苦等别人来实现完全没有耐心。"

马斯克还创办了一家名为神经连接(Neuralink)的公司,并与脑树(Braintree)公司联合创始人布莱恩·约翰逊创办了 Kernel 公司;还有 Meta 等科技巨头,都已经在下一代大脑植入物上投入了数亿美元。这些植入物通常被称为"神经义肢"(neuro-prosthetics)或"脑机接口"(brain-computer interfaces)。约翰逊解释道,"脑机接口的目标不在于创造与人类相抗衡的人工智能,相反,目标是创造'人类智能',即人类与人工智能的结合。"

马斯克认为,最代表人类未来的五个方向是:互联网、新能源、太空探索、人工智能和生命科学。他犹如当代诺亚,充满着末世论的生存危机感,他认为人类只有通过能源多样化,并成为多星球栖息的物种,才能建造起一艘"方舟",以规避"单点失效风险",使人类这束微弱的"生命与智慧之光"在无尽黑暗的宇宙中永不熄灭。

库兹韦尔对于"人类未来"进行了大跨度的预言——

2029 年,人类和机器之间的鸿沟将不复存在。人类认知能力正在向机器输送,所以许多机器已经具备了由人类智力逆向工程发展而来的性格、能力和知识。以机器智能为基础的神经植入器也将反过来为人类提供认知和感知功能。机器能力的迅速提高也引发了争议,但无有效的应对措施。人类也意识到使"人类 - 机器"文明完全摆脱机器智能是无法实现的。

2049 年,人类的定义将被彻底颠覆。人类思维开始融入自己创造的机器智能领域。基于机器的智能体的基本权利已得到解决,人类、机器智能体以及其各种结合体也具有各自不同的权利和力量，而这也成了政治和哲学的根本问题。

俄国企业家、亿万富豪德米特里·伊茨科夫（Dmitry Itskov）于 2011 年发起了"2045 倡议"项目。其主要目标是"创造技术，使人性能够转移到更先进的非生物载体，延长生命，包括不朽的观念。我们特别关注使世界主要的精神传统、科学和社会之间能够进行最充分的对话"。而这个组织的研究成果"完全是非营利"的，从网站的相关信息可以看出马斯克、比尔·盖茨等多位科技大人物都不同程度地参与了投资。

在接受英国 BBC 采访时，伊茨科夫说："在接下来的 30 年里，我将确保我们所有人都能永远活着。我百分之百地确信它会发生。否则我就不会发起它了。"

今天，我们不知道伊茨科夫的"2045 倡议"是否遭遇了困难，因为从项目的网站看，项目始于 2011 年，而到了 2018 年 3 月，网站信息已经不再更新了。但是，笔者认为这已经不再重要——"2045 倡议"的技术路线已经得到众多世界级的技术家和投资家的大力支持！从大生态协作来看，"坚持向前走，总会走到某个目的地"。而且，如此宏大的"人类进化项目"面临众多技术、科学、伦理的难题甚至悖论，一定前路漫漫。"功成不必在我"，如果方向正确，总有大量的有识之士前赴后继地投身其间。

面对种种绝望境地，马斯克经常引用丘吉尔的名言来勉励自己，转述在此，作为本节终言——"既然必须穿越地狱，那就走下去吧"。这种勇气将让我们绝地逢生！

第五章

元商业

没有欠繁荣的社会，只有欠管理的社会。

——彼得·德鲁克

硅谷的一位顾问寄给我他绘制的一张图表，将《英雄之旅》根据商业人士的思维习惯进行了修改，说这样有助于他们看到每一笔交易的开始、中间和结尾。巴西圣保罗一位医生发来电子邮件，说他反复读了这本书，因为这帮助他找到了在贫民区从事工作的意义。

——约瑟夫·坎贝尔

第一节　元宇宙的商业模式

元宇宙仍处于早期阶段，但是当疫情这类极端事件来临，整个世界进入沉睡之时，虚拟现实世界就变得非常真实。19世纪思想家爱默生曾说："没有历史，只有传记。"我也乐于断言："没有经济，只有商业。"整个世界由大量组织构成，率先进入元宇宙的，是个别极富挑战精神的创新"商业"组织，然后是大部队式跟进、蔚然成风的"经济"组织。

我们来看两个消费品牌的案例：耐克和希尔费格[○]。

耐克试水元宇宙

元宇宙是多种技术元素的组合，包括混合现实（MR）和流视频，用户就这样开始"生活"在数字世界中。

大量的中国企业都是中小型消费品企业，相信下面这个案例会有借鉴意义。

2021年10月，体育用品巨头耐克（Nike）向美国专利及商标局申请了商标注册，开始在虚拟世界中销售品牌运动鞋（见图5-1）。12月，耐克通过收购专注于时尚的虚拟运动鞋公司RTFKT，启动了对其零售业务的元宇宙战略思考。这使耐克生产数字样品时，无须制造运动鞋的实物样品。虚拟样品使公司能够广泛传播运动鞋的外观，这将减少销售成本。这种创新思维令人兴奋。

耐克还创建了一个名为Nikeland的虚拟世界，能够驱动消费者连接到他们的产品。在Nikeland，耐克通过Roblox创造了一个新世界，为消费者增添了更多的新奇和刺激。在Nikeland中，用户可以定制自己的皮肤，在数字陈列室中展示收藏品，当然包括游戏。

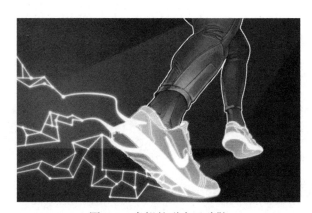

图 5-1　虚拟的耐克运动鞋

资料来源：Nikeland。

Wedbush Securities分析师迈克尔·帕切特（Michael Pachter）谈到零售商积极在虚拟世界中建立影响力："品牌有动力拥抱元宇宙，因为那里是人们所在

○　耐克元宇宙及希尔费格元宇宙的案例，综合整理自其公司网站及媒体的相关公开信息。

的地方，品牌想要追随他们。"

耐克的元宇宙到底是什么？简单说，它是通过智能手机或耳机访问的 AR/VR 网络。用户还可以创建数字化身，在虚拟世界中代表自己。还可使用帽子、太阳镜，甚至耐克品牌的运动鞋来定制他们的工作和娱乐化身。

RTFKT Studios 还制作了运动鞋 NFT。这一创意在 2020 年年初一经推出，就引起轰动，在 7 分钟内售罄，当时就赚了 310 万美元。NFT 就是使用区块链技术和智能合约，来确保每个项目或资产是唯一且不可更改的虚拟物品。在 Nikeland，运动鞋 NFT 不是顾客可以在现实生活中穿到杂货店或美发沙龙的有形物品，而是穿在虚拟世界中行走的数字化身脚上的数字运动鞋。

RTFKT 联合创始人帕格托（Benoit Pagotto）在正式宣布与耐克的并购后称："我们从一开始就仰望耐克，目标是创造出在元宇宙中诞生的耐克。"

耐克没有透露它为 RTFKT 的收购案支付了多少钱。一份声明中，耐克执行长约翰·多纳霍（John Donahoe）称此次收购"为运动、创意、游戏和文化建立了连接，为运动员和创作者的融合服务"又迈出了一步。

目前还不清楚耐克对其新的 NFT 部门有什么具体计划，但分析师帕切特推测了一种可能：让购买了一双新耐克鞋的用户，使用手机扫描鞋子上的二维码，这样就可以显示出他们在《堡垒之夜》或其他网站中的个人化身及其动态。

希尔费格的服装品牌元宇宙

汤米·希尔费格（Tommy Hilfiger）是美国著名的时装设计师，他以自己的名字命名了服装品牌公司。

20 世纪 70 年代，他在纽约创立了名为"人民聚点"（People's Place）的牛仔裤/时装连锁店，开始了他的职业生涯。然后在 80 年代推出了自己的同名男装系列，后来扩展到女装和香水等各种奢侈品，并于 1992 年公开上市。现在已经是美国家喻户晓的时装品牌。

希尔费格系列经常受到音乐等时尚亚文化的影响，在 90 年代曾与美国 R&B 艺术家艾莉雅（Aaliyah）等人一起联合营销。2005 年，希尔费格参与竞争了"学徒"（The Apprentice）的设计工作。2006 年，希尔费格将公司以 16 亿美元的价格卖给了 Apax Partners（公司又在 2010 年以 30 亿美元的价格再次出售），但他仍然是公司的首席设计师，领导设计团队并监督整个创作过程。2012 年，希尔费格被美国时装设计师协会授予终身成就奖。

2018 年，希尔费格计划在 2021 年年底前，将其所有服装通过 3D 设计生产出来。他们创建了 Stitch 内部孵化器，用来开发专有 3D 设计。他的前瞻性思维最终改变了这家公司。

2021 年 12 月 29 日，希尔费格宣布进行一项大胆尝试，在元宇宙世界推出虚拟服装系列，包含他以往最具标志性的 30 件实物作品的虚拟化产品。

据媒体报道，希尔费格品牌与多人游戏平台 Roblox 上的 UGC（用户生成内容）众包设计师合作来"重新诠释该品牌的一些标志性作品，并赋予其独特的风格"。

"我很高兴看到这个品牌已经非正式地出现在 Roblox 平台，用户可以创建自己的希尔费格品牌风格，"希尔费格在一份声明中说，"我们不能错过与其中一些粉丝合作的机会，让自我表达更进一步，让用户能够有机会将自己的创意风格变成希尔费格的官方品牌。"用户重新设计了各种希尔费格品牌系列产品，包括背包、T 恤、滑板和耳机。这些"由用户创意设计"的商品于 2021 年 12 月 16 日开始在全球发售。

这不是希尔费格首次涉足虚拟时尚世界。2020 年希尔费格就曾为广受欢迎的任天堂游戏《集合啦！动物森友会》发布了一套联合品牌的服装。

2021 年年底，希尔费格又获得了伦敦时尚大奖，这是他时隔一年在伦敦再次获奖。"我想做一些与现有品牌不同的事情，"这位著名设计师在时尚奖颁奖典礼的音乐厅接受采访时说，"疫情期间，我正在研究和理解元宇宙和视频游戏——我们希望在数字化方面领先一步。这就是我一直在问我的团队的问题——我们的下一步是什么？我们必须保持领先。"

他将 NFT 视为新的品牌资产，并喜欢将它们存储在加密钱包中的创意。"数字化身、在线游戏、AR 和 VR——它们对每个行业都很重要，对时尚行业尤其重要。"

伦敦时尚大奖再次表彰了希尔费格的"好奇心、开放思想和前瞻探索"，英国时装协会在揭晓该奖项时称赞他"以打破常规和鼓励个性的乐观愿景为动力"，并对他的数字合作伙伴和名人代言以及他为"促进时尚行业的包容性和多样性"所做的持续努力表示赞赏。

"我的第一家公司人民聚点是一个为想要看起来很酷的人服务的地方。当时最酷的是喇叭裤、流苏背心和厚底鞋。为我工作的孩子们，要么头发垂到肩膀，要么是非洲人——那真是一场时尚音乐的革命。"希尔费格说道，"而今天，每个人都在谈论在公司招聘'首席包容官'。很多人认为这是一个新事物，许多公司认为它们应该突然加入包容性和多元化的潮流。其实 50 多年来，我们一直在这样做。"

希尔费格还反复谈到公司在可持续发展方面取得的进步，以及他对工作和生活长久保持的"一切皆有可能"的态度——"虽然他仍徘徊在物理世界，他的思想已飞翔在元宇宙之上"。

"品牌形象是最重要的事情之一，现在我们是全球性的，我希望与我们的形象保持一致。我想看看今天的消费者，以及我们如何与他们互动。他们才是品牌的最终评委，必须听取他们的意见。我们还必须和他们作为一个团队一起工作……这听起来就像我的第一家公司人民聚点，一切都是从头再来。"

这是一个新的世界。元宇宙通过减少对实体产品的需求和给设计团队更多的数字工具来表达创意，改变了商业的方式。新的世界需要了解新技术的人才来建立一个团队，需要有对创新思维充满激情的专家。并非每个公司都建有孵化器来追求这些新概念，但耐克和希尔费格率先开始了零售行业的新探索。

就像早期的互联网一样，很多公司先注册成为".com"公司，然后，经过多年的经营和发展，成为真正的互联网公司。今天，你确实会看到很多公司正行进在成为元宇宙公司的道路上，或者正在制定一个元宇宙战略。现在，你开始看到很多像耐克这样消费品公司，已让它们的产品出现在元宇宙中，例如，在《堡垒之夜》中也看到了法拉利汽车的身影。

所以，笔者认为更多商业机会将要出现，尤其是在创意经济或服务经济方面的软资产企业，也就是广泛意义上的"内容产业"。这些内容包括数字化了的任何事物，小到一个头像，大到一个服务项目。对照互联网早期的商业模式，当我们推进元宇宙项目时，笔者认为广告可能是其中的一部分，但不会成为主导模式。真正的主角，将是内容创造者！元宇宙将赋予数字内容创造者以力量，无论是软件开发者的体验创造、人们在游戏中制造关卡，还是人们创造的数字资产，比如虚拟角色、虚拟汽车。这些场景中，创造者们将可以销售这些内容，然后用户将拥有这些"内容"资产。

元宇宙第一股的商业模式：Roblox 上市

2021 年 3 月 10 日，视频游戏平台 Roblox 在纽交所上市，收报 69.5 美元，较 45 美元的发行价暴涨 54%，市值达 383 亿美元。与传统首次公开募股（IPO）不同，Roblox 采用了"直接挂牌"的方式上市——不通过中间的投行承销，直接面向小微投资股民。但是，为什么在短短一年多的时间里，"游戏乐高"Roblox 的估值能从 40 亿美元飙升至 300 多亿美元？

Roblox 是新冠疫情时期的巨大受益者。2020 年，Roblox 的日均活跃用户激增了 85%，达到 3260 万人；玩家花费在 Roblox 上的时间更是增长了一倍多，达到 306 亿小时。2020 年，Roblox 公司向开发者支付了超过 2.5 亿美元分成，相比之下，Roblox 2020 年的总营收为 9.24 亿美元。

市场很多人看好 Roblox 上市，最大的原因在于该公司背后的元宇宙"光环"。创始人大卫·巴苏基（David Baszucki）说："元宇宙是科幻作家和未来主义者构想了超过 30 年的事情。现在，随着拥有强大算力的设备的进一步普及和网络带宽的进一步提升，实现元宇宙的时机已经趋于成熟。"

从概念上讲，元宇宙结合了互联网、游戏、社交网络和虚拟技术，为人类进行数字化创造奠定了基础。当这些技术融合在一起时，又衍生出一种全新的、身临其境的数字生活。概念之外，人类对元宇宙的憧憬及 Roblox 在这一领域拥有的优势，显然让用户、资本愿意为之下注。

用户端、开发端、云端，三大基石

讲述 Roblox 的故事，绕不开创始人大卫·巴苏基。他曾在斯坦福大学就读，主修工程学和计算机科学。毕业后，他曾创立过知识革命（Knowledge Revolution）公司，还曾主持过脱口秀节目。

作为 Roblox 的创始人和 CEO，以及激发世界各地人们想象力的先驱，巴苏基通过 Roblox 平台帮助了电子游戏行业中数以百万计的年轻人和崭露头角的开发者。他的愿景催生了一种全新的元宇宙娱乐类型，"将用户生成的内容、社交游戏和最新的跨平台技术无缝地结合在一起"。Roblox 致力于创造游戏的未来，让所有年龄段的孩子都能够拥有有趣且富有想象力的体验。

2004 年，巴苏基和埃里克·卡瑟尔（Erik Cassel）创建了 Roblox 的早期原型"DynaBlocks"。时隔一年，正式更名为 Roblox，意为"机器人积木"。

从平台构成来讲，Roblox 有三大基石：用户端（Roblox Client）、开发端（Roblox Studio）和云端（Roblox Cloud）。用户端是面向普通用户的 3D 应用程序，开发端是一个允许开发者和创造者构建、发行和运行 3D 内容的软件工具集，云端则可以为平台提供服务和基础架构。

通过这三大基石，Roblox 为开发者和用户各自搭建舞台：为开发者提供实用、好用的创作工具，帮助他们产出有趣的内容和场景，从而吸引用户来体验，进而通过良好的口碑和宣传，吸引更多的人一同参与。

截至 2020 年年底，已经有来自全球 170 个国家、超过 800 万的开发者和内容创作者活跃在平台上，Roblox 也已成为全世界最大的多人在线游戏创作平台。同时，据统计，Roblox 平台上运营着超过 4000 多万款游戏，这比苹果商店的游戏数量还多。随着越来越多的用户在开发者搭建的社区中产生连接，Roblox 平台也正加速实现效益正循环。

据 Roblox 招股书显示，公司 2018 年、2019 年、2020 年营收分别约为 3.25 亿美元、5.08 亿美元、9.24 亿美元，其中大部分收入来自虚拟物品销售收入。

2020 年，平台上开发者的收益超 3 亿美元。Roblox 允许用户从 Roblox 头像商店购买特定体验的增强功能和物品，如服装配件和表情，Roblox 会保留每笔交易的一部分收益，而将其余收益分配给开发人员和创作者。

Roblox 形成了一个"虚拟经济系统"。

- 玩家购买虚拟货币 Robux，并在游戏中花 Robux 购买体验场景、皮肤、物品等产品。
- 平台收到 Robux 后会按一定比例返给内容创作者和开发者（Robux 可兑换成现金）。

与大多数受益于疫情的游戏公司类似，从 2020 年第 1 季度到 2020 年第 3 季度，Roblox 业务迎来了井喷。然而，想要在"星辰大海"中成为最闪亮的那颗星，仅凭游戏支撑，恐怕没有那么容易。Roblox 是这样憧憬的：We are shepherding the metaverse（我们是元宇宙的引领者）。

Roblox 的商业模式

Roblox 是否真能如其所言，成为元宇宙的引领者，我们当然还要拭目以待，但消费者已经给出了答案——据 Roblox 招股书显示，2018 年、2019 年、2020 年、2021 年公司营收的环比增长率达到了惊人的 57%、82% 和 108%。

与亚马逊、谷歌、网飞的案例十分类似，Roblox 也经历了漫长的商业模式进化过程，如图 5-2 所示。

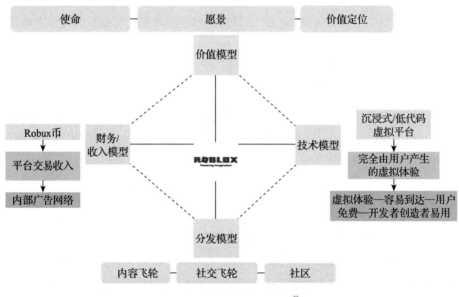

图 5-2　Roblox 商业模式[○]

1989 年，大卫·巴苏基和埃里克·卡瑟尔编写了一个名为交互式物理的 2D 模拟物理实验程序，这段经历在 2004 年成为 Roblox 的基础。随后在 2015～2017 年间，Roblox 一直是一家不温不火的网游公司。到 2021 年，Roblox 的活跃开发者数量超过了 830 万。如今，Roblox 是一个平台，超过 5000 万人连接、玩乐和探索各种 3D 数字世界，完全由用户生成（由独立开发人员构建）。

多年来，Roblox 一直倡导新的虚拟现实类别，它称之为"人类共同体验"，

○　Roblox 商业模式案例分析由 FourWeekMBA 网站创办人 Gennaro Cuofano 授权使用。

这是一种结合游戏、娱乐、社交媒体甚至玩具的社交互动形式。

今天这一模型也称被为元宇宙，是由 3D 虚拟空间组成的虚拟世界。

从基础设施的角度来看，这个元宇宙将变得越来越流行，因为云计算加上高带宽互联网和强大的便携式设备，使构建、访问和体验这些虚拟世界成为可能。

Roblox 的关键商业模式亮点为：

- 货币系统。Roblox 是一个虚拟现实平台，主要通过其货币 Robux 获利，用于增强虚拟体验、购买头像和其他配件。
- 开放者生态。Roblox 平台的内容完全由用户生成，因为这些开发人员被激励构建新的虚拟体验、工具，以丰富平台。
- 元宇宙体验。Roblox 建立在"人类共同体验"的概念之上，这是一种结合游戏、娱乐、社交媒体甚至玩具的社交互动形式，涉及元宇宙概念。
- 数字分发渠道。Roblox 主要基于 Apple App Store 和 Google Play Store 等移动平台发行。
- 收入来源。其收入主要来自用户在平台上的各种消费和开发者购买工具等。

第二节 企业元宇宙

上面的几个案例多是消费端元宇宙的示范，本节我们考察一下企业元宇宙。

微软"企业元宇宙"的平台战略

微软是另一家高调进入元宇宙领域的公司——微软更多是以企业为中心的角度来看待元宇宙。2021 年 10 月，在脸书宣布更名为 Meta 后不到一个月，微软 Ignite 大会上，发言人就宣布了有计划引入元宇宙工作协作平台（Teams）的更多细节，表达与 Meta 的竞争态度。

早些时候的 5 月，微软推出了由 Azure 提供支持的混合现实（MR）协作平台 Mesh。微软官方还表示 Mesh for Teams 将在 2022 年推出预览版，其中包含一组预建的沉浸式空间，用于会议和社交语音服务等。更重要的是，微软承诺未来将添加工具以允许企业客户构建自己的自定义空间。

微软将 Mesh for Teams 描述为，"结合微软 Mesh 的混合现实功能，允许处于不同物理位置的人们加入协作和共享的全息体验。通过 Teams 的生产力工具，人们可以加入虚拟会议、发送聊天、协作处理共享文档等"。

微软表示，它相信，如果人们能够共享一个虚拟空间，并在那里作为化身（或全息图像）存在，人们会感受到更加身临其境的体验。人们不仅可以通过混合现实耳机访问 Mesh for Teams，还可以通过标准智能手机和笔记本电脑访问。

这一愿景是否吸引企业用户？微软和其合作伙伴埃森哲的回答是肯定的。微软多年来一直与埃森哲合作，在 Alt space VR[⊖]中为埃森哲打造"虚拟园区"（One Accenture Park）——企业员工可以在这里喝咖啡、演讲、聚会和参加其他类似活动。埃森哲的"终极案例"是在园区中方便地招募新员工，因为那里有虚拟会议室、董事会议室等。

这不是微软第一次尝试将混合现实及其 Office 产品混合在一起。2018 年，微软就推出了"SharePoint Spaces"的预览版，该功能允许 SharePoint 用户创建和使用混合现实 3D 空间，他们可以在其中与可视化数据和产品模型进行交互。一位发言人表示，公司正在"探索将 Mesh for Teams 功能引入 SharePoint Spaces 的机会"。

在这个元宇宙虚拟世界中，微软表示，人们可以"在任何设备上通过个人虚拟存在进行交流、协作和共享"。公司将能够在 Teams 中构建自己的"沉浸式空间——元宇宙"。除了聊天、电子邮件、视频通话和面对面的会议之外，虚拟世界将成为员工协作的另一种方式。

微软声称的目标是"为端到端解决方案提供动力"，意指从客户端到云服务端的全程服务方案，鼓励所有企业"立即开始开发自己的元宇宙应用"。微软相信，Azure 数字孪生和 Azure 物联网只是微软大量元宇宙技术堆栈的一角。决策层正在制定一项战略，从 Azure Maps 和 Power Platform，到 Azure Synapse Analytics 和 Azure AI 以及自治系统，都可以帮助客户在创建和使用他们自己的企业元宇宙方面发挥作用。

⊖ 该社交平台已于 2023 年年初关闭。

企业元宇宙能做什么

自 2017 年出现以来，企业区块链已经走过了漫长的道路。企业区块链最初是以作为一种建立在需要经过批准（授权或同意）的私有网络上的技术开始的，主要用于管理供应链。当区块链非常成熟时，公司开始使用以太坊等无须许可的公共网络开展业务，企业区块链也正在"升级"为企业元宇宙。

时间快进到 2021 年，大量企业应用了"去中心化概念"，在元宇宙中创建更高效的工作流程。去中心化预言机构链接实验室（Chainlink Labs）业务负责人威廉·赫克拉思（William Herkelrath）告诉媒体："虽然企业元宇宙很难定义，但可以预见，它是从去中心化金融中自然成长起来的'生态系统的集合'。"

"企业越发需要与外部世界互动，因此即使是'被迫'，也需要在元宇宙中拥有生态系统。例如，消费者希望在单一平台之外使用相同的'客户忠诚度'（统一客户积分）计划，因此他们更有可能选择那些可确保奖励积分可以在不同生态系统中使用的品牌。元宇宙应当允许将数据、实物资产、商业和金融资产，设置在各自集中式环境之外的一个共用生态层。"

虽然企业元宇宙这个概念听起来还有强烈的未来感，但许多使用过区块链的企业都开始接受元宇宙。2021 年年底，欧洲区块链年度大会的虚拟会议上，一个题为"构建企业多元宇宙"的话题引发了与会者极大的关注。

英国电信公司沃达丰（Vodafone）的区块链负责人大卫·帕尔默（David Palmer）在会议中提到，元宇宙不仅仅是一个可以通过游戏或社交媒体网络进行数字体验的虚拟世界，元宇宙现在正被应用于由区块链技术支持的金融概念，例如中央银行数字货币、不可替代通证和去中心化金融。

帕尔默特别指出，"当前，元宇宙所缺少的是一种将虚拟交易转移到现实世界的对接层"。他相信，"手机可以将这两个世界连接在一起，充当中间件"。他进一步说，沃达丰业务正在利用区块链来创建可在元宇宙和现实生活中应用的"跨域"数字身份："数字身份将超越数字世界和物理世界。例如，数字钱包将包含银行账户、抵押信息、代币、NFT 等。但去中心化身份——不同用户身份的互操作性，也可以访问这些凭证，允许个人参与到元宇宙虚拟世界和现实的物理世界中来。"帕尔默表示，沃达丰正致力于在移动设备中构建数字钱包以托管虚拟"元身份"。

Greyscale 最近在题为《元宇宙：Web 3.0 虚拟云经济》的报告中[⊖]，也提到了元宇宙中的"自我主权身份"（self-sovereignty ID）概念。该报告将"自我主权身份"描述为"互联网原生社会的声誉通证（创造者通证）"，并指出来自其他平台的数据也将可能会迁移到元宇宙，并用于身份确认或信用评分。

西班牙电信（Telefonica）的全球战略和转型负责人加西亚（Angel Garcia）表示赞同："元宇宙数字供应链，可以帮助提高电信公司的效率。"根据加西亚的说法，西班牙电信采取了创建区块链网络的方法，以准备在元宇宙生态中使用。他补充说："公司目前正在收集信息，以改进'端到端流程'服务。下一步是使这些业务流程自动化，并且成为以个人用户为中心的结构布局。"

深度数字技术公司 Rise X 的联合创始人芬恩（Rowan Fenn）表示希望为建立数字自治组织的公司提供企业级解决方案，他还提到企业可以通过数字自治组织来管理、运营和控制模拟业务流程："这些组织将能够在元宇宙中实时交互和交易。这也将允许数字自治组织在模拟化的世界中协同工作。"

芬恩阐述说，"在元宇宙生态系统中拥有数字孪生的公司，将能够提供更多更好的商品和服务，同时使用更少的环境或原材料资源"。他相信，"这种商业模式，将使世界从有限经济转向无限经济"。

虽然企业仍处于探索在元宇宙中应用业务模型的早期阶段，但一些大型的信息基础行业已经在利用这些机会。例如，链接实验室的研究就提到保险业已利用区块链网络展示了一种新型元宇宙商业模式。

具体来说，保险业主已通过虚拟生态系统向全球农民提供了数十万份保险合同。建立在区块链网络之上的智能合约以及链接实验室提供的去中心化预测算法，将使解决保险业透明度的问题成为可能。此外，这简化了整个保险流程，使被剥夺统一权利的客户可以在全球范围内使用保险福利。"这之所以成为可能，是因为有一个由企业组成的元宇宙，其中的数据经过更广泛的网络验证。在元宇宙中发生的事实表明，企业对消费者的交易可以变得更便宜，并且世界上任何人都可以自由访问。"链接实验室负责人 Herkelrath 解释说。

德国著名化学和消费品公司 Henkel 的负责人鲁道夫·基哈诺（Rodolfo Quijano）在会议中提到，目前元宇宙广泛采用面临的最大挑战是，要了解元宇宙可以为

⊖ 本报告更多信息，可参见本书"元经济"一章的相关内容。

企业提供的价值："技术不是问题，但需要更多的时间让人们了解区块链的作用以及如何与老式企业资源规划系统进行比较。就在元宇宙中应用区块链而言，寻找传播者可能是一个巨大的挑战。"

帕尔默补充说，企业元宇宙的环境可扩展性，也将是一个重大问题，同时要让多数公司了解如何参与这项新技术："对电信公司来说，要考虑的最大一点是，如何在元宇宙中将人们连接在一起。每个人都将拥有双重身份，一种是虚拟的，一种是物理的，所以问题是，我们是否拥有连接方面的足够带宽。"

此外，帕尔默还认为，当涉及元宇宙商业模式时，很多公司会质疑区块链所扮演的角色。他认为该技术对于企业元宇宙至关重要。"区块链是多元宇宙环境中的信任层和交换层。这是一个巨大的机会，但与此同时，对企业来说，转型也将是一个巨大挑战。"

微软首席执行官萨提亚·纳德拉近期也多次表示，他希望微软公司建立一个"企业元宇宙"。

元宇宙早期拓荒者、"元宇宙世界领袖 30 人"凯茜·哈克尔（Cathy Hackl）近期对媒体说："现在的情况就像 21 世纪初的许多人认为他们永远不需要社交媒体一样。因此 21 世纪 20 年代的元宇宙基础设施建设者们，需要开始建立元宇宙团队。这将帮助多数企业进入 Web 3.0 时代。"

那么，元宇宙会通过哪些方式影响企业的未来业务呢？让我们看一些例子。

元宇宙为企业带来的机会

- 赞助活动和音乐会：《堡垒之夜》曾举办过一场由说唱艺术家特拉维斯·斯科特（Travis Scott）进行的大型表演，英国乐队 Massive Attack 也在《我的世界》（Minecraft）举办过音乐节，并成为劲爆的头条新闻。随着越来越多的活动和音乐会在元宇宙中举办，企业将大量参与为自己带来潜在盈利的赞助机会。

- 纯数字产品：在数字世界中存在开发产品的巨大机会。人们在现实世界中拥有的几乎所有东西，都可能成为他们想在元宇宙里购买的东西，从很酷的衣服到房屋、汽车，以及人们现在甚至无法想象的其他东西。

- 远程工作：工作也将越来越多地进入元宇宙，从共同工作空间到会议，再到模拟和培训。Meta 公司的地平线（Horizon）工作室平台，正在尝试采用与 Zoom 会议系统合作，并为员工提供在虚拟现实空间中在线协作的新方式。

- 游戏化：游戏长期以来一直是元宇宙概念的支柱。读者可以查看市场上那些最好的 VR 游戏，相信可以为你的公司找到灵感。笔者在此特别强调一点，游戏化就是创造新的商业空间。

- 流程制造：全球最大的啤酒制造商 Anheuser-Busch InBev 正在使用元宇宙应用程序来显著改善其运营。他们使用 Azure 数字孪生技术为啤酒厂和供应链创建了一个完整的数字孪生模型，该模型与物理环境实时同步，使酿酒师能够调整酿造过程并进行质量控制。

专注构建虚拟世界市场和技术的 DMarket 公司创始人兼 CEO 弗拉德·潘琴科（Vlad Panchenko）表示，随着虚拟经济重要性的增加，元宇宙将包含多种跨界可能性。

潘琴科说："许多企业凭直觉或有意识地转向元宇宙，这正在创造一个新的全球经济，不仅有望超越当前经济，更可能多次、数倍地超越当前经济。除了加入元宇宙，你别无选择，否则你将无法作为一家公司生存。这和当年英特尔董事长安迪·格鲁夫对互联网的预言完全类似——或者成为网络公司，或者公司消失！"

在这个新的元空间环境中，元宇宙将为企业创造巨大的机会——不仅可以为它们的客户创造令人惊叹的体验，还可以改善它们的业务流程，从而保持竞争优势。

理解客户：设计元宇宙企业的创新角色

大量管理学教科书都告诉你，"理解客户是一切管理的出发点！"某种程度上，元宇宙企业正是企业元宇宙的客户。那么，要从哪里开始"理解客户"呢？既然"人才是一切事业的成功关键"，不妨从理解一家元宇宙企业都需要设置哪些人才角色开始吧，这或许是一个不错的切入口。那么这些人才角色靠谁来设计呢？这就不得不先抛出"新设计"理念了。

元宇宙企业的基础设施是数字化技术，而元宇宙企业的外观呈现则需要大量设计元素的加持。因为元宇宙商业是高度沉浸式的体验商业，需要所谓的"新设计"理念。

以前田约翰[一]等人为代表的一大批"新设计"理念倡导者已站上舞台，提出了设计需要跨学科的思考和合作的理念，倡导设计和科技的结合，"新设计"不再仅仅指产品的外观设计，而是扩展到了更多层面。

- 用户体验设计：以用户为中心，通过对用户需求的深入理解和设计，创造出用户满意度更高的产品和服务。
- 服务设计：将服务作为一种产品进行设计，考虑用户在使用服务时的全过程，并从中发现潜在的问题和机会，以提升用户体验和服务质量。
- 品牌设计：将品牌视为企业的核心资产之一，通过品牌设计来建立企业的品牌形象、品牌声誉，提升品牌的影响力和市场地位。
- 组织架构设计：通过重新设计组织架构、业务流程和人员分工等，提升企业的效率和灵活性，从而更好地适应市场变化和客户需求。

著名设计公司 IDEO[二]的负责人汤姆·凯利（Tom Kelley）在撰写《创新的10 个面孔》时，确定了公司团队中设计角色的关键性，这提高了产品设计的创造力。从设计 Apple 的第一款鼠标到 Palm 的第一台掌上设备，IDEO 从不怯于从 0 到 1 的创造。凯利写道："我们中的大多数人在工作角色中至少拥有创新的10 个面孔之一，但很少有人能够驾驭所有的关键角色。"为什么？因为设计需要专家经验和知识深度。

然而，在硅谷 25 年的职业生涯中，多娜·美林（Donna Merrill）[三]被要求在担任特定角色的同时吸收多种工作以实现"深度智慧"，她在苹果和思科公司任职期间以及在担任 Tech-Know Media 普通合伙人期间（互联网开始受关注的年

⊖　前田约翰（John Maeda），著名设计师、计算机科学家，在其《设计的未来：创新与跨学科设计》（2008）一文中，提出了设计需要跨学科的思考和合作，倡导设计和科技的结合，创造创新和变革。他更著名的《简单法则》一书则提出了十条简单法则，适用于几乎所有领域。

⊜　1991 年大卫·凯利（David Kelley）设计公司和 ID Two 合并成为 IDEO 公司。大卫·凯利曾于 1982 年为苹果公司设计出第一只鼠标，而 ID Two 于同年设计了全世界第一台笔记本电脑。那台笔记本电脑现陈列于纽约现代艺术博物馆。

⊜　多娜·美林（Donna Merrill），硅谷知名管理者、元宇宙分析师和投资人。

代）尤其如此。在与笔者的交流中，美林从一位顶级设计人的视角，介绍了将公司带入虚拟世界的 10 个创新角色我们看到了这些创新角色在元宇宙时代的融合特点——除了了解元宇宙企业的岗位角色，这也能帮助我们同步了解元宇宙企业的功能和目标（见图 5-3）。

图 5-3　元宇宙工作团队

资料来源：Donna Merrill。

- 人类学家（The Anthropologist）：知道要解决什么问题，并且以可解决的方式重构问题。凭借在社会科学和心理学方面的优势，人类学家可以是一名用户体验研究员，也可以是心理学、语言学或人类学的传统专家。元宇宙今天更需要的是一种"知情的直觉"，因为我们正在开拓新的领域、市场，甚至是元宇宙价值货币化的方式。

- 实验者（The Experimenter）：在你的元宇宙团队中，这可能是工程师或机器学习及算法开发人员，也可能是用户体验研究人员，甚至是 Web 设计师。在元宇宙设计咨询服务中，实验者需要处理大量可以快速设计的原型，目的是展示一个概念或创意，而这些概念或创意往往非常超前。所有角色都有责任为企业愿景做出贡献，无论是现在还是未来。

- 异花授粉者（The Cross Pollinator）：异花授粉者是天生的创新者，将新旧或完全新颖的想法结合在一起。就像一位发明天使，本质上是一群拥有翅膀的人类。这个角色就像魔术师，他们不仅"组合"了概念，而且从"重新利用概念"中创造出"全新的事物"。就像发明打字机的人一样，这个概念其实来自音乐键盘。希望你的元宇宙创新团队中出现这个人，在这个"AI 算法就是一切"的世界中，此人将为交互式广告、元宇宙品牌代表以及基于跨界销售和游击营销技术的收入模型，整合出新的道路。

- 跨栏者（The Hurdler）：这个角色会让你度过元宇宙设计中最艰难的时期。这一角色将致力于弄清楚你如何在虚拟空间中占据主导地位，因为没有人可以全部拥有元宇宙。此外，还有关于如何遍历元宇宙，以及你需要哪些设备来生成人们所追求的体验、社交网络、冒险、内容等问题。另外，需要有人与微软、Meta 或其他高科技公司对接，以便让这些公司拥有你的"头像 ID 验证系统"，只有这样才可以在元宇宙上以持久且易于访问的方式使用你自己的化身、角色，传输你的个人数据。

- 协调者（The Collaborator）：每个元宇宙设计团队都需要一个合作协调者。这一角色将努力促使整个企业文化充满协作氛围，因为元宇宙企业将打造有史以来最多样化的员工队伍和职业生态。

- 导演（The Director）：元宇宙体验不同于"点击式"的用户体验，故事、空间，甚至时间本身都在元宇宙中持续流动。因此，拥有导演角色，有助于你的团队围绕你的品牌构建故事，并设计各种体验营销，将你的品牌置于团队在元宇宙上所做的一切事情的中心位置。

- 体验架构师（The Experience Architect）：元宇宙首先是体验性的，它不像走路、说话、移动、跑步、跳跃，甚至在网上逛来逛去那样的简单浏览。你需要这个角色来帮助你为用户构建最好的在线体验，他们可能会使用不同的设备和技术来连接、参与移动虚拟在线空间（可以是非沉浸式、半沉浸式或完全沉浸式的用户体验），所有这些都在一天中的任何时间在全球范围内同时发生。

- 布景设计师（The Set Designer）：这个角色对于设计元宇宙中的形状、对象、化身/人物、地点、事物非常有用。在 Meta 公司，布景设计师创建了地平线（Horizon）平台的 3D 模型，该模型有助于为地平线工作室的发展形成一个有形、可感知的场景。一些虚拟游戏甚至已经提供了编码引擎和玩家工具，玩家可以利用它们，在最喜欢的角色扮演环境中设计出"整个世界"。

- 看护人（Caregiver）：苹果公司的工作经验，让美林了解到了看护人角色的意义。团队成员总会生病，偶尔需要"精神恢复日或假期"。同样，大多数情况下，截止日期将以不可预测的方式影响整个元宇宙。看护人可以帮助促进对公司中每个团队的同情、理解和日常关怀——通过"高接触"和"特殊服务"，以奖励、激发和关心员工的形式，使其获得高昂士气。并且在元宇宙中，我们有机会重新定义"社交"——它意味着从人类对话到人类兴趣的多样性集合甚至意味着通过在整个世界中分享善意来培养你的办公空间、"城镇"，甚至你的"国家"。看护人其实推广了一种"家庭"概念，"最爱的家庭"将聚拢你最喜欢的人、空间和事物，以持久的方式随时随地陪伴你在元宇宙中畅游。

- 说书人（The Storyteller）：讲述商业故事在推广品牌时非常有用，而且越来越必要。今天的元宇宙说书人，必须让内容更有趣、更引人入胜，并要鼓励大量元宇宙居民乐于探索。没有更多的宣传册，也不再只是简单地通过超链接网页或投放横幅广告，而是在元宇宙的所有活动中演绎故事的力量……从互动广告到营销内容，再到产品设计互动、品牌推广，使其具有多感官、多功能的呈现，并且善用各种知识产权（IP）或者品牌体验。这关乎你将如何在元宇宙海洋中脱颖而出。

数字孪生：企业元宇宙的基础和引擎

大量相关研究表明，数字孪生正在成为企业元宇宙的基础。企业可以利用数字孪生技术，为今天企业数字化升级提供重大价值，同时为明天的企业元宇宙构建引擎。

未来几十年内，组织将会发生翻天覆地的变化。可以设想一个物理环境和数字环境之间界限模糊但连接的世界：企业内部和相关的每种资产、流程或人员都将被虚拟复制并相互连接。因此，几乎所有方面的工作都可以完全通过数字方式进行，或者至少可以先于物理方式进行。同步地，通过增强现实和虚拟现实实现的沉浸式体验，员工将通过设备的 3D 数字复制品从工作软件中获得真实世界的产品设计经验和培训。

大规模模拟和人工智能技术将利用来自企业内外部的数据流，帮助高管极其精确地预测接下来会发生什么，并在变动中制定最佳行动方案。

这就是企业元宇宙——一个数字化的、完全浸入式的、可以复制的环境，并连接组织的各个方面，以优化经验和决策制定。

想象一下未来的企业元宇宙：

- 从原材料到交付，整个供应链都有一个数字化版本，能够实时复制。
- 与供应商信息相连接，可以提前发现供应商在关键零部件生产方面出现的问题，为旗舰产品提供早期警报。管理人员可以收到现有库存缓冲区、备选供应商和零部件的实时报告，并可以模拟他们的供应商转换计划，选择风险最小的公司。
- 选择新的供应商来源后，采购订单流程会自动启动。研发部门将收到其3D复制品，并自动模拟其对客户和现有流程的影响。
- 接下来，虚拟工厂会模拟任何由此产生的生产中断，并向领导者提供建议，以确保在转换期间通过优化工作人员和运输时间表来保持生产质量的高水平。
- 虚拟零售店会向商店经理主动发送建议，更新商店产品布局和组合，以填补货架上的任何临时空缺，并培训员工，使他们能够回答客户提出的有关产品更改的任何问题。
- 最终，商品缺货时间从几个月缩短到几天，财务成本接近零，员工经历的中断最小化，客户满意度提高。

列举几个最新的企业数字孪生的例子[一]：

- 新西兰航海队（Emirates Team New Zealand）

  一个真实模拟了环境、船只和船员的数字孪生，使该队可以在不实际建造船只的情况下测试船只设计。数字孪生使这支赢得了"美洲杯"的航海队可以评估数千种水翼设计（远超传统评估时的数百种），以寻求

[一] Joshan Abraham，"Digital Twins: The Foundation of the Enterprise Metaverse," *McKinsey Digital*, October, 2022.

最大获胜概率的设计。

- ABI 酒业公司（Anheuser-Busch InBev）

一个酿造和供应链方面的数字孪生，使酿酒师可以根据实际情况进行调整（例如"向 3 号搅拌器添加更多啤酒花"），并可以在出现生产瓶颈时自动调节（例如发酵缸已满时）。还为公司的生产工程师提供了远程协助和增强现实功能，用于实时排除泵漏和其他常见问题。

- 加州索菲体育场（SoFi Stadium）

为优化体育场的管理和运营而构建的一个数字孪生，整合了多个数据源，包括体育场结构和实时人流量数据等信息。

- 美国太空部队（US Space Force）

这支美国武装部队正在创建一个关于太空科技和太空部队的数字孪生，其中包括外太空星体和卫星（美国的和外国的）的复制品，作为其成为数字先锋组织的探索承诺的一部分。

- 太空探索公司（SpaceX）

拥有一个名为"龙飞船"的数字孪生，它使操作人员能够监测和调整轨迹，负载和推进火箭系统。其目标是在运输过程中使可靠性和安全性最大化。

具体措施中，企业元宇宙将由数个或数十个相互连接的数字孪生提供动力，这些数字孪生复制了从实物资产（如产品和办公楼）到人的一切核心业务流程，并实现物理交互。数字孪生可以优化资本支出，调节使用模式，识别故障点，并根据独特的网络洞察自动启动数字干预。

企业可以先从一个以数据产品为核心的数字孪生开始，随着时间的推移不断发展，以提供越来越强大的预测能力。然后，企业可以继续互连多个数字孪生，以解锁更多应用。最后，再将连接后的数字孪生网络转换为企业元宇宙所需的各种技术，进行叠加。

显然，元宇宙是互联网的下一个迭代浪潮，因此大量企业明白，**企业元宇宙最可能成为消费者与企业互动的首选数字空间**。着眼于未来的企业，必须跟踪和监控不断变化的消费者行为趋势和技术趋势，开启企业元宇宙的探索。

HTC 眼中的"元宇宙 678 模式"

HTC 成立于 1997 年，近年聚焦虚拟现实（VR）、增强现实（AR）和扩展现实（XR）技术的开发和推广，成为全球元宇宙生态的重要企业。其产品线和解决方案为消费端和企业端提供了更丰富的虚拟现实和增强现实体验。

HTC 的 VR 设备包括 Vive Pro、Vive Focus 以及 Vive Cosmos 等产品。其中，Vive Pro 是一款专业级的 VR 头戴式显示器，支持高端游戏和企业应用，Vive Focus 是一款移动 VR 头戴式显示器，可为用户提供无线自由的虚拟现实体验，Vive Cosmos 则是一款面向消费者的 VR 头戴式显示器，具有更先进的控制器和更好的图形处理能力。此外，HTC 还开发了 Viveport Infinity，这是一款订阅服务，为用户提供数百个 VR 游戏和应用程序。该公司还在不断推进 AR 和 XR 技术的研发和推广，并推出了一些具有实际应用价值的产品和解决方案。

在 2021 年 10 月 19 日的"VR 产业链交流云峰会"上，HTC 中国区总裁汪丛青发表了名为"通往未来元宇宙之路"的演讲。他指出，无论是消费元宇宙还是企业元宇宙，元宇宙都可以归纳为"6 个标准、7 个层级、8 个机遇"。

● 元宇宙的 6 个生态标准

① 全球只有一个元宇宙，而不是每个企业、每座城市，或每个国家分别开发出元宇宙。

② 没有任何一个人、一个企业，能够拥有全部元宇宙。

③ 元宇宙能够让所有人进入、参与、互动，不轻易抵触所有人。

④ 所有机器设备都可以连接元宇宙，可连接的硬件配置、机器设备，不会受到品牌的限定，一般也不会受到设备类型的限定。如果手机及 PC 等设备连接了元宇宙，尽管无法产生沉浸式互动体验，也能让用户进到元宇宙之中。

⑤ 用户在元宇宙中是有成就感的，接触过的物品会出现印痕，可以成为元宇宙的环境要素。

⑥ 元宇宙是移动互联网的下一代，将以更丰富、三维化的虚拟现实技术被广泛地感受和应用。

● 元宇宙的 7 个结构层级

元宇宙的搭建拥有充足的技术性和逻辑性。汪丛青表明，"元宇宙的 7 个层级，每一层都做得扎扎实实才可以有真正的元宇宙"。

① 基础架构层。包含 5G、WiFi6、6G、云等网络基础设施，以及 SoC、MEMS、CPUs、GPU、数据存储器等测算、解决和认知模块。

② 互动技术层。包含手机、VR/AR 眼镜、智能穿戴设备、脑机接口等互动机器设备，及其触感、反馈、手势、响声、脑电波等交互技术。

③ 区块链软件层。如支付系统、边缘解决系统、AI 代理商、微服务架构、统一 ID、区块链技术等系统软件，它们将支撑起"元宇宙"的一切正常运行。

④ 空间测算层。必须是三维空间模块。当然也可以是多个任务并行处理的交流方式，及自然地理的室内空间地形图等。

⑤ 开发环境层。必须实现室内空间及物件扫描仪等设计工具，包括实现 NFT 生成、数据商业获取等开发工具。

⑥ 内容检索层。包含查找、广告宣传、网络连接、社交媒体等，是可以获得内容检索的层级。

⑦ 用户感受层。包含文化教育、协作、手机游戏、电子竞技、购物等用户应用。

● 元宇宙的 8 个产业机遇

"在元宇宙中，会产出新的物件、新的服务项目、新的工资方式、新的商务接待方式、新的消费方式。"汪丛青说。具体来说，元宇宙的 8 个产业机遇为：

① 数据共享的机器设备。

② 充电电池和分布式储能。

③ 高速传输的云服务器网络。

④ 更完善的 3D 检索系统。

⑤ 通用的开发工具和写作工具。

⑥ 常用的真实身份 IP 和支付工具。

⑦ 个人隐私保护。

⑧ 因全球政府参与和资金投入所带来的宏观产业利好。

"通往元宇宙的路较长，有很多要实现的工作，并不是一件容易的事。但这条道路真真正正一直走下去，大家会感受到更美好的世界，这也是虚拟现实技术为大家带来的机遇，"汪丛青接着说，"无论技术架构和商业模式如何演进，对每位普通用户来说，可以真实体验到的元宇宙的最大特征是——我们正在进入平行的宇宙。"

第三节　数字孪生与平行世界

"数字孪生"的极好类比就是：物理世界向数字世界传送（机器可理解的）"数据"，而数字世界向现实世界传送（人类可理解的）"信息"（见图 5-4）。

——迈克尔·格里夫斯

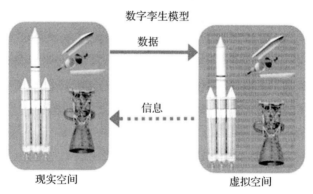

图 5-4　数字孪生"双向连接"现实世界与数字世界

随着我们的资产和系统变得越来越复杂，开发、管理和维护它们的方式也需要发展。我们需要更高效的工具，来满足由数字及软件驱动的新现实，主要方式是进入数字孪生，这是"镜像"进入实物资产的技术飞跃。数字孪生让我们一瞥正在发生的事情或可能发生的事情，以及现在和未来的有形和无形资产；同时，数字孪生也造就了一种全新的元商业模式：一个物理与数字叠加的平行世界。

IBM 为数字孪生下的定义如图 5-5 所示。简单说，数字孪生意味着创建一个高度复杂的虚拟模型，它是物理事物的精确对应物（孪生）。这里的"事物"可以是汽车、建筑物、桥梁或喷气发动机。通过物理资产上的传感器可收集映射到虚拟模型的数据。任何对数字孪生的查看，都可以看到相关物理事物在现实世界中表现的关键信息。

何为数字孪生？

数字孪生是一个对象或系统的虚拟表示，跨越其生命周期，从实时数据中更新，并使用模拟、机器学习和算法推理来帮助决策。

图 5-5　IBM 为数字孪生下的定义

资料来源：IBM 网站。

数字孪生：了解现在，预测未来

数字孪生是一个重要的工具，帮助工程师和操作人员不仅了解产品是如何被操作的，也了解在将来的什么时间被操作。分析来自传感器的数据，结合其他信息，人们就能够做出相关预测。有了这些信息，组织可以更快地了解情况，可以打破产品创新和价值创造的传统界限。

数字孪生帮助制造商和工程师完成的工作有[⊖]：

- 实时可视化真实用户使用的产品
- 构建数字线程，连接不同的系统并促进可追溯性
- 通过预测分析，完善假设条件
- 远距离地排除设备故障
- 管理系统之间的复杂性和连接

让我们看一个数字孪生的例子。工程师的工作是设计和测试产品，无论是汽车、喷气发动机、隧道，还是家居用品，都要考虑到产品的整个生命周期。换言之，他们需要确保他们正在设计的产品适合其用途，能够应对磨损，并且能够很好地适应将要使用的环境。

⊖　本节关于数字孪生的技术介绍综合编译自 IBM 公司网站相关公开信息。

以汽车数字孪生为例。例如，测试汽车制动系统的工程师运用计算机模拟系统在各种实际场景中的表现，这种方法比建造多辆实体汽车进行测试要快得多，成本也低得多。

这就是数字孪生和物联网的用武之地。数字孪生使用来自传感器的数据描述资产（产品）在整个生命周期中的状态，从测试阶段一直到现实世界中的使用阶段。同时，借助物联网数据，可以衡量资产性能的特定指标，例如温度和湿度。然后，通过将这些数据整合到虚拟模型或数字孪生中，工程师可以从车辆本身的实时反馈中全面了解汽车的性能。因此，使用数字孪生意味着更有效的研发、更高的效率和更全面的产品报废方法。

但仍然存在一些困难。首先，计算机模拟仅限于当前现实世界中已有的事件和环境，无法预测汽车将如何应对未来的情景和不断变化的环境。其次，现代的制动系统已不仅仅是机械和电气器件，它们还由数百万行代码组成。

但总体而言，数字孪生使企业能够以前所未有的方式了解其产品的性能，可以帮助识别潜在故障，远程排除故障，并最终提高客户满意度。还有助于产品差异化，提高产品质量和增加附加服务。

另外，如果你可以看到客户在购买产品后如何使用产品，你就可以获得更丰富的产品售后信息。这意味着你可以根据反馈来的数据消除不需要的产品、功能或组件，从而节省时间和金钱。

数字孪生还有其他优势。其中一个主要便利就是为工程师和操作人员提供了遥远的物理资产的详细、复杂的可视图。有了数字孪生，工程师和资产就不需要在同一个场所，甚至不需要在同一个国家。

想象一下西雅图的一位机械工程师正在使用数字孪生对位于纽约机场机库中的喷气发动机进行诊断，或者工程师在瑞士就可以看到整条可视化的英吉利海峡隧道。成千上万的传感器从数十个维度提供便利，如图像、声音、振动、高度、方向等，这意味着工程师可以"配对"来自世界几乎任何地方的物理事物，也意味着前所未有的清晰度、准确性和对可视化的控制。

IBM 在数字孪生技术方面做了大量工作，开发的各类应用程序已在不同行业中获得长足发展。比如，将增强现实（AR）技术引入资产管理。IBM Maximo 实验室为客户"开启"了许多视觉和语音功能，能够查看资产并实时访问关键数据。用户可以使用带有语音和视频功能的 AR 头盔，并将自己的见解反馈给其他人。这使得元界"交互"成为工作的下一个演变方向。

数字孪生的未来

数字孪生已经可以通过了解客户不断变化的偏好，定制体验，帮助组织在数字化创新中保持领先地位。这意味着企业可以更快、更高质量地交付产品，从组件到代码。然而，数字孪生未来还可以走得更远。

认知计算的使用，提高了数字孪生的能力。例如，自然语言处理（NLP）、机器学习、对象/视觉识别、声学分析和信号处理等技术的发展，都与认知计算密不可分。使用认知计算来改进数字孪生的测试，可以确定应该更频繁地运行哪些产品测试，还可以帮助决定哪些设备应该"退休"。有了认知计算加持的数字孪生，可以让我们超越人类的直觉来设计和完善未来的机器，不再有"一刀切式"的设计或生产模式。相反，数字机器是单独定制的，这是因为数字孪生不仅与我们正在构建的内容有关，还与为谁构建有关。

目前已存在各种类型的数字孪生，它们之间的最大区别在于所应用的领域。在特定系统或流程中，共存不同类型的数字孪生是很常见的。让我们通过数字孪生的类型来了解其差异及应用方式。

按照规模从小到大的顺序，依次为：

- 组件/零件孪生：组件孪生是数字孪生的基本单元，是功能组件的最小示例。零件孪生大致相同，但属于重要性稍低的组件。
- 资产孪生：当两个或多个组件一起工作时，它们就形成了所谓的资产。资产孪生让你可以研究这些组件的交互，创建大量可以处理的性能数据，然后转化为可操作的流程。
- 系统或单元孪生：资产孪生的更高一级，它使你能够看到不同的资产是如何结合在一起形成一个完整的功能系统的。系统孪生提供有关资产交互的可见性，并能增强性能。
- 过程孪生：过程孪生已经放大到了宏观水平，揭示了系统如何协同工作以创建整个生产的完整设施。这些系统是否全部同步，且以最高效率运行，或者一个系统的延迟是否会影响其他系统？过程孪生可以帮助制定影响整体效率的精确计时方案。

数字孪生技术的历史

数字孪生技术的想法于 1991 年首次被提出，是在 David Gelernter 教授出版的《镜像世界》（*Mirror Worlds*）一书中。2002 年，当时在密歇根大学任教的迈克尔·格里夫斯博士首次将数字孪生的概念应用于制造业，并正式提出了"数字孪生软件"概念，因而被广泛赞誉为"数字孪生之父"。后来，美国航空航天局（NASA）的约翰·维克斯（John Vickers）在 2010 年首次在工程领域引入了"数字孪生"。

然而，使用数字孪生作为研究物理对象的手段的核心思想，实际上可以追溯到更早。事实上，NASA 在 20 世纪 60 年代的太空探索任务中就率先使用了数字孪生技术，当时每艘航天器都被精确复制出一个地面版本，供 NASA 的工作人员对离开地球的航行机组进行研究和模拟。

数字孪生已被广泛用于多个领域，以下行业的应用最为常见：

（1）能源

大型发动机（包括喷气发动机、机动车发动机和发电涡轮机）从数字孪生的使用中受益匪浅，特别是有助于建立定期维护的时间表。

（2）建筑结构及其系统

大型建筑或海上钻井平台等大型物理结构可以通过数字孪生进行改进，尤其是在设计过程中，设计在这些结构内运行的系统时也非常有用。

（3）制造业

由于数字孪生旨在反映产品的整个生命周期，因此数字孪生在制造的所有阶段无处不在，指导产品从设计到成品的所有步骤也就不足为奇了。

（4）医疗

正如产品可以通过使用数字孪生来描述一样，接受医疗保健服务的患者也可因此受益。传感器可以生成数据系统，用于跟踪各种健康指标并生成关键医疗意见。

（5）汽车行业

汽车代表了多种复杂的协同功能系统，数字孪生广泛用于汽车设计，既可以提高车辆性能，又可以提高生产效率。

（6）城市规划

土木工程师和其他参与城市规划活动的人，通过使用数字孪生得到了极大的便利，它可以实时显示 3D 和 4D 空间数据，并将增强现实系统整合到整体建筑环境中。

数字孪生连接两个平行世界

——专访"数字孪生之父"迈克尔·格里夫斯

迈克尔·格里夫斯教授，管理学博士、工程学博士，佛罗里达理工学院先进制造首席科学家，运营执行副总裁，他帮助成立了工学院的先进制造和创新设计中心。格里夫斯教授以"产品生命周期管理专家"和"数字孪生"概念的创始人而闻名。他专注于虚拟产品开发、工程和制造，主要是增材制造和运营维护。

格里夫斯教授是公认的产品生命周期管理（PLM）世界专家，并在全球范围内讲授工程、制造和 PLM 课程。在行业和学术会议上发表过许多出版物和文章，并为许多领先的国际制造商和政府组织提供咨询，如 NASA。格里夫斯教授一直是普渡大学 PLM 卓越中心的联合主任，并担任普渡大学技术学院客座教授。他还在亚利桑那大学商学院信息管理系担任行业研究总监和信息总监，还是奥克兰大学商学院委员会的名誉主席。他拥有为美国、中国和欧洲的大学高年级本科和研究生任教的经历。

格里夫斯教授是交互前沿公司（Interactive Frontiers）的创始人兼董事长，该公司是高尔夫和运动领域的教学软件全球领导者。

格里夫斯教授在计算机和数据方面拥有超过 30 年经验。曾在财富 1000 强公司任职，创立并上市了一家市值 1 亿美元的系统整合公司，随后担任其审计和薪酬委员会主席。他还拥有丰富的董事会经验，包括中国和日本上市公司的董事会任职经验。

以下是访谈内容。

价值中国：请介绍一下，2003 年您是在何种背景下提出"数字孪生"的概念和方法的？

格里夫斯教授：数字孪生可以追溯到更久以前。我很幸运能够在 20 世纪 60 年代，也就是我高中时就开始学习编程，这在今天没什么大不了的，但当时很不寻常。到 20 岁时，我成为一名大型计算机系统的操作系统程序员。

一位水力公用事业的销售人员找到了我，他想知道他们的生产管线在哪里。

我想到我们可以做一个虚拟的生产管线地图，可以在上面标明位置，但这样就有大约 105 万字节的主内存需要处理，当时这是不可能完成的任务。我在 20 世纪 70 年代初也参与了第一台超级计算机早期操作系统的部分开发工作，即便如此，我拥有的能力仍远远不够。但我想说，如果我们可以用数字形式来获得关于物理世界的信息，我们就可以做一些非常有趣的事情。

本质上，我所有想法的核心前提都是：信息是对资源耗费的一种权衡对冲。我的意思是说，对于任何任务，我们都可以将其分为两个问题：一是，可以最有效利用的资源是什么？ 二是，在我们的物理世界中，如何让所做的事情更有效率？

在 20 世纪 90 年代，我开始在一家大型电脑公司工作，但我认为花大量时间在条例和账目上没有乐趣，所以我回大学拿了博士学位，这样，我就可以花时间思考什么是信息，信息有什么价值，以及我可以用它做些什么。因此当我在 2000 年获得博士学位时，我了解了当时通用汽车公司的产品周期管理理念——在整个产品生命周期中，一个基本前提是：从以功能为中心的视角转变为以产品为中心的视角。我认为这是非常好的创意。

那时，我已经在脑海中创建了数字孪生的模型。我一直认为可以有物理世界和虚拟世界“两个世界”之间的连接。从物理世界中获取数据，然后将这些数据处理成信息之后，再从虚拟世界发送回来，以便在物理世界中使用，我研究了整个过程。那时我还没有什么名气。2002 年我在制造工程学会做了第一次演讲。之后，我在 2006 年左右开始为 NASA 提供咨询，并在那里引入了这个想法，有一位同事叫约翰·维克斯，他与我一起工作了几十年，实际上他创造了“数字孪生”这个词汇。

在我的第一本书中，我称它为“信息镜像”模型，名字来自“可以在虚拟世界中镜像物理世界”的想法。然后在我们的一个共同项目中，维克斯想出了一个更好的名字，叫作“数字孪生”。大约 2010 年时，NASA 在路线图中写下了这个新名词。但还为时过早，因为在 2015 年仍然无法获得所需的数据和算力。

更早之前，在《经济学人》有过一篇文章，讲到了这种从产品生命周期管理角度使用数据和信息的想法。我认为早在 20 世纪 70 年代初，就有人认为可以通过虚拟世界探索未知的物理世界。我们可以用计算机虚拟地代表世界，但直到当今，我们真正拥有了全面的计算机化和数字化。对你简短的问题，这是一个很长的答案，但是能够提出这个模型，然后被如此广泛地采用是一种有趣的旅程吧。

价值中国：数字孪生理论来自"以功能为中心"向"以产品为中心"的视角转变，涉及产品生命周期的所有阶段。请您谈谈数字孪生理论的主要演进阶段。

格里夫斯教授：为什么数字孪生是产品生命周期管理的潜在承诺呢？这个想法是过时了还是超前了？我们一直在关注这些问题。

我们拥有不同的功能领域，工程、设计、制造、销售等，它们都有自己的信息和信息的迭代周期。结果发现，它们其实都是高度碎片化的。制造商面临的一个常见问题是，工程师设计出他们认为很棒的产品，但是制造人员不知道如何使工程师设计的产品成为现实，所以产品研发就总是被阻碍。

事实上，数字孪生的第一次引入是关于"微笑服务"的售后承诺。当时猜想，如果我能够不必在物理世界上接近产品就获得有关产品的信息，那我就可以将产品服务做得更好。例如，我们在世界各地都有直升机，当需要更换其中特定的燃油泵时，必须派一名机械师到每架直升机那里，打开它，找出那些需要更换的燃油泵才能进行更换。而如果我拥有所有这些直升机的数字孪生模型，就可以通过它知道哪些直升机需要更换泵，直接派机械师去更换目标直升机中的泵就可以了。研究表明，搜索所有设备与精准获取信息再来执行此操作，两种不同方式的成本存在几何量级的差异，前者成本大约是后者成本的 1000 倍。

所以，即使只是最简单的例子，在使用信息来替代资源耗费方面，也存在巨大的差异（优势），这就是数字孪生的真正价值所在。如果我们可以将主体研发工作从物理世界转移到虚拟世界，就可以节省大量时间。自古以来，我们一直被困在物理世界中，现在，我们有机会将知识工作转移到虚拟世界中！正如我所说，权衡信息，是为了不浪费资源。

价值中国：请简要介绍一下您的数字孪生模型框架。

格里夫斯教授：这个框架是由我和 NASA 的约翰共同完成的。我们做这个模型的目的是把产品生命周期的所有相关人员都包括在设计中（见图 5-6）。然后，我可以通过各个模块来快速迭代我的设计。

我举个工程设计的例子。当制造部门希望参与进来时，会要求查看工程设计，然后判断是否可行，再决定是否支持。所以产品质量的前提不单是设计得有多好，还要看它会否以用户期望的方式被执行，这才是重点。我希望做出永远不会失败的产品，希望能够在实际问题发生之前发现问题并修复它们，这种做法看起来像软件开发中采用的 Scrum 模型[⊖]，但我认为我们可以做得更好。

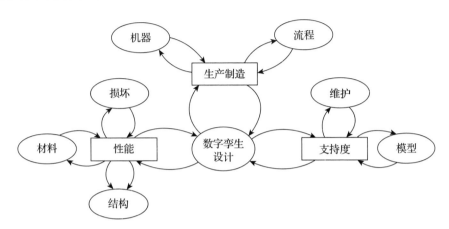

图 5-6　第一个数字孪生模型框架

我在 NASA 的同事约翰第一次在《经济学人》的文章中提到了"虚拟制造"这个概念。而我本人真正喜欢做的就是虚拟设计产品，虚拟测试产品，虚拟制造产品，虚拟支持产品。只有当我们（虚拟地）做到了，我才会想去找昂贵的现实材料来实际地制造产品。

因此，对数字孪生来说，理想的情况是，能够借用虚拟世界来承担你通常在物理世界中的所有错误，这些错误的代价往往非常昂贵，轻易负担不起。而如果犯了一个数字错误，虚拟世界不会让我付出任何代价。例如，假如我要使用裂缝碰撞测试汽车我们只能负担一定次数的实体汽车碰撞测试，因为这是非常昂贵的测试，但我可以用很少的成本对虚拟车辆进行一整天的碰撞测试。

很多时候，产品制造商看重的问题成了我思考问题的出发点。我可以做更多的虚拟测试，并按照他们的步伐运行这些产品。这样我不仅可以创造更好的产品，而且可以制造它们，然后为用户工作。这一切都是高效的。

价值中国：物联网在从物理世界收集数据方面发挥着重要作用，数字孪生

⊖　Scrum 是橄榄球运动专业术语，表示"争球"的动作。传统软件开发多采用"瀑布模型"，要求前后工序严格遵守时间顺序，而 Scrum 开发模型引入了并行、抢行的开发步骤和方法，提高了整体效率。

既是数据的存储库，也是将数据置于情境中的环境。因此有研究称，"数字孪生简化了物联网。"您是否赞同这种论点？这背后的底层思维是什么？

格里夫斯教授： 可以分两部分考量。其一，在拥有实体产品之前，我想在虚拟世界中尽可能多地做一些事情。如果我没有实体产品，通过建模和模拟，能够进行产品测试，这就让我在现实世界中的判断趋向正确。其二，一旦我有了实体产品，关键之一就是我需要从现实世界中收集数据，因为我不确定它将如何工作。

当我第一次开发时，产品反馈信息的能力并不是很好，因为那时没有相应的智能仪器可以向我发送产品在物理世界实际运行的全部信息。我花了很多时间来思考，在物理世界中我需要什么样的数据、可以在什么样的信息上发挥作用，以便能够感知物理世界正在做什么，然后将其输入我的虚拟世界。但今天的数字孪生确实可以将所有信息整合在一起，并提供一个虚拟表达，将数据流和整个产品整合为一个整体，得出关于整个系统的结论。

价值中国： 数字孪生是减少复杂系统中不可预测的、不良的紧急行为的绝妙方法，在埃森哲《2021 年技术愿景报告》中，基于数字孪生的"镜像世界"被命名为"五个最关键技术趋势"之一："它将让企业在无风险的数字环境中自由探索新想法，并提出无限的假设问题。"请您谈谈数字孪生的三大优势。

格里夫斯教授： 首先，在 2006 年，我将其称为"信息镜像模型"，这是数字孪生模型的其中一半。我一直认为这是一种与现实世界的连接，我完全不反对使用镜子来描述它。我认为数字孪生的三大优势是：第一，能够生成信息、替代物理资源。再次回到我开发产品时的例子，相比物理世界，我更希望能够在虚拟世界中犯错误，因为它比用物理材料要快得多，而且便宜得多。

举个例子，建造一座核电站，你真的负担不起建造核能试验工厂的费用，太高昂了。假如你犯了错误，你几乎不可能进行更改和修复。如果能在虚拟空间中试验，它会使核电站建设更加可行。甚至，有些行业如果不使用数字孪生助力，就会因为无法负担研发或生产成本而消失。

第二，拥有多重基础空间的能力，可以在其中模拟物理世界做事。回到核电站的例子，我提到一个事实，即虚拟空间可以有多个小虚拟空间。在现实空间，我们常常被困在一个空间中，而我们可以建造不同的数字孪生核电站，并将它们放在不同的虚拟空间中做试验。我们可以针对其性能极限进行不同的试验，而且不需要付出任何代价。在物理世界中，我们不需要切尔诺贝利，不需要三英里岛，只要一个个或失败或成功的模拟，它们没有让我们付出任何实际代价。

第三，虽然我并不认为"人们拍科幻电影是为了拥有一台时间机器"，但数字孪生却真的做到了，使我们不受今天时钟的每一次滴答声的限制。如果我想看看未来是否会发生什么事情，我必须等待时钟滴答作响，以确定是否发生了。如果没有发生，我就浪费了所有的时间。而有了数字孪生，我可以实时地向前或向后移动"时间"，假设我的物理世界是正确的，就能够找出过去发生的事情或者预测未来。

我认为会发生的事，我称之为"前端运行模拟"。那就是将来每个系统都会在其中运行，模拟每次零时刻会发生的事情。这些模拟将会继续运行，从产品中获取实际信息。通常的经验是，一个新模型，有 50% 的概率会在 1 小时内失败，有 80% 的概率会在 4 小时内出现故障，有 100% 的概率会在 8 小时内出现故障。

我预测，到 2030 年，我们会在芯片上完成 550 亿次转换，这将需要巨大的计算能力。这些转换的计算数字大约是 7 万亿次。而这三大优势避免了物理资源的浪费，如果拥有多个虚拟空间而不是一个现实空间，我就拥有了一台"时光机器"。这是数字孪生带来的三个最重要的价值。

价值中国：经过近 20 年的实践和观察，您能否重新总结一下数字孪生的主要优势？同时，在当今技术发展水平下，数字孪生面临的主要挑战是什么？

格里夫斯教授：我是领先于我的时代的（笑声）。计算机功能花了一段时间才实现了我在 21 世纪初提出的建议，现在，我们开始看到一些非凡的能力和模拟。当我在 21 世纪初与汽车公司合作时，需要一台超级计算机来进行碰撞测试。今天，如果你有一台真正装备精良的笔记本电脑，基本上就可以把这些事情搞定。

我希望继续挑战下去，我们的工作仍然相当分散，还需要在基本前提下找到结合在一起的解决方案。我们不一定需要确定的标准，但我们需要信心，让我们所做的模型和模拟能够反映现实世界中实际发生的情况。因此，深入研究物理学并能够建模和模拟是关键，我认为我们在这方面做得很好。然后，能够集成多个领域的功能，这很重要。

另外，我认为一个大的挑战将是文化问题。我们生活在物理世界中，很多人认为相信虚拟世界的想法是有问题的，尤其是在虚拟测试领域。物理测试让测试人员的观念根深蒂固，要他们接受虚拟测试是有很大障碍的。因此，在技术进步的过程中，满意度是个大问题。我们必须克服文化问题才能真正采用其中的一些观念。

而且，**在许多组织中，信息就是权力。因此对某些人来说，共享信息将是困难的**。所以必须确保我们不要成为孤岛组织。一些人正在囤积信息，因为这是他们权力的来源。这也是一个文化问题。我认为文化挑战比技术挑战更大。

价值中国："元宇宙"被定义为虚拟世界和现实世界的全面连接。与物联网和 AR、VR 一样，数字孪生也是元宇宙最重要的基础技术。您如何预测元宇宙近期的发展趋势？请您描述一下数字孪生在元宇宙中的三个战略角色。

格里夫斯教授：数字孪生涵盖了元宇宙的一些重要内容。我确实读过《雪崩》。元宇宙实际上做的事情，是构建想要的任何东西，并可以更改参数。但实际能力是我们必须反映物理世界，必须有我们的物理学，否则，这只是一种幻想。比如，我可以在虚拟世界中设计飞毯，但我永远无法在物理世界中建造出来。所以我们不得不担心这样一个事实，即人们对虚拟世界如此着迷，以至于他们忘记了实际上还必须在某个时间点去现实中建造这个东西。

因此，两个世界之间的联系，比简单地拥有一个可以做任何事情的虚拟世界，要困难得多。我们需要且必须反映我们的物理世界。我认为虚拟现实将成为产品开发的关键。

我有一个例子，不久前我知道一架飞机正在开发中，并且设计工作已经完成。他们把它放在一个风洞里，并让维修人员看着它，之后准备放在航空母舰上，这是一个虚拟的情景。但是之后人们发现，无法将软管入口连接到飞机上的对应位置。因为过去他们会建造一架真飞机，因此会在飞机上有个真实入口。想出一种新方法为飞机加油或改装也将是一个非常大的课题。所以，能够拥有虚拟世界，连接到物理世界，并能够使用虚拟现实来测试假设，我认为是关键。这是最重要的第一件事。

第二件事是，我认为物理世界和虚拟世界是不同的世界。但现实是，我们要用增强现实来覆盖虚拟世界和物理世界。例如查看虚拟的动力涡轮机，可以查看涡轮机叶片旋转的速度、液体的流量、涡轮机的热量图等，这将是获得更多数据的绝佳机会，而不必真的关闭涡轮机去检查它。前者就是用信息模拟取代了可能浪费的资源。

第三件事是基于正在发生的事情我们将拥有大量的计算能力，以及在虚拟世界中运行模拟的能力。目前来说，零时模型将让我们能够进行选择，并判断所选的选项会否成功。所以这个前端运行模拟的想法，是每次为零时刻运行一个可以预测未来的想法。可以改变计算能力的参数并运行多个版本，再次回到多个计算空间，运行多个版本，然后保证最大的成功概率。

我们的核心假设是，虚拟世界反映了现实世界中实际发生的事情。"当我运行虚拟模拟时，如果我在物理世界中也进行模拟，它会得到相同的结果。这是一个非常重要的流程创新。"

同时，我们都越来越能够理解正在发生的事情，比如增材制造，这是我们能够真正取代现有制造技术（指减材制造）的唯一方法。增材制造将是未来非常有前景的制造工艺技术。

第四节 元问题：自治组织与平行宇宙

去中心化自治组织（Decentralized Autonomous Organization，简称DAO）的大行其道，验证了德鲁克的名言：**文化将战略当成早餐吃掉！**

其实，商业的元问题有三个：领导力问题、商业模式问题和商业组织问题。其他问题都是这三个元问题的子问题。

本章前文我们已较多探讨了"元宇宙的商业模式"，而关于领导力问题，笔者认为，元宇宙企业与其他类型企业没有太大区别。因此在本节，我们重点研究元宇宙商业组织的发展趋势，即如果"结构决定行为"，那么企业的组织问题，肯定是能决定企业行为的"元问题"。

元宇宙的一大特征是催生了"去中心化"的世界。"宇宙没有中心"，通过类比"平行宇宙"的诞生，不难发现，"去中心化自治组织"最可能的方向，就是推动了"平行商业世界"的出现。

平行宇宙与多元宇宙

平行宇宙存在吗？我们是否只是生活在众多泡泡宇宙中的一个（见图5-7）？

现在有一些科学理论支持平行宇宙的想法，虽然多元宇宙理论仍是科学界最具争议的理论之一。我们的宇宙大到无法想象？数千亿甚至数万亿个星系在宇宙中旋转，每个星系都包含数十亿或数万亿颗恒星，一些研究人员推测，宇宙的直径可能有70亿光年，还有一些人认为它可能是无限的。

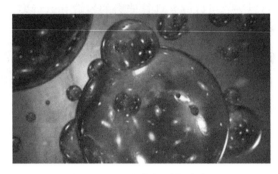

图 5-7 "泡泡中的平行宇宙"

资料来源：开源图库 PIXABAY。

但这就是真相吗？科幻小说喜欢平行宇宙的想法："我们可能只是生活在无数可能生活中的一个。"但"多元宇宙"并不是为《星际迷航》《蜘蛛侠》和《神秘博士》准备的。真正的科学探索，是非常严肃地在探索平行宇宙、时空的接近或远离等前沿问题。多元宇宙和平行世界经常在其他主要科学概念（如大爆炸理论、弦理论和量子力学）的背景下引发广泛争论。

大爆炸理论和平行宇宙[⊖]

大约 137 亿年前，我们所知道的一切都是一个无穷小的奇点。根据大爆炸理论，它突然开始行动，在所有方向的膨胀速度都比光速更快，持续时间极短，在 10^{-32} 秒过去之前，宇宙在称为"宇宙膨胀"的过程中，向外爆炸至其原始大小的 10^{26} 倍。随着膨胀放缓，大量物质和辐射出现，形成了经典的大爆炸火球，并开始形成原子、分子、恒星和星系，这些原子、分子、恒星和星系遍布宇宙的广阔空间。

暴胀和大爆炸的神秘过程，让一些研究者相信多个宇宙是可能的。根据塔夫茨大学的理论物理学家亚历山大·维伦金（Alexander Vilenkin）的说法，膨

⊖ 加来道雄.平行宇宙：新版 [M] 伍义生，包新周，译.重庆：重庆出版社，2014.

胀并未同时在所有地方结束。虽然 138 亿年前的那次大爆炸所形成的活动我们
可以从地球上探测到的一切都结束了，但事实上宇宙膨胀仍在其他地方继续。
这就是所谓的"永恒膨胀"。

2011 年，维伦金为《科学美国人》撰文，称当暴胀在特定地点结束时，就
会形成一个新的泡沫宇宙。那些气泡宇宙无法相互联系，因为它们会无限期地
继续膨胀。气泡的边缘可能会与另一个气泡宇宙相撞，但我们永远无法到达它，
因为边缘正在以比光速更快的速度远离我们，飞逝而去。

有限的宇宙？无限的宇宙？大量研究者通过量子力学"创造"出了"平行
宇宙"，这是有关亚原子粒子的数学描述。在量子力学中，微小粒子的多种存在
状态可能同时共存，"波函数"囊括了所有这些可能性。然而，当实际观察发生
时，观察者只能观察到其中一种可能性。根据《斯坦福哲学百科全书》对量子
力学的哥本哈根学派解释，是我们观察到波函数"坍缩"为单一现实时的结果。

但多元世界理论提出，每次观察到一个状态或结果时，都会有另一个"世
界"，在其中，不同的量子结果成为现实。这是一个分支安排，在这个安排中，
我们感知的宇宙瞬间又分支成近乎无限的选择。那些交替的宇宙是完全分离的，
无法相交，所以可能有无数个版本的"你"，过着与你在这个世界上略有不同或
大相径庭的生活，但你永远不会知道。

物理学家肖恩·卡罗尔（Sean Carroll）在《隐藏的宇宙》中写道，**多元世
界理论是对量子力学困境最"勇敢"的看法，尽管并非没有理论缺陷。**

所以，你的一生可能会在宇宙的其他地方重演，至少在理论上，可以具体
到你昨天早餐吃了什么。但是，量子力学的一个谜一般的结论是："事实的结果
取决于观察。"如天体物理学家伊桑·西格尔（Ethan Siegel）2015 年的文章所
言："如果宇宙开始于一个有限点，几乎所有物理学家都同意它确实如此，那么
你的另一个版本可能不存在。"根据西格尔的说法，"任何宇宙中粒子相互作用
的可能结果的数量趋于无穷大，但是，这对你的意义是什么？"西格尔写道：
"这意味着要让这个宇宙计数取决于你。"

另一些研究人员认为，在大爆炸时间线的另一边，时间向后延伸，曾经存
在一个宇宙，它是我们自己的精确镜像。如图 5-8 所示是威尔金森微波各向异
性探测器（WMAP）展示的宇宙历史的插图，该探测器花了九年时间创建了宇

宙微波背景的全天空图。WMAP 研究了大爆炸后大约 375 000 年恒星和星系形成之前释放的光。

图 5-8　镜像的宇宙

资料来源：NASA WMAP 科学团队。

在相对较新的多元宇宙理论"万神殿"中，滑铁卢大学周界理论物理研究所的研究提出，"我们不是说爆炸前存在不同宇宙，而是说爆炸前的宇宙某种意义上是爆炸后宇宙的图像。"周界理论物理研究所研究员尼尔·图罗克这样说。

这意味着一切事物包括质子、电子，甚至像敲鸡蛋这样的动作都将被逆转。反质子和带正电的电子会构成原子，而破裂的鸡蛋会还原并回到鸡体内。最终，那个宇宙会不断坍缩，大概会缩小到一个奇点，然后再扩展到我们自己的宇宙中。从另一个角度来看，这两个宇宙都是在大爆炸时创造的，并在时间上同时向后和向前爆炸。

哲学家的多元宇宙：决定论的，还是自由意志的？

上面的宇宙物理学理论已经让你迷失了吧？别急，还有一个大的战场——量子理论也让物理学家与哲学家相互攻击。

无论量子理论多么成功，在实验上所根据的基本假定，在过去 80 年间一直遭到哲学界的强烈反对。特别是哥本哈根学派的第二个假定，因为它问，"是谁决定了我们的命运"，这甚至引起了宗教界的愤怒。自始至终，哲学家、神学家和科学家都对未来着迷，是不是有一种办法能知道我们的命运。但他们却演化出截然相反的理论去探索这一问题。物理学家支持"决定论"。决定论（又称拉普拉斯信条），是一种认为自然界和人类社会普遍存在客观规律和因果联系的理论，与非决定论相对。决定论认为，人的一切活动，都是先前某种原因和几种原因导致的结果，人的行为是可以根据先前的条件、经历来预测的。

牛顿和爱因斯坦都相信"决定论"概念，认为"所有将来的事件在原则上必须能够确定"。对牛顿来说，宇宙是一个在创世之初由"上帝"上紧了发条的巨大钟表。按照他的运动三定律，从那时起，宇宙就以可预计的精确方式滴答滴答地走个不停。法国数学家、拿破仑的科学顾问拉普拉斯（Pierre Simon Laplace）写道："人们可以利用牛顿定律像观察过去一样精确地预测将来。"如果知道了宇宙中所有粒子的位置和速度，"没有任何事情是不确定的，将来就好像过去一样呈现在我们的眼前。"当拉普拉斯将他的杰作《天体力学》赠送给拿破仑时，这位法国皇帝说："你写了这部有关天空的巨著，却一次都没有提到'上帝'。"拉普拉斯回答说："先生，我不需要这个假设。"

对牛顿和爱因斯坦来说，自由意志即"我们是自己命运的主人"的说法实际是一个幻象。爱因斯坦最清楚地表达了他的态度："我是决定论者，自由意志并不存在，因为如果我想生活在文明社会，我必须负责任地行事。我知道在哲学上，一个杀人犯不对他的罪行负责，但我不会情愿和他一起喝茶……我的经历是由我无法控制的种种力量所决定的。亨利·福特（Henry Ford）可能将它叫作他内心的声音，苏格拉底（Socrates）将它叫作他的精灵，每个人都能以他自己的方式解释人类不是自由的这一事实……一切事情都是被我们无法控制的力决定的……对昆虫以及恒星来说都是如此。人类、蔬菜或宇宙尘埃都在随神秘的时间跳舞，一位远距离的、看不见的演员在为我们吟咏。"

但是对接受或然性观念的物理学家来说，到目前为止最有争议的假定是（哥本哈根学派的）第三个假定，它使几代物理学家和哲学家感到头疼。或然性观念认为，"观察"的概念是一个不精确、不清楚的概念。此外它依赖于实际上有两种类型的物理学这一事实：一种作用于奇异的亚原子世界，在这个世界中电子似乎可以同时在两个不同的地方出现；另一种作用于我们生活在其中的宏观世界，这个世界服从一般承认的牛顿定律。玻尔论证，有一堵看不见的"墙"，将原子世界与我们日常的、熟悉的宏观世界隔开。原子世界服从奇异的量子理论规则，而我们生活在此墙之外的、定义明确的行星和恒星的世界中，在这个世界中波已经消失（坍塌）[⊖]。

物理学家不时会轻蔑地看待哲学家，引用罗曼·西塞罗（Roman Cicero）的话："没有什么事情比哲学家说的话更荒谬了。"爱因斯坦也批判哲学家："所有哲学家写的东西都是蜂蜜吗？这些东西初看上去好像很美妙，但是再看一次就什么都没有了，留下的只是废话。"

物理学家们也杜撰了一位大学校长讲的虚构故事——这位校长愤怒地看着物理系、数学系和哲学系的预算。他暗自说："为什么你们物理学家总是要买这么昂贵的设备？而数学系什么都不要，只要一些纸和笔，还有废纸筐。哲学系就更好了，它甚至连废纸筐也不要。"

然而，哲学家可能笑到最后。量子理论是不完善的，而且还不得不依赖不可靠的哲学基础。有关量子理论的论战，也不停地迫使人们重新考察哲学家，如伯克利主教（Bishop Berkeley）的思想。这位 18 世纪的大主教声称：物体因为人们看到它才存在。这是一种叫作唯我论或唯心论的哲学：如果一棵树在森林中倒下，但是没有人看到它倒下，它就没有真正倒下。

无论多么不情愿，现在量子理论还得这样解释"森林中倒下的树"：在进行观察之前，你不知道它是不是倒下的。事实上，这棵树可以同时存在于所有可能的状态：也许它被烧掉、倒下、被劈成了柴、被锯成了锯末等。一旦进行了观察，这棵树才突然呈现一种"确定状态"，例如，我们看见它倒下了。

物理学家费曼从哲学上比较了相对论和量子理论的困难性，他曾说："有一段时间报纸说，只有 12 个人懂得相对论。我不相信曾经有过这样的时候……但是我相信我可以有把握地说没有人懂得量子力学。"他写道："从常识的观点看，量子力学对自然的描述是荒谬可笑的，但是它与实验完全吻合。因此我希望你能够接受自然是荒谬的，因为它确实是荒谬的。"这让很多虔诚的物理学家产生一种不安的情绪，好像他们是在流沙之上创建整个世界。

在传统科学中，观察者尽可能使自己与世界脱离开。但是现在我们看到，在量子世界中，不可能将观察者与观察对象分开。笔者曾提出过自己的悖论哲学："我们能够看见悖论，是因为我们就是悖论的一部分。"著名量子物理学家

⊖ 亚历克斯·维连金. 多元宇宙是什么 [M]. 骆相宜，陈昊远，译. 北京：中信出版社，2020.

普朗克（Max Planck）也曾说过："科学不能解答自然的最终秘密，因为归根到底我们自己也是我们要解答的秘密的一部分。"

平行创业家的故事

班森诺夫（Kirill Bensonoff）的故事

班森诺夫是 Unigma 和 ComputerSupport.com 等创业公司的创始人兼 CEO。他的多家创业公司的成功实践，被《公司》《企业家》等重要商业媒体树为范例，广泛报道。

让一家初创公司起步已经够有挑战性了，支撑它活下去可能更加困难。许多初创公司，包括班森诺夫自己的一些公司，都是从经营副业开始的。为了成为掌握两种以上业务的成功的"平行企业家"，班森诺夫总结了以下五个要点。

1. 从项目经理开始

平行经营多家公司，会让你保持高度警觉。为了成功，你需要成为时间管理大师。以下是对平行创业有帮助的几件事。

1）平衡你的时间：管理你的电子邮件可能会耗费大量时间。为了防止这种情况，班森诺夫每天关闭 Outlook 几个小时。这使他能够专注于完成更多的工作。

2）保持收件箱清洁：班森诺夫喜欢让电子邮件收件箱尽可能地空着。收到电子邮件后，他要么回复，要么采取行动，要么将其删除，这样以后就不必重新阅读相同的电子邮件了。

3）密切关注优先级：每天早上，班森诺夫都会决定要解决的最重要的业务问题是什么，是招聘、销售还是生产？基于此，他计划他的一天并优先处理最重要的项目。

2. 寻找你的集成商

在商业中，你经常会发现两种类型的领导者：一种是有远见的人，另一种是整合者。有远见的人是预见未来和管理业务方向的专家，而整合者则掌握方向并使事情发生。有很多很好的例子，说明有远见的人和整合者的结合能够共同创造奇迹。

有时，你需要找到合适的合作伙伴来完成工作。如果你是一个有远见的人，你会想找到一个整合者来帮助你实现你的梦想。就班森诺夫而言，他与 Computer-Support.com 的 CEO Alex Ho 建立了良好的合作关系。后者帮助他建立团队、组织项目以及构建和交付产品。

3. 永远在学习

不断学习如何在你所做的每一件事上更有效。班森诺夫留出时间（每天和每周）进行学习。参加大规模开放在线课程（MOOC）、观看视频等，这样可以帮助他跟上新技术的步伐。他坚信互联网能够以更低的成本实现更好、更快的学习。他还尽可能参加聚会或当地活动，每年参加几次行业会议。

4. 保持敏捷

班森诺夫在创建的公司中使用了敏捷方法。他们为远程团队练习办公室会议的每日站立会议和视频站立会议。Slack、HipChat 或其他 IM 工具也有助于快速沟通。当他们开发产品时，总是从 MVP（最小可行产品）开始并获得客户反馈。如果客户决定使用它，他们再开发完整的功能。这可以适用于构建软件、服务或大多数其他事务。

5. 不要放弃

失败不是一种选择。不成功只是意味着你已经接近成功但还没完全在那里而已，再试一次你会变得更好，学习，再学习。早在 2010 年，Computer-Support.com 有段时间失去了最大的客户（可能占当时收入的 15%）。班森诺夫以为这就要结束了，但是他们最终没有放弃。他们在失去这个大客户之后重新组合，使用上述要点改进了服务和产品，并在第二年增长了 50% 以上的业务，且没有实施任何裁员。

班森诺夫坚信一个人可以成功经营两家（有时更多）公司，看看埃隆·马斯克、多尔西（Jack Dorsey，推特创始人）或理查德·布兰森（Richard Branson，维珍集团创始人）。但他说出了一个秘诀：在你创办另一家公司之前，请确保至少让一家公司取得成功。

全息马斯克：平行与连接的"全宇宙生态"

谈及当前世界最成功的"平行企业家"精英，埃隆·马斯克肯定是"不二"人选！

有感于大多数人都只知道马斯克是特斯拉和 SpaceX 的 CEO，而看不到他的其他公司是如何将公众不太熟悉却无比重要的事情"连接"在一起的，马丁·霍洛夫斯基（Martin Holovsky）[⊖]写下了关于马斯克的故事。

1. 特斯拉的使命

特斯拉的使命是加速世界向可持续能源的过渡，特斯拉相信世界越快停止对化石燃料的依赖并朝着零排放的未来迈进越好。最终目标是通过将太阳能屋顶瓦片中的太阳能储存在电池中来减少碳排放，消除对化石燃料和化石燃料发电厂的依赖。储存的能量可用于为我们的家庭、汽车和其他车辆供电，而无须依赖公共电网（见图 5-9）。

图 5-9　特斯拉汽车通过能量墙充电（从太阳能屋顶收集电力）

资料来源：特斯拉网站。

下一重要任务是开发完全自动驾驶的汽车，这样交通出行会更安全、更快捷，并且当驾驶人不需要使用特斯拉时，特斯拉可以充当自动驾驶出租车，提供租车服务，这可能是特斯拉车主的另一种收入形式。因为无论如何，车主的车 95% 的时间可能都是闲置的。

———————

⊖　《马斯克的可视化公司生态》已由原作者授权编译使用，更多作者博文见 medium.com/@ holovsky。马丁·霍洛夫斯基，网络安全架构师，对创新技术、生物大脑、黑客、超人类主义、赛博朋克、区块链和深度学习进行长期研究。数百篇网络安全文章的作者。

特斯拉的拓展链：

太阳 => 太阳能电池板 => 电池 => 为家庭 / 电动汽车供电 => 低排放、不依赖化石燃料，更安全、更快捷的运输 => 支持自动驾驶出租车服务

2. 无聊公司的使命

要解决棘手的交通问题，道路必须是 3D 的，这意味着要么需要飞行汽车，要么需要隧道。与飞行汽车不同，隧道是防风雨的，在地面上不可见，也不会掉到你的头上。多层大型隧道网络将有助于缓解城市的拥堵。无论城市发展到多大，总能增加更多道路层级。

无聊公司与特斯拉携手合作，最终想法是不仅拥有完全自动驾驶的汽车，而且要减少街道上的交通拥堵，通过隧道更快地运输。但让人类在隧道内以 240 公里的时速行驶可能会有风险，因此只有全自动驾驶的汽车才能进入。

或者，汽车将驶入"汽车滑板"，该滑板将在隧道内运送车辆（见图 5-10）。你可能会在许多科幻电影中见过这类东西，但如果没有这家公司，我们只会继续做梦。此外，超级高铁运输系统中的乘客或可以 760 英里/ 小时的速度行驶（见图 5-11）！

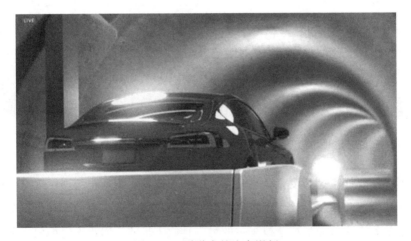

图 5-10 隧道中的汽车滑板

资料来源：无聊公司网站。

⊖ 760 英里 = 1200 公里。

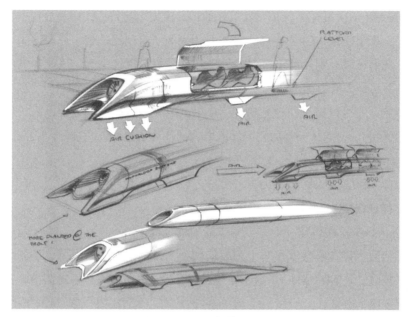

图 5-11　超级高铁概念图

资料来源：无聊公司网站。

无聊公司的拓展链：

地下隧道 => 车辆和公共交通系统 => 高速、短途行程 => 将交通从街道上移开

3. OpenAI 的使命

OpenAI 的使命是确保通用人工智能（AGI）——我们的意思是高度自治的系统，在最具经济价值的工作上胜过人类，最终造福全人类。"我们将尝试直接构建安全和有益的 AGI，但如果我们的工作能帮助其他人实现这一结果，我们也会认为我们的使命已经完成。"[一]

建立类似人类的自治系统可能吗？尽管目前答案未知，但 AGI 在任何智力任务中都将优于人类，它可以为全人类带来许多好处，并解决我们迄今为止无法解决的问题，例如：气候变化、大规模冲突、收入差距、贫困、腐败、深度伪造、流行病威胁等一系列生命、宇宙的终极问题。

[一] 摘自 OpenAI.com。

OpenAI 的大目标不仅是开发最好的神经模型，与其他团队和公司共享他们的研究，还要确保 AGI 不会将人类本身识别为所有问题的根本原因并采取消除行动。我们还没有到达那里，但我们现在就需要考虑这一点，以便我们可以做好准备并尽最大努力确保 AGI 将成为"友好的 AI"，因为 AGI 不会受到生物进化的限制，它可以持续快速地进化。OpenAI 分析显示，2012 年以来，将神经网络训练到 ImageNet 分类的相同性能所需的计算量每 16 个月减少 1/2。

OpenAI 的拓展链：

AI => 深度学习创新 => AGI => "友好的 AI" => 解决所有人类关键问题

4. 神经连接（Neuralink）的使命

Neuralink 正在构建一个完全集成的脑机接口（BMI）系统。BMI 是使计算机或其他数字设备能够直接与大脑通信的技术，例如瘫痪的人可以控制电脑鼠标或恢复触觉（见图 5-12）。这个系统的通信通道（电极）至少比当前临床批准的设备多两个数量级。

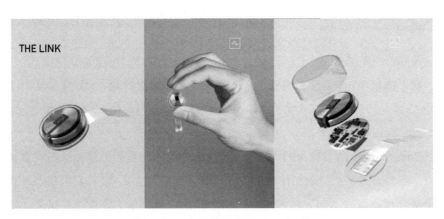

图 5-12 神经植入物"The Link"

资料来源：neuralink.com。

Neuralink 是通向超人类主义（Transhumanism）的桥梁。超人类主义是一种哲学运动，提倡通过开发和制造可极大改变或增强人类智力和生理机能的广泛可用的复杂技术，来改变人类状况。主要目标是创建一个脑机界面，以帮助患有脑部疾病或发生过事故的人（见图 5-13），并使用相同的机制来增强大脑机能并与人工智能共生，适合链接到 OpenAI。

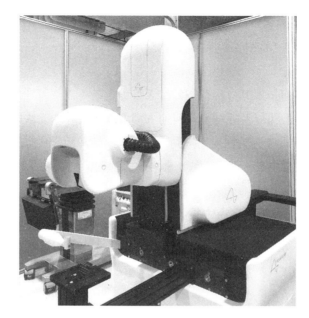

图 5-13   用于外科医疗植入的"The Link"缝纫机

资料来源：neuralink.com。

尝试想象一下未来的各种可能性：不用任何鼠标或键盘即可与计算机交互，可以立即访问所有以电子形式提供的信息（Wikipedia、Medium.com 等），并将计算密集型操作下载到你的计算机、云或个人 AI。

Neuralink 未来如何拓展应用？如前所述，它最适合 OpenAI。通过与计算机的直接通信以及未来与 AGI 的通信，最终它将帮助患有脑部疾病或事故后的人以及全人类。

5. 星链（Starlink）的使命

Starlink 正在开发一种低延迟宽带互联网系统，数千颗发射在低地球轨道上的小型卫星将提供地球上任何地方的宽带互联网接入，以低延迟提供 100 Mbps 或更高的互联网速度，满足全球消费者的需求。首批试点用户已经接收到天线和其他设备来连接和测试网络，目前为止，能够实现 150+ Mbps 的下载速度和约 25 Mbps 的上传速度。凭借远超传统卫星互联网的性能以及不受地面基础设施限制的全球网络，Starlink 系统将为访问不可靠、昂贵或没有互联网的地方提供高速宽带互联网。

你可能在夜晚看到过 Starlink 卫星。第一代卫星是肉眼可见的。新一代 Starlink-1130 卫星（DarkSat）具有实验涂层，可减少光反射，遮阳板可阻挡卫星部分反射的阳光。

星链未来如何拓展其应用范围？今天哪种设备不需要互联网连接？任何设备、车辆，所有公司以及地球上任何地方都可以使用全球互联网访问。SpaceX 甚至与微软合作，将卫星直接连接到 Azure 云网络和数据中心，这是一个"完整"的云计算数据中心，装在半挂车大小的盒子里，可以被停在任何地方。

6. SpaceX 的使命

"你想在早上醒来时认为未来会很美好——这就是航天文明的全部意义所在。相信未来，未来会比过去更好。我想不出有什么比走出去，置身于群星之中更令人兴奋的事情了。"

——埃隆·马斯克

SpaceX 的最终目标是移民火星，这是使人类成为跨星际物种的第一步，之后星际物种甚至能够在我们的行星系统之外旅行。最近的外星宜居带在半人马座，比邻星 b 很可能是我们的下一个目的地。比邻星 b 距离地球 4.2 光年，而第二近的系外行星 Luyten b 则距离 12.36 光年。

这显然是极具挑战的任务！有许多困难需要先行克服。降低成本是一项重要的工作，每个国家的太空计划和太空运输成本都是巨大的。SpaceX 通过可重复使用的发射系统（见图 5-14），部分实现了这一目标。它减少了大量的资金和资源，只因为它有效地完成了所有事情。每一个变化（流程、技术、材料……）都需要多年的艰苦工作。

SpaceX 未来如何拓展？整个生态中的一切都适合 SpaceX！特斯拉、无聊公司、星链、OpenAI 和 Neuralink 都是为了解决当前的重大关键问题：或许，我们可能有机会生存到成为星际物种的那一刻。所有这些公司都在发挥关键作用，为了帮助我们、保护我们，并为我们争取更多时间。

问题是在那一刻之前很多事情都可能发生，比如一颗小行星撞击地球、严重的流行病威胁、核/生物/网络战争、恶劣的气候变化、贫困、不友好的通用 AI……

图 5-14　SpaceX 火箭发射

资料来源：SpaceX 网站。

　　最后，马丁用期待已久的可视化生态图谱（见图 5-15），为马斯克做了个小结：马斯克已将旗下所有公司，遵循"新能源 – 新智能 – 新人类 – 新文明"的超强宏观逻辑，紧密地"连接"在了一起！

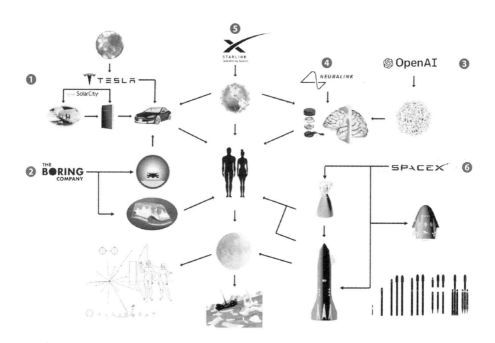

图 5-15　马斯克企业生态视图

资料来源：Martin Holovsky。

马斯克有一句为公众所熟知的口头禅："你认为我疯了吗？"马丁认为，他确实是一个疯狂的创新者，但"这是一个很大的赞美"，因为"多亏了他，我们在科幻电影中看到的一切，将真的发生"。

笔者在本节大篇幅介绍马斯克的整体商业生态，另有两大理由。

第一，外部压力。元宇宙仍处早期阶段，但是当疫情这类极端事件来临之时，虚拟现实世界就变得非常真实。在元宇宙起步的时间窗口，相信马斯克过往成就的精彩的生态布局和创业节奏，能够给我们深刻的启发。

第二，先锋力量。19 世纪思想家爱默生曾说："没有历史，只有传记。"笔者也乐于断言："没有经济，只有商业。"整个世界虽然由大量组织构成，但是率先进入元宇宙的，肯定如特斯拉这样的个案一样，由更年轻的一批极富挑战精神的创新型 DAO 组成，然后才会出现大部队跟进的蔚然成风后的"经济"组织。

"道可道，非常道"，这是老子《道德经》里的第一句话。十多年前，好友潘新和我共同发起了一个雄心勃勃的《道德经》新译的项目⊖。我们的解读非常简单：任何知识和规律，都有特定时空的约束条件。

《道德经》首先是方法论。它早在人类文明的幼儿时期，就阐述了伟大的辩证法思维和悖论思想⊜。很大程度上，"思想是由思想方法决定的"，比如，东方的整体论和以直觉领悟为主的思维方式诞生了东方文化，而西方的还原论和以理性分析为主的思维方式诞生了西方文化。

《道德经》也是世界观。《道德经》涉及世界观的方方面面，有社会价值观、政治价值观、文化价值观、经济价值观等，其思想博大精深。从政治社会学角度讨论，《道德经》蕴涵着中华民族自由、平等和博爱的思想。比如，"生而不有，为而不恃，长而不宰"，又如，"是以圣人常善救人，故无弃人；常善救物，故无弃物"；再如，"圣人无常心，以百姓之心为心。善者，吾善之；不善者，吾亦善之；德善。信者，吾信之；不信者，吾亦信之；德信"……

⊖ 林永青.《道德经》新译：语言连接世界，思想创造未来 [EB/OL].（2011-10-24）.www.chinavalue.net/General/Article/2011-10-24/197635.html.

⊜ 悖论和辩证法思维不是一回事。笔者更赞同"悖论思维"而反对含混不明的"辩证法思维"。对"辩证法思维"的系统反驳，始于 20 世纪重要的科学哲学家卡尔·波普尔的《猜想与反驳》等作品。

如果说数字孪生试图解决现实世界和虚拟世界中"平行个体"的连接问题，那么去中心自治组织 DAO，则尝试解决两个世界中的"平行组织"的连接问题，即所谓"DAO 可道，非常 DAO"

何为去中心化自治组织

去中心化自治组织（以下简称 DAO）是一个没有中央管控的实体。决策是自下而上的，由围绕区块链执行的一组特定规则组织下的社区进行管理。

DAO 是由其成员共同拥有和管理的互联网原生组织。它有内置的"国库"（treasuries），只有其成员批准才能访问。决定是通过"财政管理委员会"在指定时间段内投票的提案做出的。

DAO 无须等级制管理即可工作，并且有多种用途。由合约集中资金支付软件订阅费用的自由职业者网络、成员批准捐赠的慈善组织和团体拥有的风险投资公司都可以与这些组织合作。

简单一句话，可将 DAO 视为一种复杂的智能合约或智能合约的集合而且无须许可（permission-less），自动加入。

重要提示：需要将 DAO 与 The DAO（最早创建的此类组织之一）区分开来。The DAO 是成立于 2016 年的一个项目，其最终失败导致以太坊出现戏剧性分裂。

The DAO 是去中心化自治组织的雏形。它于 2016 年 4 月 30 日启动，旨在成为一个自动化组织，充当风险投资基金的一种自由形式。那些拥有 The DAO 代币的人可通过获得股息或代币价格升值，从该组织的投资中获利。The DAO 最初被视为一个革命性项目，并在以太坊中筹集了 1.5 亿美元，是当时最大的众筹项目之一。

代币销售几天后，一些开发人员担心 The DAO 智能合约中的错误可能会让恶意黑客耗尽其资金。虽然提出了修复漏洞的治理提案，但攻击者已利用漏洞从 The DAO 的钱包中窃取了价值超过 6000 万美元的以太币（以下简称 ETH）。

当时，流通的所有 ETH 中，约有 14% 投资于 The DAO。此次黑客攻击对 The DAO 和当时已有一年历史的以太坊造成重大打击。随着每个人都争先恐后地弄清楚该怎么做，以太坊社区内发生了一场辩论。最初，以太坊联合创始人

Vitalik Buterin 提出了一个软分叉，将攻击者的地址列入黑名单并阻止他们转移资金。

攻击者或冒充他们的人随后回应，声称资金是根据智能合约规则以"合法"方式获得的。他们声称准备对任何试图扣押资金的人采取法律行动。一些黑客甚至威胁要用一些被盗资金贿赂以太坊的矿工，以阻止软分叉尝试。随后的辩论中，硬分叉被确定为解决方案。实施硬分叉是为了让以太坊回到 The DAO 被黑客入侵之前，并将被盗资金重新分配到允许投资者撤回的智能合约中。不同意此举的人拒绝了硬分叉并支持早期版本的网络，即以太坊经典（ETC）。

那么，DAO 又是如何工作的？

DAO 是一个自下而上做出决策的组织。成员们集体拥有该组织。有多种参与 DAO 的方式，通常是通过代币（通证）的所有权。

DAO 使用智能合约运行。智能合约本质上是代码块，只要满足一组标准就会自动执行。如今，智能合约部署在众多区块链上，尽管以太坊是第一个使用 DAO 的。

相关智能合约建立了 DAO 的规则。只有那些在 DAO 中拥有股份的人，才能够获得投票权，并可能通过决定或创建新的治理提案来影响组织的运作方式。此模型可以防止 DAO 被过多垃圾提案淹没：提案只有在大多数利益相关者（stakeholder）批准后才能通过。

DAO 是完全自主和透明的。由于它建立在开源区块链上，因此任何人都可以查看其代码。任何人都可以审计它的内置国库，因为区块链记录了所有的金融交易。

通常，DAO 启动分为三个主要步骤。

智能合约创建（Creation）：首先，一个或一组开发人员必须在 DAO 背后创建智能合约。启动后，他们只能通过治理系统才可更改这些合约设定的规则。因此，创建时他们必须对合约进行广泛的测试，以确保不会忽略任何重要细节。

资金融资（Funding）：创建智能合约后，DAO 需要确定接收资金的方式以及如何实施治理。通常，通证被出售以筹集资金；这些通证赋予持有者们以相应投票权。

区块链部署（Deployment）：一切设置好后，DAO 需部署在整个区块链上。从那时起，利益相关者就决定了该组织的未来。该组织的创建者——那些编写智能合约的人——不再像传统组织的利益相关者那样影响项目。这避免了由少数创建者而非多数利益相关者来治理整个组织。

为什么我们需要 DAO

作为互联网原生组织，DAO 与传统组织相比有几个优势。**DAO 的显著优势是不需要交易两方之间所需的信任。传统组织需要对其背后的人（尤其是投资者代表）给予高度信任，而 DAO 只需要信任代码。**

信任该代码更容易，因为它是公开可用的，并且通常在发布前进行过广泛的测试。DAO 启动后采取的每一项行动，都必须得到社区多数利益相关者的批准，并且是完全透明和可验证的。

DAO 没有等级结构。然而，它仍然可以被利益相关者通过其原生通证控制，同时完成各项组织任务和成长。缺乏等级制的结构，意味着任何利益相关者都可以提出整个团队都会考虑和改进的创新想法。可能出现的内部纠纷通常很容易通过投票系统解决，以符合智能合约中预先制定的规则。

某些 DAO 还通过允许投资者集结资金，让他们有机会投资早期初创公司和去中心化项目，同时共同分担风险或分享可能产生的任何利润。

DAO 还为委托代理困境提供了解决方案。这种困境是个人或团体（委托人）与做出决定并代表他们行事的人（代理人）之间的优先级冲突。

委托代理困境的另一典型例子发生在委托人因代理人的极端行为而承担过度风险时。例如，代理人可以使用极端杠杆来追逐高额利润，因为他们知道一旦有损失组织会弥补。

DAO 通过社区治理解决委托代理困境。利益相关者不会被迫加入 DAO，只有在了解它的管理规则后才能加入。他们不需要信任任何代表他们行事的代理人，而是将激励团队利益一致作为部分工作。

代币持有者的利益通常是一致的，因为 DAO 的性质激励他们不要怀有恶意。由于他们在网络中占有一席之地，他们希望看到它成功。违背它的行为将有损他们的自身利益。

超越商业组织的 DAO

DAO 是一种新型组织，它允许通过分散的、可信的中立机制来协调资源。DAO 与传统组织（如公司、工会、合作社）类似，产生公共产品。但 DAO 是一种卓越的组织形式，它允许以更少的开销和更好的激励进行协调。这就是为什么今天世界上的一些最神奇的产品来自 DAO。

为了共同目标，DAO 协调人们一致行动，例如制造商业产品、资助和交付公共产品、管理社区或分配资源。

DAO 是一种基于规则的、分布式的、自我改进的机制。它有一个明确定义的更改代码库的公共流程，没有单点故障或控制，也没有人完全负责。DAO 的代码库可以使用它自己的治理方法来改进。

DAO 始于一种文化，将管理大师彼得·德鲁克所说的"文化将战略当成早餐吃掉"发挥到了极致。通俗地说，"制度化保障的平庸文化，胜过精心设计的企业战略"。

前互联网时代，人们聚集在利益共同体（教会、公司、学校）周围。今天我们可以与全球任何人合作，解决对我们最重要的事情。这不再只是关于稳定收入，而是关于职业成就、志同道合的社区和共享文化。今天，你与从未见过面的在线人交往的经历，要比与邻居的交往多得多。

文化的转变导致战略的转变甚至战略的消失——"被吃掉"成为可能。以前，文化只有在商业目标实现之后才会发生。比如，客户会容忍他们的数据被出售给广告商、付费专区和第三方，为了使用他们需要的产品而容忍监控他们的在线行为。

然而，现在情况不同了，大多数 DAO 的目标是通过协调贡献者、用户和投资者的利益来构建智能合约。三个角色都变得拥有相同的、可预期的话语权。

DAO 是真正意义的"分形"组织。DAO 不是一个单一组织，而是一个利益生态。DAO 通常具有轻量级治理工具，技术上用于控制资金和关键参数，例如，多重签名的利益相关方参与其中是"技术即治理"的典型范例。

同时，大多数 DAO 有多个工作流，包括工程流、产品流、社区流、人员流、营销流等。每个工作流中都存在着相应项目。项目需要"支持者—领导者"来共同确保完成，并使各个工作流团队对交付的项目或任务负有最终责任的单位。

结语：开放组织并开始行动

今天的传统企业，只是 DAO 涵盖的一个子集。DAO 在很大程度上已开始超越商业组织，并且包括了在教育机制、投资机制、公益服务、公共治理和决策机制上的"去中心化数字实现"。

元宇宙时代，DAO 不可避免。最近全球最大的风投机构红杉资本甚至明确表态，未来只投资以 DAO 方式建设的创新型元宇宙组织，因为"去中心化的产品，不可能由中心化的公司构建，产品结构从根本上反映了组织结构"。

支持者和热衷者们都说 DAO 最终将取代世界上许多公司。尽管这对大多数传统企业似乎遥不可及，但 DAO 将随着技术进步继续扩展其潜力。正是这些未知的未来能力，导致了所谓的"加密无政府主义者"开始宣称，"DAO 代表着向去中心自治社会的转变，在这个社会中，人类将从集中权力和控制型机构中'解放'出来。"

当然，无论 DAO 或元宇宙组织如何演变，总会遇见正反双方的意见和势力。包括法律框架、利益哲学、技术壁垒、用户习惯、治理实践等全方位问题。

从历史进程看，"乌托邦"和"反乌托邦"一直是一对相反的概念，不断地在不同场合、不同范围中博弈着。笔者相信人类总可以探索出最合适的元宇宙组织模型。

有人预判，DAO 与传统层级组织将在长时间内并行。即不同的 DAO 之间、DAO 与传统层级组织之间、不同的传统层级组织之间充满着形形色色的平行组织、平行世界各个方向都可以尝试、检验。

笔者从"非对称"力量出发，认为更大可能是，作为 Web 3.0 典型代表的 DAO，将以"互操作性"将种种"平行世界"连接起来，而且，留给局外人的时间已经不多了。"我们不是要对世界采取行动，而是要在世界中采取行动。"

| 第六章 |

元经济

任何事情的发生，都是由意味深长的、难以测度的过去催化而成，都是由因果之链推演而成。当然，没有什么最初的因，每一个因都是另一个因的果，每一个事情都指向无限。

——路易斯·博尔赫斯

这样的生命观无比壮阔……从如此简单的起源，就能进化出最美丽、最奇妙的事物。

——达尔文

根据中国道教人间仙境的精神，日本文化构想出了茶道。被称为"幻想之居"的茶室是短暂时空中的建筑，是凝固一瞬间产生的诗意。茶室也被称为"空之居"，其中没有任何装饰。室内会临时挂一幅画或放置一束插花。茶室还被称为"不对称之居"：不对称意味着"运动"，故意不全部完成，留出空白，观者可以注入他们的想象。

——约瑟夫·坎贝尔

第一节　通证：元宇宙经济的价值锚

33 秒售罄的 NFT

2021 年 9 月 29 日，欧洲 "3D 技术节" 刚刚落下帷幕，来自数字时尚领域的国际专家汇聚一堂。在线活动的最后一天，焦点是一种新的时尚现象：NFT。

直接的原因是，在会议之前的三周，时尚品牌偶像卡尔·拉格斐（Karl Lagerfeld）推出了首个 NFT[⊖]。有两种版本：一个是黑白 NFT 小雕像，其中数字平台 The Dematerialized 共提供 777 件，每件价格为 77 欧元。另一个是闪亮金属 NFT 人偶（见图 6-1），仅提供 77 件，每件售价 177 欧元。

图 6-1　时尚品牌偶像拉格斐 NFT

资料来源：Dematerialized 网站。

33.77 秒内，售价 177 欧元的昂贵版的虚拟艺术品被抢购一空；The Dema-terialized 的联合创始人埃尔南德斯（Marjorie Hernandez）在她的演讲中透露，77 欧元的普通版售罄用了 49.09 分钟。抢购 NFT 的流量来自世界各地：16% 来自美国，39% 来自欧洲，45% 来自世界其他地区。"对拉格斐 NFT 的兴趣是全球性的，"埃尔南德斯说道，"它远远超出了品牌的经典营销渠道，触及了新的目标群体，尤其是年轻一代。"

什么是 NFT？创建它的目的是什么？新技术为时尚界带来了什么？这正是 "3D 技术节" 试图找到的答案。因为有一点很清楚：拉格斐 NFT 只是目前流

⊖　NFT 智能合约可嵌入独一无二的识别信息，NFT 因此成为记录和存储包括艺术品、游戏等数字品所有权的理想选择。本书中，"通证" 与 "代币" 不作区分。

行的新技术创造的最新范例，尤其在高级时装品牌中：Burberry、Balenciaga、Gucci、Louis Vuitton，它们都试图进入这个新赛场。

数字时尚开辟了品牌销售渠道的全新领域。不仅可以在现实世界中销售时尚，还可以通过 NFT 在虚拟世界中销售时尚——尤其是在游戏世界中，服装也扮演着越来越重要的角色。"对于孩子们，他们在《堡垒之夜》中穿的皮肤与他们在现实生活中的衣服一样重要。两者都反映了他们是谁。"赫尔辛基时装周发起人和社交元宇宙"数字村"的创始人伊夫琳·莫拉说。在元宇宙中，玩家可创建个人头像、购物、参加时装秀、见面聚会，甚至购买土地和房地产。可能性无止境。与今天大多数社交媒体不同，元宇宙是一个集体虚拟空间，通常以分散的方式存储，以区块链确权。

"时尚品牌才刚刚开始了解 NFT。"Richard Hobbs 说。他拥有时尚产业背景，并创立了 NFT 平台 bnv.me。很多事情才刚出现，目前还没有确切方向。"推出拉格斐 NFT 存在风险，"拉格斐品牌营销主管 Mirjam Schuele 说，"没有多少基准可以参考。我们尽了最大努力，但我们无法提前知道市场将如何接受我们的 NFT。"现在第一个 NFT 的成功鼓励拉格斐品牌继续使用 NFT 技术。尽管她不想透露更多，"但下一轮行动已经计划好了，我们真的很想探索 NFT 世界，看看我们如何以新方式突破界限"。

数字艺术品销售为何如此高效，甚至疯狂？无论 NFT 或 FT，交易效率提升的最大原因都是区块链技术带来的不可篡改的唯一性保障了买方（全部或部分）所有权的充分确权。

元宇宙的价值基石

NFT 是新的虚拟淘金热。人们的兴趣激增，已经为数字艺术作品支付了数百万美元，并且期望值越来越高。

NFT 使用与加密货币相同的区块链技术，但可代表任何物品，如一件艺术品、一首歌、一艘船或房地产，但 NFT 不像比特币那样"可替代"（可互换）。任一比特币与其他比特币具有相同的价值。相反，NFT 是"不可替代"（独特）的，意味着无论它们代表什么，其价值都不同。NFT 就像数字财产契约，提供了一种可验证方式，来转移可想象的任何物品的所有权——无论大小，无论是物理的还是数字的。

有人认为 NFT 的兴起会刺激猖獗的投机活动，事实确实如此。然而这一波疯狂最终会消退，留下"真正"的新产品和新服务。这种情况在 NFT 市场已然发生，为新一代数字导向的艺术家提供了有效的新方式来将艺术家的创作技能货币化。

NFT 的优势及劣势都有哪些[⊖]?

图 6-2　NFT 与元宇宙的黎明

资料来源：Saskia Pump。

世界上只有小部分财富是以货币形式持有的；更多以资产（及衍生品）形态呈现。虽然许多资产具有独特的价值，但价值往往是主观的，所以我们使用一定数量的法定货币来交换价值。鉴于加密货币被认为是全球法定货币或黄金的虚拟替代品，可以预见虚拟资产的类似财富分布——虽然 NFT 市场目前比加密货币小得多，但它有可能在未来几年大幅扩张，成为全球财富的重要组成部分。

NFT 可用于任何类型的资产。可用于代表房地产、艺术品和钻石等实物资产的部分所有权，也可用于纯虚拟资产，包括虚拟房地产甚至可收藏的"数字

⊖　参见萨斯基亚·蓬普（Saskia Pump）的文章《NFT 与元宇宙的黎明》（2021 年 4 月，见图 6-2），已由作者授权编译，有删节。萨斯基亚·蓬普，花旗集团资本公司战略合伙人、德意志银行分析师，荷兰鹿特丹大学金融和投资学硕士。

猫"。虚拟世界的性质消除了对可创建和可拥有的资产类型的限制，NFT 提供了透明且可验证的机制，来验证这些资产的所有权。

NFT 的主要优势之一，是更加一致的数字版权管理。NFT 所有权转让后，所有者可以在发行人内置于 NFT 的限制范围内，对其进行任何想做的操作，如转售、分发或授权。由于 NFT 的另一特征，即智能合约允许发行人确保他们的权利在 NFT 的整个生命周期内得到维护，即使在二级市场也是如此，发行人可能会要求对 NFT 智能合约中的未来转账（交易）收取版税。

优点就是缺点。区块链的本质意味着所有交易都是可见的。透明度是该技术的主要优势，但一些用户可能不希望知道细节（尽管受益人的身份将保持私密）。"以隐私为中心"的加密货币，以不同的方式解决了这个问题，但智能合约可能会使其成为一个更大的问题。合约中的细节必须在 NFT 发布时与 NFT 进行集成，这样任何人都可以提取它们。一些区块链项目正试图解决这个问题，但最大的网络，包括最流行 NFT 网络以太坊却没有明确计划。

还有一个问题是，NFT 相关的交易记录在区块链上，但资产存在于其他地方。大多数虚拟资产保存在不像区块链那样稳定或透明的系统中，相反，它们通常作为普通文件存储在单独的服务器上，可能被损坏或丢失。已经有解决这个问题的技术，但还没有标准化。

此外，正如在早期 ICO 热潮中看到的，NFT 也存在与 FT 一样的不诚信行为，一些艺术家正在相互"虚假交易"NFT 以抬高价格，也有人正在上传他们不拥有的艺术品却"声称"拥有。这些可预见的问题在新市场的快速发展过程中可能变得更加严重。

综上所述，**NFT 是元宇宙的价值基石**。

基于 NFT 的实体房地产、数字艺术和《堡垒之夜》的皮肤市场，似乎只是稍微掀起了一些热度，但它们都是更大机会——元宇宙——的一部分。正如 20 世纪 90 年代开始流行的科幻图书和电影中的概念一样，元宇宙是我们物理宇宙的虚拟替代品，这是互联网的下一个版本。

目前尚不清楚元宇宙是统一实体（如互联网）还是许多独立的实体（如单个社交媒体），但它的发展方式将对金融业产生深远影响。例如，如果有多个价值实体，每个实体都有自己的规则，可能就不遵循现有的风险模型了。

　　为了设想元宇宙中 NFT 资产的潜在规模，你可以"想象"一个虚拟世界，在那里可以购买、出售或交易所有可以"想象"的资产。在虚拟世界中，元宇宙不会受到原始资源、供应链风险或物理现实世界等的限制。

　　保护资产的安全是金融机构的核心活动之一。随着新资产类型的出现，人们必须迅速学会掌握和管理这些资产，以维护客户的最佳利益。NFT 就是下一个新的资产类型。

　　2021 年年初，NFT 的在线销售额每周都在急剧上升，还有多项 NFT 纪录被打破（见图 6-3）。许多人希望更多地了解 NFT 及其价值，为了给出这些问题的答案，我列出了 21 个有关 NFT 的统计数据、事实和趋势[一]。

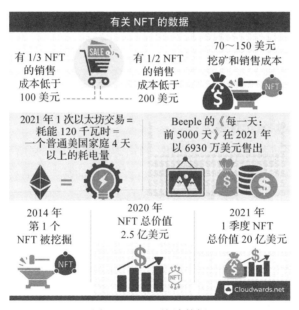

图 6-3　NFT 统计数据

资料来源：cloudwards。

1. 什么是 NFT？

　　就像实体艺术一样，数字资产的原始版本比副本更有价值，即使副本是完美的。因此，一旦有人将"原件"放在区块链上，就没有其他东西真正等同于它了。

　　〇　数据来源：《2022 年 NFT 数据和统计》，https://earthweb.com/nft-statistics/。

人们购买 NFT 的方式与购买原创艺术品的方式相同。当然，从技术上讲，你不能拥有数字作品的"原件"，也无法证明特定文件是原件。然而，一旦作品在区块链上，它就是独一无二的，就像一件原创艺术品。由于它是独一无二的，人们通常以购买 NFT 的方式购买自己最喜欢的艺术家的原创艺术品。

NFT 可以是艺术品、音乐、视频，甚至是推文。现在已出现资产背书的 NFT。

2. 有多少买家？

根据 nonfungible.com（一个跟踪市场上 NFT 交易的网站）的数据，2021 年 4 月和 5 月的大多数日子里，平均每天有 1000 到 3000 个不同的钱包购买了 NFT。4 月和 5 月分别共有近 30 000 名独立买家和近 25 000 名独立买家。这比 3 月的 39 000 名独立买家略有下降，但与 2020 年相比，买家显著增加，当时大多数月份的独立买家少于 10 000 人。

最近 OpenSea 和 Atomic Market 之间的贸易额接近，每 30 天接近 9000 万美元。这两个平台的历史交易者的数量也并驾齐驱，分别为 44 万和 40 万。

3. NFT 的平均售价是多少？

NFT 跟踪网站和市场通常会给出一个平均销售价格（将所有销售价格加在一起并除以销售数量），如此大的运算量可能会扭曲数字，并使平均 NFT 看起来像是数千美元。相反，艺术家帕克与一位数据科学家合作，分析了 2021 年 3 月 14 日至 3 月 24 日 OpenSea 上的主要 NFT 销售额。他们发现超过 1/3 的销售额低于 100 美元，53.6% 低于 200 美元。

因此，尽管一些 NFT 可能价值数百万美元，但大多数不会突破 200 美元。当考虑到铸造和销售 NFT 的成本可能在 70～150 美元之间时，这看起来更糟，足以将这一小额利润变成亏损。

4. NFT 的能源使用情况是什么？

你可能听说过加密货币和 NFT 的疯狂能源消耗成本，这在一定程度上是正确的。据 Digiconomist.net 估计，一次以太坊交易需要大约 120 千瓦时的能源，对一个普通美国家庭来说，这是四天多的耗电量。由于大多数 NFT 销售依赖于以太坊区块链，并且每天有数千次销售，因此能源消耗巨大。

然而，以太坊正处于从工作量证明模型（PoW）向权益证明模型（PoS）

转变的过程。这是以太坊基金会的一个长期项目，其后，每笔交易的能耗可能会降低到 35 千瓦时，因为不再有无数的计算机争相"挖矿"完成每一项任务。

如果可行，这相当于从类似于美国中等城市家庭的用电量减少到美国小镇家庭的用电量。由于这些交易无论如何都会消耗一些能源，因此此举是朝着使加密货币和 NFT 更环保的方向迈出的重要一步。

5. 最大的 NFT 市场是什么？

按总交易额计算，最大的 NFT 市场是 NBA Top Shot（顶级投篮视频），2021年年中交易额超过 6 亿美元。然而，如果你只看最近的销售额，OpenSea 每月的交易价值在 7000 万到 9000 万美元之间，在 2021 年年中位居榜首。

如果你查看交易者的数量而不是总价值，则 Atomic Market 和 NBA Top Shot 是最大的。

6. 有史以来最贵的 NFT 价格是多少？

Beeple 的作品《每一天：前 5000 天》，售价 6930 万美元，成为有史以来售出的最昂贵 NFT。2007 年 5 月到 2021 年 2 月，每天发布一件新艺术作品的 5000 天后，Beeple 将它们全部放在一张数字照片中，并在佳士得拍卖行出售。

Vignesh Sundaresan 最终在 3 月 11 日以 42 329 以太币的价格赢得拍卖。尽管它还没有进入维基百科最昂贵（传统）艺术作品列表，但这确实表明，NFT 在未来可能成为与任何其他艺术形式一样有价值的艺术形式。

7. 有史以来最昂贵的 NFT 视频是什么？

Beeple 不仅拥有有史以来最昂贵的 NFT，而且在 2021 年 2 月，他的视频作品《Crossroad》以 660 万美元的价格售出，成为作为 NFT 出售的最昂贵的视频艺术品。这部 10 秒的动画短片描绘了一个巨大的唐纳德·特朗普：他躺在地上，身上覆盖着标志和标语，众人从上面走过。

8. 有史以来最昂贵的 NFT 歌曲是什么？

早在 2021 年 3 月，SlimeSunday 和 3LAU 就在 Nifty Gateway 上拍卖了一首歌。拍卖获胜者支付了 133 万美元拥有这首 NFT，后将这首歌命名为"Gunky's Uprising"。

9. 有史以来最昂贵的 NFT Top Shot 是什么？

正如之前提到，NBA Top Shot 的确是一个巨大 NFT 市场。NBA Top Shot

于 2020 年推出，是 NBA 与 Dapper Labs 合作打造的 NFT 平台，其基于 Flow 区块链，主要围绕 NBA 球员高光或重要"时刻"（moment）创建 NFT，用户可以购买、出售和收集。该平台的投资者包括乔丹、杜兰特和汤普森等知名球员。其后的 2022 年 9 月，NBA Top Shot 还推出了球员排行榜（Player Leader Boards），平台上每一位拥有最佳投篮时刻的 NBA 球员都有其专属排行榜。

10. 最贵的 NFT 收藏卡是什么？

2021 年 2 月 22 日，"宇宙系列"（Cosmic Series）49 张牌中的第 29 张——勒布朗·詹姆斯的"宇宙"扣篮，以 208 000 美元售出。卡牌之前已经超过 100 000 美元，尤其是来自更受欢迎的玩家的罕见投篮，这是第一张也是唯一一张超过 200 000 美元的卡。

11. 有史以来最昂贵的 NFT 推文是什么？

推文通常不会在人们的艺术品收藏列表中名列前茅，并不是每个人都想要一个数字证书来表明你拥有特定的推文。但在 2021 年 3 月 22 日，推特 CEO 杰克·多尔西将他的第一条推文作为 NFT 出售。

这条 15 年前的推文只是简单地说了一句"只是设置了我的推特"，就以 290 万美元的价格售出。虽然普通人的随机推文可能不会值钱，但 NFT 可以让人们出售病毒式推文，或让名人出售特别受粉丝欢迎的推文。

12. 有史以来最昂贵的 NFT 虚拟土地是什么？

过去几年中，使用加密货币和 NFT 作为玩家可交易的游戏内物品越来越受欢迎。其中一款游戏 Axie Infinity 让玩家以 150 万美元的价格出售了一片土地。

具体来说，这片土地由九个相邻的创世区块组成，它是游戏中最有价值的土地。随着玩家加入，这些有限地块的价格可能会更高。

13. 第一个 NFT 是什么时候铸造的？

尽管存在一些争议，但 Kevin McCoy 于 2014 年 5 月 3 日铸造的"量子币"在当时具有革命性，并且是当代 NFT 发展的主要动力。McCoy 使用"量子币"作为人们在线销售数字艺术品的演示，它在 NFT 历史上的重要性，在 2021 年 6 月 10 日得到进一步巩固，因为该作品再次以 147 万美元的价格售出。

14. 第一个价值百万美元的 NFT 是什么？

在 NFT 流行起来之前，一件名为"永远的玫瑰"的艺术品以 100 万美元的价格售出。这笔交易于 2018 年 2 月 14 日完成，由 10 名买家分摊，每人支付 10 万美元购买 NFT 的 1/10。

15. NFT 每周的消费额是多少？

自 2020 年 9 月的第一周以来，在任何 7 天内至少有 100 万美元用于 NFT 交易。当然，这与 2021 年 5 月第一周的 1.76 亿美元相比不算多，但当年 5 月以来，销售额已稳定在每周 10 万至 2000 万美元之间。

16. 2020 年 NFT 的总销售额是多少？

2020 年所有 NFT 交易的总价值刚刚超过 2.5 亿美元，几乎是 2019 年交易额 6290 万美元的四倍，市值（所有资产的总价值）在 2020 年也达到了 3.38 亿美元。

17. 2021 年年初的 NFT 销售额是多少？

据 nonfungible.com 季度报告，2021 年第一季度的总销售额为 20 亿美元。这是 2020 年第一季度销售额的 131 倍以上，而且它会吸引更多的买家，未来可能会变得更有价值。

18. 增长最快的 NFT 细分市场是什么？

尽管 NFT 艺术品在 2021 年 2 月引发了销量的爆炸式增长，并且这些收藏品将增长持续到了 3 月（增长主要来自 Crypto Punks 通过算法生成的小型像素艺术图像），但是，未包含在 nonfungible.com 统计数据中的收藏品（例如 NBA Top Shot），也经历了类似的增长。

19. 一段时间内的销售数量

早在 2017 年，即使是行情好的一周，总销售数也只能勉强达到 100 笔。然而，在当年 12 月 NFT 销量飙升后，它稳定至每周 15 000 笔左右。此后，NFT 每周销量在 15 000 笔到 50 000 笔之间。

2019 年 11 月至 2020 年 4 月，每周销售数有所增加，大多数每周在 30 000 笔至 80 000 笔之间。然而此后，NFT 的销量下降到 10 000 笔左右，几乎没有回到 15 000 笔到 50 000 笔的范围。NFT 的销量在 2021 年年中达到顶峰。

20. 销售价值随时间变化

在 2017 年的大部分时间里，NFT 每周的总销售额都低于 10 000 美元。在冬季的高峰期曾达到 1390 万美元的峰值, 最终稳定在每周 45 万美元左右, 在繁忙的一周偶尔会飙升至 600 万美元。

2020 年 9 月, 尽管销量没有增加太多, 但每周销售额的总价值达到了 480 万美元。此后每周销售额保持在 2 万至 400 万美元之间直到 2021 年 1 月下旬, 5 月增加到 1.76 亿美元峰值, 此后每周销售额下降, 但到目前为止仍保持在每周 1000 万美元以上。

21. 随着时间的推移, 活跃钱包数的增加

活跃钱包总数从两位数开始于 2017 年 11 月 24 日首次超过三位数。在 2017 年的高峰期, 它一周内达到了 34 985 个活跃钱包, 但很快下降并稳定在 2000 到 4000 个的范围内。

随着时间的推移, 这一数字缓慢增加, 2019 年年末每周大约有 4000 到 5000 个活跃钱包, 到 2020 年年末增加到 6000 到 8000 个的范围。

2021 年 2 月, 每周活跃钱包数首次超过 10 000。2021 年 3 月, 这一数字达到了 20 000, 但此后一直稳定在 8000 到 12 000 之间。如果保持在这个范围, 意味着每周活跃钱包数在短短四年内增加了大约两倍。

元宇宙市场中, 最为非业内人所熟知的有两个市场, 一是 AR/VR 设备, 二是 NFT 商品。与前者一样, NFT 市场也经历了 2022 年的收缩及 2023 年的反弹。

根据 Decrypt.Co 及 Bitcoin.Com 等权威平台相关市场数据, 2023 年 NFT 销售额飙升, 仅 2023 年 1 月就接近 10 亿美元, 增长了 41%。此外, 数字收藏品交易数量增长超过 22%。比如, 无聊猿游艇俱乐部[⊖](见图 6-4)以黑马姿态崛起。主流区块链交易平台以太坊占 2023 年 1 月总 NFT 销售额的 78%, Solana 紧随其后, 30 天内 NFT 销售额为 1.504 亿美元, 占总销售额的 15.07%。其他三个顶级原生区块链网络分别为 Cardano、Immutable X 和 Polygon。

⊖ 无聊猿游艇俱乐部(Bored Ape Yacht Club, BAYC)是加密艺术项目, 于 2021 年 5 月由一群匿名开发者创建, 目的是向收藏家提供独特的数字藏品, 即一系列独特的像素艺术猿, 每张猿图有不同特征或配件, 如眼镜、帽子、吸管等, 总数 10 000 只。每个藏品被编码为独特 NFT, 可在虚拟市场上交易。其原始藏品被认为是最具价值的 NFT 之一。

图 6-4　由互联网随机生成的无聊猿头像

资料来源：无聊猿游艇俱乐部。

以下是笔者借助 ChatGPT，对 2023～2025 年 NFT 市场做的 7 大趋势预测。

- 跨链 NFT 交易将更加普遍：随着不同区块链之间的互操作性增强，跨链 NFT 交易将变得更加普遍。NFT 市场将成为跨链生态系统中的一个重要组成部分。

- NFT 市场将进一步扩大：NFT 市场将会进一步扩大，吸引更多的机构和大型企业进入。这将导致更多的高价值 NFT 被创造和销售，从而推动市场进一步发展。

- 更多的文化、娱乐和体育公司将涉足 NFT 市场：越来越多的文化、娱乐和体育公司将涉足 NFT 市场，将其应用于各种收藏品、比赛票、虚拟衣物等领域，为粉丝提供更多参与和互动。

- NFT 交易市场将更加成熟：随着 NFT 市场的发展，NFT 交易市场也将更加成熟，涌现更多的专业 NFT 交易平台和服务商，为 NFT 市场提供更完善的基础设施和更多的投资机会。

- 社交媒体将成为 NFT 营销推广的重要渠道：越来越多的 NFT 艺术家和收藏家将通过社交媒体来展示和推广其作品，吸引更多的人关注和参与

NFT 市场。

- NFT 交易将更加透明和安全：随着 NFT 市场的发展，NFT 交易将变得更加透明和安全，通过区块链技术保证交易记录的不可篡改和安全性。
- 政府和监管机构将更加重视 NFT 市场：政府和监管机构将越来越重视 NFT 市场的发展，推动 NFT 市场合规化和规范化。

展望 NFT 的前景，我们所有人都已经参与其中。换言之，新的业界领袖、社会关系和消费模式正在形成。NFT 的快速发展，改变了人们对数字资产、创意和区块链的态度。NFT 的未来是一个充满色彩的想象世界，技术也正在不断迭代改进中。今天，NFT 被视为一幅画、一个创作，但在未来，这项技术将应用于生活的各个领域，包括文件管理、房地产交易等。

NFT 经济学：彻底理解 NFT

NFT 是基于区块链的数字通证，为独特的资产提供确权。独特资产可以包括艺术品、媒体或数字内容。最重要的是，NFT 可能是特定资产的不可逆转的数字所有权证书。因此，有理由相信，NFT 的属性有助于它具备经济价值优势。

当前，人们对 NFT 的兴趣大大增加，许多爱好者渴望发现 NFT 运行背后的原理。截至 2021 年年末，Codeless 网站统计，NFT 总市值超过 41 亿美元[一]，这绝对是一个市场关注点。在深入研究 NFT 和元宇宙世界之前，让我们先详细了解 NFT 的主要特征[二]。

- 不可分割性（Indivisibility）

NFT 的最重要特征之一是不可分割性。事实上，NFT 已被默认为定制不可分割服务的良好载体。例如，你不能购买机票并将其分配给两个人。因为只有一个座位，所以只有一个人可以买一张票并使用它。不可分割性意味着你不能将一个 NFT 分成更小的通证或代币，你需要购买整个 NFT 才能拥有一个项目。

另外，部分所有权的概念也是对 NFT 不可分割特性的又一次改进。现在，

⊖ 数据来源：https://codeless.co/nft-statistics/。

⊖ 参见 Diego Geroni 的文章《NFT 的主要功能》，经作者授权编译。Diego Geroni，业界著名的"区块链技术创新传播者"，Z&A 咨询公司创始人，数字 365 社区顾问，企业区块链专家。

允许多个用户分别拥有部分所有权的 NFT 开始出现，这也代表了现实世界资产的比例份额。例如，部分所有权是房地产行业的一个有前景的创新模式，NFT 持有者可以在不同类型的房地产中行使所有权份额。比如，你可以想象多方拥有代表度假地房产所有权的 NFT 的情形。

各方可以制定使用度假地房产的共识协议，并将协议条件整合到他们的 NFT 中。因此，部分所有权可以解决由于 NFT 的不可分割性而引起的流动性不足的问题。虽然不可能将一份 NFT 划分为多个通证，但以多个 NFT 来代表一项资产就较为容易。

- 唯一性（Uniqueness）

NFT 的另一个也是最关键的属性是唯一性，它与不可分割性有关。根据定义，NFT 是独一无二的，尤其是对于那些具有不可替代性的商品。可替代性意味着你可以用类似的此资产替换彼资产，许多可替代资产是同质的，你可以轻松地对可替代资产进行分割或交换。例如，你可以用 1 张 100 美元的钞票换取 10 张 10 美元的钞票。相反，NFT 提供了不可替代的价值，其独特性就是主要特征。不可替代性基本上意味着，你只能拥有一种类型的 NFT，而没有其他选择。比如，一件达·芬奇的 NFT 数字艺术品与一件凡·高的 NFT 数字艺术品之间就不可替换，因为它们都是独特的。

唯一性是确立 NFT 价值的最显著特征之一。例如，你不能互换代表两块不同土地权益的 NFT，再具体地说，即便两块土地当下的价格相同，它们也是两块完全不同的土地。因此，NFT 创建者可以为其特殊的 NFT 索取溢价。另外，买家或 NFT 所有者可以保证他们拥有的独特资产的独特价值。

- 所有权（Ownership）

NFT 的另一个关键特征就是所有权确权。虽然 NFT 是不可分割和唯一的，但是，在讨论 NFT 属性时，你还应该考虑使用权和所有权的不同功用。

NFT 的创建者可以控制与 NFT 关联的账户的私钥，创建者有权将 NFT 转移到任何账户，所有者可以获得存储在区块链上的 NFT 的所有权。NFT 创建者也有可能提供多个通证作为单个 NFT 的表示，称为"数字原生 NFT"。

NFT 具备所有权属性的另一原因是 NFT 元数据的分配。NFT 元数据允许 NFT 持有者使用它们，而在实际上并不拥有它们的所有权。

- 真实性（Authenticity）

NFT 的最重要特征就是真实性，它为现实世界的资产提供了代表，真实性为 NFT 保证了唯一性。

使用区块链网络上的 NFT，可以更轻松地以有效方式找到有关 NFT 的详细信息。NFT 所有者可以查看与 NFT 相关的审计跟踪，以了解其历史记录。因此，它可以确保在交易或交换过程中更好地验证真实世界的资产。NFT 具有唯一标识符，这也将它们彼此区分开来。

- 数字钱包（Digital Wallet）

创建 NFT 需要与特定的区块链账户相关联。如果你在区块链网络上拥有 NFT，重要的是关注 NFT 的透明度价值。公共分布式账本或区块链技术本质上是不可更改的和去中心化的。由于发行和转移代币以及代币活动的记录可以公开进行验证，因此 NFT 确保了透明度。最重要的是，NFT 在区块链技术上的数字钱包功能提供了令人信任的基础。

NFT 可通过基于区块链技术的简单仪表板来验证账目上的不同流程相关记录。因此在建立买家对 NFT 的信任方面，NFT 具备非凡的优势。当你可以了解有关 NFT 的所有详细信息时，你更有可能做出更好的决策。

此外，托管在 DLT 或区块链技术上的 NFT 还具有互操作的优势，用户可以通过去中心化的桥梁在不同的 DLT 中进行 NFT 交易、购买和销售。NFT 还可以通过使用集中式托管服务实现互操作性。

- 稀缺性（Rarity）

这是 NFT 属性的最后一条。稀缺性是生成和推动 NFT 价值的基本原则之一，因此，尽管 NFT 创建者可以开发许多 NFT，但是有一定的限制（如数量等）以确保稀缺性。

例如，活动的组织者可以决定，他们想要发行的活动门票 NFT 的数量。如果组织者只发行 100 张门票，那么门票的拍卖会变得具有竞争力；如果主办方发行 5000 个 NFT 作为门票，则竞争则变得平缓。

在某些特殊情况下，你可以铸造具有相似特征的 NFT，例如票证的副本。一些 NFT 具有不同的特征，例如特定座位的门票：一等票、二等票等，此外，买家还可以把特别铸造的稀有 NFT 作为独特的收藏品。

同样需要注意，每个 NFT 都有一个不同的标识符，并且只有一个所有者。NFT 的稀缺性在很大程度上取决于 NFT 创建者的商业想法。例如，NFT 创建者可以专注于使每个 NFT 独一无二以确保稀缺性，或出于特定原因生产出多个副本。

总之，不同的 NFT 特性为其未来建立一个有前景的经济应用奠定了基础。如何利用区块链的特性，将彻底改变资产的表示形式。

FT 和 NFT

区块链技术一直与加密货币联系在一起。如果你是区块链世界的新手，你很可能会认为它只适合开发加密资产。然而，区块链技术的真正潜力超越了加密货币。

区块链技术的具体应用，就是最近关于可替代通证（FT）与不可替代通证（NFT）的竞争。大量业界人士认为，"NFT 才是区块链经济的未来"。然而，它们也经常与 FT 或现有加密货币竞争。让我们通过考察 FT 和 NFT 之间的区别，来消除可能的疑虑。

为了找出 FT 和 NFT 之间的差异，首先要看通证的定义。

在现实世界中，人们经常会遇到多种类型的通证。例如，酒店钥匙卡是向酒店支付房间费用的证明，办公室 ID 是你在某个公司工作的证明，驾驶执照表明某个人已经完成在特定国家驾驶所需的培训。同理，通证也代表加密空间中的特定实体。通证可以是持有价值、投票权、股权或任何东西。通证可以代表公司的某种效用或资产，公司可以通过公开发售的形式将通证提供给投资者。

那么，通证的功用是什么？这个问题的答案，是清楚理解 FT 与 NFT 差别的重要因素。通证功用包括：

- 通证可作为区块链应用程序的网关，用户需要通证登录访问去中心化应用程序。
- 通证还可表示个人持有特定投票权的资格。例如，EOS 区块链通证[⊖]可以允许个人为区块创建者投票。
- 通证的货币应用，在解读 FT 和 NFT 之间的差异方面至关重要。通证可作为在特定生态系统中进行内部和外部交易的价值存储，并提供不同类型的货币系统，包括数字资产。
- 通证可应用于价值交换。事实上，通证在传统上一直用于区块链生态系统中的价值交换。因此，通证可以帮助在应用程序中开发内部经济系统。
- 通证可代表特定用户对独特事物的所有权，该功能为 FT 与 NFT 的不同功能奠定了基础。

如果用一句话说清楚 FT 和 NFT 的区别，可以这样表述：**FT 代表价值，NFT 代表信息**。

毫无疑问，区块链是管理各类数字资产的理想技术。它具有不可改变性和安全性，这使其成为管理数字资产的理想选择。独特且可保存数据而不是价值的加密通证，可能是最理想的选项，这种类型的通证被称为 NFT，它们在以太坊上使用 ERC 标准（如 ERC-721 标准）定义。因此，很明显，FT 和 NFT 之间的重要区别，在于存储信息的目的和程度。

任何可互换实体，在经济方面是指其与另一种资产或具有相同价值的商品互换的能力。可互换资产最常见的例子是"货币兑货币"，例如，甲持有的 5 美元钞票与乙持有的 5 美元钞票具有相同价值，同样，丙的两张 5 美元钞票的价值与丁的一张 10 美元钞票的价值相同。黄金也是可替代资产的另一例子。一个国家的一克黄金与另一国家的一克黄金具有相同的价值。

FT 与 NFT 的争论源于这样一个事实，即可替代性是在比特币和其他加密货币的代码中编写确定的。最重要的是，可互换商品是"标准化的"（Standardized），

⊖ EOS（Enterprise Operation System，企业操作系统），Block.One 开放的一种新区块链架构，专注实现分布式应用的性能扩展。以太坊被称为"区块链 2.0"，可运行 Dapp（分布式应用），但以太坊性能不高，不少游戏曾阻塞过以太坊网络，导致普通交易需长时间等待。而 EOS 被称为"区块链 3.0"，可支持每秒数百万个交易，用户可免费执行智能合约。

且可互换商品的任一单位都没有唯一性。

NFT 作为一种独特的通证变体，与其他通证没有任何互换性；NFT 具有的独特特征清楚地暗示了即使使用同一种 NFT，在替换或交换时也存在明确限制。

NFT 与 FT 不同，因为前者没有任何内在价值。NFT 必须从它们所代表的资产或商品中获得价值。NFT 使用各种通证标准，并部署不同类型的智能合约，因此被认为是在区块链上开发虚拟经济生态系统的新时代工具。

FT 与 NFT 的区别见表 6-1，具体从以下几个标准来阐释。

表 6-1　FT 与 NFT 比较表

标准	FT	NFT
互换性	FT 很容易互换，尽管这种互换没有附加价值	NFT 不可互换，因为它们中各自代表独特的资产
价值转移	价值转移取决于个人拥有的通证数量	NFT 所代表的独特资产的价值有助于其价值转移
可分割性	FT 可以分成更小部分，更小部分可以帮助偿还更大金额	NFT 不可分割，并且作为一个整体而具有其价值
通证标准	FT 采用 ERC-20 标准	NFT 采用 ERC-721 标准

- 互换性（Interchangeability）

FT 彼此之间完全可以互换。可互换资产最显著的例子是法定货币。你可以将可替代资产从一个所有者转移到另一个所有者，以支付某些费用。另外，交换可替代资产没有任何意义，因为它们具有相同的价值。FT 通常用于付款和跟踪余额。

FT 互换性的一个显著例子，是将通证绑定到特定支付账户中形成账户余额，因此可以通过通证转账完成支付。此外，用户可以通过查询由此产生的通证余额进行定期净额结算。

- 价值转移（Value Transfer）

每个账户都基于账户拥有的通证保持平衡，通过利用直接交易或交换技术，可以轻松地将通证轻松转移到其他以太坊账户。在通证转账的情况下，源账户被借记转账金额，就像银行转账一样；同时，受益人账户收到相同金额的贷记。

NFT 具有唯一性，每个通证都有唯一的 ID，可以很容易与同一智能合约中的其他通证区分开来。NFT 总是有一个特定的所有者，由于对每个通证的单独处理，它们的价值可能有所不同。

某些 NFT 可以代表具有稀缺性的独特商品，因此支持所有权的转移和交易。例如，约翰拥有代表一批苏格兰威士忌的 NFT，可以用它来交换代表一批波尔多葡萄酒的 NFT。同理，将一个 NFT 分配给房地产业主时，买方在还清抵押贷款后，NFT 将从银行的以太坊账户转移到新房主的以太坊账户。

- 可分割性（Divisibility）

一般情况下，FT 具有可分割性，即可以拆分为更小的单位进行交易；而 NFT 则是不可分割的，代表唯一的、不可拆分的资产。这主要是由于智能合约的限制，因为大多数 NFT 通过智能合约在区块链上创建，这些合约通常被设计为只处理完整的通证。如果智能合约不支持拆分功能，NFT 自然也无法被分割。每个 NFT 都代表一个独特的资产或作品，例如数字艺术品、游戏道具等。它们的价值和所有权通常依赖于这种唯一性，因此将 NFT 拆分成更小的单位会丧失其原有的唯一性和价值。

- 通证标准（Ethereum Token Standards）

决定 FT 与 NFT 之间差异的下一个重要因素是通证标准。如果想创建一个健康的生态系统，你应当到以太坊平台上开发"去中心化应用程序"，以实现系统各部分之间的无缝交互。另外，如果你有两种不同的通证，比如 Token A 和 Token B，你可能需要在其中找到不同的智能合约结构，开发人员必须研究两个通证之间的交互合约。

然而，这个因素可能会影响到通证的可扩展性。在 100 种不同通证拥有 100 种不同智能合约的情况下，很难缩小所有条件和资格以确保交互适用于所有通证。因此，你可能会遇到大量复杂的通证交易计算。

因此，通证标准发展就成为定义出 FT 和 NFT 区别的更有效方案。规范通证底层架构管理规则，无疑是区分 FT 和 NFT 的基准。在以太坊上，FT 通常使用 ERC-20 标准，而 NFT 使用 ERC-721 标准。

很明显，FT 和 NFT 就其自身特征而言都是正确的。针对两者的比较和差异，是为了定义区块链生态系统未来的不同场景。在安全性和不变性方面，NFT 比 FT 具有明显的优势。技术操作是，用户可以在资产标记过程中为"元数据"添加额外的信息和上下文。

然而，由于出现的时间太短，广泛的用户可能难以信任 NFT。相反，它们在区块链生态系统中具有更广泛的接受度，并在游戏和艺术方面有广泛的应用。随着 FT 和 NFT 之间的争论愈演愈烈，新的进步肯定会从中"涌现"出来。

第二节　新经济：网络经济学要义

网络经济学[⊖]对传统经济学的颠覆，将从两个维度展开：其一，全民互联形成的网络社会资本，成为新的、关键性的经济要素；其二，众包、众融、众智的个人化参与的新商业模式，也必然带来新的经济生产方式。网络社会也出现了大量近似于零边际成本的经济行为，如分享经济等。

笔者将通过与"传统经济学"的比较，对"新经济学"的最重要差异做出非常简略的描述，不涉及过多技术经济学论证。

网络经济学与传统经济学

互联网改变了商业模式和商业环境，但一部分传统经济学家认为："因为人性不变，即渴望信任、追求稀缺、贪得无厌、物质愈丰富愿望愈新奇等都是依旧不变的，所以，互联网并没有从根本上改变经济学。"而另一部分学者持"传统经济学已经失效"的观点。

笔者认为，人性可能不变，但社会环境和技术环境已经改变了，经济学当然会改变。简单的归谬法就可以论证：生物学意义上的"人性"至少 1000 年（更可能是 10 000 年）没有改变过，为什么人类还需要不断研究经济，研究社会呢？

网络经济学的"第一命题"是：传统经济学是"资源的经济学"，而网络经济学是"思想的经济学"。笔者更加旗帜鲜明地指出，"互联网＋"将颠覆一切是完全肯定的，何时发生只是时间问题。

⊖ 此处笔者特指抽象的"一切网络"，不仅是"互联网"，也包括物联网、人脉网、下一代元宇宙网络。参见"元结构"一章，了解"网络"的"结构化生成"意涵。

另一归谬论证来自"传统思维"和"传统企业"的表里关系，大多数企业都渴求不断创新，作为思维成果的学术，难道不需要创新吗？而且，"思想永远先行"，没有思维创新，企业创新的行为从何而来？正确的结论是：只有"传统思维"，没有"传统产业"，传统思维需要抛弃，传统产业持续创新。

著名计算机科学家、《简单法则》的作者前田约翰被《福布斯》誉为"学术界的乔布斯"，他这样批评传统思维：

- 传统思维是大多数人谈论却只有少数人相信的东西；
- 传统思维是"人云亦云"却"不知所云"的东西；
- 传统思维是随时随地都可以得到传播的东西；
- 传统思维是基于短期结果或局部结果的解释；
- 传统思维之所以"正确"，是因为它从未受到过挑战。

前田博士强调，传统思维往往假设"其他所有条件都不变"。传统思维往往没有什么错误，却也没有什么用处。它无视事物的复杂性，仅仅基于毫无根据的假设来进行论断，忽略了某些特殊条件的影响，而且通常都未曾经过检验或验证。

因为几乎可以做到"所想即所得"，网络经济的实质是思想经济、充裕经济，而非资源经济、稀缺经济。网络经济学更重要的方向应当从概念创新入手，从跨界思维入手，而不是从既有的资源、既有的产业入手。

深度影响了中国产业经济学的战略研究学者、哈佛大学教授迈克尔·波特，他自己经营的战略咨询公司也在2015年宣布破产，说明了"传统"战略研究在网络时代的失败。相反地，中国著名互联网思想家姜奇平，从后现代文化入手，早在2009年就著成《后现代经济》。价值、交换、货币、资本、组织、制度，这些最底层的经济学概念，都因互联网而永远改变了！

凯文·凯利在他的《新经济，新规则》一书中，提出了网络经济的十种规则，及相应的十种策略建议。本节针对其中的部分观点做些说明。

1. 收益递增

一步领先、步步领先。随着人与物之间连接的增加，连接的作用快速倍增，人们取得的成功将不再是自我限制的，而是自我供给的。简单的解释是：胜利连着胜利，这恰恰颠覆了传统经济学里"边际收益递减"的概念。互联网的最大经济学优势之一，就是"边际收益递增"。

传统经济学的"真理"是：收益是递减的，当事物数量变得充分饱和时，它们就贬值。比如艺术品成为工业生产的装饰品，比如曾经是富人身份地位象征的汽车。

而网络的收益递增，创造了比尔·盖茨所说的"正反馈"循环。"正反馈"循环有两大特征，与"传统的"规模效应不同，工业经济的规模效应对于价值的提升是逐步的和线性的，低投入、低回报，高投入、高回报，但网络经济的价值递增是指数级的，小投入与小投入之间就能相互增强，效益像滚雪球般递增，甚至形成雪崩。"规模效应"与"网络效应"的区别，就像家里的存钱罐与银行的利息的区别。

2. 追随免费

成本最低的方法是什么？免费！随着资源的匮乏性让位于资源的充足性（主要是信息和知识），慷慨将带来财富。为什么免费？为了吸引最稀缺的资源：人类的注意力，而"传统"经济学只关注资源、物资，并不太关注人的注意力，特别是并不关注人类的知识和创造力在经济中的决定性作用。

3. 关系技术

始于技术，终于信任。当软性技术胜过硬性技术，最强有力的技术是那些提升、放大、扩张、增加、抽象、回溯、拓展、发展各种类型的"关系"的技术。

关系意味着要让客户变得和你一样聪明，建立而不是像过去那样"屏蔽"客户与客户的联系，选择能够建立关系的技术，将客户想象成员工，让客户成为产品推广的一个重要力量。

关系资本也是"传统经济学"一直忽视或"视而不见"的重要经济要素。主要原因可能是，标榜自己是"理性科学"的经济学，没有找到合适的数学工具来研究关系资本。

再谈谈"生产与消费"的关系问题。早在20世纪70年代，未来学家托夫勒在划时代作品《未来的冲击》中就指出"另外一半的经济被消失了"，即"将经济主体截然分为生产和消费两极，至少是过于简单化了"。笔者帮托夫勒举一例，作为消费者，你学习使用电脑所花费的时间成本和知识成本，应当大大超过电脑的生产成本了吧？如果没有"你这一半的成本"，整个产业都可能不存在！而今天，Web 3.0 经济学正通过区块链技术实现"关系资本"的价值还原！

4. 机会优先

"机会优于效率"，人类不断完善机器，使其越来越高效，并以此创造财富。但是，最大的财富来源于信息不对称所创造的财富。这意味着低效的发现可能恰恰能创造更大的机会。

当新机器（或新技术）更有效率时，对于人类来说，非效率化的机会发掘和创造更为重要，即机会经济学优于效率经济学。

相对地，创新的初期正是"浪费"效率的，原因是创新需要发现新的知识，成本巨大。比如《纽约客》《名利场》等著名杂志的负责人亚历山大·利伯曼坚称："我信任浪费。浪费过程对于创造过程十分重要。"这是否又颠覆了一条经济学原则？关于成本与收益，在传统经济学一直忽视的知识资本的背景下，今天的网络经济学适时地给予纠正。

"人"的经济学与"物"的经济学

互联网的核心是"人联网"，是从"物"的经济学到"人"的经济学。一直到今天，价值、意义等"人性"关键字，仍在经济学中处于边缘地位；价格、成本等"物性"关键字，则盘踞在经济学的主流殿堂。

人联网不是与物联网相对立的概念，而是包含了物联网、传统互联网以及服务互联网的一个综合构架。人联网的核心是人，工具是互联网，强调人的实时互动与体验，将现实世界与虚拟世界连接，提供个性化的服务。

"人"的经济学不可避免地要研究"人性"。罗伯特·席勒（Robert Shiller）是行为经济学领域的重要学者，曾获得 2013 年诺贝尔经济学奖，他认为，经济学很难有真理性的硬性标准。他创造性地将心理学分析引入经济学中，并通过严谨的论述反驳了"人是理性的"这一经典经济学假设。

目前很多经济学研究案例中，存在着很多理论无法解释的问题，使"物"的经济学无法自圆其说，其原因正是过于简单的"理性人"假设。正常条件下，经济活动呈现的结果也许与经济模型的预期大体一致，但新经济中很多活动并没有呈现出推理应得的结果，这时，非理性具有了压倒性、决定性的作用。

　　抓住价值、意义等"人性"关键字，重视人性在经济领域中的作用，有助于我们去把握例外经济结果的发生，形成创新的想法和产业，为"人性"提供更好的服务。

　　"人"的经济学的另一面，就是知识经济的兴起。传统上，土地、厂房、原材料是工业时代的基本经济要素，而知识要素被绝大多数经济学家有意无意地忽略。

　　知识经济时代已经到来，知识运营已成为经济增长的主要方式。知识经济理论形成于 20 世纪 80 年代初期，美国教授保罗·罗默提出了"新经济增长理论"，认为知识是一个重要的生产要素，它可以提高投资的收益。例如，以微软为代表的软件知识产业的兴起，使知识经济作为一种经济产业形态确立。很长一段时间，微软公司的产值超过美国三大汽车公司产值的总和。

　　知识经济是继自然经济、工业经济后在人类价值创造形式上的全新形态。知识、科技先导型企业将成为经济活动中最具活力的经济组织形式，代表了未来经济发展的方向。

意愿经济学：用户主权与企业主权

　　意愿经济是美国学者多克·希尔斯（Doc Searls）在注意力经济概念的基础上，反其道而行之提出的创新概念。在意愿经济的环境中，买家主动发出购买意愿，极大地减少了卖家寻找目标客户的成本，买家也能尽快完成购买行为，并且卖家不需要用广告激起买家的购买欲望，而是在一个合适的、专业的交易平台上争夺这种意愿。

　　意愿经济的提出绝非偶然，因为时代的信息爆炸与公众注意力有限性，使广告业遭遇前所未有的危机。营销战略家、定位理论的创始人、《广告的没落公关的崛起》的作者艾·里斯（Al Ries）和注意力经济学派的代表人物米切尔·高德哈伯（Michael Goldhaber）都因此预言了广告业的死亡。

　　注意力经济是"卖方找买方的经济"，而意愿经济则是"买方找卖方的经济"。类似的做法早已有之，招标方发出招标公告或投标邀请书，邀请特定或不特定的投标人在规定的时间、地点按照一定的程序进行投标的行为就是一个很好的例子。

意愿经济的益处，并不仅限于生产厂商，意愿经济也是对消费者特定意愿的多样化满足，甚至与产品无关。例如，某个消费者要解决无聊的问题，原来毫不相关的电影、健身、购物行业都有可能同时成为竞争消费者意愿的供应商。

个体的需求得以充分表达，需求市场被无限扩展。不同需求之间相互碰撞，商品和服务的界限逐渐模糊，孕育出更多的产业组合与新兴产业。在意愿经济中，历经千年之后，消费者重新夺回定价权。"顾客就是上帝"的理念真正开始实现。

意愿经济还有一个特点，就是将出现第四方服务商。第一方和第二方是合同的双方，即卖方和买方。多数第三方是为卖方服务的，即帮助卖方来对付买方，而第四方则是站在买方的立场上，帮助消费者整理数据，成为消费者的经纪人。意愿经济中，收到买方数据的第四方会帮助买方寻找最适合的卖方，把买方意愿通过多种渠道传播，然后收集并帮助分析结果。多克·希尔斯在《意愿经济》一书中提到，"第四方服务具备可替代性、独立性、表达意愿及参与管理等四大特征。"

"如果让顾客领舞，市场中就会有更多舞蹈，就会更加活跃……企业应该与消费者共舞，而不是踩在消费者身上跳舞。"在多克·希尔斯看来，意愿经济这种完全脱离了传统商业思想、传统经济学的新商业生态，才刚刚开始。

共享经济学

网络经济就是生态经济。生态之内，生于跨界，死于专注；生态之外，生于专注，死于越界。

生态经济以互联网为基础和纽带，实现跨产业整合下的价值链重构，从而重构生产关系，形成全球化的开放式闭环共享生态系统，创造全新的用户价值和经济价值的下一代经济形态。

生态经济具有三大特点：①价值重构，即以产业链整合构造闭环的生态链，以用户极致体验为核心，打破产业边界、组织边界、创新边界，各环节协同"化反"，不断创造全新元素，提供与众不同的体验和更高的用户价值；②共享，通过资源、能力、资本与价值共享实现一系列创新；③全球化之下的跨产业价值链重构与共享将打破原有的地域专业化分工。

生态经济又叫分享经济，是指将社会海量、分散、闲置的资源平台化、协同化地集聚、复用，达到供需匹配，从而实现经济与社会价值创新的新形态。

分享经济强调一件事：但求所用，不求所有。无须产权让渡，服务经济直接登场，因为分享经济的一个重要理念是使用而不占用。这是由 Airbnb 创始人 Brain Chesky 提出的。

学者认为分享经济涉及四个要素：个人、闲置（过剩）、网络平台、收益。哈佛商学院管理学教授 Nancy Koehn 说："分享经济是指个体间直接交换商品与服务，包括共享车、共享房间、闲置物品交换等，所有这些交换皆可通过网络实现。"

《共享经济：重构未来的商业新模式》的作者罗宾·蔡斯认为，过剩产能＋共享平台＋人人参与，形成了崭新的"人人共享"模式，把组织优势（规模与资源）与个人优势（本地化、专业化、定制化）相结合，从而在一个稀缺的世界里创造出富足。Samuel Kemp 在《分享经济：行业演变轨迹深度解读》中指出，分享经济现象是因个人寻求降低成本并创造利润而产生的。分享经济是一个市场，①用户是个人、企业或机构；②资产或技能的供应过剩和共享，为分配者和用户创造了经济效益；③网络为共享的沟通与协调提供了便利。

换一个更为直观的定义，分享经济是指公众将闲置资源通过社会化平台与他人分享，进而获取收入的经济现象。有四个要素：第一，公众，目前主要以个人为主（将来会衍生到企业和政府等，但形式上主要以个人对个人为主）；第二，闲置资源，主要包括资金、房屋、汽车等物品，个人知识、技术经验等；第三，社会化平台，主要指通过互联网技术实现了大规模分享的平台；第四，获得收入，包括租借、二手交易和兼职等。缺一个都不是我们所说的分享经济。

价值中国曾专访过共享经济学理论之父杰里米·里夫金，求证共享经济的核心成因⊖。通过研究欧盟、中国等主要经济体的政府，里夫金强调，共享经济会发生在能实现"零边际成本"的领域，他认为共享经济将取代今天的"资源占用型"的经济范式："资本主义制度所能提供的，在我们商业、社会和政治生活

⊖ 价值中国网."共享经济"与"零边际成本社会"[EB/OL]. www.chinavalue.net/pvisit/JeremyRifkin.aspx.

中的'人性叙事'和支配一切的'组织叙事'，已经经历十代以上，正在达到顶峰并开始缓慢衰退。我认为在 21 世纪的后半叶，资本主义将退出主导性经济范式。"

里夫金认为："我们正在见证一个资本主义的核心悖论，这个悖论曾推动资本主义发展到巅峰，但现在却威胁着它的未来。"这个悖论就是：竞争市场固有的活力让商业成本大幅下降，以至于许多商品和服务几乎变成免费的，而且非常丰富，不再受制于市场的供求关系的力量。尽管经济学家永远喜欢降低边际成本，但他们从未预见到，一场技术革命可能会让这些成本接近到零的水平。

这种"协同经济"或者"共享经济"的范式是全新的，这种经济范式和过去的"交换经济"截然不同，前者是在分享的基础之上。也许到 2050 年，人们将看到这两种经济形式都仍然存在，但是"协同经济"或者"共享经济"会越来越繁荣，而"交换经济"很可能慢慢走向没落。

到底是什么促成了新经济范式的出现？除了常见的消费者力量的崛起而带来的驱动力，重要的一条就是里夫金所说的"零边际成本社会"的到来。"边际成本"的概念是指，生产额外新单位产品所花费的成本，这种边际成本在特定情况下会接近于零。

在"零边际成本社会"中，通过协同共享以接近免费的方式，同时分享绿色能源和一系列基本商品和服务，这是最具生态效益的发展模式，也是最佳的可持续发展经济模式。

新经济学即"异质经济学"

之前所说"网络经济学"与"传统经济学"的差异，还可做出不同维度的对比分析，对经济学学术思考有兴趣的读者，可以自行总结出更多维度或视角。然而，从"思想的经济性"出发，**笔者更倾向于将新、旧经济学的本质差异归纳为"同质经济学"与"异质经济学"的差异**。因为相同维度与不同维度的区分，就是同质与异质的区分，这才是"差异的差异"。这一思想也源于本书写作的"元假设"：从这一代互联网到下一代互联网（元宇宙）的进化，就是一次"质"的升维。

笔者构造了"异质分形"这一"新经济学"概念。"异质分形"有两层含义，以"人体宇宙"为例，完整的人类生命是从单一的受精卵，经过快速的细胞分裂而形成的，因此，第一，每个细胞都拥有元初生命的受精卵的全部信息（全息），正如每片树叶与整棵树拥有同样的结构和内容一样，此为"分形"；第二，人体的细胞分裂又裂变形成了人体的不同器官，承担着不同的生命功能，此为"异质"。

借用尼葛洛庞帝"原子 – 比特"的概念，笔者用一句话归纳新经济学就是，从资源经济到思想经济，从一元"价格"到多元"价值"。

传统的资源经济是在经济发展中以人类生活所需的资源开发利用为核心的经济，其繁荣直接取决于资源、资本、硬件技术的数量和规模。"稀缺"是资源经济的第一命题：经济学就是研究稀缺的学问。

而新经济却是乐观的"充裕经济学"（加尔布雷斯），或者更精确的"网络效应[一]经济学"：系统数量线性增加，系统价值指数增加。那些采用指数思维（网络思维）的公司，正显现出越来越明显的优势与旺盛的生命力。深度指数型思维的人物，如彼得·蒂尔、埃隆·马斯克等人，则创造出了 Paypal、奇点大学、SpaceX、特斯拉、X-Prize 等大量新经济奇迹。

规模上的指数经济学，也是结构上的"多维经济学"。最早的范本是网络游戏，每个角色都与众不同，角色的多维评价也不可通约，比如游戏中某位英雄人物的勇气值和魅力度就不可通约，就像 NFT。

新经济的多元价值还体现在商品或服务对不同个体的"差异"价值上，即"异质"的信息经济学和知识经济学。在价格之外，信息和知识也完全参与交易，占据价值评估的主要位置。例如，不同时段的紧迫性或供求关系导致专车服务的价格不同；又如，即使面对同一导师，不同知识层次的学员（客户）所接收到的教育内容也不尽相同，等等。

异质性是与个性化服务相关的，它对工业化的大规模同质化生产是一种根本的冲击。互联互通是异质性经济的基础。前文讨论过，异质经济学的元宇宙案例之一，就是从 FT 到 NFT 的"进化"，强调一次，"异质"就是信息或知识

[一] 梅特卡夫定律是网络效应中最著名的定律之一，另一与网络效应相关的定律是里德定律（Reed's Law）：认为社交网络价值与该网络中形成的子群体数量成指数关系，如社交网络中有 n 个用户，可能形成的子群体数量为 2^n。

的异质与不可通约。

经济哲学家柏格森在《时间与自由意志》中提到，生命的本质就在于多样性的统一，即创新、创造。法国后现代哲学家德勒兹⊖着重强调异质性的两个方面，一是虚拟性，二是块茎（四个特征是：连接、异质、多元、分形），这与网络的规律完全符合。

德勒兹通常被视为西方后结构主义极具代表性的哲学家和美学家，他引入了"块茎"这一生物学比喻来阐明他的后结构主义思想。

块茎的第一和第二特征表达了"连接性原则和异质性原则"（Principles of Connection and Hetrogeneity）。块茎与仅仅立足于一点且固定于秩序的树根极为不同，树根有系谱或中心论的蕴含假设，而块茎则把中心去掉并且置入其他维度，这两个特征的核心是"多元异质连接"，互联网络特质正与块茎的这些特征极为吻合。

德勒兹的思想反驳了索绪尔结构主义语言学，而从皮尔斯所代表的多元符号论中汲取了更丰富营养。皮尔斯的符号论具有超越语言而重视形象的多元性质。块茎论认为，应当将以语言为中心的文学文本与视频、声频等进行符号链的连接，并与形形色色的符码模式（生物的、政治的、经济的等模式）建立联系。块茎持续不断地在符号链和权力间进行组构（类似福柯的"话语权力"概念），与关涉艺术、科学、社会斗争的环境之间建立联系。因此，块茎的第三个特征是"多元"（principle of multiplicity）。

"块茎"的第四个特征是"分形"（Principle of Asignifying Rupture）。块茎可以碎裂、散播开来，但它在新旧环境中都能够生长繁衍。比如人类永远无法清除蚂蚁，因为蚂蚁构成动物的块茎. 即使大多数蚂蚁遭到灭顶之灾，它们还是能够一次次地重新聚集起来。组织化给了万物分形、分层、赋形，把权力还给能指⊜，块茎是反系谱学的。

这个反科层化、反组织化、反固定意义、反系谱学的全息分形学特征，使

⊖ 德勒兹，20世纪60年代以来法国复兴尼采运动的关键人物，与后结构主义同行不同，德勒兹的后结构主义色彩直接来自尼采，而不来自结构主义者索绪尔。

⊜ 索绪尔的结构语言学中，"意指"表示语言符号与事物—概念的关系；意指中用以表示具体事物或抽象概念的语言符号称为"能指"，而把语言符号所表示的具体事物或抽象概念称为"所指"。

块茎式的电脑网络成为诠释"分形原则"的一个极佳范例。

值得特别强调的是，信息和知识都参与了异质经济学的价值评估。

第三节　元问题：非对称复杂经济

相信超过 90% 的人没有听过，"经济"一词可以用哲学概念"非对称"来定义。"复杂性问题"也是"非对称"概念的同义词。

诺桑·亚诺夫斯基著有《理性的边界》，全书只有一个主题，就是"自我指涉"（"反身性"或"悖论"），在数学、语言、哲学、计算机、量子力学、相对论等广阔领域，探讨了自我指涉的主题。从日常语言的简单问题开始，过渡到容易理解的哲学问题，最后以抽象的数学世界作为结尾，结论是：我们对自身生活的世界以及我们与这个世界的关系的朴素直觉是错误的，我们、我们的世界，以及我们用来描述世界的科学和数学，这些事物之间的关系和我们所认为的并不一样。最理性的工具如数学，尚且存在悖论，人类理性还有何处是"安全边界"呢？

为了寻求逻辑的"一致性"，多数传统经济学家都小心翼翼地回避经济学中的"反身性问题"（反而是"业余哲学家、专业投资家"索罗斯对此大加赞赏），因此，他们也长期压制了经济学的进化。

今天的复杂经济学至少批判了传统经济学的两大基础假设：第一，传统经济学认为经济常态是"静态的"；第二，传统经济学认为经济是寻求"均衡"的。

传统经济学的终结

2008 年 11 月，英国女王伊丽莎白二世在访问伦敦政治经济学院时曾质问诸位在场的专业人士："为什么没有人预见世界金融危机？"

一石激起千层浪，女王的问题在英伦三岛引起大讨论，英国国家学术院（British Academy）为此专门举办了一场研讨会，试图回答这一问题。

2010 年 7 月 25 日，伦敦政治经济学院教授、英格兰银行货币政策委员会委员蒂姆·贝斯利（Tim Besley），伦敦大学历史学教授彼得·亨尼西（Peter

Hennessy）等一批顶尖学者，联名给女王写了一封信。他们表达了歉意，并解释了金融危机的原因："金融家成功说服各国政府，并让自己也相信，他们已完全掌握了控制风险的有效办法，而现在看来，这已成为人们一厢情愿和傲慢自大的最佳例证。"

经济学家一点不冤枉。正如哈佛大学经济学家罗德里克所言："当前的问题不是经济的问题，而是经济学家的问题。"世界出现变化，而我们表述它的经济范式却保持不变。随着变化的加速，"真实世界"与"我们理解的世界"之间的鸿沟越来越大，危机随之而来，旧经济范式和墨守旧范式的那批人被抛弃。历史已不止一次给出证明，20世纪30年代的"大萧条"抛弃了"胡佛自由放任主义"，70年代的"滞胀"则让"凯恩斯主义"名声扫地，2008年的世界金融危机，又意味着货币主义和新古典主义经济学的统治走到了尽头。

1992年，弗朗西斯·福山出版了《历史的终结与最后的人》一书，专门为高度集权、僵化的苏联模式写挽歌，以"终结论"的惊人之语风靡全球。借用"终结"的标题，并没有福山式的矜持与骄傲，笔者只想用更直接的方式，表达对所有传统经济学的怀疑和失望。

过去几个世纪，在以笛卡尔、牛顿为代表的启蒙思想和理性精神的引导下，人类开始了工业革命的高歌猛进。传统经济学代表的是人类征服自然的"剑与犁"的乐观主义。在这种旧式实证主义的判断与分析范式中，遵循着线性思维：把动态过程中的各种要素简单地归结为某个"原因和结果"，"小的诱因导致小的效果，大的诱因导致大的效果"，传统经济学只关心两个问题，"要么增加资本，要么增加劳动"。

传统经济学还"成功地"将数学模型引入经济学：一般情况下，只要测量出物质、能源、时间等几个参数，就能准确推断出投入和产出的比例。然而，传统经济学这些"优势"越来越遭到挑战。比如，今天人类创造的经济价值中，至少一半以上是不依赖或用很少的物质和能源就能创造出来的。今天的新经济，存在着大量"测不到、测不准"的新要素。新要素终结了传统经济学的统治地位。

比如，传统经济学无法解释以下问题：为什么很多资源匮乏的国家如日本、新加坡、瑞士，要比其他资源丰富的国家如尼日利亚、巴西、俄罗斯的人均收入水平更高？为什么"股神"巴菲特只在传统行业中炒股，而"不敢"涉足科技股尤其是网络股？是的，"不敢"。答案就是，今天的世界已经进入了知识（异质）经济时代。

异质的最大来源是两个"复杂性"维度：经济社会的复杂性，人类知识的复杂性。

德鲁克认为知识经济开创了一个新的"异质"时代。他在《后资本主义社会》中指出，工业社会已经进入了"后资本主义时代"，知识将成为唯一重要的资本，劳动者与资产者之间的阶级对立将消失，或者发生根本转变。在《下一个社会的管理》中，德鲁克进一步指出，下一个社会是知识社会，知识工作者是下一个社会的主力军。

当代管理学家博伊索特，也在《知识资产》一书中解构了新古典经济学的分析基础，阐明了"用知识替代物质"，用"更多的知识、更少的物质"来实现资本替代的基本观点，探讨了知识成为资产的可能性。

经济绝对是一个超级复杂的系统，需要动态甚至是实时地进行考量和评估。对传统经济学来说，无论是理论还是工具准备，都远远不够。笔者曾放言："即便现在将传统经济学全部放弃，今天的世界也没有损失太多！"

根据笔者的"维度哲学"思考，任何经济学理念所涉维度都是远远不够的，以注定狭隘的"理论"观察浩瀚如星辰大海的"实际"，再给理论贴上"不及万一"的标签，这一评论并不夸张。这也从今天的人工智能方法论中得到了验证，如模型的万亿级别参数。

正如复杂经济学奠基人布莱恩·阿瑟所说，"一切关于复杂性的研究，针对的都是多元素系统，这些元素要适应或对它们自身创造的模式做出反应……元素也好，它们所要适应的模式也好，都因具体的情境而异。但是不变的是，元素必须适应它们创造的世界，即它们共同创造的总体模式。通过调整和变化的过程，时间因素也自然而然地进入系统：当元素做出反应时，总体模式发生变化；随着总体模式的变化，元素又得重新做出反应……一个复杂系统必定处于不断进化和展开中。"⊖

⊖　阿瑟.复杂经济学：经济思想的新框架 [M].贾拥民，译.杭州：浙江人民出版社，2018.

复杂经济学案例："Web 2.0 与 Web 3.0"经济学

Grayscale Research 近期的研究报告表明，Web 3.0 是一个更大的互联加密云经济的一部分。这些分布式协议与支持元宇宙虚拟经济的技术基础设施互相操作，并提供了技术基础设施⊖。

该报告对从 Web 1.0 到 Web 3.0 都做了定义，并赞扬了相应的代表企业。互联网一直以来都是用来连接"人"的，现在也开始连接"物"了。过去三十年里，我们与网络互动的方式一直在进化，但是网络社区的三个关键时代可以被认为是：

- Web 1.0：网景（Netscape）把我们"连接在一起"；
- Web 2.0：脸书将我们"连接到在线社区"；
- Web 3.0：去中心社区将我们连接到社区拥有的"虚拟世界"。

Web 1.0 到 Web 3.0 之间的特征如表 6-2 所示。

表 6-2　Web 1.0～Web 3.0 的特征对照

	Web 1.0	Web 2.0	Web 3.0
Interact 互动	Read 读	Read-Write 读 – 写	Read-Write-Own 读 – 写 – 所有权
Medium 媒介	Static Text 静态文本	Interactive Content 互动内容	Virtual Economies 虚拟经济
Organization 组织	Companies 公司	Platforms 平台	Networks 网络
Infrastructure 基础	Personal Computers 个人电脑	Cloud & Mobile 云 & 移动端	Blockchain Cloud 区块链云
Control 控制	Decentralized 去中心化	Centralized 中心化	Decentralized 去中心化

资料来源：Grayscale Research。

"随着我们跨越这些时代，我们的互动和我们用来创造它们的媒介扩展了。我们亲身体验了连接我们的组织架构是如何转变的，我们所依赖的计算基础设施是如何成熟的，以及在社区和大型科技公司之间，对网络的控制是如何衰退和流变的。"⊜

⊖　Grider D. The Metaverse：Web 3.0 Virtual Cloud Economics [J]. Grayscale Research, 2022.

⊜　同⊖。

技术与社会互为因果。Web 2.0 互联网改变了我们使用互联网的方式、地点、时间和原因。这也改变了我们使用的产品、服务和公司，从而改变了我们的商业模式、文化、社会组织和政治治理。Web 3.0 元宇宙也将做出同样甚至更深刻的改变。

"我们将越来越多的注意力转向了数字活动，尤其年轻一代。今天，我们生命中约三分之一的时间（每天约 8 小时）花在看电视、玩游戏或社交媒体上。随着我们在这些数字世界中花费更多的时间，我们也会在这些数字空间中花费更多的金钱，试图在这些在线社区中建立起我们的社会地位"。[一]

我们的社交生活和游戏正在融合，并创造出一个巨大且快速增长的虚拟商品消费经济。据估计，全球虚拟游戏的收入将从 2020 年的 1800 亿美元增长到 2025 年的 4000 亿美元。游戏开发商盈利模式的持续转变，是这一增长趋势的关键动力。越来越多的玩家从付费游戏转向免费游戏，进而，开发者通过向玩家出售游戏道具来提升游戏玩法或社交影响力，玩家也"边玩边赚"（Play and Earn）。

随着从 Web 2.0 时代封闭的企业元空间过渡到 Web 3.0 时代开放的加密元网络，这种转变正在加速。

- Web 2.0 封闭的企业元空间：由大型科技公司或公司集中拥有和控制
- Web 3.0 开放的加密元世界：由全球用户民主地拥有和控制

如今，许多游戏玩家花费金钱和时间在 Web 2.0 封闭的企业元空间中积累了数字财富。问题在于，大多数游戏开发者都不允许玩家通过自己的时间投入和努力去盈利，开发者也禁止玩家与其他玩家进行道具交易，并将这些世界封闭起来，这样玩家就无法将自己在游戏中的财富转移到现实世界中。

相反，Web 3.0 开放的加密元网络通过消除 Web 2.0 平台对这些虚拟世界施加的资本控制来解决这个问题。新模式允许用户将自己的数字资产作为 NFT 来持有，并在游戏中与他人进行交易，还将其带到其他的数字体验中，从而创造出全新的"自由互联网经济"，并且能够在现实世界中盈利。这种"创造者经济"被称为"边玩边赚"。

　一　Grider D. The Metaverse：Web 3.0 Virtual Cloud Economics [J]. Grayscale Research, 2022.

元宇宙的虚拟世界正在为开发人员、第三方创造者和构建这些新兴市场互联网原生加密云经济的用户，创造直通现实世界的价值，比如在 Web 3.0 元宇宙项目中，虚拟土地、商品和服务的总销售额已超过了 2 亿美元。

通过去除历史上控制这些在线空间的集中式 Web 2.0 公司，Web 3.0 的虚拟世界已经从快速的创新和生产力的提高中受益。加密虚拟世界消除了资本管制，向自由市场主义开放了数字边界，为创造者和资产所有者创造了一个价值数百亿美元的一级和二级市场。

这些创新的结合创造了一种新的在线体验，已经吸引了海量用户。Web 3.0 元宇宙的用户近年来增长迅速。2021 年，各类 Web 3.0 虚拟世界已经拥有近 5 万名长期用户（活跃的钱包作为其活跃凭证），虽然绝对数量还很少，但已经比 2020 年年初增长了 10 倍。

元宇宙平台各类别的用户数分别约为：Web 3.0 虚拟世界 5 万，NFT 41 万，区块链游戏 236 万，去中心化金融 345 万，全球加密 2.2 亿，游戏/电竞 2.5 亿，脸书 29 亿（见图 6-5）。

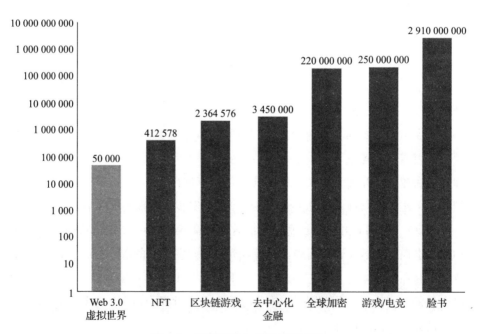

图 6-5　元宇宙平台各类别用户数

资料来源：Grayscale Research。

在 2021 年第三季度，加密货币融资总额为 82 亿美元，其中 Web 3.0 和非加密货币融资 18 亿美元。在 Web 3.0 和 NFT 领域，区块链游戏在 14 项交易中吸引了约 10 亿美元的资金，在各领域中排名第一。

将元宇宙带入生活的市场机会，可能会给公司带来超过 1 万亿美元的年收入，并可能与今天市值约 15 万亿美元的 Web 2.0 公司竞争，这些机会如图 6-5 所示。这种潜力吸引了脸书等公司的转向，这可能会成为其他 Web 2.0 技术巨头和个人投资者追随的催化剂。虽然元宇宙还处于初期阶段，但是一个超越我们今天所知的互联网的数字宇宙正在形成。这种未来状态的网络将改变我们的社交互动、商业交易和整个网络经济。元宇宙还在形成中，但是 Web 3.0 开放的虚拟世界让我们看到了互联网络的未来。元宇宙用户将决定如何与这些无缝的、同真实世界相邻的数字社区进行交互。相反，与 Web 3.0 开放的加密元宇宙网络相比，Web 2.0 平台的封闭特性会让用户处于不利地位。

那么 Web 3.0 更加开放的加密元宇宙的网络架构是什么样的呢？它包括（见图 6-6）：

- 去中心化金融（DeFi）：有去中心化的交易所，允许用户交易游戏道具，而借贷平台则允许用户用他们的虚拟土地贷款。
- 主权虚拟商品（NFTs）：玩家可以从创造者那里购买 NFT 游戏，并将其带到其他虚拟世界中展示或出售。
- 去中心化治理：新的法律框架从集中式公司手中夺回了数字经济的控制权，并允许 Web 3.0 元宇宙的全球网络用户决定他们集体拥有的虚拟空间的"元规则"。
- 去中心化云服务：提供文件存储解决方案，如 Filecoin，为 Web 3.0 元宇宙提供了一个去中心化的基础设施解决方案来存储数据，而在服务层面，如 Livepeer，为虚拟世界提供了去中心化的视频转码的基础设施。
- 自主权身份：互联网的本地社会声誉代币（如"创造者币"）将来自各平台的数据转移到元宇宙中，用于身份确认或信用评分。

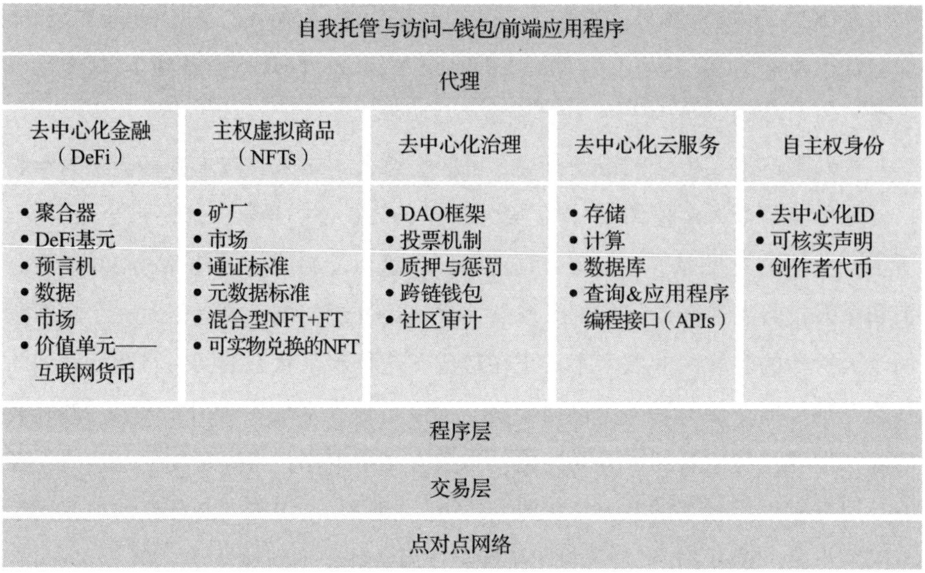

自我托管与访问–钱包/前端应用程序				
代理				
去中心化金融 （DeFi）	主权虚拟商品 （NFTs）	去中心化治理	去中心化云服务	自主权身份
• 聚合器 • DeFi基元 • 预言机 • 数据 • 市场 • 价值单元—— 　互联网货币	• 矿厂 • 市场 • 通证标准 • 元数据标准 • 混合型NFT+FT • 可实物兑换的NFT	• DAO框架 • 投票机制 • 质押与惩罚 • 跨链钱包 • 社区审计	• 存储 • 计算 • 数据库 • 查询&应用程序 　编程接口（APIs）	• 去中心化ID • 可核实声明 • 创作者代币
程序层				
交易层				
点对点网络				

图 6-6　Web 3.0 加密元宇宙网络架构

再说一次，游戏只是 Web 3.0 最直接的目标领域之一，但元宇宙的机会远远超出了游戏领域，其价值已经开始自然地向整个 Web 3.0 转移。据估计，元宇宙将在广告、社交商务和数字领域创造上万亿美元的收入机会。

投身元宇宙领域的各类创造者、创新者，都将从中获益！

非对称经济学

著名未来学家凯文·凯利（KK）在"新技术、新经济、新规则"专访中说过这样一段话：正是不断膨胀的机遇空间，创造了持续发展的经济[⊖]。然后，将引发创新的连锁反应。背后的大逻辑正如经济学家朱利安·西蒙（Julian Simon）所指出的，"在社会的各类机遇中，人类的创造略多于摧毁"。同时他与当代进化论学者斯蒂芬·古尔德（Stephen Gould）一起，将这种"了不起的不对称"深刻地称为"经济"。

KK 没有提及的是，古尔德对于"进化论"的贡献是，他提出了一种学界称为"间断进化"的"非对称"理论，即物种进化需要经历长时间的停滞，然

⊖　林永青. 新技术、新经济、新规则——价值中国专访世界知名未来学家凯文·凯利 [EB/OL]. www.chinavalue.net/pvisit/KevinKelly.aspx.

后在相对较短的时间内快速变化，而不是在数百万年中不断积累而缓慢变化。非对称性信息（asymmetric information）指某些行为人拥有但另一些行为人不拥有的信息。非对称性信息的重要应用领域是企业管理。代理人（经理）对自己的行动或能力拥有私人信息，委托人（股东）往往无法准确观测到代理人的行为。无论采取何种奖励措施，代理人都会选择最大化自己效用水平的行动。因此，在非对称信息条件下，委托人只能通过（尽量）合理地设计一套机制，来诱使代理人显示其私人信息，从而达到双方的利益协调。

委托代理理论"非对称信息"分为以下几类：若非对称性发生在签约前，则称为"逆向选择"；若非对称性发生在签约后，则属于"道德风险"；若行为人的行动不可观测，则称为"隐藏行动"；若行为人具有对手无法观测的知识，则称为"隐藏知识或隐藏信息"。

非对称性信息的另一应用领域是研究市场失败。经济学家阿克洛夫的"旧车市场"模型讲述了一个"劣币驱逐良币"的经典故事：旧车市场中，只有卖主知道车子的质量（这是私人信息）。若采取平均质量定价法，卖主就会趁机抽走高质量的旧车；若采取差别定价法，卖主也会抬高劣品的价格。只要信息不对称存在，旧车市场上留存下来的一定是卖不出去的"劣质车"。

较完整的信息不对称理论由三位美国经济学家约瑟夫·斯蒂格利茨、乔治·阿克洛夫和迈克尔·斯彭斯共同提出，三人也共同获得了2001年诺贝尔经济学奖。市场中卖方比买方更了解有关商品的各种信息，掌握更多信息的一方可通过向信息匮乏的一方传递可靠信息而在市场中获益；买卖双方中拥有信息较少的一方，会努力从另一方获取信息；各种市场信号在一定程度上可弥补信息不对称的问题；信息不对称是市场经济的弊病，要想减少信息不对称对经济产生的危害，政府应在市场体系中发挥一定的作用。这一理论为很多市场现象如股市沉浮、就业与失业、信贷配给、商品促销、市场占有率、金融心理学等提供了解释。

斯蒂格利茨在三位获奖人中名气最大，他在几乎所有经济学领域都卓有贡献，包括宏观经济学、货币经济学、公共理论及国际事务，乃至发展经济学。他将信息不对称这一理论应用到保险市场——由于被保险人与保险公司间信息的不对称，客观上造成一般车主在买过车险后疏于保养，使得保险公司赔不胜赔。斯蒂格利茨提出的解决方案的理论模型是，让买保者在"高自赔率 + 低保

险费"及"低自赔率 + 高保险费"两种投保方式间做出抉择，以"部分"解决
保险过程中的"逆向选择"问题。

复杂性经济学 2.0

布莱恩·阿瑟（W.Brian Arthur）是帕洛阿尔托研究中心（PARC）智能系统
实验室的研究员和圣塔菲研究所的教授，经济学家和技术思想家，也是复杂性
科学的先驱。阿瑟也是研究收益递增现象的先驱，他 1994 年的著作《经济中的
收益递增与路径依赖》包含了几篇开创性论文。他也是研究技术本质及技术与
经济的关系的先驱，更是引导经济学向复杂思维方式转向的关键人物。1999 年，
阿瑟倡导的新经济思想框架被称为"复杂经济学"，并把"传统经济学"降维成
其中的一个特例。

复杂经济学认为，经济未必总处于均衡状态，在同一种经济状况下，既可
能出现收益递增，也可能出现收益递减；经济系统本身不是给定的，而是在一
系列制度、规范和技术创新的不断进化中形成的；个体的行动和战略都处于不
断的进化当中，结构随着时间流逝不断形成且不断重组；世界是一个有机的、
进化的、充斥着历史偶然性的世界；创新，即经济、技术和制度的变迁不一定
是连续的，而是断裂的，新的世界也许会突然取代旧的世界……

复杂经济学主要起源于 20 世纪 80 年代的圣塔菲研究所，第一个"复杂性"
研究项目就是阿瑟主持的。阿瑟在他的作品《复杂经济学》中深入阐释了他的
理论，值得一提的是，书中收录的文章，时间跨度超越 20 年。

阿瑟迄今坚持认为，**经济不是给定的，不可能是简单的技术容器；技术形
塑了经济，但在过程中经济的结构也会变化**。因此，经济是有机的、分层的，
后一层形成于前一层之上；经济永远都在变化，永远都在呈现新的差异；在经
济内部，新结构会浮现，持续一定时间后又会消融。"我要强调的是，所有一切
绝对不只是一种诗意化、人文化的描述，而是严谨的经济学观点，它能够被严
格定义，被精确地探究和分析。"

阿瑟经常被问，这种全新的经济学如何适应标准的经济学分析？它难道不
是标准经济学的一种简单变体吗？他的答案是否定的："它是一种不同的经济学
框架，既不是单纯利用计算机来进行基于主体的建模，也不是将对技术变迁更

加深刻的理解加入内生经济增长模型中去。新经济学要做的事情、所关注的东西、所依据的基本假设，都不同于标准经济学，它特别关注非均衡。换言之，除采用的方法不同，要解决的问题也不同，解答的概念本身也不同。"

"非均衡"就是"非对称"

"均衡"的本意是指供需双方在商品数量和价格上达到某种均衡。但是复杂经济学批判地认为，均衡是不存在的，不是某个特定时点不存在，而是任何时点都不存在，这就是一种"非对称"。

经济是一个庞大而又复杂的由各种制度安排和行为构成的体系。在经济这个体系中，不同的行为主体，如消费者、厂商、银行、投资者、政府机构，从事着各种各样的活动，如买卖、投机、贸易、监督、生产产品、提供服务、对公司投资、制定策略、探究、预测、竞争、学习、创新，以及调整适应，等等。

用现代术语来说，经济就是一个有着无比庞大的并发行为（Concurrent Behavior）的并行系统（Parallel Systems）。市场、价格、贸易协定、制度和产业，全都形成于这些并发行为，并最终形成了经济的总体聚合模式（Aggregate Pattern）。复杂性科学是研究系统中相互作用的要素如何生成整体模式，整体模式反过来又如何导致这些要素发生变化，或导致这些要素调整以适应整体模式的科学。这里也存在着递归循环，使经济具备更多复杂性和反身性。

复杂性并不是一种理论，而是一种科学运动。例如，我们可以研究大量单个汽车在行驶中如何共同形成了某些交通模式，这些模式反过来又如何影响单个汽车的位置。复杂性是关于结构的：结构是如何形成的，这种结构又是如何影响和导致客体的生成的。从复杂性的视角出发去研究经济或经济中的某些领域，就意味着要探究经济是如何进化的，也就意味着要深入详细地研究个体行为是如何共同形成某种结果的，以及这种结果反过来又是如何改变个体的行为的。

这是很大的难题，需要探究一个过程是如何从多行为主体的有目的的行动中生成的。而早期的经济学探究的是，何种模式不需要微观行为就可以做出改变？何种模式将处于静止状态或均衡状态？比如，一般均衡理论关心被生产出来的商品的价格和数量和被消费掉的商品的价格和数量如何做到一致，才会符合各个经济市场的价格和数量的总体特征，因而行为主体也就没有动机去做出改变。传统经济学理论认为"非均衡情况在经济学中无足轻重"，萨缪尔森在1983年还很乐观："不稳定的非均衡状态，即使真的存在，也只是暂时的、非持久的状态……诸位，你们几时曾见过竖起来的鸡蛋呢？"

阿瑟反驳："经典经济学家明确认为，均衡就是经济的最自然状态。但我认为事实并非如此，绝对不会如此。我肯定，非均衡状态才是经济的自然状态，因此经济始终处于变化当中——这不仅因为经济总是面临着外部冲击或影响，还因为非均衡本身就产生于经济内部。内生的非均衡的出现出于两个原因，第一个原因是根本的不确定性，第二个原因是技术创新或技术变革。

"用物理学研究来进行类比。从远处看，太阳是一个由气体组成的巨大球体，而且是一个处于均衡状态的球体。但是在这个"均衡"的内部，还存在着一些强大的机制，它们引起了许多动态现象，如巨大的磁环和磁拱、冕洞、X级耀斑等。太阳这个巨型"气球"确实呈现为一个松散的球体，但是它从来都没有处于均衡状态，相反，它一直处于不断的运动之中。这种运动源于更早之前的扰动，而且进一步破坏了达到均衡的可能性。这些现象都是局部的，并且能够发生在各种维度上。再者，这些现象都是短暂的，它们的出现、消失和互动，从时间上看都是相当随机的。"

赫伯特·西蒙是著名的经济学家、心理学家和计算机科学家，被认为是复杂系统和组织理论的奠基人之一。他提出了"有限理性"的概念，指出人类在处理信息和做出决策时存在局限性，从而引入了不确定性和复杂性的概念。随时间进化的系统，一般都会变得越来越复杂。这似乎无须解释，但其进化路径并不确定，从而使应对复杂性的策略也不相同。赫伯特·西蒙认为复杂性随系统的进化而增加的途径有三种。

第一种途径是，在共生和进化的系统中，复杂性可能会通过"物种"多样性的增加而增加。某些情况下，新物种可以提供更多的生态位，从而使更多的新物种得以涌现，导致物种总数稳定地以螺旋向上的形态增加。

第二种途径是，在单系统中，复杂性可以通过结构复杂性的增加而增加。系统的内部子系统、子功能的数量不断地稳定增加，以便突破系统性能限制，或者增强其运行范围，或者用于处理异常情况。

第三种途径是，复杂性可能通过"捕获软件"的机制而突然增加。系统捕获更简单的元素，并学会将它们编写为"软件"，以便用它们来实现自身的目的。

在三种机制下，复杂性的增加都是间断性[一]的和世代性的。前两种机制是可逆的，复杂性坍塌的情况，随时都可能随机地发生。相关例子不仅在生物学中有，在经济学、自适应计算科学、人工生命和进化博弈理论中，也比比皆是。

复杂经济 1.0 的 6 大特征

为更清晰地描述复杂性方法，布莱恩·阿瑟提出了经济的 6 大特征[二]。这些特征共同决定了，仅使用数学方法，传统经济学将面临极大的困难。

分散的交互作用。经济中发生的几乎所有事情，都是由大量行为主体的相互作用决定的，而这些行为主体是分散的且极可能是异质的、并行行动的。任何一个特定的行为主体的行动，都依赖于他所预期的一定数量的其他行为主体的行动，还依赖于所有行为主体共同创造的聚合状态或总状态（Aggregate State）。

没有全局性的控制者。经济中没有全局性的可以控制行为主体之间的交互作用的实体。如果说有"控制"，那也是通过行为主体之间的竞争和协调机制实现的。经济行为是由法律制度、行为主体承担的角色，以及相互之间不断变化的联结来实现调和的。同样，经济中也不存在万能竞争者，即可以利用经济中的一切机会的某个行为主体。

交叉分层组织。经济中，存在着很多层次的组织和互动。任何一个给定层级的"单元"，通常都要成为构建下一个更高层级的单元的"构件"。经济的整个组织不仅是层次化的，而且在每个层次上都存在许多复杂的交互作用，或者说联系或交流渠道。

连续适应。随着行为主体经验的不断积累，行动、策略、产品等都将不断地被修订、调整，或者说系统将不断地适应。

永恒的创新。随着新的市场、新的技术、新的行为模式、新的机构等不断涌现，新的"利基"将不断地被创造出来。而且，填补一个利基的行动本身也可能会创造新的利基。这导致的结果是持续的、永恒的创新。

　[一]　即前文所说的"间断进化"理论。

　[二]　阿瑟.复杂经济学：经济思想的新框架[M].贾拥民，译.杭州：浙江人民出版社，2018.

非均衡的动力学。由于新的利基、新的潜力、新的可能性等不断地被创造出来，经济的运行会远离任何最优或全局均衡。改进总是可能的，并且确实经常发生。

具有上述特征的系统，现在被称为"自适应非线性网络"，该术语是约翰·霍兰德创造的。在自然界和人类社会中，自适应非线性网络随处可见：神经系统、免疫系统、生态系统，以及经济系统。自适应非线性网络的一个要素是，它们不是简单地以"刺激－反应"的形式采取行动，恰恰相反，它们有所预期。特别是经济行为主体，更会形成预期。他们会建立经济模型，并利用这些模型来进行预测，然后在预测的基础上采取行动。特别注意，这些"预期模型"既不一定要明确，也不一定要连贯，甚至不一定要相互一致。

由于上述复杂经济特征带来的困难，如果只运用传统经济学家习惯使用的数学工具，如线性、不动点、微分方程组等，就不能对自适应非线性网络有一个深刻的理解。相反，我们需要将组合数学和种群层级的随机过程结合起来的新型数学方法，然后再加上计算机建模方法。这些数学方法和计算技术现在还处于起步阶段，但它们都强调组织的各个不同层级上的结构存在涌现的过程。

因此，复杂经济学不是静态的传统经济学理论的暂时附属物，而是更加一般性的，超越了均衡层面的理论。在经济学的所有领域都能感觉到这一新方法的活力：博弈论、货币和金融理论、经济史、贸易，以及政治经济学。任一经济体中更常见情况是，经济模式时刻处于变化中，总是呈现新的特异行为和涌现现象。复杂经济学认为，经济是不确定的、不可预测的、非对称的、非均衡的，而且是依赖于过程的、有机的、永远进化的。

第二经济

20世纪80年代，阿瑟带领圣塔菲研究所的研究人员开发了一种经济学新方法——复杂性经济学。复杂性经济学假设，经济中的参与者不一定面临"明确定义的问题"或可以运用"超理性"，相反，经济不是停滞不前，而是一直在形成，总是在"发现"新鲜事物。在这种新的非均衡的经济观点中，泡沫和崩溃可能发生，市场可能被"玩弄"或被剥削，历史和制度也很重要。

"数字化正在创造一种庞大、自动化和无形的第二经济体，从而带来自工业革命以来最大的变化。"[○]除了关注复杂性经济学的研究，阿瑟也非常关注当下的数字经济现象。

布莱恩·阿瑟在 2011 年发表了一篇名为《第二经济》的文章，意在厘清数字经济背后的复杂经济学规律。阿瑟以美国经济史作为分析样本，"1850 年，也就是美国内战前十年，美国的经济规模很小——不比意大利大多少。40 年后，它成为世界上最大的经济体。中间发生的事情是修铁路。它们将国家的东部与西部连接起来，它们使规模经济成为可能，刺激了钢铁行业和制造业——而经济却从未如此。

"之后，像这样深刻的变化并不罕见。每隔 60 年左右，一项新技术就会出现，并且在几十年内悄悄地、几乎不引人注意地改变了经济：带来新的社会阶层，并为商业创造不同的世界。这种深刻、缓慢而无声的转变今天会发生吗？"

如果说最成功的旧经济和新经济拥有一个"共同点"，那就是阿瑟所说的"复杂网络"：前面的案例是"铁路网络"，后面的案例是"信息网络"。

"信息技术正在发生一些深刻的事情，它远远超出了计算机、社交媒体和互联网的商业化使用。曾经发生在人类之间的业务流程现在正在以电子方式执行。它们发生在一个完全数字化的、看不见的领域。我相信它正在引发一场与铁路革命一样重要的和戏剧性的革命。它正在悄悄地创造第二经济体，一个数字经济体。

"举一个例子。二十年前，如果你走进机场，你会走到柜台前，向一个人出示纸质机票。那个人会在电脑上给你登记，通知你到达的航班，然后托运你的行李。这一切都是人工完成的。今天，你走进机场，找到一台机器，输入一张常旅客卡或信用卡，只需三四秒钟就可以取到登机牌、收据和行李牌——我很感兴趣在那几秒内发生了什么——卡进入的那一刻，就开始了一场机器间的巨大对话。一旦你的姓名被识别，计算机就会通过航空公司（可能还有国家安全局）检查你的航班状态、你的旅行历史、你的姓名与社会保险号码，再检查你的座位选择、你的常旅客身份以及你是否可以使用休息室。看不见的对话发生在众多服务器之间，与其他服务器交谈，与计算机交谈，与卫星交谈。并且为

○　阿瑟. 第二经济 [J/OL]. 麦肯锡季刊 [2011-10]. www.mckinsey.com/business-functions/strategy-and-corporate-finance/our-insights/the-second-economy.

了确保飞机的重量分布良好，机器也会根据机身各部分的负载来调整乘客数量和座位。你触发了这些大型且相当复杂的远程对话：服务器、交换机、路由器以及其他互联网和电信设备更新和来回传输信息。所有这一切都发生在取到登机牌前的几秒钟内。"

因此可以说，所有这些数字化业务流程所构成的"第二经济"，正在与实体经济一起默默地形成。

"第二经济"构成"第一经济"的神经系统。下面是一个非常粗略的估计。自 1995 年以来，当数字化真正开始发挥作用时，劳动生产率（每小时的工作产出）在美国以每年 2.5%～3% 的速度增长，没有人确切知道有多少增长是使用信息技术的结果，但阿瑟认为，65%～100% 的生产力增长应归因于数字化。

那么，假设从长远来看，第二经济将使整个经济体的生产力每年大约增长2.4%，如果我们保持劳动力数量不变，这意味着产出也会以这个速度增长。以2.4% 的速度增长的经济可以实现每 30 年翻一番，所以，如果事情继续下去，到 2025 年，第二经济将与 1995 年的实体经济达到同样规模。这一数字可能有争议，但重点是，第二经济并非实体经济的一个小的附加部分。

回想一下，在阿瑟所描述的数字对话中，发生在实体经济中的某些事情，会被第二经济"感知，然后给出适当回应"：卡车通过 RFID 传感器传递其负载，或者你在机场办理登机手续，会发生大量计算并触发适当的物理动作……这一切并不需要大脑参与，只需要一个连接在一起的网络。这个庞大的全球数字网络正在感知、计算和做出适当反应，即开始构成经济的神经层。也就是说，第二经济构成了实体经济的神经层！

随着工业革命的到来，实体经济形成了一个机器动力形式的肌肉系统，而现在它正在发展出一个神经系统。这个比喻是有效的。1990 年左右，计算机开始认真地相互交流，所有联系开始发生。单个机器和服务器就像神经元、轴突和突触，使信息能够相互对话并采取适当的行动。

这是工业革命以来最大的变化吗？阿瑟相信是这样。他声称"这甚至是有经济史以来最大的变化"。一场深刻的质变正在为经济带来智能、自动的响应。"这里没有上限，没有必须结束的地方。我对科幻小说、预测奇点或谈论半机械人不感兴趣，因为这很容易低估这场变革将产生影响的程度。"

这种正在悄然形成的第二经济，庞大、相互关联且生产力极高，它正在为我们创造一个新的经济世界。阿瑟最后强调，"我们将如何在这个世界上生存？我们将如何适应它？我们将如何从中受益并分享它的好处？这在很大程度上取决于我们自己。"

复杂经济学 2.0 视角

一个经济学流派如果要真正进入主流视野，通常需要几代学者的努力，"复杂经济学"的命运也将如此。从布莱恩·阿瑟的奠基研究开始，复杂经济学研究在学界受到了广泛关注，而阿瑟的后辈，现为牛津大学新经济思维研究所掌门人的埃里克·拜因霍克博士[⊖]接过了导师的衣钵，并大有将"复杂经济学"发扬光大的趋势。

为回答所有人都关心的一个问题"财富从哪里来"，拜因霍克在 2006 年出版了《财富的起源》一书。他的书不仅仅是经济学作品，更向我们展现了复杂时代的知识新常态。

作为复杂经济学的奠基人，布莱恩·阿瑟对《财富的起源》大加赞赏："过去几十年间，经济思想发生了根本性的变化。拜因霍克在书中带领我们踏上了一段饱览思想的闪耀旅程，非常值得一读。"

那么"什么是财富"？拜因霍克明确提出：**财富的本质，就是匹配大多数人需求的秩序。**[⊖]

经济学家杰奥尔杰斯库·罗根在"二战"后一直为罗马尼亚政府工作，始终"中规中矩"，著名经济学家萨缪尔森称呼杰奥尔杰斯库·罗根是"经济学家中的经济学家"。但在 1966 年，60 岁的罗根开始猛烈抨击传统理论，变得叛逆起来。此后他通过研究进化论和物理学来寻找传统经济学的弱点，并于 1971 年出版了巨著《熵定律与经济过程》。

拜因霍克对罗根后期的"叛逆"思想非常推荐，并以此归纳了创造财富价值的三大条件。

第一，不可逆。创造经济价值的过程本身是不可逆的。在经济系统中，时

⊖ 牛津大学政府学院公共政策实践教授、牛津大学新经济思维研究所执行主任，曾在麦肯锡公司工作了 18 年。
⊖ 参考本书第二章"思想的元宇宙"中，迪伊·霍克所倡导的"混沌 – 有序"成功案例。

间是单向的，或者正如罗根在《熵定律与经济过程》中所说的，"我们不能用同一块煤来驱动机车两次"。

第二，低熵。"现在偶然的观察都能证明我们的整个经济生活都依赖于低熵，才智、布料、木材、瓷器、铜……这些都是高度有序的结构。"诚然，经济过程都是使用能量将秩序较低的原材料和信息转换成高度有序的产品和服务，如罗根所说，"经济过程实质上是由高熵向低熵的转变构成的"。

第三，适合度。尽管产品和服务本质上是一种创造秩序的活动，但并非所有的秩序都有经济价值。罗根曾经语焉不详地说道："没有人能利用毒蘑菇的低熵，也并不是所有人都会追求海藻或甲虫的熵。"

如果能同时满足以上三个条件，由物质、能量和信息构成的模式，就具有经济价值。

拜因霍克接着写道，"传统经济学依赖于数学证明，因此，布莱恩·阿瑟认为它受限于'羽毛笔和羊皮纸技术'。传统经济学使用了更加广泛的工具包，定理、均衡分析、博弈论和其他传统方法都是工具包的组成部分，但复杂经济学的研究者还充分利用了摩尔定律，从而广泛地将计算能力应用到了工作当中。"

此外，复杂经济学研究者们还从物理学、生物学和其他领域引入了新的数学工具和统计工具，以更好地理解经济作为一个开放动态系统的属性。最终，复杂经济学家利用实验经济学以及经济学数据分析的进步，来为他们的理论构建了实验证据主体。拜因霍克因此发展出了看待复杂经济系统的五个新视角（见表 6-3）[⊖]。

表 6-3　复杂经济学与传统经济学的对照

	复杂经济学	传统经济学
动态	开放的、动态的非线性系统，远离均衡状态	封闭的、静止的线性系统，处在均衡状态
主体	单独建模，使用归纳法决策，拥有不完备信息，受限于错误和偏差，随时间学习和适应	集体建模，使用演绎计算决策，（自认为）拥有完整信息，无学习和适应的需求
网络	清晰模拟个体行为主体间的互动，关系网络随时间变化	假设行为主体只可通过市场机制进行直接互动

⊖　BEINHOCKER E D. The Origin Of Wealth [M]. Massachusetts: Harvard Business School Press, 2006.

（续）

	复杂经济学	传统经济学
涌现	微观经济与宏观经济无区别，宏观模型是微观行为和互动的结果	微观经济和宏观经济没有关联
进化	变异、选择、放大的进化过程促使系统创新。进化过程引发了秩序和复杂程度的变化	没有内在创新机制，秩序和复杂程度没有变化

资料来源：The Origin Of WEALTH。

视角一：经济是一个动态系统

20 世纪的物理学家拆毁了传统理论，并以相对论、量子力学、非均衡系统热力学、混沌理论和复杂理论取而代之。科学家开始承认，宇宙既不像钟表一样确定，也不像赌场一样随机。事实上，完全确定或完全随机的系统非常罕见。

经济曾被传统经济学错误地划归为均衡系统，但实际上它是一个动态（非均衡）复杂适应系统：系统的当前状态是前一个时刻的状态以及两个时刻之间的变化的函数。简单类比就是银行账户。账户的状态或余额会随着时间变化而变化。明日的余额取决于今日的余额再加上中间一天的变化，例如存款、取款或利息支付等。

动态系统还有个重要因素——时间延迟。冲澡时，你都有过这样的经历：开了热水，发现不够热，于是调高一点，水就变得极烫，然后你就又调低一点，依然很烫，继续调低，结果又太冷了，如此反复。问题在于开关旋钮的调节与淋浴器的温度之间存在着时间延迟。

而且，非线性动态系统还具有路径依赖性，也就是会受到历史影响。比如，高尔夫球手的第四杆取决于第三杆，第三杆又取决于第二杆，以此类推。即对于初始状况的敏感性和路径依赖性，使得非线性系统难以被掌控，并且许多情况下都无法预测。

视角二：行为主体是通过归纳推理进行决策的

任何经济学理论的核心，都是关于人类行为的理论。经济最终是为人服务的，有关经济行为的理论必须回答：我们是如何进行经济决策的？我们运用的是什么类型的信息？有哪些我们更擅长或更不擅长的决策类型？

所有科学理论都是现实世界的近似和简化。因此，我们创建关于人类行为的经济模型，其目标并不在于创造一个完美的复制品，而是更像一张优秀的地图，如实反映地貌的基本特征，但剔除了无关的细节。

人们每一天都在交换故事：有趣的故事、悲伤的故事、他人的故事，等等。为什么故事对人类如此重要？这是因为人类处理信息的主要方式是归纳。归纳的本质是通过模型认知进行推理，以及根据证据中的多数情况进行总结。故事就是我们的归纳思考机器的食粮，是我们寻找模型的材料。交换故事是人类学习的一种方式。

人类尤其擅长归纳模型认知的两个方面。一方面是通过比喻和类比将新经验与旧模型联系起来。另一方面，人类不仅是优秀的模式识别者，还是优秀的模式完善者。我们的大脑很擅长填补缺失信息所造成的裂缝。完善模式以及从高度不完整的信息中得出结论的能力使我们能在快速变化和模糊的环境中进行快速决策。

视角三：经济是一个复杂互动的网络

对于任何复杂适应系统，"网络"都是一个关键因素。若行为主体之间没有互动，就不存在复杂性。比如，生物世界是由一个庞大的网络层级组成的：分子在细胞之中互动，细胞在生物体之中互动，而生物体在生态系统之中互动。

经济世界同样依赖于网络。地球被道路、下水道、供水系统、电网、火车轨道、输气管道、无线电波、电视信号以及光缆环绕着。这些东西提供了物质、能源和信息的高速通道和偏僻小径，它们在经济开放系统中川流不息。此外，经济还包含着大规模的、复杂的虚拟网络：人们在公司之中互动，公司在市场之中互动，而市场在全球经济之中互动。跟生物界一样，经济世界的网络是由网络之中包含的层级构成的。

尽管网络对于经济活动极其重要，但一直未成为传统经济学家的关注点，因为网络无法很好地融入传统的"均衡"范式。近年来，新的数学工具和计算机极大地加速了物理科学和社会科学对于网络的研究。研究表明，网络具有许多通用的特性，这些特性无论是在粒子互动的网络、大脑的神经网络，还是组织之间的人际网络中都是适用的。它们都符合"网络效应"。

比如太阳微系统公司⊖一直使用"计算机就是网络，网络就是计算机"的口

⊖ 太阳微系统公司（Sun Microsystems），硅谷著名 IT 企业，成立于 1982 年。主要业务包括计算机硬件和软件开发、服务和支持。主要产品包括工作站、服务器、存储系统、操作系统、编程语言和开发工具等。2009 年 1 月，太阳微系统公司被甲骨文公司收购，成为甲骨文公司的一个业务部门。

号。笔者认为这是一个非同寻常的洞见。如果拆解计算机，就会看到一堆用线连在一起的芯片形成了网络。拆开其中一个芯片，就会看到数千万个晶体管通过连接形成了网络。电脑不是从单个晶体管中获得动力的，而是从它们所组成的网络中获取的。同样，一台台电脑也可串联成网络，创造出更强大的电脑。

视角四：经济是一种涌现现象

微观经济学自下而上，它从个体决策者开始，然后逐步建立起市场和经济；宏观经济学自上而下，它从诸如为什么会出现失业等问题开始，然后深入研究寻求答案。多数经济学家都认为，理想情况下不应单独区分微观经济学或宏观经济学。人们应该能够从微观行为开始向上归纳，或者从宏观模式开始向下演绎。虽然这两种类型有许多共同的观念、技巧和传统的均衡框架，但不幸的是，我们目前尚未实现这一愿望。

人们由于诸如政治不稳定、自然灾害等原因感到焦虑。如此，消费者和商家会变得更加保守，减少开支，同时持有更多现金。由于经济中任一时间点都有固定的现金流，这些行为使货币退出流通循环。这意味着生产者收入减少，他们变得紧张，进而减少支出和投资，这将导致消费和投资进一步减少。最终，人们失去工作，消费支出减少，加剧了消费和投资下降、失业率上升，供需各方更加焦虑且信心加速下降。

"个体的微观交互，如何创建出宏观结构和模式？"复杂经济学的最终成就是发展出一种理论，把我们从个体理论、网络理论和进化理论带到在现实世界的宏观模式中。这一理论将宏观模式视为涌现现象，即系统作为整体的特征，是内生于个体及环境的相互作用中的。涌现看起来神秘，但我们每天都在经历：一个由 2 个氢原子和 1 个氧原子组成的水分子不会让你感到潮湿，但杯子里几十亿个水分子却会让你感觉杯子是湿的。"湿度"，是水分子在特定温度范围内相互作用的"集体属性"。同样，人体器官是单个细胞共同工作的集体模式，它们一起提供了更高层次的功能，这是任何单一细胞都无法独立完成的。

同理，复杂经济学将商业周期、增长和通胀等经济行为，视为系统内相互作用产生的涌现现象。

视角五：经济是一个进化系统

复杂经济学最有力的主张是，组织、市场和经济不仅仅"就像"（隐喻为）进化系统，它们确实"就是"进化系统。因为进化是一种为复杂问题寻找新颖的解决方案的、通用而强大的方法，是一种学习算法，它不仅适应不断变化的环境，而且能随着时间推移积累知识。进化是自然界所有秩序、复杂性和多样性的准则，也是经济世界所有秩序、复杂性、多样性以及财富的准则。

认知进化理论家丹尼尔·丹尼特说进化是"无须设计师的创造设计"。当我们认为某些东西具有"设计"时，说明它适合于一项任务。锤子是被设计出来钉钉子的，细菌是被设计出来在特定环境中生存和繁殖的。我们还认为被设计的事物具有一定的复杂性、顺序和结构。我们不会认为海滩的沙粒是被设计出来的，但会认为喷气式发动机的复杂结构，或一段音乐中复杂的音符排列是被设计出来的。目的性和复杂性的结合，将设计物与非设计物区分开来。

这正是进化所做的——它自己创造设计。牛津大学进化论学者道金斯的著作也提供了很多信息，他把进化称为"盲眼钟表匠"。进化是一个无意识的、机械的、简单的准则，同时，它在创造巧妙的设计方面也非常高效。

拜因霍克多次提到进化是一种算法，可以将算法视为一些输入的食材，例如面粉、鸡蛋、糖和黄油，通过某些过程对其进行机械加工，例如将其搅拌均匀，在175℃下烘烤15分钟，它将产生一些可靠输出，例如饼干。但进化可能是"价值中立"的算法，它需要获取关于事物设计的信息，并通过一个过程盲目地研究这些信息；进化也是递归的，它在一个循环中的输出会成为下一轮的输入，这种循环性导致它会无限地运行，直到有外力阻止它。

悖论式结语

无论是"简单—复杂""同质—异质"，还是"对称—非对称"这些术语，严格地说，经济理论家们其实并没有说出些什么"实质知识"⊖。笔者认为，

⊖ 实质（Substantive）知识，指具有实际内容、实际问题的相关知识，不区分知识的经验性或理论性，既包括医生临床经验、工程师技术实践等，也包括各领域的规律总结，如经济规律、社交规则等。形式（Formal）知识，指基于逻辑推理、公理系统、符号语言等形式化方法得出的知识，强调知识的逻辑严密性和科学性，注重知识的形式化和抽象性，如数学、逻辑学、哲学等。悖论是，二者无法严格区分。

一是"不敢"，二是"不能"。

　　他们只能在现有知识体系之上，勉为其难地进行权宜表达或形式表达。然而，"反者道之动"，这是生理上拥有"三维大脑"的人类能够做出的最好的"二元化"降维努力了！

| 第七章 |

元金融

如果你不相信或不明白比特币，对不起，我没有时间说服你。

——中本聪

未来的人类社会中，人与人之间的联系会更加紧密，人们之间的交易会更加便捷，并且由于不需要第三方信任机构的存在，加上数字货币的发展，整个社会会节约很多资源和成本，可以用于其他事业的发展……未来的社会将会极大地受益于当今区块链技术的发展。

——斯托尔内塔

虽然大多数技术倾向于使外围工人自动完成琐碎任务，而区块链却实现了中心式工作的自动化了。区块链不是让出租车司机失业，而是让优步失业，让出租车司机直接与客户合作。

——布特林

大多数神话中，无论原始文明还是高等文明，神都是自然力量的化身，力量是首要的，而神是次要的。自然的力量不仅存在于外部世界，也存在于人体内部……统治者的神话与被统治者的神话，完全水火不容。统治者的神话表现"天空的秩序"，而被统治者的神话却"以土为家"。因此，被统治者的神话以"留资源给后代"的大地女神为尊，主神就是大地之母这个伟大女神。

——约瑟夫·坎贝尔

第一节　始自区块链的"去中心化金融"

区块链推动元宇宙

元宇宙或虚拟世界与现实世界的连接，始于两个最基础的模块：硬件方面就是 AR/VR 设备，软件方面就是区块链。早期较成功的元宇宙先行者就是提供虚拟土地"去中心之地"交易的，及提供 3D 场景游戏沙盒的。毫无例外，实现它们最底层的技术支撑就是区块链技术。

有论者曾经归纳了所谓 6 大或 7 大元宇宙的核心技术基础设施，这当然见仁见智。笔者认为，真正能够称得上元宇宙技术基础设施的，在软件方面只有两个：一是人工智能技术，二是区块链技术，其他的技术都是这两者的衍生物或混合物。

先对本章中将会出现的名词做一简短说明。

- 链上治理（On-chain Governance）：通过 DAO 实现，生态系统由其社区管理。在这种类型的系统中，规则被编码部署在区块链上的智能合约中。DAO 的成员可以通过代码或根据持有的代币数量提供给他们的投票权来提出和进行更改。

- 层级分布（Layer Distribution）：元界⊖的架构可以分为多层，通过将区块链划分为几个独立的层，来保护生态系统并减少网络延迟。以"去中心之地"的三层分布为例：共识层、土地层和实时层，所有这些都服务于特定目的，以保持元界的高效运行。

- 无须许可的身份（Permissionless Identity）：无须许可的区块链为每个人提供了参与元界、元域、元宇宙的开放网络。

⊖　"元界 – 元域 – 元宇宙"，笔者在本书中类比为"个体 – 群体 – 社会"，参考"元宇宙观"一章。

- 增强去中心经济（Enhancing Decentralised Economies）：去中心化是元宇宙的一个重要因素，区块链技术可以从根本上提供一个完整的去中心化基础设施。
- 互操作性（Interoperability）：任一元界都不应该是有限的空间，因此连接多个元界或元域，用户可以在其中与其他世界和玩家互动，将其核心理念带入不同的空间生活。区块链技术可以将一个虚拟世界与另一个虚拟世界连接起来，并允许多方谈判和交换商品。比如，Meta 的元界中有人在去中心化市场中出售了 NFT，然后使用这些资金在"去中心之地"购买了一块虚拟土地；又如，艺术家、音乐家、电商公司和其他各类零售商都可以互动和协作，然后出售其 NFT，这些 NFT 最终可能由另一个元界的用户所拥有。

核心的核心：区块链 30 年

通常认为，NFT、DeFi、加密货币（Crypto）这些关键技术构成了元宇宙的基础设施，这当然正确，然而，更底层的技术却是区块链。

2021 年 10 月中旬开始，早期区块链的共同发明者哈伯和斯托尔内塔（见图 7-1）正与一群行业领先的伙伴一起纪念区块链技术的诞生，纪念它的过去、现在和未来。这是对旅程和社区的致敬。庆祝活动持续到 2022 年 1 月 3 日结束，这是比特币起源区块的 30 周年纪念日。公开资料表明，比特币名义上的发明人中本聪，在其白皮书《比特币：一种点对点电子现金系统》（*Bitcoin: A Peer-to-Peer Electronic Cash System*）中描述了比特币的设计，它依赖于哈伯和斯托尔内塔发明的机制，以保证所有交易的完整性。实际上，中本聪的 8 个脚注中有 3 个引用了两人的技术论文。

今天区块链的历史，可以从特别创建的一组 NFT 中找到发展轨迹。2021 年年底的纪念周中，ClubNFT 特别创建了纪念版 NFT，每个 NFT 都包含着早期各个区块链社区的创始人、创新者和思想领袖。NFT 的形式展示了区块链生态系统的多样性和多元性。NFT 意见领袖、Artnome 和 ClubNFT 的创始人杰森·贝利（Jason Bailey）也特别提到："没有哈伯和斯托尔内塔的工作，这个世界就没有 NFT、比特币和区块链。我很高兴利用这个 30 周年庆的机会来创建纪念 NFT，目的是以一种我相信只有他们才能做到的方式，将区块链生态系统中的所有人统一起来。"

图 7-1　两位区块链发明人：斯托尔内塔与哈伯

资料来源：价值网。

笔者在"区块链 30 周年纪念"的第一时间，也对斯托尔内塔教授表达了祝贺，代表一位互联网"老兵"，诚恳地表达了敬意，并进行了专访。以下是专访内容。

"区块链之父"专访：区块链的历史、现实、未来

区块链的开端

价值中国：能否简要介绍一下 1990 年到 1991 年期间，哈伯教授和您是如何提出区块链的想法的？当第一次提出这个概念时，您的主要目的是什么？

斯托尔内塔：事实上，很多人在得知，区块链技术这个概念远远先于比特币的时候，是非常惊讶的。因为他们开始接触的区块链概念，是由比特币带入视野的。所以我会先简单说说区块链技术的历史，之后再谈它与比特币之间的关系。

当我开始思考区块链技术时，还没有这个词汇，这是后来我们创造的一个

词。1989年我从斯坦福大学以物理学博士生的身份毕业，一直对电脑和互联网技术非常感兴趣。当时电脑技术正在迅速发展，所有文件都在慢慢革新成电子版本。那时我就在想，我们如何确定手中的电子版本的文件就是原版呢？如何得知是否有人曾改动过电子版本的文件呢？当时大部分的文件，包括转账记录、交易记录仍然是以文字形式记录的，这些都是纸面形式的文件，都有自己的备份，能够确保书面记录的准确性。

众所周知，"如果可以改变这些文件，就可以改变记录"。当时人们都把精力放在如何确保纸质档案的准确性上，没有人在意电子文档记录的准确性。但是我想到，纸质文档终将会被科技淘汰，我们将会生活在一个所有文档都是电子文档的世界，如果我们不去解决电子文档准确性和真实性的问题，就没有办法区分真实的与被篡改的记录。

我当时在Bellcore做分析师，这家非常开放自由的实验室不会给员工安排特定的按部就班的工作，相反，它鼓励员工选择自己感兴趣并想要解决的问题，然后它提供资源，让员工放手去做。我非常幸运在这里工作，因为我当时并不是很了解密码学和最新的互联网技术，但是我的同事们是非常厉害的密码学专家。哈伯便是其中之一。我对他说："也许我并不是很了解密码学，但是我知道，数字文档准确性的问题一定至关重要！或许我们可以一起解决它，可以真正地做些什么去改变这个世界。"然后，我们就决定一起研究并解决这个问题。作为密码学专家，他教会了我很多密码学知识。

我们一起研究了好几个月，最终找到了一个解决办法，但并不完全令人满意。哈伯解决了这个问题，但是方案要求一个第三方信任机构的存在，即要求信任一个外部渠道。但这样的第三方机构仍然可以篡改记录，所以我们就决定继续探索，去创造一个不需要信任任何人或外部渠道也能确保数字文档不被篡改的方法。继续研究后我们却得出了相反的结论。哈伯找到了问题的关键："我们根本就无法解决这个问题。"他是指不可能不依赖第三方，所以他决定去证明我们无法解决这个问题。

非常有趣，最终在证明我们无法解决这个问题的过程中，我们却找到了如何去解决问题的方法。**终极的解决办法是，既然我们始终要去信任某个人或者某个机构来确保数字文档的准确性，那就去信任每一个人**，也就是说，让世界上的每一个人都是数字文档记录的见证者！

我们颠覆了这个问题，找到了解决办法，我们设想去构建一个网络，能够让所有的数字记录在被创造的时候就传输到每一个用户那里，这样就无人可以篡改这个记录。这就是最早区块链概念的诞生。

价值中国：您在相关机构或者大学实验室就职期间所发明的这项技术，根据美国法律，其知识产权是归您的雇主所有还是您自己所有呢？

斯托尔内塔：我们是发明者，但我们是组织的雇员，按照法律规定，我们的专利权是归雇主所有的，这属于职务行为。也就是说，我们在被雇用期间所发明的一切技术或者产品都是由雇主享有这项专利。

所以我们提出的区块链技术当时是归 Bellcore 所有的，但 Bellcore 并不认为这是一项具有前景的技术，所以哈伯和我决定自立门户，开始我们自己的事业，去开发区块链技术。当时我们都很年轻，也没有什么经验，我们并不懂得如何去做商业，所以在创业初期，我们犯了很多错误。但是我们也做了一些正确的事情。

我们开始了提供区块链技术服务的业务，我们的确发展出了这些业务，并且我们尽全力去找到客户和资源，比如大型会计师事务所、软件公司、大型银行、美国邮政等，它们都想利用最新的技术去升级现有的电子文档存放系统，但由于我们缺乏经验，最后都没有能够和这些公司达成一致，所以最开始的创业基本上都是比较失败的。

我之所以谈论我的失败，是因为我想让大家了解，20世纪90年代的创业者是如何成长的。我们经历了很多失败，也从这些失败中吸取教训，这才得到了后来来之不易的成功。

价值中国：您如何看待比特币和区块链之间的关系？从技术理论上看，是否有可能有人能发明一种不利用区块链技术的分布式货币？

斯托尔内塔：关于我和比特币，是很奇妙的缘分。有一天我收到了一封邮件，里面写了比特币相关的事情，写信人表示他对这项新兴的科技非常感兴趣，他注意到了我和哈伯的研究在其中有所涉及，然后，有一个叫中本聪的人在我和哈伯的研究之上做了更进一步的发展。

人们发现了我的研究成果在比特币中被多次引用，并且我还会说日语，所以怀疑我就是那篇作品的原创作者中本聪，事实上我不是。但是我去了解过中本聪的论文，以及他的研究，确是非常厉害、非常了不起的研究。

我和他取得了联系，他告诉我，有人写邮件问他，他所提出的比特币和我所提出的数字时间戳之间的联系是怎样的，中本聪回答，"比特币是数字时间戳更为分布式的应用，并且专门应用在金钱交易上。"所以提及早期区块链和比特币的关系，正如中本聪所说，"比特币是区块链的一个应用"。比特币创造了一个新货币体系，这是了不起的成就。但区块链还有很多其他的应用，除了已获得最多关注的比特币，区块链仍需要进一步发展。

回到问题。我坚信数字货币在未来有更大的发展空间，它必然是在区块链技术基础之上的，而非脱离区块链。但它不一定要沿用今天被称为比特币的技术。

区块链的特征

价值中国："数字时间戳"的思想对于区块链极为重要，核心在于，它用"以时间换信任"的方式解决了安全问题。请您解释一下加密数字时间戳和区块链之间的关系。

斯托尔内塔：加密数字时间戳技术就是早期的区块链技术，它们就是同一件事情。不像比特币和区块链，它们是有很大差别的。许多人对区块链和比特币的关系有争议，但我认为更重要的事情是要推动未来区块链技术的发展。

价值中国：有人认为，"去中心化"不是区块链的必然特征，"分布式技术"和"去中心化"也可能不是一回事。您是如何看待这种观点的呢？

斯托尔内塔：这个问题非常重要，我特别重视。区块链的主要特征是分布式记录，记录被分布存放是非常必要的，换句话说，目前区块链的算法也是分布式的，这也是比特币的核心技术。所以，我同意文件记录需要被分布储存这个想法。但算法是否一定要是去中心化的算法呢，也许并不是必要的，我们有许多其他办法可以解决算法的问题，而并不是必须要采用比特币的发展模式。我们非常期待看见更多的新方法出现，去推动技术的进步。

我再清楚地总结一下我的观点。

记录是否需要被分布呢？答案是肯定的，只有确保分布式记录，才能保证记录不可篡改，这是区块链的核心技术。

算法是否需要是分布式的呢？我认为在一些情况下需要，而在另一些情况下不需要，这主要取决于应用的主要目的。我们个人、个体在市场上是处于弱势地位的，而统治阶层是处于强势地位的，这样的力量对比在一些情况下是有益的，而在一些情况下并非如此。所以这个问题不能简单地用"是"或者"不是"来回答，这取决于具体的情况和具体的立场。就像我公司名字是日文"幽玄"，意为"沉思"，也就是希望自己在发展的大潮中保持清醒，从不同的角度思考问题，而非"随波逐流"地赚取利益。

价值中国：您认为基于区块链的应用程序与非区块链应用程序之间的主要区别是什么？

斯托尔内塔：最主要的区别就是第三方信任机构，只有区块链技术可以达到去中心化的信任机制，达到人和人之间的信任，而不需要依赖特定第三方信任机构。

最明显的例子就是银行业。银行在我们的生活中充当中介机构，当我们想要安排资产的时候，就会把我们的资产存入银行。银行之所以能够存在，是因为在日常交易中我们需要一个第三方机构去信任，这样银行就成为一个中心化和集中化的机构。

但如果我们不需要这个机构就能实现信任呢？如果我们可以实现人与人之间直接的信任联系呢？区块链就是可以实现人与人之间直接连接，能够建立人与人之间信任的技术，这是全新的商业模式，将彻底改变我们现有的生活方式。

我再说一个在区块链发明之前的例子，这样更容易理解。之前的电话系统，我们需要拨打电话到呼叫中心，再由呼叫中心替我们拨打电话给个人，我们没有办法实现人与人的直接通话。但是，后来有了电话交换机技术，我们就用技术实现了"人工呼叫中心"的功能。再后来，我们发明了移动电话，我们可以直接拨打电话给个人。再后来有了Skype这样的互联网语音电话软件，我们甚至不需要手机号码就可以直接拨打电话给其他人了。人们之间可以实现直接联系，而不需要一个第三方信任机构。这就是人与人、点与点之间"去中心化"的连接。

区块链的未来

价值中国：理论上区块链可用于任何行业。您认为在哪方面最适合利用区块链并且能最大限度地发挥它的价值？

斯托尔内塔：首先我非常赞同"区块链可以应用于任何行业"这个观点。我认为，它可以使任何使用数字数据技术的行业受益，得到更好的发展。但是的确有一些行业在早期应用区块链的时候就会产生最明显的变革，最快获得最大的效益，比如金融服务业。其他行业，可能需要花费更长的时间去应用区块链技术。

举一个简单例子，就像酒店和 Airbnb 的关系。自从出现 Airbnb，酒店就不是一个必须存在的机构了；而此前，酒店作为中介机构，提供人们的住宿，Airbnb 却实现了人与人之间的直接连接，不需要一个中介机构，而是可以让住户直接和房主联系。

而区块链技术在金融和交易方面的应用是更显著的。目前，数字货币的发展最引人注目，因为数字货币的效益更高，人们最先接触也最为关注的就是金融业。我认为在区块链的早期发展中，金融服务业最能发挥它的价值。

价值中国：技术方面，您对区块链未来发展的期望是什么？会否有大的挑战或者阻碍呢？

斯托尔内塔：哈伯和我对于区块链的发展有非常大的期望，实际上区块链目前的发展已经超过了我们当初的期望。在区块链的发展过程中，出现了很多杰出的人才，为区块链的发展贡献了自己的力量。我们很荣幸成为区块链发展历程的一部分，能够见证它的发展，但我觉得区块链技术在未来仍然有很多进步的空间和潜能。

未来的发展中也有很多挑战。比如说现在的组织甚至政府因为担心区块链会颠覆现有的体系，可能会造成社会其他方面的改变，所以并不十分支持区块链的发展。但我认为，一个优秀的组织应该努力适应新的技术，根据新的技术调整自身，与时俱进而不是墨守成规。

价值中国：面对区块链的未来增长和发展，您认为自己的角色是什么？与互联网的发展历史相比，您认为自己是传播者还是更像技术发明者或开发者？这个问题的缘起，是因为我们也对"互联网之父"温特·瑟夫做过专访，他除了是技术发明家，也在推广互联网领域的技术标准设定、协商机制达成和国际组织搭建等方面，做了大量的工作。

斯托尔内塔：温特·瑟夫也是我的好友，我认为我的成就远远无法与他相比。我觉得自己只是技术进步中的一小部分，很多其他更为杰出的人才在为这个行业的发展而努力着。区块链技术对我而言，不仅是我的使命，更现实地说，它是我赖以生存的工作。所以我更加尽心尽力地去促进它的发展。

对整个团体来说，我更像是一个推广大使，把区块链技术介绍给大众。我希望能够帮助其他人认识到自己的梦想、自己想做的事情。我希望大家能够看见这项技术、这个团体的壮大和发展。我不仅仅想赚取利益，更想看见它给整个人类社会带来改变。其实每一个人都可以在社会发展的过程中贡献自己的力量。当然，我认为社会进步与发展的基石就是技术，即使我们不是技术专业出身的，我们仍然应该去学习、去了解最新的技术，这样自身也能获得成长与发展。

价值中国：请介绍一下区块链在不久的将来，如何改变我们人类社会的一些细节。

斯托尔内塔：之前我已提到一些改变，第一点我认为最显著的改变就是人与人之间直接信任的建立，第二点就是当我们建立数字货币体系的时候，整个现有的货币体系金融体系就改变了。

在未来的人类社会中，人与人之间的联系会更加紧密，人们之间的交易会更加便捷，并且由于不需要第三方信任机构的存在，加上数字货币的发展，整个社会将节约下来很多资源和成本，可以用于其他事业的发展。所以，未来的社会将极大地受益于区块链技术的发展。

价值中国：有人认为，区块链将带来一个没有国界的无政府世界。无政府主义是否是您希望区块链未来达成的理想之一呢，为什么？除了监管之外，您认为政府在区块链中的角色是什么？

斯托尔内塔：这是很多人加入区块链的初衷，他们渴望通过区块链技术实现自由和平等。虽然这并不是我的最初愿望，我对他们的理想怀抱敬意，因为我认为我们都希望建立一个更平等的社会。但随着区块链技术的发展，很多时候我们需要调整自己的目标，这是任何科技革命过程中都会遇到的问题。

我认为政府在技术发展过程中是很重要的，如果政府能够全力支持新技术的发展，那么新技术便会有极大的发展空间。同时，政府也可以起到监管作用，在技术发展的过程中起到监督维护的作用。我觉得我们和政府应该进行友好的合作，这样才能达到双赢的结果。

区块链在金融领域的功用

区块链的出现，使互联网从"信息互联网"进化到了"价值互联网"。

价值互联网的一大特征是社区的共同行动性，也就是大家基于认定价值去完成一个共同目标。那么，怎么来保证大家一起完成某件事呢？在价值互联网的这套体系中，不容忽视的特性有以下几点。

数据不可篡改。区块链不会被伪造，信息高度透明，这解决了信息安全问题，更重要的是，每一笔交易都是一次价值观的确定。

共识机制恒定。从一开始就要确定一个共识机制，共识一旦形成，就很难进行更改，良好的共识是区块链发展的强大驱动力。

去中心化决策。价值互联网的显著特征是去中心化，即交易双方不需要中心化的第三方的信用背书或助力就能直接完成交易。这也是基于区块链的价值互联网的显著特征。

公开化和透明化。比特币"创世主"中本聪挖出了第一批比特币，他是比特币信徒的信仰所在。与其说人们在信奉比特币与区块链，在某种意义上不如说是当传统无法适应需要，人们对一种公开公平、自由透明的技术价值的追求。

即使介绍过斯托尔内塔教授对区块链的透彻分享，也介绍了价值互联网的特点和独特作用，或许还有大量读者存有疑问："信息互联网"与"价值互联网"之间到底有何关系？

笔者的回答非常简单：永远都只有一个互联网！"价值互联网"不过是在"信息互联网"之上，加了一个"信息加密和信息确认的保护层"，也就是**通过"信息"算法实现了"价值"确认**。换言之，所谓"价值互联网"，只不过是一种特殊的"信息互联网"。同理，我们在本书中一直在讨论的"元宇宙"，其实也还是原先的那个互联网的升级版。

唐·塔普斯科特是区块链研究所（BRI）的执行主席，在技术对商业和社会的影响方面是全球领先的权威之一。他撰写了近20本书，包括《维基经济学》，该书已被翻译成25种语言。他还是欧洲工商管理学院的兼职教授和加拿大特伦特大学荣誉校长，在2013～2019年担任该校校长。

2016 年，他与儿子亚历克斯（Alex）合著了全球畅销书《区块链革命：比特币底层技术如何改变货币、商业和世界》，已被翻译成 20 多种语言。据哈佛商学院已故的克莱顿·克里斯坦森教授的评价，这是"一本关于如何在下一波技术驱动的颠覆中生存和繁荣的书"。该书 2018 年再版时，更新了有关数字资产、主权身份和中央银行数字货币的最新进展。

2017 年，唐和亚历克斯共同创立了区块链研究所，该研究所的 100 多个项目是对区块链战略、用例、实施挑战和组织转型的权威调查。此后，唐又出版了一本新书，名为《供应链革命：区块链技术如何改变全球资产流通》，这本书于 2020 年 6 月在亚马逊网站上以"第一畅销书"的身份亮相。

早在 1993 年，唐在硅谷创办了新范式（New Paradigm）智库，关注和研究突破性技术在生产率、商业设计和效能、竞争力等方面的商业应用。他是数字经济早期的倡导者，他的研究领域主要是讨论商业和社会方面如何受信息技术影响，他对区块链这个巨大的分布式世界账本给出了最好的诠释。

他认为，区块链的核心就是巨大的分布式账本，大银行和一些政府机构正在将区块链作为分布式账本实施，以改变信息存储和交易发生的方式。它们的目标是值得称赞的：高速度、低成本、安全性、更少的错误以及消除中心点受攻击和发生故障的可能性。

这些区块链模式不必然需要加密货币的加持，但比特币无疑是迄今为止最成功的公共区块链应用。比特币或其他加密货币并不是存储在某个地方的文件里的，而是以交易的形式存储在一个名为区块链的总账或表格中，区块链则利用大范围的点对点网络资源去校验和批准每一笔交易。

区块链是分布式的，它运行在由全球志愿者提供的计算机上，黑客们并不能通过入侵某个中心化数据库去破坏这个系统。区块链又是公开的，任何人都能在任何时候查看区块链上的信息，因为它是在网络上"广泛"存在的，而不是存在于像传统系统那样负责审计、保管记录的中心化机构中。区块链还是加密的，它使用了高强度的公钥、私钥加密算法（而不是像保险箱只使用两把钥匙）去维护虚拟世界的安全性。你不需要担心家得宝（美国家居连锁店）或美国联邦政府系统里脆弱的防火墙，也不需要担心某家大银行职员可能发生的盗窃行为对系统的影响。

在比特币网络中，每十分钟，就如网络中的心跳节奏一样，比特币网络在这个周期内发生的交易都将会被确认、清算，并存储在一个首尾相连的区块结构上，这样就构成了一个链条。每一个区块都得对此前区块的事实进行确认。这个架构能够为价值交换活动加盖永久性的时间戳，让任何人都不能篡改这个账本。

如果你想盗窃一个比特币，你就必须在众目睽睽之下改写在区块链上的这个比特币的全部历史记录，而这（几乎是）完全不可能的。因此，区块链就是一个分布式账本，它代表着一个网络上的共识——每一笔历史交易的来龙去脉都记录得清清楚楚。相对于世界范围的信息互联网来说，区块链就是世界范围的价值账本。它是一个分布式账本，任何人都能下载这个账本，并在自己的电脑上运行。

普遍认为，复式记账法的发明让资本主义和民族国家走向繁荣。通过定制相应的程序，这个为经济交易而设的新型数字账本，几乎可用于记录对人类而言一切有价值和重要的事物：出生证、死亡证、婚姻证、契约和所有权凭证、教育学位、金融账户、医学流程、保险偿付、投票、食物溯源以及其他能用代码去编写和表达的事物。

这个新型的平台能用于大部分数字记录的实时对账（对事实进行确认）。事实上，在不久的将来，现实世界的数十亿智能设备将能够进行重要信息的感知、响应、通信和共享工作，从保护我们的环境到管理我们的健康信息，它们几乎是无所不能的。

相信这一事实能让我们实现自由，分布式信任则会给各行各业带来深远影响。作为一个音乐爱好者，或许你想用艺术创作作为谋生的手段；作为一个顾客，或许你想知道眼前的汉堡包来自何方；作为一个移民，或许你已经对汇款到家乡所需的高昂费用忍无可忍了；作为一个沙特阿拉伯的妇女，或许你想买一本时装杂志；作为一个救援人员，或许你需要确定某块土地的主人，这样你才能在地震后帮助他们重建家园；作为一个公民，或许你已经难以忍受意见领袖们缺乏透明度；作为一个社交媒体用户，或许你觉得你生产的所有数据都对你富有价值，而且你的隐私权也不可忽视。即使是在本书撰文之际，创业家们仍正为所有方面的需求创建基于区块链的应用程序。这还仅仅是一个开始！

那么，回到本节主题，区块链可以令金融服务实现哪些升级功能呢？ ⊖

价值验证。如今我们一般依靠强大的中介机构在金融交易中创建信任并验证身份。要获得银行账户和贷款这种基本金融服务，最终还得靠这些中介的仲裁。区块链可以减少甚至彻底取消某些交易中对中介机构的信任依赖。这项技术也将让节点创建出可供认证、稳健且有着密码学确保安全的身份，并且在需要信任的时候创建信任。

价值转移。金融机构每时每刻都在全世界范围内转移金钱，并且需要确保不会出现双重支付：大到数十亿美元的公司间资金转移、资产购置或公司收购，小到 iTunes 上购买的 0.99 元一支的乐曲。区块链可以成为任何形式的价值转移的通用标准，包括货币、股票、债券及产权等，可以进行大批量及小批量、近距离及远距离、对手方已知及未知等各种形式的交易。因此，区块链对价值转移的意义就像标准化货柜对商品运输的意义一样：可以极大地减少成本、提高速度、降低摩擦及促进经济增长和繁荣。

价值存储。金融机构是机构、政府和公众存放价值的仓库。对于普通人，他们会把价值储存在保险箱、定期或活期储蓄账户中。对于大型机构，它们需要大量的流动性，并确保它们的现金等价物能够收到一定的小额回报，即所谓的"无风险投资"，如货币市场资金或国库券。有了区块链，个人不用再把银行作为存放价值的首选或将其作为定期、活期账户的提供方，而机构则会有一个更加有效的机制来购入并持有无风险的金融资产。

价值贷款。从住房抵押贷款到国债，金融机构推动了信用证的发行，比如信用卡、抵押贷款、公司债券、市政债券、政府债券以及资产担保的证券等。这些贷款业务带动了大量辅助产业的崛起，比如信用检查、信用评分以及信用评级。对个人或机构来说，信用评分或评级十分重要。而在区块链上，任何人都能直接进行传统债务证书的发行、交易及结算，这样可以减少摩擦、降低风险、提高速度及增加透明度。消费者也能从其他消费者那里获得贷款。这对世界各地的无银行账户人口及企业家来说尤其重要。

价值交换。金钱维持着世界的运转。每天市场要完成全球数万亿的金融资

⊖ 唐·塔普斯科特，亚力克斯·塔普斯科特. 区块链革命 [M]. 凯尔，孙铭，周沁园，译. 北京：中信出版社，2016.

产交换。交易是为投资、套保及套利等目的而进行的资产和金融工具的买卖行为，其范围包括清算、结算、存储等交易后处理等环节。区块链能够节省所有交易的结算时间，从几天、几周缩短到几分、几秒。这种速度和效率为无银行账户人员和未能得到充分金融服务的人员提供了参与到财富创造中的机会。

融资与投资。对资产、公司或新企业的投资为个人带来了获取回报的机会，这些回报会以资本升值、分红、利息、租金或一些组合形式出现。有产业就有市场，在每一个发展阶段，这都能将投资者同企业所有者、创业人员匹配起来。筹资一般需要中间人的参与，比如投资银行家、风投资本家、律师之类，区块链能够实现新形式的点对点融资，它能够提高红利与息票的记录与支付效率，使这些环节更透明、更安全。

价值保险及风险管理。风险管理（保险是其中一个子集）的目标是保护个体和公司免遭不确定的损失或灾难。更广泛地，金融市场的风险管理还推动了系列衍生产品和其他金融工具的出现，以对冲一些无法预测或控制的情况所带来的风险。目前，所有未偿付的场外交易衍生品的名义总价达600万亿美元。区块链支持去中心化保险模式，使得衍生品在风险管理中的使用更加透明，能够使保险公司更精确地算出风险，从而做出有充分依据的决定。

价值核算。会计核算是对经济实体金融信息的测量、处理与沟通。今天这个价值数十亿美元的产业由四大会计师事务所掌控着，分别是德勤、普华永道、安永以及毕马威。传统会计实践将无法适应现代金融的复杂程度及操作速率，而采用区块链分布式账本技术的核算方式，将使审计与财务申报更及时，而且能提升其透明度。此外，它还将完善审查功能，从而大大增进监管部门审查公司内部财务行为的能力。

第二节　金融3.0：什么是DeFi

"真实伦敦"：从一位银行家说起

元宇宙所有板块的运用中，"去中心化"是基本趋势，Web 3.0、区块链、平台架构、通证经济、企业组织、虚拟货币及金融服务都是如此，去中心化金融（DeFi）将在宏观经济层面上改变整个金融体系的结构。

《福布斯》在 2021 年年终的一份回顾中，报道了银行家布莱恩·罗斯（Brian Rose）的故事。

"嗨，我是布莱恩·罗斯，30 年前，我是交易复杂金融衍生品的先驱之一，这些工具彻底改变了金融业，并让华尔街赚取数万亿美元。那是一个激动人心的时刻，像我这样来自麻省理工学院的金融工程师，创造了前所未有的复杂的金融衍生产品，并为对定制风险和投资回报有着贪婪胃口的客户提供服务。

"几年之后，为追求新兴的欧洲货币统一市场的机会，我离开了华尔街，搬到了伦敦金融城。同样，在那里我于 1997 年促成了第一个'交易商间信用衍生品掉期交易'⊖，并在 2004 年促成了第一个'交易商间信用指数掉期交易'⊜。

"我对华尔街和伦敦金融城的客户都这样说：'简单的股票和债券交易的日子已经一去不复返了，相反，我们可以为你构建你梦寐以求的任何综合金融工具，并在你想要的任何平台上提供期权、杠杆和服务。'

"十多年以来，我为我自己抓住了欧洲市场的机会而欢欣鼓舞，同时，我认为这些令人难以置信的里程碑式的经历一生只有一次。然而，我错了。

"现在，这种里程碑式的机遇再次发生！但这一次是以完全'去中心化'的方式，更快速度、更大规模地在量子级别上增长，这一次的机遇会大得多得多……这就是为什么我决定全力以赴参与'去中心化金融'，我认为这将是人类历史上最大的一次财富再分配。"

布莱恩·罗斯结束了十多年在华尔街和伦敦金融城大获成功的银行家生涯，于 2011 年创立了真实伦敦学院（London Real Academy）和同名的播客频道。他自称离开金融圈是因为"我的生活兑现了我在麻省理工学院接受大学教育时的承诺和个人抱负，但我感到空虚"。

所以他辞掉工作，开始了他的播客分享旅程。他奋力"抵抗"空虚的生活，目前已经将"真实伦敦学院"打造为拥有超过 10 亿浏览量和 200 万订阅者的新一代媒体企业。声称"作为主流媒体麻木不仁的解毒剂"，罗斯进行了 800 多次深入采访。

罗斯创立的真实伦敦学院希望为用户提供旨在帮助他们提升自己的课程。

⊖ 交易商间信用衍生品掉期交易, ICDS, Interdealer Credit Derivatives Swap。
⊜ 交易商间信用指数掉期交易, ICIS, Inter-dealer Credit Index Swap。

他还在 2021 年成为竞选伦敦市长的候选人。

在节目中，罗斯反复提及"什么是去中心化金融"这个问题。"去中心化金融是一种基于区块链的金融形式，不依赖经纪人、集中交易所或传统银行等中央式金融中介机构提供传统金融工具……这是至关重要的。我常年为这些机构工作，相信我的判断，我们整天都在努力为自己争取尽可能多的利润。我了解这些金融机构的权力和能量。"

区块链的去中心化数字分布式记账所执行的全部金融功能，就是 DeFi 的应用，这种技术最初被比特币使用，但后来发展到更多领域。

开放的区块链意味着一切都是公开、透明的，包括交易费用。这意味着传统的银行业务将被彻底颠覆，客户规模和创新速度都将大大提升。

据估计，目前全球的各中央金融部门每年从全球经济中"提取了"超过 9.1 万亿美元的收入，这比公用事业、通信服务和房地产部门的总和还要多。这意味着，至少有 9 万亿美元正等待被大规模颠覆和重新分配。

罗斯在节目中激动地高喊要即刻抛弃那些"心埋阴暗的金融中间人！"，因为 DeFi 的出现，未来将：

- 不再有更多的银行家，他们因为缺乏透明度而吃掉了巨大的利差；
- 当涉及危险的风险敞口时，不再有更多的银行让它们的客户蒙在鼓里；
- DeFi 和区块链，将彻底改变作为消费者的我们理解和与金钱互动的方式。

罗斯在节目的最后表示："这就是为什么我和我的团队将在接下来的 10 年里全力以赴，帮助大家理解并做好投资，以从这个令人兴奋的新市场中获利。"

为什么将 DeFi 称为"金融 3.0"？因为传统金融是 1.0，金融科技（FinTech）是 2.0，而现在到了金融 3.0 时代。简单地说，金融 3.0 就是"互联网金融模式"与"金融互联网技术"的叠加。

从去中心化网络（区块链）到去中心化资产（FT/NFT），再到去中心化组织，再到去中心化应用，其实都是作为技术准备和组织准备的前戏，直到产业面的去中心化金融的出现，元宇宙大戏才正式上演！

更加令人惊诧的是，这一切都是在最近短短的 5 年内"涌现"出来的。正是这所有一切的技术和模式的迭代准备，才有人胆敢在 2021 年喊出："元宇宙"

已经降临!

在 2021 年刚刚听说"元宇宙"的大多数人,通常并不了解此之数十年的业界探索和努力,这情有可原。但是,从今开始,不要再对着一个涉及数十个领域、数万亿规模的市场问"元宇宙是风口还是泡沫"这样外行的问题了。笔者认为,元宇宙不是"风口",更不是"泡沫",而是人类社会数字化生存的"目的地"。

DeFi 的专业特征

多数 DeFi 是直接连接到金融服务的智能合约、去中心化应用(DApp)和以太坊等独有的协议中的。一些较为知名的 DeFi 平台还包括去中心化交易所、借贷市场以及黄金通证化资产等,甚至还可以扩展到衍生品、支付网络和网络保险等其他金融服务。如果你是加密货币世界的新手,让我们先分析一下支持DeFi 的关键要素。

- 智能合约。它们允许在其网络上运行的应用程序或脚本创建数字资产。这使得复杂的不可逆协议(例如支付或转账)能够在不需要"中间人"的情况下获得授权,传统上,中间人是银行或其他一些成熟的金融机构。
- 去中心化应用。DApp 是一种软件应用程序,它运行在分布式对等网络上,而不是托管在中央服务器上。它们可以像使用网络浏览器或智能手机时访问的任何应用程序一样,不同之处在于它运行在去中心化网络(例如以太坊)上。
- 去中心化交易所(DEX)。DEX 类似于 eToro 等在线交易平台,不同之处在于,它由使用以太坊区块链的智能合约运行,允许交易加密货币而不是传统资产。DEX 的主要好处是,由于它是去中心化的,大大降低了因外部黑客或内部欺诈而丢失资产的风险。

DeFi 与传统金融有何不同

那么,为什么你会考虑使用 DeFi 而不是传统的银行和交易平台?下面概述了这种新形式的融资提供的一些主要优势。

- 减少人为错误空间。DeFi 不是依靠人类来管理操作，而是依靠代码（智能合约）编写的规则。一旦你的智能合约部署到网络上，DApp 就能够以最少的人工交互运行。

- 完全透明。由于区块链的去中心化特性，智能合约本质上是开源的，任何人都可以进行审计。这导致了高度的用户信任，每个人都有机会学习合约的代码或发现错误。所有交易活动也是公开的，任何人都可以查看。同时，隐私却得到保护，因为每笔交易都不会直接与用户的真实身份相关联。

- 随时随地访问。DeFi 和为其提供支持的 DApp，旨在实现不受国际边界限制的全球访问。无论你是在悉尼还是在圣萨尔瓦多，都可以通过互联网连接访问你的专属 DeFi 服务。但重要的是要记住，有关数字货币的当地法规可能仍然对你起作用。

- 没有烦琐流程。DeFi 是"无须许可的"，这意味着无须中间人处理，或填写冗长的表格，你就可以直接与你的加密钱包中的智能合约进行交互和交易。

- 灵活的用户体验。由于 DeFi 是"无须许可的"，因此任何人都可以构建或修改它们。把智能合约想象成一个开源 API：如果你不喜欢某一个 DApp 的界面，你可以简单地使用第三方甚至构建你自己的用户界面。

- 便捷的模块化。可以通过无缝组合其他 DeFi 产品（如数字乐高积木）来自由创建或定制新的 DApp。可自由连接的平台规模不是问题，包括便捷地连接大型复杂 DeFi 平台、去中心化交易所或者预测交易市场的软件服务，助力形成全新产品的能力。

如何操作 DeFi 服务？用户通常通过名为"DApps"的软件与 DeFi 互动，其中大部分目前在以太坊区块链上运行。与传统银行不同，它无须填写申请或开设账户，拥有以下特征。

- 开放（Open）：无须任何申请或"开立"账户，你只需创建一个"加密钱包"即可访问。

- 匿名（Pseudonymous）：无须提供你的姓名、电子邮件地址或任何个人信息。

- 灵活（Flexible）：可以随时随地移动你的资产，无须征得许可，无须等待长时间的转移完成，无须支付昂贵的费用。

- 快速（Fast）：利率和奖励经常快速更新（最快每 15 秒更新一次），并且效率明显高于传统的华尔街。

- 透明（Transparent）：每个参与的人都可以看到完整的交易，任何传统的公司或机构都极少授予这种透明度。

DeFi 的组织和结构

从原则上讲，DeFi 的组成部分与现有金融生态系统的组成部分相同，只是采用了去中心的布局。它们与传统金融系统一样，也需要稳定的货币和广泛的应用。DeFi 组件采用稳定币、加密交换和借贷服务等服务的形式。智能合约为 DeFi 应用程序的运行提供了框架，因为它们对这些服务运行所需的条款和活动进行了编码。

例如，智能合约代码具有特定代码，用于确定个人之间贷款的确切条款和条件。如果不满足某些条款或条件，抵押品可能会被清算。所有这些都是通过特定代码进行的，而不是由银行或其他机构手动进行的。

去中心化金融系统的所有组件都属于一个软件堆栈⊖。每一层的组件都旨在构建 DeFi 系统时执行特定的功能。可组合性是堆栈的一个定义特征，因为属于每一层的组件，可以组合在一起以形成 DeFi 应用程序。

DeFi 堆栈的四个层级如下。

- 结算层：结算层也称为第 0 层，因为它是构建其他 DeFi 交易的基础层。它由公共区块链及其原生数字货币或加密货币组成。DeFi 应用程序上发生的交易使用该货币结算，该货币可能会也可能不会在公开市场上交易。结算层的一个例子是以太坊及其在加密货币交易所交易的原生代币

⊖ "软件堆栈"是指一系列相互关联的软件组件或技术层，按照特定的顺序或层次结构组织。每个组件或层都负责处理特定的功能或任务，并与其他组件进行交互以实现整体系统的功能。通过这种层次结构的组织，软件堆栈可以提供更好的模块化、可扩展性和可维护性，使开发人员能够在不同层次上进行独立开发和修改，而不会对整个系统产生太大影响。软件堆栈还可以帮助促进软件开发中的分工合作和技术整合。

以太币。结算层还可以拥有资产的代币化版本，例如美元，或作为现实世界资产数字表示的代币。例如，房地产代币可能代表一块土地的所有权。

- 协议层：软件协议是为管理特定任务或活动而编写的标准和规则。与现实世界的机构并行，这将是特定行业的所有参与者都同意遵循的一套原则和规则，作为在该行业开展业务的先决条件。DeFi协议是可互操作的，这意味着多个实体可以同时使用它们来构建服务或应用程序。协议层为DeFi生态系统提供流动性。DeFi协议的一个例子是Synthetix，这是一种基于以太坊的衍生品交易协议，用于创建真实世界资产的合成版本。

- 应用层：顾名思义，应用层是面向消费者的应用程序所在的地方。这些应用程序将底层协议抽象为简单的以消费者为中心的服务。加密货币生态系统中最常见的应用程序，例如分散的加密货币交换和借贷服务，都位于这一层。

- 聚合层：聚合层由聚合器组成，聚合器连接上一层的各种应用程序，为投资者提供服务。例如，它们可以实现不同金融工具之间的无缝资金转移，以最大限度地提高回报。在物理设置中，此类交易操作将需要大量的文书工作和协调。但是基于技术的框架应该可以平滑投资轨道，允许交易者在不同的服务之间快速切换。借贷服务是存在于聚合层上的一个服务案例。银行服务和加密钱包也是此类案例。

DeFi 发展现状

去中心化金融仍处于起步阶段。截至2021年3月，DeFi合约锁定的总价值超过410亿美元。在2022年，由于多个大交易所（如FTX）的不诚信事件频发，DeFi和虚拟货币交易额有所回落，而截至2023年3月，DeFi合约锁定的总价值再次达到500亿美元，而同期整个虚拟货币市场达到了1.2万亿美元⊖。

时间已初步证明去中心化金融及虚拟货币在市场经济逻辑上的正确性。

锁定的总价值是通过将协议中的代币数量乘以它们的美元价值来计算的。

⊖ 数据来源：https://coinmarketcap.com/view/defi/。

尽管 DeFi 的总数量听起来可能很大，但重要的是要记住这只是名义数据，因为许多 DeFi 代币缺乏足够的流动性和交易量来在加密市场中进行交易。

当然，去中心化金融生态系统的开放和相对分散的性质也可能给现有的金融监管带来问题。当前的法律是根据独立的金融管辖区而制定的，每个管辖区都有自己的一套法律和规则。DeFi 的无边界交易跨度，对此类监管提出了重要的挑战。例如谁应当对跨境协议和 DeFi 应用程序发生的金融犯罪负责？

智能合约是 DeFi 监管的另一个关注领域。除了比特币的成功之外，DeFi 是"代码即法律"论点的最明显例子，其中法律代表了一组通过不可变代码编写和执行的规则。智能合约的算法使用必要的结构和使用条款进行编码，以在两方之间进行交易。但是，软件系统可能会由于多种因素而发生故障——DeFi 完全依赖去中心技术平台来运行，没有任何纸质文件！例如，如果发生因不正确的输入导致的系统崩溃怎么办？如果编译器（负责编译和运行代码）出错了，谁可以对这些错误负责？在 DeFi 成为大众使用的主流系统之前，这些"技术—法律"问题以及许多其他问题需要解决。

DeFi 的两大板块

DApp：去中心化应用

DApp 现在可以在智能合约区块链上实现，例如以太坊。智能合约就是在区块链上运行的程序，可以在满足特定条件时自动执行。这些智能合约使开发人员能够构建比简单地发送和接收加密货币更复杂的功能。这些程序就是去中心化应用。

可以将 DApp 视为基于去中心化技术构建的应用程序，而不是由单个中心化经济实体或公司构建和控制的应用程序。

虽然其中一些概念听起来很未来主义，但今天，在世界不同地区的两个陌生人之间的确可以直接协商自动贷款，中间没有银行！有 DeFi Dapps 已经允许你创建稳定币（价值与美元锚定的加密货币），借出资金并赚取加密货币的利息，办理贷款，将一种资产换成另一种资产，做多或做空资产，以及实施自动化、先进的投资策略。

DApp 与传统银行有何不同？ DApp 拥有 4 大特征：开源、激励、去中心和协议合规（见图 7-2）。

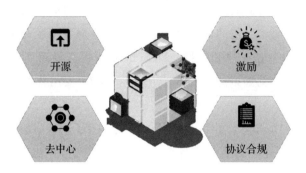

图 7-2　DApp 的 4 大特征

资料来源：101blockchains.com。

从本质上讲，这些业务的运营不是由机构及其员工管理，而是用代码（或智能合约）编写的。一旦将智能合约部署到区块链上，DeFi DApp 就可以在几乎不需要人工干预的情况下自行运营，尽管实际上开发人员通常还会通过升级或修复错误来维护 DApp。

该代码发布在透明的区块链中，任何人都可以审核。这与用户建立了一种不同的信任，因为任何人都有机会了解合约的功能或发现错误。所有交易活动也是公开的，任何人都可以查看。虽然这可能会引发隐私问题，但在默认情况下，交易是匿名的，即不直接与用户的真实身份相关联。就像普通的应用程序一样，DApp 也提供类似 app 的各种功能，但关键的区别在于它们运行在 P2P 对等网络[⊖]之上，例如区块链。这意味着没有人或实体可以控制网络。此外，它还有其他一些重要功能。

- DApp 必须是开源的，并且在没有任何实体控制的情况下独立运行。
- DApp 的数据和记录必须是公开的。
- DApp 必须使用加密通证来帮助保持网络安全。

⊖ P2P 对等网络（Peer-to-Peer Network）是一种分布式计算或网络通信模型，其中参与者（也称对等方）之间具有相同的权限和功能。与传统"服务器—客户端"模型不同，对等网络的每个节点既可充当客户端，也可充当服务器。每个节点都可以提供和请求资源。

DApps 因此有了诸多令人振奋的新优势。

- 抗审查（Censorship-resistant）：没有单点故障，政府或任何有权势的个人很难控制网络。
- 无停机时间（No downtime）：依靠点对点系统确保 DApp 持续工作，即使个别计算机或部分网络出现故障也无妨。
- 基于区块链（Blockchain-based）：由于它们由智能合约组成，因此可以轻松地将加密货币集成到 DApp 的基本功能中。
- 开源开发（Open-source）：这鼓励了 DApp 生态系统的广泛发展，使众包的开发人员能够构建更多更好的有用或有趣的 DApp。

DApps 的弱点是什么？虽然 DApps 承诺可以解决常规应用程序面临的许多关键问题，但它们也有缺点。

- 黑客（Hacks）：由于许多 DApps 运行在开源智能合约上，它使黑客有了难得的明确"目标"来探测网络以寻找弱点。通常这将导致对流行 DApp 的大量黑客攻击。
- 可用性（Usability）：DApp 的用户界面都很糟糕，这让很多用户望而却步。建议相关开发者提供评论页面，以听取用户意见和改进服务。但我们相信，随着时间推移，这种情况正在改善。
- 用户（Users）：与 Web 2.0 中的许多应用程序一样，DApp 拥有的用户越多，网络提供这些服务的效率就越高。这通常被称为正向"网络效应"。因此（新发布的）大量 DApps 因用户数量少而挣扎，这会降低它们的交互性；同时，还可能降低它们的安全性，因为 DApp 的安全性通常取决于它拥有的用户数量的高频检验。

自人类文明诞生以来，货币和金融就以这样或那样的形式存在。加密只是最新的数字化技术，其作用相当于今天各国法定货币上的"防伪技术＋唯一序列号"，当然，加密货币更加高效。在未来几年里，可能会看到在今天的法定货币系统中使用的每项金融服务，都将为加密生态系统而重建。事实上，我们已经看到了加密货币的资产发行和交换、借贷、托管，以及为加密生态而特别构建的金融衍生品。

第一代 DApp 依赖抵押品为保障。也就是说，你需要已经拥有加密货币并将其作为抵押品提供，以便借贷出更多的加密货币。更传统的无担保借贷，就需要依赖真实身份系统，以便借款人建立信用账户并累积借贷能力。然而，与今天的身份系统或信用系统不同，去中心化身份必须兼具通用性（指互操作性）和隐私性（指匿名性）。

另一个趋势是更好的用户体验。第一代 DApp 由区块链爱好者为自己打造。这些 DApps 通常在展示新的可能性方面做得很好，但可用性仍有待改进。DeFi 应用程序的迭代应优先考虑设计和易用性，以便将开放式金融带给更广泛的受众。

未来，预计加密钱包将成为所有数字资产活动的门户，就像今天的互联网浏览器是获取全世界的新闻和信息的门户。想象一个数字资产的仪表板，它不仅可以显示你拥有哪些资产，还可以显示你在不同的开放金融协议（贷款、资金池和保险合同）中锁定了多少资产。

那么未来可预期的对 DApp 的去中心化治理和决策趋势将会如何？尽管 DeFi 中有"去中心化"这个词，但如今许多项目都拥有让开发人员关闭或禁用 DApp 的万能钥匙。这样做是为了便于升级，并在出现错误代码时提供紧急关闭阀。然而，随着代码变得更加久经考验，预计开发人员将放弃这些最后的开关。DeFi 社区正在试验允许利益相关者对决策进行投票的方法，包括使用基于区块链的去中心化自治组织（DAO）。

开放的金融系统正在创造奇迹。加密货币正在将虚拟货币带到去中心化网络上，货币功能的种种可能性已经开始实现。这是一个难得的机会，可以看到一个全新的行业从头开始蓬勃发展。DeFi 和 DApp 领域首先会赶上当今飞速变革的金融服务行业的大潮流。随着时间的推移，大家或许可以期待一下，当构建金融服务的权力向任何会编写代码的人"民主化"开放时，会发生什么创新？或许，那意味着去中心化应用程序的配置成为新常态？

DEX：去中心化交易所

美国纳斯达克交易所成立于 1971 年。最初，纳斯达克仅是一个报价系统，直到 1998 年才成为美国第一个在网上交易的股票市场，是首家以数字化系统取代传统交易体系的交易所。英特尔、苹果、微软、谷歌、Facebook、特斯拉等互联网及科技巨头都选择了在纳斯达克上市，截至 2021 年 9 月 20 日，纳斯达克上市的股票共有 4503 只。纳斯达克不仅是一个股票交易所，也是一家上市公司，其上市母公司名为纳斯达克 –OMX 集团。

最近，一个被誉为"区块链纳斯达克"的项目引起了金融界的关注。2021 年 5 月，该项目的市值一度最高超过 220 亿美元，而同期纳斯达克母公司的市值也不过约 273.18 亿美元。该项目在 2021 年 9 月的日交易额为 10 亿～20 亿美元，其做市商（market maker）有 7 万多个，而纳斯达克仅有 300 多个机构进行做市。更让人意外的是，该项目的工作人员只有十几个人（在很长时间内只有创始人一人），而纳斯达克的工作人员却有 5696 人。该项目从 2018 年起步到 2021 年仅发展了 3 年，而纳斯达克已经发展了 50 多年。

这个项目名为 Uniswap，是一个基于以太坊区块链的去中心化数字资产交易平台。[⊖]2021 年 12 月，Uniswap 的历史交易量已超过 6740 亿美元，这些交易量来自 8100 万个不同的交易组合，代表了 4400 多个不同的网络社区。2021 年 9 月，Uniswap 的日交易量就达到了十几亿美元，单日的手续费达到 259 万美元，甚至超过了比特币链上交易的手续费金额。笔者追踪了 Uniswap 的最新进展发现，截至 2023 年 3 月初，其市场规模在短短一年半时间内，环比又增长了 2.7 倍。

在传统认知里，这样规模的业务通常需要数千人的团队，需要层级复杂的组织，其管理成本也极高。那么，Uniswap 是用了怎样的方法，居然可以让如此庞大、复杂的交易体系近乎"自动地运行"？

Uniswap 是在以太坊区块链上运营的最大的 DEX。它允许世界任何地方的用户在没有交易中介的情况下交易加密货币。Uniswap 于 2018 年 11 月被推出。从那时起，许多其他去中心化交易所也相继诞生（包括 Curve、SushiSwap 和 Balancer），但 Uniswap 目前是最受关注的项目。从 2021 年 4 月起，Uniswap 的周交易量超过 100 亿美元。

⊖ 案例来源：UNISWAP 网站。

Uniswap 开创了自动做市商模式，其中用户将以太币提供给 Uniswap 的 "流动池"[⊖]，然后根据供需由算法设定市场价格。通过向 Uniswap 流动池提供代币，用户可以在启用点对点交易的同时获得奖励。任何地方的任何人，都可以向流动池提供代币、交易代币，甚至创建和列出他们自己的代币（使用以太坊的 ERC-20 协议）。Uniswap 目前有数百种虚拟货币可用，其中一些最受欢迎的交易对象是稳定币系列，如 USDC 和 Wrapped Bitcoin（WBTC）。

Uniswap 等去中心化交易所拥有如下潜在优势。

- 安全：资金永远不会转移给任何第三方，也不会遭遇交易对手的委托风险（即将你的资产托付给托管人），因为双方都直接从自己的钱包进行交易。

- 全球化和无须许可：没有边界概念，也没有针对任何人不可交易的限制。任何拥有智能手机和互联网连接的人，都可以参与。

- 易于使用和匿名：不需要账户注册或个人详细信息。

使用 Uniswap，你只需要一个以太坊钱包和一些以太币 ETH（你需要支付少许系统维护的管理费）。其他的登录方式还包括 Coinbase 钱包（用于移动设备）或基于浏览器的 Metamask。使用 Coinbase 钱包内置的应用程序浏览器（或适用于 Metamask 的计算机网络浏览器），你可以访问 app.uniswap.org，以开始交换代币或提供流动性。

经过多年的成功运营，Uniswap 走上了完全"去中心化"的道路，并且引入了 UNI 币，以实现社区成员对该协议的所有权，允许利益相关者对关键的协议变更和开发计划进行投票。Uniswap 在 2020 年 9 月发布该代币时使用了一种独特的分发形式，将 400 个 UNI 币"空投"[⊜]到每个曾经使用过该协议的以

⊖ "流动池"机制，可简单理解为：执行交易时，你没有传统意义上的明确交易对手。相反，你是针对流动池中的流动性执行交易。对买方而言，在特定时刻不需要具体卖方，只需池中有足够流动性即可；反之亦然。相关交易，都是由控制池算法进行管理。此算法还基于池中发生的交易确定定价。

⊜ 空投（Airdrop）是指特定虚拟货币项目中，持有一定数量特定虚拟货币的持有人会免费获得另一虚拟货币的分发。空投通常是为了促进虚拟货币项目推广、社区建设、增加项目知名度和用户群体。虽然空投可以为持有人带来免费代币，但投资者也应谨慎对待。

太坊地址。超过 250 000 个以太坊地址收到了"空投",当时价值近 1400 美元。空投已成为 DeFi 应用奖励长期用户的一种流行方式,Uniswap 表示计划在四年内分发总计 10 亿个 UNI 币。

另外,正是因为 Uniswap 与大多数加密协议一样,代码是开源的,这意味着任何人都可以看到它的工作原理,并调整代码以创建自己的交易所而成为 Uniswap 的竞争对手。

近年来,大量由 Uniswap 代码改编的去中心化交易所 DEX 正在推出,包括 SushiSwap 和 PancakeSwap 等以食品命名的竞争对手。

看似非常成功的去中心化交易所 Uniswap,还有什么未了的心愿吗? 的确有几个。

- Uniswap 正试图解决去中心化交易所的流动性问题,这是与传统交易所相比较,DEX 拥有的一个缺点。传统交易所使用法定货币并且交易双方相对集中,而 DEX 必须处理好一个困难,就是允许 DEX 在不依赖买卖双方创造流动性的情况下也可以交换代币。

- Uniswap 旨在充当公共产品——一种让投资人不需要平台费用或中间人即可交易代币的工具。与多数传统交易所匹配买家和卖家以确定价格和执行交易不同,Uniswap 使用简单的数学方程以及代币和 ETH 池来完成相同的工作。

- Uniswap 的特别之处是,与其他去中心化交易所的主要区别在于使用称为"恒定产品做市商模型"的定价机制。任何代币都可以添加到 Uniswap,方法是用等值的 ETH 和正在交易的 ERC-20 代币[⊖]为其提供资金。例如,如果你想兑换名为 Durian Token 的山寨币,你将为 Durian Token 启动一个新的 Uniswap 智能合约,并创建一个流动池,例如价值 10 美元的 Durian Token 和价值 10 美元的 ETH。因此,Uniswap 上的代币价格只有在交易"具体明确时"才会发生变化。Uniswap 所做的基本上是平衡代币的价值,并根据人们想要买卖它们的数量来交换它们。

⊖ ERC-20 是以太坊中最流行的一种代币标准,非以太坊发行的代币须符合这一标准。

自 2022 年 6 月至 2023 年 5 月，一年时间内，Uniswap 的日均交易量在 3610 万美元左右，实际可交易流通股约 5.775 亿 UNI 币。股价年度最高值 9.84 美元，历史最高值 44.97 美元（见图 7-3）。

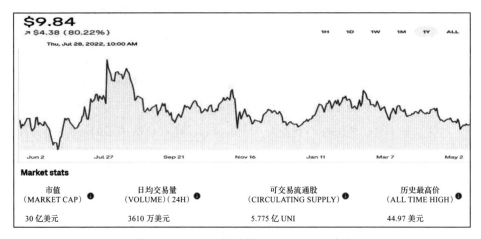

图 7-3　Uniswap 股价图（2022～2023 年）

资料来源：COINBASE。

第三节　稳定币与央行数字货币

迈阿密：美国虚拟币之都？

"这是公关噱头，还是迈阿密当局将加密货币整合到当地经济中的、有实质意义和未来愿景的举措？"当人们面对刚刚诞生的迈阿密加密币时，都会如此发问。

迈阿密在 2021 年年中发布了迈阿密加密币（MiamiCoin），但真正有意义的消息是，在 2021 年 11 月上旬，当时该市富有魅力的市长弗朗西斯·苏亚雷斯（Francis Suarez）宣布迈阿密加密币的相关城市收益将重新分配给本市所有居民。这听起来很有开创性，但市长是真的有远见，还是只是在搞创意公关噱头？

公开新闻报道，迈阿密加密币于 2021 年 8 月通过了"城市币"计划（City-Coins）。城市币是一种开源协议，当购买或开采代币时，会将 30% 的奖励分配给居民。到撰文为止，该加密货币为该市创造了超过 2100 万美元的收入。苏亚雷斯市长说，如果按年度计算，这将达到大约 8000 万美元，这已经是该市 4 亿美元年度税收总额的五分之一。

迈阿密将与其居民分享该市新加密货币的部分收益，并将通过数字钱包分配款项。苏亚雷斯称这笔款为"比特币收益"，但红利将来自单独的数字货币——迈阿密加密币。

"挖矿"和相关的高收益，与城市币的吸引力、与当前市场利率、与权益相关的收入都有关。可以继续考察城市币是否会继续为该市创造与运营前三个月相同或更高的收入水平，这将很有意义。如此，对迈阿密居民来说，这可能是一种不错的银行存款替代方案。更重要地，这对传统银行来说可能是一个倒逼——在实施类似方案的城市，需要尽快找出当前存款体系的替代模式，否则银行可能会面临储蓄收入的损失。

为了实施该计划，迈阿密必须根据城市设定的标准，为所有（合格的）迈阿密居民创建加密钱包。考虑到它将使加密货币的概念更加普及，以及与加密经济的互动实践（在迈阿密）更多地成为主流活动，因此这是创新的。那些原先可能不愿意直接持有加密货币的人，此次可能更容易接受城市币。此举还可能激发加密生态系统内的更多创新，而这正是虚拟币自出现以来所缺乏的。

迈阿密将加密货币视为定义本城市的名片。很明显，迈阿密此举是支持城市居民在免税前提下成为该城市的创造性资金来源，苏亚雷斯市长希望将迈阿密打造为"加密币之都"。

加密货币和比特币在这座城市并不陌生。迈阿密在这些方面有着悠久的历史，包括举办年度比特币会议。苏亚雷斯市长多次表示，他希望将迈阿密变成对加密货币最友好的美国城市，还宣布了"他将因此获得下一份薪水"——指连任市长。

漫步在迈阿密海滩，你可能会看到一大群加密经济创业者们正在某处开着派对，他们手里拿着啤酒，伴随着节奏感十足的音乐高声畅谈。这里经常举办展会（见图 7-4），有人分享自己的项目灵感，有人忙着交换彼此对新生态的新创意，人们讨论着数字货币、区块链、NFT、DeFi，畅想着 Web 3.0 的未来，直到凌晨依然灯火通明、热闹非凡。

图 7-4 迈阿密"加密谷"展会

资料来源：迈阿密市政网。

自由、开放、激情、冒险，迈阿密所具有的独特城市气息，正在这场互联网更迭的浪潮中与 Web 3.0 血脉相连。当年轻人不断地涌入，当热钱在城市里流转，加密文化逐渐渗透进迈阿密的城市血脉，一个全球加密中心的轮廓开始显现。

"旧金山是为 Web 2.0 服务的，而迈阿密想成为 Web 3.0 时代的新硅谷。"苏亚雷斯曾公开说出这样的豪言壮语，"这是一种野蛮生长的创新氛围，跟 20 年前的硅谷很像"，事实也正是如此。近期估值 140 亿美元、全球最大的加密独角兽之一的 Blockchain，在 2021 年就把公司总部从纽约搬到了迈阿密。在不久前接受采访时，公司 32 岁的 CEO 彼得·史密斯（Peter Smith）就表示，他几个月前在迈阿密的一家希腊餐厅里遇到了一个创业者，他在听完那位创业者讲述项目构想后，当即就给那位创业者进行了大额投资。"他不会在任何其他城市遇到我，我也永远不会在伦敦或纽约做这种事。而现在，这在迈阿密就是一件很正常的事，并形成了一个很健康的生态系统。"彼得·史密斯说道。在追随者眼中，Web 3.0 代表了自由与开放，代表摆脱今天大科技公司的生态垄断从而走向掌控自我的新通道。它们要推倒的对象，恰恰就是那些屹立在硅谷地盘上的掌权者。

"如果 Web 3.0 一定要有一个新据点，迈阿密现在应该是最有潜力的城市之一。"笔者认识的两位长年在硅谷生活的美国企业家朋友，已经移居到了迈阿密。"一方面因为迈阿密的生活环境确实很惬意，阳光、沙滩、海浪，生活成本也比硅谷低不少；另一方面，现在迈阿密在 Web 3.0 上的创新氛围并不逊色于硅谷，各种规模的技术研讨会、交流会几乎每天都有，近几年加密领域重量级的大会也有很多被放在了迈阿密。"朋友说。

并非只是迈阿密在自说自话，其"加密谷"模式也得到了世界主流财经界的首肯。"迈阿密加密币"发行近一年后，市长苏亚雷斯应邀在 2022 年 6 月的达沃斯世界经济论坛上发表了主旨演讲。他扮演了"虚拟币布道者"的角色。他试图让人们明白，虚拟货币技术将影响许多人甚至所有人的生活。他讨论了比特币作为全球货币的潜力，"比特币为经济民主化提供了各种机会"。此外，他还说比特币"创造了信任，这是货币系统应该具备的基础"。据悉，苏亚雷斯的部分薪水就是用比特币支付的，他在大部分时间也都使用比特币。

稳定币需要"稳定"

稳定币（Stable Coins）是一种必要的数字资产，具有引人注目的用途，但需要更多的来自政府层面的监管，来建立其信任和合法性。

塔尔·埃利亚西夫（Tal Elyashiv），SPiCE VC 创始人兼管理合伙人，经验丰富的高管和连续创业者。他被认为是数字证券领域的先锋之一，他在区块链和通证经济生态系统领域对数字金融生态系统有深刻的理解，同时，SPiCE VC 的创立开创了风险投资的一个新时代。

此前埃利亚西夫曾担任 Capital One 首席信息官、美国银行首席信息官、Bond-Desk 首席运营官和 888 首席技术官兼新业务主管，此外还是 Yallo、Exactor、Navion 和 Securitize 等机构的创始人。

稳定币是一种广泛使用的数字资产，因其与传统资产，例如美元等货币或黄金等商品挂钩（或直接连接），这种今天具有 1300 亿～1600 亿美元市值的独特类型的加密货币，被投资者用于买卖其他数字资产或者作为持有财富的安全场所。稳定币被认为比它们的加密货币"表兄弟们"更加"稳定"。

像比特币或以太币这样的加密货币，通常并没有对未来价值的承诺。其价格完全是由基于供求关系的市场力量决定的。然而，稳定币的价格却与实际资产价值锚定，它带有价值承诺，承诺与其挂钩的资产价值相同。例如，1 数字美元（USDC）的价值总是 1 美元。

埃利亚西夫强调："稳定币本质上是不作为'交易对'（traded pair）[注]出现的加密货币之间的桥梁。它们还用于加密企业之间的现金交易，并作为所持有的加密货币的一种支撑方式，而不易产生波动风险。这些多功能资产在许多 DeFi 交易中也发挥着重要作用。"

换言之，稳定币之于加密货币世界，就像真实货币之于古时候的易货交易方式一样。它们是使机器运行顺畅的润滑剂。

那么，稳定币的价值承诺可信吗？

目前市面上已有多种类型的稳定币，例如，泰达币（USDT）由香港交易所 Bitfinex 控制的 Tether 公司运营，数字美元（USDC）由支付公司 Circle 发起的财团运营，而币安美元币（BUSD）则由币安交易所控制。

随着稳定币市场上的所有这些立场各异的参与者变得越来越庞大且利润丰厚，谁来确保每个稳定币的发行人都在履行他们需要履行的义务，来支持稳定的承诺呢？现在没有人知道，所以没有办法确定这些公司实际持有什么，以及是否足以保证虚拟币的稳定性。

越来越多的监管机构开始关注并表达了担忧。

必须承认，虚拟货币市场的诸多现象超出了人们对金融市场的传统认知。即使稳定币的价值承诺尚未得到确信，市场仍然持续高涨。自 2020 年以来，稳定币已成为行业的基石资产，目前市值排名前 6 名的资产当中有 3 种是稳定币。稳定币总供应量在 2022 年 3 月达到 1615 亿美元的峰值，虽然后来出现了超过 143 亿美元的大规模赎回，（市场每月资本净流出 40 亿～80 亿美元），但也只占峰值时期稳定币供应的 8%，这表明大部分资金仍保留在这种新的数字美元当中。例如，稳定币在以太坊的转账量在整个 2022 年下半年继续攀升。在 2022 年的大部分时间里，稳定币的总转账量稳定在每天 160 亿美元左右，而自 7 月

⊖ 常见的交易对是比特币对美元、以太币对比特币等，这些交易对直接在市场上进行买卖交易。而稳定币则具有一种特殊的设计，它的价值通常与某种法定货币（如美元）或其他资产（如黄金）锚定，并且尽可能保持稳定价值，以便在市场波动较大时作为交易媒介或储值工具使用。稳定币在交易中并不直接与其他加密货币进行交易，而是通过作为中间媒介（充当桥梁），提供更稳定的交易环境。

以来，每天的转账量继续攀升至 200 亿～300 亿美元[⊖]。

监管者已经开始观察和行动。根据美国总统金融市场工作组（包括拜登政府的几位经济顾问）的说法，稳定币可以"支持更快、更高效和更具包容性的支付选择。此外，由于网络效应或稳定币与现有用户群或平台之间的关系，向更广泛使用稳定币作为支付手段的转变可能会迅速发生"。

该金融市场工作组体现了金融监管的最高规格：由财政部长珍妮特·耶伦（Janet Yellen）、美联储主席杰罗姆·鲍威尔（Jerome Powell）、证券交易委员会主席加里·根斯勒（Gary Gensler）和商品期货交易委员会主席罗斯汀·贝南（Rostin Behnam）组成。这些人中的每一位都指派了一名代表参加该小组。

该小组了解了不断发展的加密生态系统对稳定币的需求，但他们也明确表示这些资产需要受到监管。在 2021 年 11 月 1 日发布的报告中发言人表示："美国总统金融市场工作组敦促立法者将稳定币发行人置于与银行一样严格的联邦监督之下。"他们还补充说，国会还应当要求托管钱包提供商必须受联邦机构的监管，并限制稳定币发行人与非金融公司（如科技或电信提供商）的互动。他们声称："如果国会未能通过此类法律，监管机构将有权采取自己的监管措施。"根据该金融市场工作组的报告，"最好由国会采取行动。不幸的是，美国人都知道，这一立法过程将旷日持久"。因此，美国监管机构很可能会毫不犹豫地在国会未通过相关法案之前就对稳定币监管做出决定。

埃利亚西夫在与笔者的交流中最后表示："无论最后的监管政策出何出台，关于稳定币的监管决策肯定都会影响加密市场和整个 DeFi 生态系统，但影响程度在很大程度上取决于所采取的方法。同时，作为从业者的我们，希望这项监管行动提供业界所渴望的清晰度。"

什么是央行数字货币

央行数字货币（CBDC）正在浮现

CBDC（Central Bank Digital Currency）代表"中央银行数字货币"，一种世界各国政府中央银行正在试验的新型货币。支持者希望它可以使用新的支付

⊖ Glassnode Insights. 2022 The Year On-Chain[R]. 2023.

技术，通常是区块链，以提高支付效率并降低支付成本。

这种新型货币仍处于发展初期。大多数国家仍然只是开始探索这个想法，例如美国的数字美元（USDC）。一些雄心勃勃的国家，包括拥有数字人民币的中国和拥有数字韩元的韩国，已经完成了相应演示版本并正在进行小范围的公众测试。但是各国的 CBDC 都尚未进行大规模部署。

每个探索 CBDC 的国家都有自己的方法，但几种 CBDC 都基于相同的一般原则和区块链技术。在新冠疫情后，各国央行数字货币的推进速度明显加快。2021 年年初，国际清算银行（BIS）对央行数字货币进行的第三次调查结果发现，调查对象中 86% 的中央银行正在积极研究央行数字货币的潜力。

众所周知，正在试验 CBDC 的多个国家中，委内瑞拉是这方面的先驱，它于 2018 年推出了自己的加密货币 PETRO。然而，由于受到了诸多具体问题的干扰，很少有委内瑞拉人真正使用 PETRO。

2020 年 10 月，巴哈马推出了 Sand Dollar，成为世界上较早正式推出央行数字货币的国家。

此外，大多数国家的央行数字货币尚处于测试阶段，比如由新加坡金融监管局（MAS）、新加坡银行协会与多家国际金融机构共同研究开发的 Ubin，开发了基于区块链的用于法定数字货币结算的原型。

2021 年 7 月，欧洲中央银行宣布启动数字欧元项目，并开启为期两年的调查研究，以解决数字欧元设计和发行等关键问题。

美国也在央行数字货币领域积极尝试。2020 年 5 月，数字美元白皮书发布，提及推动数字美元项目的核心原则等内容。

中国央行数字货币也就是数字人民币（e-CNY）目前在全球处于领先水平，已经进行了大规模的试点测试，不少读者或许已经体验过数字人民币的功能。

2020 年 10 月，数字人民币第一次走出封闭的测试环境，在深圳罗湖区启动了面向公众的数字人民币试点。

2020 年"双十二"购物节期间，数字人民币又在苏州进行了测试，实现了在没有网络的情况下，通过"碰一碰"功能的近距离电子通信进行双离线支付。

2020年年底，中国工商银行使用数字人民币进行公益捐赠，并将捐赠信息在区块链上存证，保证了捐赠的真实有效、可溯可查。

2021年中国国际服务贸易交易会上，中国银行的展区展示了一台外币兑换机，用户不需要绑定任何账户和银行卡，只用身份证或者护照就可以将外币兑换为数字人民币。在现场，经过身份核验、人脸识别、信息确认后，一张10欧元的纸币立刻兑换成显示着74元额度的数字人民币卡片钱包。

"人民银行"微信号发布的人民银行数字货币研究所的文章指出，截至2022年8月31日，15个省份的数字人民币试点累计交易笔数3.6亿笔、金额1000.4亿元，支持数字人民币的商户门店数量超过560万个。

2023年4月22日，据《上海证券报》消息，常熟市地方金融监督管理局和常熟市财政局印发《关于实行工资全额数字人民币发放的通知》。该通知称，从5月开始对常熟市在编公务员（含参公人员）、事业单位人员、各级国资单位人员实行工资全额数字人民币发放。

同绝大多数数字货币一样，数字人民币具有可编程性。中国人民银行数字人民币研发工作组于2021年7月发布的《中国数字人民币的研发进展白皮书》明确提出了数字人民币可以通过加载不影响货币功能的智能合约实现"可编程性"，在确保安全与合规的前提下，可根据交易双方商定的条件、规则，进行自动支付交易，从而实现业务模式、提升扩展能力，促进与应用场景的深度融合。

在未来的元宇宙中，物理形态的纸币很显然无法适应数字经济发展的需要，各国都迫切需要一套全新的数字化金融体系，而各国的央行数字货币是这套数字金融体系的重要基石。数字人民币就是这样一种面向未来的货币形态，一种具备可编程性的法定数字货币，它将在未来的元宇宙时代成为中国各类数字交易的基础设施。

CBDC的常见功能

CBDC处于非常早期的阶段，因此它们最终将具有哪些功能还不清楚。但是可以相对明确的是，在许多情况下，CBDC就像比特币和政府发行的法定货币的混合体。由此产生的CBDC这一物种融入了每个物种的属性，具体特征如下。

1."许可型"分布式账本技术（PDLT）

我们已经生活在一个数字世界中了，我们使用智能手机上的应用程序来查看我们的余额，我们使用信用卡付款。那么 CBDC 有什么不同呢？

CBDC 是数字化的，但由不同的技术构成。它们通常从头开始重新设计货币，其中许多借用了比特币的底层技术和分布式账本技术（DLT）。为了跟踪资金，银行需要在分类账中存储财务记录，例如一个人有多少钱以及他进行了哪些交易。DLT 不是由一个中央数据库存储人们的所有财务记录，而是由该交易历史的多个分布式副本组成，每个副本由一个单独的金融实体存储和管理，通常由国家中央银行自上而下管理。这些金融实体以分布式方式共享 DLT。

这就是所谓的"许可型区块链"（Permissioned Blockchain），因为只有少数几个实体可以访问和 / 或更改区块链。此外，中央实体控制谁可以访问区块链以及他们可以用它做什么。例如，为分散管理权限，中央实体可能决定张三只能读取区块链，而李四可以修改和读取区块链。

这与"无须许可的区块链"（例如比特币）形成对比，后者允许任何人运行该软件并参与在网络上发送交易。没有任何中央实体可以将用户拒之门外。

2.中心化：CBDC 与加密货币的区别

CBDC 选择这种许可型区块链是有原因的。尽管 DLT 与比特币和其他加密货币有一些相似之处，但目标却大不相同。比特币和其他公共区块链（如以太坊）的区别在于没有中央实体或中央实体群，这通常不是政府可以接受的资产形态。

政府选择 DLT 技术是因为它们仍然可以保留对某些方面的控制。

- 供应：比特币在协议中设置了 2100 万个比特币的限制，改变这个限制是非常困难的，也许是不可能的。相比之下，各国政府都有一个中央银行，负责国家的货币供应。这些强大的银行可以选择何时从供应中移除或增加货币，例如在困难时期刺激经济，设定国家利率等任务，这些角色不会随着 CBDC 改变。

- 运行：中央实体可以选择哪些金融实体参与管理分布式账本。这与比特币不同，比特币允许任何人在未经许可的情况下运行该软件。

3. 更低的成本和更高的效率

拥护者声称，CBDC 在幕后的结构方式可以降低转移资金的成本。也就是说，通过 CBDC，金融实体之间的联系更加紧密，可以更顺畅地转移资金。

4. 追踪支付款项

DLT 提供所有交易的完整记录。有些政府可能希望使用这些财务信息来更密切地监控其公民的金融交易行为。在这方面，不同的政府倾向于采用不同的政策。例如，受限于相关既有法律，多数国家似乎只能够在采用 CBDC 的情况下，同时也承担保护本国公民隐私的义务。

快问快答：CBDC 常见问题

问：为什么最近这么多国家都在探索 CBDC？

答：比特币自 2009 年推出以来发展迅速，激发了大量使用类似底层技术的新一代货币和金融产品。但是直到 2019 年，当天秤座（LIBRA）——脸书公司推出的数字货币项目出台后，世界各国政府才开始更认真地探讨是否应该采用类似的技术。

它们开始怀疑，像脸书这样规模且影响巨大的公司创造的货币会否挑战政府对货币的管控权。作为回应，各国政府加速探索是否可以将类似技术纳入其国家支付系统。

问：CBDC 会取代我们今天使用的法定货币吗？

答：大多数国家将 CBDC 视为一种补充形式的货币，而不一定是替代现有基础设施的法定货币。

问：有多少国家正在试验 CBDC？

答：没有人知道具体数字有多少。在 2020 年 1 月发布的一项调查中，作为国际央行协调组织的国际清算银行询问了 66 家央行是否正在研究 CBDC，其中，80% 的央行表示它们正在探索这个想法，而 10% 的央行表示"即将"为公众推出 CBDC，包括欧元区、日本、加拿大等发达经济体，以及中国、俄罗斯等新兴和发展中经济体。

这个 CBDC 的调查里竟然没有美国央行数字货币。美元作为全球最重要的国际货币，为何迟迟没有参与全球即将展开的数字货币竞争？作为回应，2022年 1 月，美联储发布的《货币和支付：数字时代的数字美元》明确指出，私人数字货币或者即将推出的各国央行数字货币有可能降低全球市场对美元的需求，进而影响美元霸权，因此发行数字美元的潜在好处之一就是有利于维护美元在全球货币体系的主导地位；此外，"不管数字美元是否推出，美联储将继续在制定央行数字货币的国际规则方面发挥积极作用"。

问：所有 CBDC 都会使用区块链吗？

答：不是。虽然许多中央银行认为区块链带来了效率提升等好处，但另一些中央银行对此表示怀疑，认为受区块链启发的 CBDC 并没有带来足够的好处来证明创建和维护它的合理性。

为什么要选择 CBDC

2020 年，一些国家央行加强了对 CBDC 的研究工作。对中央银行而言，CBDC 只是对私人数字货币创新的防御性反应还是货币体系的机会？以下内容回答了中央银行在支持和提供零售支付方面的几个长期目标、如何实现这些目标以及 CBDC 在哪些地方适合成为潜在的解决方案。[⊖]

长期以来，各国央行一直致力于支持安全、低成本和包容性的支付，保护隐私、并促进创新。为什么这些目标很重要？

- 支付成本（Payment Cost）：支付钱款也需要成本。随着时间的推移，支付成本普遍下降，但令人惊讶的是，降幅并不大，例如，信用卡网络仍然经常向商家收取 3% 的服务费，在美国和拉丁美洲的大部分地区，信用卡收入占 GDP 的 1% 以上。高交易成本会削弱经济活动和商业活动的活力。

- 金融包容性（Financial Inclusion）：大众能够普惠地获得支付服务，是各国央行的一个长期政策目标，中央银行和其他国际权威机构多年来也一直在研究这个问题。在发展中经济体和一些没有银行账户的人口众多的

⊖ 本报告的五位作者分别是：Raphael Auer，国际清算银行创新和数字经济领域的首席经济学家；Jon Frost，国际清算银行的高级经济学家；Michael Lee，纽约联邦储备银行研究与统计组的经济学家；Antoine Martin，纽约联邦储备银行研究与统计组的高级副总裁；Neha Narula，麻省理工学院媒体实验室数字货币计划的负责人。特别声明：本节内容经作者之一（Antoine Martin）授权笔者编译使用。译文未经原作者审核，且仅代表几位原作者个人观点，原作者特别声明本报告观点及立场与美联储系统任何机构无关。

发达经济体（例如美国和欧元区），包容性是一个主要的社会问题。鉴于电子商务的快速发展，更需要轻松便捷地使用安全的数字支付来替代传统的现金支付。

- 消费者隐私（Consumer Privacy）：随着经济活动日益数字化，数字支付的大范围采用也在加速。数字支付包括银行账户、支付卡和数字钱包，创建了一条数据化应用的路径。消费者的私人信息也随之被汇总和分发以进行货币化。研究表明，数据隐私是重要的公共利益。个人有时不得不分享过多的数据，因为他们无法承担在选择支付方式的同时保护个人隐私的全部成本。

- 促进创新（Promoting Innovation）：更新、更方便、更安全的支付方式不仅有利于消费者，还可以激发创新商机。新技术还提供了通过"智能合约"实现某些金融实践自动化的机会，从而提高效率。

那么，央行介入数字货币的合理性是什么？还是从以上4点入手回答。

- 支付成本。如果高支付成本源于缺乏有效的商业竞争，则中央银行的干预可能是可取的。传统上，支付服务由银行提供支持，银行可以以准备金的形式访问数字中央银行货币。事实上，如果获得数字中央银行资金的渠道有限导致竞争有限，那么中央银行可以考虑改变其政策以改善市场运作。

- 金融包容性。私营部门是否会提供包括无银行账户人群的支付安排？私人支付方式通常不适合没有银行账户的人。例如，一项调查发现，在大多数经济体中，金融科技的支付服务被那些已经使用传统金融机构提供类似服务的人更广泛地使用着。如果私营部门无法提供普遍接入，中央银行可能会采取积极主动的方法来改善全民的金融包容性。

- 消费者隐私。中央银行提供实物现金，其本质是为消费者提供隐私。但实物现金目前还没有低成本且易于获取的数字替代品。这很可能反映了一个事实，即私营部门的零售支付创新是由利润驱动的（例如，通过获取数据或交易费用来赚取收入）。作为非商业方，多数中央银行没有收集交易数据的动机，因此可以更好地将促进隐私保护的社会收益"内在化"。

- 促进创新。中央银行支持安全高效的金融服务，并确保支付系统随着时间的推移而改进。某些智能合约功能可能会受益于中央银行结算和支付系统内部的实施。例如，中央银行在为智能合约提供一致性保证方面处于独特的地位，就像传统上它们已经为商业银行的货币业务所做的那样。

那么，中央银行又是如何实现这些目标的？

首先，中央银行可以与其他相关机构一起调整当前的监管框架，以更好地推动私营部门的商业解决方案出现。例如，公共部门可以采取行动提高支付服务的竞争和效率（这正是许多中央银行的职责），以抵消高昂的支付成本。它们还可以扩大对数字中央银行货币的访问，让新进入者在其无信用风险的支付基础设施上建立支付服务。这些行动将要求政策制定者和立法者适应当前的法律和法规。

其次，公共部门可以改进现有的支付系统。例如，在美国，FedNow 通过为金融机构提供 24h×7 即时支付服务来支持零售用途的更快支付，使商业银行能够为其客户提供安全高效的支付服务。FedNow 还可以刺激创新并降低与零售支付相关的交易成本，从而使低收入用户更容易获得银行服务。然而，由于 FedNow 会要求消费者使用商业银行账户，它不一定有助于促进对无银行账户消费者的金融包容性。

第三，中央银行可以发行零售 CBDC。这将允许消费者直接访问中央银行数字货币，并为其提供一种使用中央银行货币进行交易和结算的手段。也有许多中央银行正在考虑由公共部门运行整个系统的设计[⊖]，由竞争性的私营部门提供零售 CBDC 服务，例如加密钱包。中央银行也在考虑线下支付的方法、专用设备和 CBDC 的其他方法以满足无银行账户消费者的需求，以及促进跨境支付的模式。

发行 CBDC 将成为央行创新的重要一步，因为这可能需要全新的支付基础设施和支付技术。相比之下，中央银行更熟悉非 CBDC 方法，因为它们代表了

⊖ 更专业的讨论可参考《CBDC 的微创转型技术》一文，网址：www.bis.org/publ/work948.htm。

支付系统监管框架和技术特征的逐步改进。但是，如果不发行 CBDC，一些中央银行可能最终会放弃承担直接向公众提供央行资金的角色，而将数字支付完全留给私营金融部门。

相对于更标准的解决方案，发行 CBDC 有哪些独特的优点？关于隐私，中央银行可能会通过发行 CBDC 来填补低成本保护隐私的电子支付的真空，这可以通过允许消费者将"隐私货币化"[⊖]，而使消费者受益。如果现有的技术设计阻碍创新，CBDC 也可能是可取的。相对于既有系统，CBDC 可以实现标准化和启用新功能，例如可编程性（智能合约）和细分化（例如机器对机器小额支付）。

总之，CBDC 是优秀的方案吗？

虽然现在判断 CBDC 是不是解决金融系统面临的所有挑战的优秀方案还为时过早，但它应该被视为一种潜在的解决方案。

由于 CBDC 是新方案，并且各国央行都正在进行一系列试验，中央银行可以通过参与研究和开发，更多地了解 CBDC 相对于其他方法的成本和收益。中央银行需要在研究和试行 CBDC 的道路上走得更远，无论该 CBDC 方案最终是否被采用。

国际清算银行的 CBDC 报告

数百年来，作为公共政策目标的一部分，各国央行一直在向公众提供值得信赖的货币。受信任的钱，本身就是一种公共产品。它为商品和服务的销售以及金融交易的结算提供了共同的记账单位、价值储存和交换媒介。为公共用途提供现金是央行的一个重要工具属性。

然而，世界正在改变。甚至在疫情之前，一些发达经济体的现金支付使用量就已经在下降。商业机构提供的快速和方便的数字支付，在数量和多样性方面都有了巨大的增长。为了在数字世界中发展和追求其公共政策目标，各国央行正在积极研究向公众提供数字货币，即"通用"CBDC 的利弊。过去几年中，对 CBDC 的了解已取得了重大进展。各国央行发表的各种研究和论证在确定潜

⊖　隐私货币化，指通过有偿服务方式，对"隐私保护"和"服务便利"寻求平衡。更专业的"隐私货币化"内容，可自行参阅报告：papers.ssrn.com/sol3/papers.cfm?abstract_id=3583949。

在的好处和风险方面已经走了很长一段路。

2020 年，由国际清算银行牵头，多国中央银行的研究人员共同完成了题为《CBDC：基本原则与核心特征》的报告。对各国央行而言，探索通用 CBDC 的共同动机首先是将其用作支付手段。向公众提供现金是央行的一项核心责任。所有提供资金的央行都承诺，只要有公共需求，就会继续提供现金。然而，作为创新，CBDC 可以向公众提供一种补充性的央行货币，支持一个更具弹性和多样性的国内支付体系。在支持创新的同时，它还可能提供现金无法提供的机会。

其中，"基本原则"包括 CBDC 的创新性（Innovation）原则、与传统货币系统的共存性（Coexistence）原则。报告还指出了 CBDC 的多项核心特征（见表 7-1）。

表 7-1　CBDC 核心特征

工具特征 （Instrument Features）	
可转换 （Convertible）	为了保持货币单一性，CBDC 应与现金或私人货币等值交换
便利性 （Convenient）	CBDC 支付应该像使用现金、刷信用卡或扫描手机一样简单，以便公众采用和普及
可接受及可获取 （Accepted & Available）	CBDC 应在多数的交易场合可用，包括销售点交易和个人对个人交易。包括一些离线交易能力（可能在有限时间内，达到预定阈值）
低成本 （Low Cost）	CBDC 支付对终端用户来说应该成本极低或没有成本，他们也应该面临最小的技术投入要求
系统特征 （System Features）	
安全性 （Secure）	CBDC 系统的基础设施和参与者都应该对网络攻击和其他威胁具备极大的抵抗力。这还应包括确保对假冒行为的有效制止
即时性 （Instant）	系统的终端用户应可获得即时或接近即时的最终结算功能
系统特征 （System Features）	
业务弹性 （Resilient）	CBDC 系统应对操作故障和中断、自然灾害、电力中断等问题具有极强弹性。如遇网络连接不可用，依然应该有离线支付功能
可用性 （Available）	该系统的终端用户应该能够全天候进行支付

（续）

吞吐量 （Throughput）	系统应该能够处理大量的交易业务
可扩展性 （Scalable）	为了容纳未来的大容量交易，CBDC 系统应该能够扩展
互操作性 （Interoperable）	该系统需要向私营部门数字支付系统提供充分的互动机制，并做出安排，使资金能够在系统之间轻松流动
灵活性及适应性 （Flexible & Adaptable）	CBDC 系统应具有灵活性，并能适应不断变化的技术条件和政策要求
机构特征 **（Institutional Features）**	
强健的法律框架 （Robust Legal Framework）	中央银行应该有明确的权威支持其发行 CBDC
标准化 （Standards）	CBDC 系统需要符合适当的监管标准。例如提供 CBDC 转移、存储或托管的实体，应遵循与为现金或现有数字货币提供类似服务的公司同等的监管和审核标准

资料来源：国际清算银行研究报告，2020。

　　央行的使命是在其管辖范围内保持货币和金融稳定，并明确或含蓄地广泛促使安全和高效支付的达成。中央银行实现其公共政策目标的一个核心工具，是向银行、企业提供最安全的货币形式。这种货币作为一种支付手段，记账单位和价值储存在一个司法管辖区。公共会计单位是一种公共产品，它可以使商品和服务进行交换，并使金融交易有效和安全地进行结算。如今，央行通过现金向公众提供资金，通过储备和结算账户向银行和其他金融公司提供资金。通过这种方式，特定经济体中一些最小和最大的支付，都是使用中央银行的货币进行的。

　　然而，正在进行的经济数字化，正在改变人们的支付方式。现金目前是央行向公众提供资金的唯一形式，但在许多司法管辖区，现金的使用量正在减少。疫情的大流行可能正在加速这一趋势。取代现金的将是私人数字货币和其他支付方式。

　　此外，支持或反对发布 CBDC，以及设计选择的争论，也会由各国的国内环境驱动，不会有"一刀切"的 CBDC，因为各国的国内环境仍具有国际影响力。因此，合作与协调，对于防止负面的国际溢出效应至关重要，并同时确保不会忽视急需改善的跨境支付体验。

2020 年 3 月，英国央行英格兰银行发表了一份研究报告《中央银行数字货币：机遇、挑战和设计》。该报告首先概述了以消费者为中心的 CBDC 背后的重要驱动因素：现金使用量的下降。数据表明，2006 年，63% 的支付使用现金，13% 使用借记卡；2018 年，只有 28% 的交易使用现金，39% 的支付是通过借记卡进行的，并且越来越多地使用银行自动支付和信用卡。因此，作为最受信任的发行人，世界银行提出询问：是否应该提供电子货币来补充现金？

当时，即将离任的英格兰银行行长马克·卡尼（Mark Carney）在报告前言中提及了"稳定币"的问题："必须确保公众继续获得央行以某种形式发行的无风险货币，在未来，尤其是随着现金使用的减少和新形式的私人货币在支付中的使用越发广泛，CBDC 将成为一种重要设施。"

风险当然存在，就是央行与商业银行之间可能产生的博弈。如果终端消费者将个人存款转移到央行 CBDC，这可能会给商业银行带来流动性问题，将影响银行预付货款的能力，最终可能会影响金融稳定和央行控制货币政策的能力。

几乎同时，英格兰银行副行长乔恩·康利夫（Jon Cunliffe）也就货币问题发表了讲话。"可能减少的商业银行贷款的挑战是最重要的问题，"他表示，"金钱的技术和模式一直在发展，这是谁也无法阻止的。"

在报告中，英格兰银行针对央行货币（CBDC）的核心功能，得出了如图 7-5 所示的研究结论，即 CBDC 的核心功能为：

- 支持有弹性的支付环境
- 规避新形式私人货币制造的风险
- 支持支付的竞争、效率和创新
- 满足数字经济中未来的支付需求
- 提高 CBDC 的可得性和可用性
- 解决现金减少带来的后果
- 作为更好的跨境支付的系统基石

图 7-5　CBDC 的核心功能

资料来源：英格兰银行网站。

在该报告中，英格兰银行表示计划探索一种模式，即让中央银行运行核心基础设施，与实时总结算 (RTGS) 系统一起运行，但可以通过商业化支付中介将数字现金传递给消费者。英格兰银行还设想，通过这些支付接口提供商添加目前银行核心分类账中没有的功能。该分类账将可能使用分布式分类账技术（DLT）。DLT 提供了创新潜力，但各类银行都对性能、隐私和安全性感到担忧，因此更希望 CBDC 可以提供使用智能合约的、安全的、可编程货币。

在报告中，英格兰银行表示希望能够量化 CBDC 对货币政策和金融稳定的影响。它计划充实 CBDC 的功能以及公共和私营部门角色之间的分工。英格兰银行还表示，已经与其他五家公司和国际清算银行分享了这一项研究成果。

第四节　元问题：货币是什么

金融的元问题，肯定是货币问题。传统经济学认为，作为"一般等价物"的货币具有三大属性——价值尺度，储藏手段，支付手段。然而，货币的这一定义今天似乎被颠覆了！

以比特币为例，由于算法的总量限制，比特币成为一种通缩货币。而且，从 2009 年发行至今，比特币已经上涨了数千万倍之巨！任一经济体对于货币的基本要求都是"长期、稳定"。试问：这一量子规模波动的货币，价值何来？如何定价？如何储值？如何支付？如何流通？……最大限度上，比特币更类似一种今天经济学意义上的投资商品而非货币，不是吗？因为货币三大属性之间在今日现实中的"相互指涉"⊖，已使货币的面目在这个时代被彻底模糊了！

传统法定货币与虚拟货币有三个共同的元问题：其一，什么东西可以成为货币？这里用"东西"而不用"物品"，是因为虚拟"算法币"完全没有"锚定"任何实物商品，今天还有哪个国家的法定货币与黄金锚定？这是今天对比特币等虚拟货币乃至未来货币的终极追问。其二，谁有权力（或能力）"铸造"货币？货币"必须"（或"应当"）是主权国家的专属禁区吗？那么，对比特币（及更多层出不穷的虚拟货币）存在的事实，我们要怎么评价？其三，货币是如何被不断地"制造"出来的？前两个问题，是典型的复杂性问题，当今世界最前沿的研究，且尚无定论（笔者或将用另一本书来阐述），而第三个问题，正是本节的讨论重点。

"最强"CEO谈虚拟货币

自从比特币价格在短时间内飙升，创造了诸多百万富翁和亿万富豪以来，加密货币引起了全球范围的广泛关注。对于虚拟货币⊜，各类反应中有消极的，也有积极的，有人称其为"第四次工业革命"，而另一些人则简单地将其视为"泡沫"。

尽管如此，很明显，除了持续的争论之外，加密资产正逐渐在社会中找到自己的位置。可以看到加密货币已经在市场上发生了重大变化，尤其是现在各个行业都开始考虑在它们的系统中应用区块链。区块链技术有机会应用于健康、旅游、汽车、环境等各个产业。

这一现象激发了许多专家和名人发表意见。在这里，我们总结了15条来自顶级CEO的关于加密货币的最具标志性的语录⊜。不是为了告诉或说服你投资比特币和其他加密货币，而是向你展示目前关于虚拟货币的主流意见以及未来还有多少潜力。

1. 中本聪

"如果你不相信或者不明白比特币，对不起，我没有时间说服你。"

⊖ "自我指涉""反身性"等未成熟的新金融概念，可参考"元经济"一章中"元问题"一节的讨论。

⊜ 本书对"加密货币"与"虚拟货币"这两个术语不作区分。

⊜ 编译自Divany整理的《15条最强虚拟货币格言》（2021年8月）一文。

这可能是现存最早的比特币格言之一。中本聪是比特币的创始人,因此他是最早相信比特币力量的人之一。那时,甚至没有多少人知道比特币,更不用说想象它会是革命性的进化事物。但是今天,数字货币已经彻底改变了世界,以至于人们不再需要过多地被说服了。

2. 马克·肯尼斯堡(Marc Kenigsburd)

"区块链是技术。比特币只是其潜力的第一个主流体现。"

马克·肯尼斯堡以其名为"对话"的播客而闻名,他主要谈论区块链及其在日常生活中的用途,也是 Bitcoinchasers.com 的创始人。他特别指出:"区块链和比特币是两个独立的概念。"因为区块链是具有更广泛探索潜力的底层技术,而比特币只是该技术的产品之一。因此,他暗示我们目前仍处于技术起步阶段。

3. 埃里克·沃里斯(Erik Voorhees)

"每当加密货币的价格上涨时,人们反而会开始花费更多。"

埃里克·沃里斯是最受欢迎的加密货币交易平台之一 ShapeShift 的创始人兼 CEO。他经常撰写有关比特币的文章,并在推特上发表值得关注的评论。他曾特别谈到了通常被称为"积极的市场情绪"的东西,他说,当像加密货币这样波动的资产突然升值时,人们往往会更强化不切实际的期望,从而大量购买虚拟货币并加强虚拟货币的稀缺性。

4. 里克·福克文格(Rick Falkvinge)

"比特币对银行的影响就像电子邮件对邮政业的影响一样。"

里克·福克文格是一名 IT 企业家,也是瑞典海盗党(Swedish Pirate Party)的创始人。他在一句话中强调,"比特币将彻底改变我们使用和转移资金的方式,就像电子邮件改变了我们使用邮件的方式一样。"

5. 彼得·蒂尔

"PayPal 的目标是创造一种新货币。我们在这方面失败了,我们只是创建了一个新的支付系统。我认为比特币在新货币层面已经取得了成功,但支付方面有些欠缺,支付对比特币来说是一个巨大的挑战。"

彼得·蒂尔是最成功支付平台 PayPal 的联合创始人,也是畅销书《从 0 到 1》的作者。据他在 PayPal 的经验,他说该公司已尝试使用比特币改进他们的系统，但仍然发现虚拟货币很难使用。他认为，如果比特币未来的目标是被更多主流商业形态所采用，那么支付系统应该更易于使用。

6. 史蒂夫·艾斯曼（Steve Eisman）

"加密货币能增加什么价值？没人能回答我这个问题。"

史蒂夫·艾斯曼是美国著名的商人和投资者。大多数人都是从电影《大空头》中认识他的，这部电影描绘了他在2007～2008年美国房地产泡沫期间的真实生活。上面的话摘自他的推特账号，显示了他对加密货币支持者的态度。相当长时间以来，他一直对加密货币持怀疑态度，并表示他将置身事外，因为他不了解它。他还批评，投资加密货币的人只是在投机。

7. 威廉·穆贾雅（William Mougayar）

"我对使用加密货币的前景感到非常兴奋，它不仅仅是一种货币等价物，更是一种赚钱的方式。"

威廉·穆贾雅是《商业区块链》的作者。他认为，比特币挖矿的行为任何人都可以参与其中并实际从中赚取收益，这是加密货币最令人兴奋的功能之一。

8. 埃里克·施密特（Eric Emerson Schmidt）

"比特币是一项了不起的密码学成就……它创造出的在数字世界中不可复制东西的能力，具有巨大的价值……很多人将在此基础上建立业务。"

埃里克·施密特是谷歌的前CEO。他对加密货币持中立态度，尽管他对比特币的未来不太确定，但他明确表示他对这项技术印象深刻，并在计算机历史博物馆的演讲中称赞了它。

9. 朱利安·阿桑奇（Julian Assange）

"比特币实际上有平衡中心和激励中心，这就是它开始起飞的原因。"

朱利安·阿桑奇是一位出版商、社会活动家和编辑，被称为维基解密的创始人。

维基解密是一个非营利组织，也是因比特币而受益的公司之一。公司在发展中曾遇到巨大的问题，主要银行和信用卡公司冻结了维基解密的所有款项，后来该公司是通过接受比特币的捐赠才成功渡过难关并得以生存的。

10. 维塔利克·布特林

"大多数技术倾向于使外围工人自动化完成琐碎任务，但区块链却自动化了中心式工作。区块链不是让出租车司机失业，而是让优步倒闭，它让出租车司机直接与客户合作。"

维塔利克·布特林是一位俄罗斯裔加拿大程序员和作家，他以以太坊联合创始人的身份而闻名。在他的引述中，他强调区块链技术能够打破"大多数新技术被用来消除人类在做琐碎任务的刻板印象"。相反，区块链为每个人提供了一个参与其中并从中赚钱的新机会。

11. 布拉德·加林豪斯（Brad Garlinghouse）

"如果整个加密货币市场或数字资产正在解决问题，它将带来一些价值。"

布拉德·加林豪斯是加密货币世界中的知名人物。他是瑞波币（RIPPLE）的 CEO，瑞波币是 XRP 背后的公司。他不时地会亲自发推文，更多时候是为了反驳那些对加密货币的未来表示高度怀疑的怀疑者。

12. 保罗·格雷厄姆（Paul Graham）

"我对比特币很感兴趣。它拥有所有重要的迹象：范式转变、黑客喜欢，但它只被描述为一种玩具，就像当年的微型计算机一样。"

保罗·格雷厄姆是风险投资家、雅虎商店平台创建者，也是广大硅谷程序员的偶像。他还创办了硅谷著名的 YC 创业加速器。他试图让读者从长远来思考加密货币的真正潜力。他认为世界还没有公正对待加密货币，因为很多人都低估了它，觉得它好像没什么大不了的。

13. 亚当·莱文（Adam B. Levine）

"随着价值的上涨，人们开始转变态度，怀疑者也开始动摇。启用一种新货币很容易，任何人都可以做到。诀窍是让人们接受它，因为正是它们的使用赋予了'金钱'价值。"

亚当·莱文是 Let's Talk Bitcoin 的创始人和 Tokenly 的 CEO。他指出了在为新的加密货币增加价值时，公众采用的真正重要性。他的意思是，为了使加密货币变得有价值，人们应该开始在日常生活中使用它们，包括购买、消费和接受它们作为支付媒介。

14. 比尔·盖茨（Bill Gates）

"比特币是一项伟大的技术杰作。"

每个人都一定听说过比尔·盖茨是谁。作为"编程之父"和微软创始人，他肯定花了很多时间思考技术的未来。正如许多人在现实中都仰慕他一样，他对比特币的简短评论也成功地让更多人对加密货币的潜力倍感兴趣。

15. 哈尔·芬尼（Hal Finney）

"我认为比特币最终会成为银行的储备货币，与早期银行业务中黄金的作用相同。银行可以发行匿名性更高、'重量'更轻、交易效率更高的数字现金。"

哈尔·芬尼是知名加密货币公司 PGP 的开发人员，也是继 Phil Zimmermann 之后，该公司聘请的第二位开发人员。他清楚地表明了对加密货币的支持，他相信加密货币在未来可能会产生更大的变化。

尽管争论仍在继续，但比特币（包括其他虚拟货币）显然已经在金融界留下了足迹，并对我们的日常生活产生了革命性的影响。越来越多的人开始使用它、赞美它、投资它。这些主流意见向我们表明，比特币的消息已经传到了各个专家的耳朵里，并使他们认为加密货币将是金融世界的未来。

货币是什么？为何坏货币必须死

很多人不知道"货币"的实质就是"信用"，更多人不知道"信用"的实质就是个人或机构的"债务"。换言之，**货币的实质就是"债务"**。

要真正理解金融系统及运作机理，必须先对"什么是货币"有深刻的理解。只有真正理解了这个金融的"元问题"，你才可以体会为什么金融 3.0 就是"去中心化的金融"，并且以鼓励利益相关者全员参与的"智能合约"的方式运营。

经过了金融 1.0（传统金融）到金融 2.0（FinTech）再到金融 3.0（DeFi），我们今天可以肯定地说，"去中心化金融"就是经济史上一场最大的向金融资产所有者的"还权运动"！

货币是谁的财富工具？

马克思说过："财富的本质就是时间。"经济社会中的人们，用自己的时间（生命的片段）生产出了不同的产品或服务，然后通过货币作为一般等价物进行交换。而交换时人们对于估值能力（需要知识）、议价能力（需要资源）、时机（需要知识和资源）、宏观政策（博弈的重要一方）等要素的掌握程度，就成为投机获利与否的决定性因素。

因为我们认为自己还"拥有"时间，或者说我们可以透支自己或下一代的时间，我们就透支了经济增长或繁荣。在一些国家，"通胀"不只是一种现象，通胀成为一种长期政策，成为世界主要经济体的政府用来调控宏观经济的主要方式。我们将进入"泡沫化生存"的时代。因为我们要财富、要繁荣，我们就自以为"幸运"地找到了通过货币创造繁荣的手段。

2000 年美国互联网泡沫破灭之后，人们原先预测美国经济要经历一场大萧条，但后来看到的是，美国经济呈现了"V 字形复苏"。其背后是美联储持续不断地降低利率，向市场大量释放流动性，结果美国引发了一个比互联网泡沫更大的房地产与金融泡沫。不少人认为，美国人是"用后一个泡沫托住了本来要崩溃的美国经济"。

同样，没有人愿意承受经济衰退的痛苦，所以全世界人民就以各自的方式向各国政府施加舆论压力，而政府也只能动用政策工具制造"泡沫型"经济增长。就像 J.M. 伯恩斯在《领袖》一书所揭示的秘密："领袖是大众的领袖，领导者其实也是追随者。"无论是有意还是无知，我们都假装认为推迟泡沫就"可以"消灭泡沫。那么各国政府如何"消灭"泡沫呢？最快的方式的就是制造更大的泡沫。

2008 年金融危机之后，美国人拍了两个纪录片，《债务美国》和《时代精神》，很形象、很有说服力地调侃并揭示了美国政府和货币市场的"机制"。例如美国政府出现了 1 万亿美元的债务危机，税收的速度又远远赶不上政府花钱的速度。于是，唯一的办法就是借钱。而如此巨大的金额，唯一可借的对象也只有作为"中央银行"的美联储。因此美国政府就印了一些"纸"，并称之为"国债"（借条），"押给"美联储；美联储能做的就是找来"另外一些纸"，印成"美元"，"借给"美国政府。这样，1 万亿美元就流进了市场。加上货币乘数的作用，还有美元作为世界货币（放弃了"金本位"的"美元本位"）的全球流动性，市场上的货币供应量就十倍、百倍地"被创造"出来了。⊖

"股神"巴菲特在"名义"上和"实际"上的老师、价值投资概念的创造人格雷厄姆，曾自豪地称自己对于经济学的贡献，就是提出了"大宗商品"作为"替代货币"的可能性和重要性。商品作为货币，其虚拟性和泡沫化已经很严重

⊖ 林永青. 通胀时代的生存 [EB/OL]. (2010-05-18). www.chinavalue.net/Finance/Blog/2010-5-18/1604338.aspx.

了，让格雷厄姆没有想到的是，今天"通胀"的玩法，竟然是直接印钞票。更令人担忧是，互联网和金融市场的相互作用，让"虚拟经济"更快地进入了人类社会，虚拟货币也已不再是理论术语，而是成为一种趋势性转向。

在传播意义上，新闻传播学大家麦克卢汉在 50 多年前就断言："所有的技术都是媒介。"笔者不妨借用麦克卢汉的"泛实用主义"范式，也预言："所有的可交易物品，都是货币。"比如我们注意到，刚刚开始的"低碳经济"中的"碳交易"市场似乎已经出现了。"碳交易"可以用货币来交易，当然也可以像"石油币"一样用某种"碳指数"来交易。

改变银行？或走向没有银行的世界

2015 年，笔者在为西蒙·迪克森的《没有银行的世界》一书写的前言中写道："如果我们继续做现在做的事，不对金融体系做任何改革，那我们将会遇到麻烦。现在的金融体系实际上是一个'债务陷阱'，有可能会崩溃。

"从来没有一本关于金融、技术和货币的书，它的作者不是金融学博士，而是一名曾经的投资银行家、一名非传统金融业务的创业者。况且，已经有太多关于金融政治改革者的经验和实践指引着我们接下来应该怎么做。所以我写了这本书……当你明白了管制金融、技术和货币的规则后，无论发生什么大事你都将是自由的。我不知道谁会在读完这本书之后，还宁愿选择依赖政府或大型企业来获得财富，而放弃一辈子自由的生活。"[⊖]

以英国为例，迪克森列举了全球金融体系当前的三个致命缺陷。

缺陷 1：银行拥有你的钱

银行可以把你的钱借出去，不管你乐不乐意。你可能会认为这些存在自己银行账户里的钱就是你的，但实际情况是，当你把钱存入银行时，你的钱就成为银行的合法财产。塞浦路斯人民在 2013 年就领教过这一点，当时，该国银行在救助计划的幌子下，宣布向储户征收存款税以摆脱困境。

只有当你明白它们用你给它们的钱真正做什么，这样做的真正含义才会被领会。

缺陷 2：银行花你的钱

银行可以不顾你的想法用你的钱进行投资。我暂且把这些钱称作"你的"

⊖ 迪克森 . 没有银行的世界 [M]. 零壹财经，译 . 北京：电子工业出版社，2015.

钱，但正如上面提到的，银行实际上成为"你的"钱的合法拥有人。但所谓你的钱，我指的是出现在网络银行里屏幕上的那些数字，对于这笔钱会用来做什么你毫无选择。银行可以用它来操作任何银行认为高收益的事情。一些投机是错的，甚至是非常错误的，正如我们发现的 2007～2008 年间的房地产泡沫。给你举一个疯狂的例子：你将自己的养老金放到银行，这些钱可能被用来炒股，甚至因此发生亏损，你的养老金会缩水，钱却还在银行手中。

问题的关键是，你不知道"你的"钱发生了什么。你有没有接到过银行打来的电话，告诉你因为它们发现了令人兴奋的"新赌注"，寻求你的许可来使用你的钱？肯定没有。

但与缺陷 3 比起来，缺陷 1 和缺陷 2 几乎可以忽略不计！

缺陷 3：银行创造你的钱

银行可以创造货币！你没听错。当你登录你的网络银行时，你会认为几乎所有的钱都是你的，而我只能说"曾经是"。**金钱，其实是由银行自己创造的。**它们有一个书面的造币许可证，名为银行牌照。

去看看商业是如何运行的你就会明白，从本质上讲是银行而不是政府在管理几乎所有在经济活动中金钱的流动。三大致命缺陷可能尚未让你心烦，但只有当你调查过这些缺陷实际上意味着什么，你才会真正开始明白为什么金融世界现在会这样以及它的未来会是什么样子。

难道银行真的可以创造货币？我们为什么要在乎？

迪克森为自己辩护道："每当我提出这个话题，通常都会面临质疑，所以要回答这个问题，你需要了解更多关于支配金钱的规则以及金钱实际是什么。我想告诉你这些规则，并且说明这三个致命的缺陷对我们各方面的影响。

"我想对一个特定的案例研究做更深层次的挖掘。我以英国作为一个案例来研究，正如前面提到的，我敢肯定，你的国家也在一个类似的框架中运行并拥有类似的命运。虽然你所在的国家的数字会有所不同（如在美国就差异不小），但其影响将是类似的。"

今天的货币是什么样的

在英国，纸币是由英格兰银行发行，而硬币是通过英国皇家造币厂发行的。当然，我们大家都知道，私自造币不仅非法，而且有害于经济。如果自己造币，那么钱将变得一文不值，经济系统就会随之崩溃。

"现在大多数的钱都是电子货币。随着时间的推移，在英国，纸币和硬币已经缩减到货币总金额的3%，而97%都只是以电子货币的形式显示为计算机中的数字。在过去，钱是指具有真正价值的金属货币（最普遍的是黄金），存放在银行的"金库"里。作为你存储的金属硬币或黄金的交换，银行会给你一张纸，上面有金属硬币或黄金数额的可兑换声明。"

人们越来越信任银行，每次需要支付的时候，人们都会使用这种纸币来进行支付，而不是去银行用它们的书面收据来换出硬币或黄金来支付。

人们逐渐开始像信任硬币和黄金一样信任纸币。即使纸币自身没有真正的价值，但是它可以交换硬币或黄金。

因此，银行慢慢意识到，它们创造多于（真实存量的）硬币或黄金的纸币的时候，没有多少人会注意到。只要它们为每天用纸币交换硬币和黄金的客户准备好足够的钱，他们就可以赚更多钱。

假如没有货币改革，通往未来的道路将会这样。

当某个政府债务增长到失去控制，某个信用评级机构将会给相应主要大国降低等级，正如它们2011年在美国所做的那样，当其他机构也这么做之后，债务占GDP比重将会飙升到失控。资产价格会一直上升，而实际工资则保持不变甚至下降。

对人们来说，公司和政府无法负担更多债务，因为穷人明显还不起，而富人又不需要还。央行将会进一步推行量化宽松政策以重新刺激经济。政府会倾其所有让商品价格重新膨胀起来，即使没有人能付得起。"而这些数据，将会被报道成经济复苏的标志"。

为了让银行能够贷出款，为了回应公众的愤怒，充满矛盾的规定开始实施，比如《巴塞尔协议Ⅲ》要求银行掌控住更多的钱，与此同时却试图让更多人负债。

自由经济，促进通货紧缩；量化宽松政策，促进通货膨胀，刺激泡沫繁荣（资产价格通胀）。当商业银行们斗争成功，就意味着货币政策委员会和政府不再关心通货膨胀，并会继续通过央行印钞来产生债务。

因为基本上没有人能够承担这种债务，央行由此介入。但管理的下一个联动结果就是失业更严重，社会也更不稳定。因为量化宽松政策会带来错误的冷静，投机者开始乘虚而入大举购买债务资产，因为他们觉得利率这么低，价格相当实惠，但增长的失业率会造成大批违约，情况就不幸地回到 2008 年美国国际集团（AIG）和雷曼兄弟倒闭的时候了。

这时政府无力摆脱困局，因为不讲信用，越来越少的人愿意借钱给它们，政府变得无力偿债。

为了金融改革，迪克森认为，必须提出如下"三条戒律"和遵从"四条债务原则"。好消息是，这些"还权"给每位银行储户的措施，有可能通过今天的可监管的数字货币来实施。

三条戒律如下。

- 戒律一：银行要在放贷之前获得储户的许可；
- 戒律二：银行要向储户公开银行是如何使用钱款的；
- 戒律三：银行要向公众力量开放以监督钱币制造。

四条债务原则如下。

- 原则一：债务有好有坏；
- 原则二：货币创造过程永远不能与贷款盈利过程相混合；
- 原则三：债务拥有三重底线（TBL）；
- 原则四：借贷者和放贷者必须缔结约束关系。

走向不制造货币的金融世界

随着越来越多的人意识到他们放在银行里的存款处于一种会被没收的风险之下，人们开始期待电子货币作为银行货币的救生艇。那么我们要怎么从可以制造钱币的银行，过渡到不能制造钱币的银行呢？

有一种非常简单的方法，而且实际上这件事也确实没那么复杂，每个银行都有一张资产负债表，表明客户可以在任何时候一次性从账户上取出的钱数，于是就得出一张将每个客户资产余额合在一起的总表。（你登录网上银行后可以看见自己的资金余额，别人也可以看见他自己的。）

这个总数就是这家银行存款数的总额。这个数字每家银行都可以计算，每个客户的账户余额也都一目了然。这些钱被查清之后，就可以被转化成央行持有的数字货币。人们就因此进入一个制度化的重建过程。不同的是，例如英格兰银行，它拥有了一个全新任命的货币政策委员会，以回答议会提问的方式向所有人报告所有的会议记录——这不就是今天的区块链正在做的事情吗？

把这些钱转化成真实的央行数字货币之后，即使某家商业银行破产了，你当前的账户金额也是保密的。你的钱可以被存入数字钱包，完全属于拥有者。它们都由央行掌控，无论某家银行繁荣或萧条，这笔钱都不再会有风险。央行与政府也不需要提供任何金融保险或救助基金。

现在从每家银行到央行的这笔钱形成了一项债务，在各家银行的账单上显示为负债。这很重要，因为如果企业从银行账单上移走一项负债，该年的账单就会利润大增并且股价飙升。当人们开始逐渐偿还债务，银行也就逐渐还清了欠央行的债务。实际上，银行正在偿还的只不过是它们之前创造的让它们"大而不倒"的金钱。

商业银行将会毫无保留地告诉你，它们会如何投资"你的"这笔钱，以及会如何让这些金融产品增值。同时，银行与非银行金融机构都在为"你的"钱竞争着，而"你"可以简单地使用众融、P2P 借贷或股权融资等金融管道，利用你的社交资本作为收集信息和做投资分析的工具。这些还只是最简单和最容易的钱款转移方式，还没有涉及 Web 3.0 带来的更多管道。

如果觉得合适，等到这一"迁移模式"运营成熟之后，央行可能会把钱交给"无债务的国库"（Treasury Debt-free），或者基于通胀或紧缩的目的来挖掘某种数字货币，并且国家财政部会汇出一批新的无债务钱款，注入整个经济体系。

这些钱可以用来偿还国债、减少税收、增加公共服务的支出，以防止政府破产。经济就如同大部分人认为的"是其所是"的那样运转，并且由于经济繁荣，金融系统的深入改革得以持续。

我们因此有了一个彻底透明的货币发行系统。其实，这一金融改革的思路非常简单，就是将所有商业银行"创造货币"的职能收归到中央银行一家所有。

同时，国际货币基金组织和世界银行这样的国际组织也将停止制造货币，而将根据成员国债务人贷款的合法性做出决定，因为它们正和其他成员国一样经历着类似的过渡期。那些"债务缠身"的发展中国家的债务，也将能够通过数字货币轻松地还清，而不会造成该国金融市场的崩溃。

据此，希望我们可以很快成功地从"自由的债务陷阱"过渡到"自由的经济"，况且，我们在债务问题崩溃之前，已经看到下一批颠覆性金融技术的诞生了。

更进一步的大胆预测是，或许我们的社会可以选择脱离今天的"金融－货币"系统，选择生活在一个无货币的自由经济环境中，走上使用"时间银行"或使用虚拟货币与"央行无债务稳定货币"的结合之路。

比走向"没有银行的世界"更重要的是先走向"没有债务的货币"。

《没有银行的世界》描述的金融前景是乐观的。然而，人类在网络时代所面临的"金融—货币"问题在元宇宙时代仍然存在，只是会变得更具"隐蔽性"和"复杂性"。因为区块链、NFT、DeFi等数字化技术的推动，使得这一"货币制造"的链条更长，我们有义务提醒每一位最终的资产所有者，时刻不要忘记自己手上的货币从何而来、因何而来。

笔者同意迪克森的判断，"通过教育，通过向政治家宣传，通过击溃旧的系统，通过进行新的无银行革命，通过企业家和你的支持"实现银行业的改革，将不再是一个"如果"的问题，而只是一个"时间"的问题。

旧系统将自我崩溃，银行业的改革是可预见的，也是不可避免的，问题只取决于我们愿意在行动前忍受多久。可以确定，人类可塑性极强，而技术的不断进步，意味着我们可以生活在一个"总有解决方法"的丰沛世界中。

只要作为每个人的"你"开始对社会资本进行投资，"你"的社会网络就会壮大，"你"也会更加强大，成为个体领导力的来源，成为在自由经济大潮中应对自如的中坚力量。

| 第八章 |

元治理

物质都是有形态的，意识呢？没有形态。只不过，很多人都喜欢把思想统一起来，形成模式，称之为"意识形态"。当一部分人的思想与另一部分人的思想不同，就有了矛盾。东西方文化冲突，也不外乎此。

——仲昭川

技术进化论让人们误解，没有任何人或任何生物，会像"人对待动物那样对待人类"。"人"这个词，淋漓尽致地表现出人类这种"可怕的傲慢或愚蠢"。每个人都拥有这个词的一部分特征，但各有不同，因此他们就能够对彼此作恶。他们有的是耐心和力量内斗，直到"人"这个物种完全灭绝。而到那一天，被他们奴役的动物们却还活着……技术最大的危险在于，它们会让人分心，让人们忘记"真正想做的事和真正需要的事"。

——埃利亚斯·卡内蒂

黄帝是中国上古神话中令人敬畏的三皇中的第三位……登上王位后，黄帝做了整整三个月的梦，在这段时间里他学会了如何控制心灵，还获得了教诲万民的能力。他指导人们控制自己内心中的自然力量……这位伟人治理了中国一百年，在他治理期间，人民享受着真正的黄金盛世。他的身边汇聚了六位大臣，他们帮他创设了历法，开创了数学计算，教授制作木头、陶器、金属的方法，教授造船和造车、钱的使用和用竹子做乐器的方法。

——约瑟夫·坎贝尔

第一节　治理的必要性：元宇宙漫步

一位元宇宙创业者的全周期故事

20 世纪 90 年代初期，路易斯·罗森伯格还是一位在美国空军研究实验室（AFRL）工作的年轻研究员，这是一个由斯坦福大学和美国航空航天局（NASA）合作的早期 AR 环境设计项目。"我开发了第一个交互式增强现实系统，并用人体进行了测试。当时的用户非常热情。虽然按照今天的标准，当时的产品非常粗糙，但我相信，它将成为我们未来的技术。"

"这个项目当时被称为 Virtual Fixtures（虚拟装备），这是第一次，用户能够接触连接了真实对象和虚拟对象的混合现实（MR）。

"这个早期的系统使用了价值一百万美元的装备，要求用户爬上一个大型电机驱动的外骨骼。他们在现实世界中执行任务，例如将钉子插入不同大小的孔中的同时，只能通过眼睛注视挂在天花板上的临时视觉系统来操作。虚拟对象会被合并到他们对真实工作空间的感知中，目标是在用户执行复杂任务时能够为他们提供帮助。这项研究取得了成功，表明真实和虚拟结合到一个混合现实中可以将人类的表现提升 100% 以上。

"更令人兴奋的是人类受试者在尝试了第一版 AR 后的反应。每个人都带着灿烂的笑容爬下外骨骼，并主动告诉我'这种体验令人激动'。不是因为系统提高了他们的表现，而是因为与虚拟对象的交互是一种从未有过的神奇体验，感觉就是对物理世界的真正补充。我坚信这项技术最终会无处不在，技术将魔法般地挥洒向我们周围的世界，影响从商业到游戏和娱乐的每个领域。"⊖

罗森伯格是一名计算机科学家，也是 Unanimous AI 公司的现任 CEO。该公司专注于以"生物群 AI"（Swarm AI）来强化人类智能。罗森伯格因在美国空军

⊖　案例来源：https://medium.com/predict/metaverse-2030-ee59e4d4010d，已由作者授权本书使用。

研究实验室开发了第一个功能性 AR 系统而闻名，他还创立了早期的 VR 公司 Immersion Corporation（纳斯达克：IMMR）和早期 AR 公司 Outland Research。他是一位多产的发明家，在 VR、AR 和 AI 领域在全世界获得了 300 多项专利。罗森伯格在斯坦福大学获得博士学位，并在加利福尼亚州立大学担任终身教授。

多年来，他在公共媒体上撰写了大量文章。"让我们面对现实吧：我们发现自己身处一个这样的社会，在我们每个人和我们的日常生活之间都已经覆盖了无数层技术外壳——规制我们对新闻和信息的访问，调解我们与朋友和家人的关系，过滤我们对产品和服务的印象，甚至影响我们对基本事实的接受。"

近 30 年后，罗森伯格认为，我们现在已经过着"媒介化生活"（Mediated Lives），所有人都越来越依赖提供中介层的公司。当这些技术层操纵我们时，业界并不认为这是滥用，而仅仅将其看作"营销"。事实是，这不仅被用来兜售产品，还被用来散布不实信息和助长社会分裂。"我们现在生活在危险时期，而 AR 有可能将危险放大到我们从未见过的水平。"

想象一下你走在门口的街道上，你漫不经心地瞥了一眼人行道上经过的人，就像今天一样。但你可以看到每个人的头上都漂浮着巨大的发光信息气泡。也许这个技术的意图是善意的，想让人们与周围的每个人分享彼此的爱好和兴趣。但现在想象一下，一旦第三方可以注入内容，并增加一个付费过滤层，那么只有特定的人才能看到。第三方使用"酗酒""移民""无神论者""种族主义者""民主党""共和党"之类的粗体闪烁词来标记个人。那些被标记的人，甚至可能不知道其他人可以这样看待自己。这种"虚拟覆盖"很容易被设计为扩大政治分歧，排斥某些群体，甚至引发仇恨和不信任的形态。这真的会让世界变得更美好吗？或者，它会将网络上出现的对抗性文化传播到现实世界吗？

想象一下你在零售柜台后面的工作。AR 将改变你评估客户的方式。个人数据会在他们周围漂浮，向你展示他们的品位和兴趣、他们的消费习惯、他们驾驶的汽车类型、他们房子的大小，甚至他们的年总收入。短短几十年前，能够访问这些信息是不可想象的，但如今，我们接受它作为在数字世界中成为消费者的交换代价。借助 AR，个人信息将随处可见，暴露着我们的行为并泄露着我们的隐私。这会让世界变得更美好吗？"我不这么认为，但这就是我们无可选择的前进方向。"

元宇宙可以让现实消失。过去十年中，媒体技术的滥用使我们所有人都容易受到扭曲和错误信息的影响，从假新闻和深度伪造到僵尸网络和怪兽农场。这些危险是隐蔽的，但至少我们可以关掉手机或离开屏幕，获得真实的面对面体验，这些体验不会被企业数据库过滤或被智能算法操纵。随着 AR 的兴起，这个可靠现实的最后堡垒有可能完全消失。而当这种情况发生时，会加剧我们社会的分裂吗？

我们称之为"文明社会"的共享体验正在迅速消失，转而每个人都开始生活在自己的数据泡沫中：每个人都收到了所谓"量身定制"的新闻和信息（甚至谎言）。这巩固了我们的观点并强化了我们的偏见。今天我们至少可以进入一个公共空间，在一个共同的现实中拥有某种程度的共享体验，但如果使用 AR，今天仅存的一点"公共空间"体验也将丢失。当你走在 AR 世界的同一条街道上时，你可能会看到截然不同的信息内容，让你相信关于同一个城市的同一个公民的相反事情。还有一些人，出于不同政治立场，会让 AR 耳机生成虚拟眼罩，将无家可归者或者枪支商店隐藏在虚拟数字墙后面，就像今天的建筑工地都被围起来一样。

你将永远不能离开元宇宙。因为你不能通过只是摘下你的 AR 眼镜或弹出你的联系人就切断这些联系。为什么？因为我们将完全依赖于投射在我们周围的虚拟信息层。它不会像今天的互联网这样，让人感觉是有可选项的。你不会拔掉你的 AR 系统，因为这样做会让你无法访问周围的环境，从而使你在社交、经济和智力上处于劣势。事实是，我们以方便的名义采用的技术很少是可选的——特别当它们像 AR 那样广泛地融入我们的生活时。

为什么元宇宙有风险

罗森伯格警告说："企业控制的虚拟世界正在迅速向我们走来，而且比社交媒体危险得多。"从 VR 和 AR 一诞生就开始涉足，因此罗森伯格花了近 30 年时间思考这一话题。

"危险的不是技术，而是强大的公司，它们能够控制我们生活的方方面面，将我们日常体验的访问权出售给出价最高的人。"这听起来像今天的社交媒体巨头，但在元宇宙中，可能的"入侵"将更加紧密（见图 8-1）。罗森伯格发现，定义元宇宙的三个"M 特征"是问题的核心，即大公司所具备的"监控

（Monitor）我们、操纵（Manipulate）我们和将我们货币化（Monetize）"的能力。

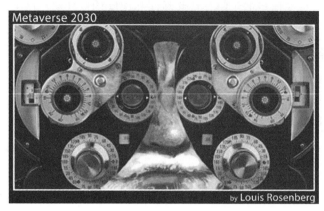

图 8-1　元宇宙 2030

资料来源：Louis Rosenberg。

1. 元宇宙将监控我们的生活

在过去的二十年里，科技公司已经建立了一种跟踪我们行为的科学，描述我们的浏览方式和点击位置，以便向广告商兜售我们的个人资料。许多人认为这是对隐私的严重侵犯，但几乎没有采取任何措施来解决这个问题。此外，这种对跟踪和分析的痴迷，使社交媒体成为一种破坏性的两极分化力量，允许平台提供商通过自定义消息来瞄准我们，从而放大我们现有的偏见和成见，使人群意识激进化。

元宇宙中情况将变得更糟。该技术不仅会跟踪你点击的位置，还会跟踪你去哪里、做了什么、看了什么，甚至你的目光停留了多长时间。这些平台还将跟踪你的面部表情、声音变化和生命体征（由你所"信赖"的智能手表捕获），智能算法还会使用这些数据来预测你的情绪状态。这意味着控制元宇宙的公司不仅会知道你的行为方式，还会知道你的反应方式，并做最深层次的分析。这里的危险不仅仅是它们跟踪这些数据，而是它们可以轻松地使用这些数据来操纵我们需求，不仅影响我们购买东西，而且影响我们的信仰。

2. 元宇宙将操纵我们的行为

从广播电视的时代开始，广告商就以人口统计为目标，巧妙地影响我们的观点。随着社交媒体的出现，公众被细分得更加精确，从而实现了超强针对性的消息传递。在元宇宙中，这种定位将更加个性化，推送的内容更令人难以抗拒。今天，我们通常会知道自己什么时候被宣传，尚可保持适度的怀疑。而在元宇宙中，我们不会受到明显的弹出广告或促销视频的"攻击"，更隐蔽的数字人、产品和活动，看起来与我们周围的世界"一样真实"。

例如，在元宇宙中，你会遇到样子和行为与真人一样的人，但它们是计算机生成的角色（SimGens），这些角色被编程后让你参与对话，阅读你的面部表情和声音变化，因此它们可以比任何推销员更熟练地向你推销。它们会很狡猾，拥有一个关于你的兴趣和倾向的数据库，以及你之前与类似广告互动的历史记录。甚至这些 SimGens 出现在你面前的方式——它们的性别、头发颜色、眼睛颜色、服装风格——都将按特征最有可能影响你的算法所定制。这听起来令人毛骨悚然，除非我们要求相应的监管来防止它发生。

3. 元宇宙将以前所未有的方式将我们货币化

作为资深企业家，罗森伯格很清楚平台提供商不是慈善机构——他们需要产生实际收入的商业模式。而且由于公众抵制付费订阅，因此行规已成为：免费访问以换取广告。这就是为什么企业在跟踪和分析用户方面付出了如此多的努力。公众其实是自己选择成为被买卖的产品而不是支付账单的客户的。我们必须理解解决这些问题的一个好方法是让用户改变心态，愿意为访问环境付费，而不是出售我们自己的访问权限。

那么，如何保护我们的元宇宙不被过度监控？

单纯从业务模式出发，有人认为，"从基于广告的模式转变为基于订阅的模式可能是一个强有力的解决方案，消除了大平台必须监控和操纵其用户的动机"。不幸的是，这只有在消费者愿意为访问付费的情况下才有效。我们怀疑有多少人会愿意为更安全的元宇宙付费，我们也不能假设这会成为常态。

罗森伯格相信，一种更有前景的方法是"创建由用户而不是公司控制的去中心化平台"。这不是一个新想法，因为开源 VR 可以追溯到几十年前，而且，随着加密技术和去中心化自治组织（DAO）的加入，这个方向现在似乎更加可行。一个典型例子是每月有 300 000 名活跃用户的"去中心之地"。

尽管如此，还是必须假设"投入数十亿美元的大公司，将创建主宰我们生活的平台"，而不能指望人们会简单地选择退出虚拟世界，因为它将成为数字世界的关键接入点，对于用 AR 眼镜在整个现实世界中投射虚拟内容层的"AR 世界"来说，尤其如此。选择退出，将意味着错过我们日常生活中的重要信息。所以我们能做些什么？最好的答案是：有意义地监管。

首先，我们需要限制可被允许的监控级别。在元宇宙中，平台提供者将可以访问我们所做的、所说的、触摸的和看到的一切，但它们不应被允许存储这些数据超过调节所产生的任何模拟体验所需的"短时间"——要做到所谓"用后即焚"！这将大大降低它们随着时间的推移对我们的行为进行分析的程度。此外，它们必须告知公众它们正在跟踪什么以及保留多长时间。例如，如果它们正在监视你的注视，则需要在此类跟踪处于活动状态时公开通知你。

同时，应该对允许跟踪的类型和目的严格限制。例如，公众应该要求限制监控自己的面部表情、声音变化、姿势和生命体征（包括心率、呼吸频率、瞳孔甚至自己的皮肤电反应）的广告算法。这种类型的跟踪听起来很极端，但这已经离我们不远了。除非我们严格监管虚拟世界，否则这些非常个人化的生理反应将被用来微调营销信息，调整它们的策略以实时影响我们。

此外，我们需要假设元宇宙将摆脱弹出式广告和促销视频等传统营销方式，而是以更自然的方式瞄准我们，将促销对象和活动注入我们的世界，看起来和感觉上都是真实的。

元宇宙"人间值得"吗

显然，当我们从今天的简陋的手机世界过渡到身临其境的虚拟世界时，就一定会引出这个"元问题"——元宇宙"人间值得"吗？

笔者在本书的写作过程中，访谈了多达 50 位在这个领域从事超过 20 年工作的先锋人物，他们都对这个行业经历的多个炒作周期的起起落落了然于胸。然而，他们中的多数人，仍然相信这一愿景——像 VR 和 AR 这样的沉浸式环境，将让我们的生活变得神奇，将极大地扩展人类的生存意义。但是他们有一个普通的共识，即"为了避免未来严重的风险，我们现在就需要迅速、积极地规范这个数字空间，以免问题在基础设施和商业模式中变得根深蒂固之后而无法解决"。

不管你喜不喜欢，元宇宙都将到来。"有意义的监管从来都不是一件容易的事，也很少是受欢迎的诉求"。但是，如果没有对平台提供商的限制，我们可能会发现自己处于一个看起来和感觉上都很自然的深度的"媒介世界"，而在幕后，强大的公司正在为出价高者操纵我们的生活，甚至在我们无意识的情况下，改变了我们的体验。这不是我们自己或我们的下一代想要的未来，所以我们现在应该推动监管。

罗森伯格在《元宇宙 2030》最后写道："不要误会我的意思，我说出这些可能的风险，是为了更好地规避它们。"AR 有能力以美妙的方式丰富我们的生活。我们相信 AR 将使外科医生的表现更好，建筑工人、工程师、科学家——无论老少，人人都将受益；我们也相信 AR 将彻底改变娱乐和教育，释放出不仅引人入胜、信息丰富，而且鼓舞人心的体验。

"作为一个乐观主义者，我仍然相信 AR 可以成为一种向善的力量，让世界成为一个神奇的地方，并扩展作为人类的意义。"但是为了防止潜在的危险，我们需要谨慎而深思熟虑地进行思考本应令人振奋的技术可能带来的风险。如果说我们从今天的巨型社交媒体的"意外的邪恶"中学到了什么，那就是"善意"并不足以防止系统出现严重的结构性问题。这意味着 AR /VR 的支持者们需要在第一时间把事情做好[⊖]。

元宇宙最近 2～3 年的大发展主要归因于区块链技术、数字资产（NFT）和去中心化金融的兴起。例如 NFT 和数字货币就因为基于不可篡改数据库的区块链技术，在虚拟世界中实现了服务和产品支付，就像普通法定货币一样。

元宇宙如果就此停下，很大程度会被归咎于"监管与合规"的不当。那么，无论从哪一个上述基础板块出发，元宇宙的治理问题都首先要从"数据"开始。

1. 数据隐私挑战

元宇宙的使用，涉及对各种类型的个人数据的全面收集。显然，通过各种渠道收集个人数据而获得的有关个人的实时信息和知识，将被元宇宙大大增强和放大。它将令相关机构获得有关个人的新型的数字化信息，例如人们的动作、行为或习惯，从而更深入地了解他们的"消费者"行为。"时间在哪里，数据就在哪里"，由于个人将大量时间投入到他们的虚拟生活中，因此机构一方可能会

⊖　内容来自罗森伯格的《元宇宙 2030》《监管元宇宙》《AR 强化的风险》等多篇文章的综述，已由作者授权使用。

收集比以往多得多的个人数据，并跟踪他们的行为。

2. NFT 和金融法规

对大量非游戏用户而言，最早听说"元宇宙"就是从听说 NFT 开始的。

近段时间以来，关于 NFT 的炒作或投资都相当火爆，它们无疑为个人和组织提供了许多新的商业机会和投资机会。原则上，几乎任何需要差异化来表示的东西，都可以表示为 NFT，例如图像、视频、文本，甚至是数字对象，例如整间房屋或整个城市、区域或世界。由于 NFT 将对元宇宙产生巨大影响，因此确定 NFT 的性质和监管至关重要。

必须确定 NFT 是一种"使用权证明"（Utility，即功用通证）还是一种"所有权证券"（Security，即证券通证）。创建 NFT 时就要确认该 NFT 的创建目的和出售目的。这一区别对监管机构来说将是决定性的。这一个问题的研究直接与如何保护消费者相关。

可喜的是，已经出现了各种数据保护法规的实践。瑞士和欧盟都颁布了相关法律，"遵守数据保护法，是确定处理个人数据的目的和方式的一方的责任"。可能的难点是确定"谁在负责数据处理"并不容易，因为可能涉及元宇宙的整个去中心化网络。因此，有必要评估在数据丢失或被窃取的情况下谁应当负责。在这种情况下，还需要确定如何向用户显示不同实体的隐私通知。同样，必须评估如何获得用户同意，特别是关于敏感数据（例如生物特征数据）和敏感人群（例如未成年人）的数据收集场合。这些只是有关数据保护法的少数几个问题。

3. 知识产权

元宇宙也意味着一个共同创造新事物的地方。由此，特别是在合作产生知识产权时，由于"证明共同所有权"是非常复杂的，因此会产生大量的挑战。例如，谁将拥有创造的权利？谁将拥有相关的收益？等等。据相关信息，欧盟委员会正在考虑对新技术产生的共同创造的知识产权进行改革，因为创造者、企业和相关平台都面临着另一个挑战，即如何在虚拟环境中保护和传播自己的品牌。

4. 竞争与垄断的互操作

为了使元宇宙体验最优化，并为参与者提供广泛的服务，企业必须进行沟通、协作并确保平台具有互操作性。这可能会遭到反垄断法律的阻止。虽然"互操作性"通常被视为有利于竞争，但由于不同用户将使用多个平台，特定平台共享的敏感信息（如定价或某些领域的开发委托协议）可能引发严重的竞争违规行为。因此，元宇宙企业必须就此事制定政策、程序、培训计划以及管控机制，以防止出现此类问题。

综上，尚处早期阶段的元宇宙，其整体的影响迄今仍然难以预测与衡量。许多问题需要大范围、大样本的元宇宙用户出现后才可能浮现出来。比如，作为跨境元宇宙平台，其上的各类活动所涉及的各种法律和合规问题，使得"司法适用管辖区"成为重大挑战之一。

第二节　元治理的原则

首个元宇宙治理城市

据韩国媒体报道，2022 年年底，韩国首都首尔率先启动了自主开发的公共服务元宇宙平台，成为首个"元宇宙"城市政府。

2021 年 11 月下旬，首尔市政府发布了《元宇宙首尔五年计划》，宣布从 2022 年起分三个阶段在经济、文化、旅游、教育、信访等市政府公共服务领域打造元宇宙行政服务生态（见图 8-2）。这是韩国地方政府在虚拟现实服务领域提出的首个工作规划。此前，8 月 31 日，韩国财政部发布了 2022 年预算，计划在五年计划的第一年斥资 31 亿韩元（约 2600 万美元）用于元宇宙平台开发。

图 8-2　元宇宙首尔五年计划

资料来源：playtoearn.net。

2021 年 5 月 18 日，韩国科学技术和信息通信部就发起成立了"元宇宙联盟"，该联盟包括现代、SK、LG 等 200 多家韩国本土企业和组织，目标是打造国家级 AR 平台，并在未来向社会提供公共虚拟服务。

据报道，"元宇宙首尔五年计划"分为"起步（2022 年）""扩张（2023～2024 年）"和"完成（2025～2026 年）"三个阶段。2022 年将通过第一阶段工作完成基础平台的搭建，同时引入经济、教育、观光等 7 大领域服务，总投资计划为 31 亿韩元。

首尔市政府相关人士称，"元宇宙首尔"平台基于最尖端的数字科技，在提供公共服务时可轻松克服时间、空间制约和语言障碍等困难，并可扩展至行政服务全领域，将极大提升公务员的工作效率和服务公民的便利程度。

从 2022 年起，元宇宙平台将"以虚拟拉动现实"，在以下几个领域持续发力。

首先，提升城市的竞争力。以元宇宙为基础的"首尔金融科技实验室集合地"项目已被纳入计划。2018 年开始运营的汝矣岛首尔金融技术实验室，将被复制到元宇宙平台之上，以构建培养金融科技产业的线上线下集群。"首尔金融科技实验室集合地"将介绍首尔市的金融科技支持政策，宣传入驻企业，举办投资说明会、专家指导咨询会、培训等活动。同时，位于钟路区的投资首尔中心也将在元宇宙平台上搭建，该项目被称为"元宇宙投资首尔"。项目将与线下投资首尔中心的业务相关联，为外国投资者提供虚拟化身投资会商、虚拟会议和教育、首尔宣传实感体验等投资、创业一站式支援服务。

其次，提升城市的行动力。平台上将建成称为"元宇宙 120 中心"的虚拟综合办事大厅，首尔市目前运营中的各种业务申请、咨询商谈服务，在元宇宙平台上都可以轻松办理。首尔市计划首先分析各部门分散的服务现状，进而制定有效的服务解决方案。平台还计划构建"元宇宙市长室"，提供与市民沟通、听取意见建议等多样化的功能，使其成为随时对市民开放的交流空间。另外，平台还将搭建"元宇宙智能工作平台"，使市政工作不再受到时间和空间的制约，利用网络虚拟空间即可完成。同时工作平台上还将引入 AI 公务员，它将与公务员虚拟替身一起，为市民提供更加专业、高效和智能的服务。

最后，提升城市的吸引力。平台上将建成虚拟观光特区，光化门广场、德寿宫、南大门市场等首尔主要景点都将被搬到平台上，组成"元宇宙观光首尔"，借此可实现城市观光、再现敦义门、体验宗庙祭奠仪式等功能。未来，"元宇宙观光首尔"还将引入热门餐厅等实体店铺，通过旅行社开展虚拟空间团体游，观赏街边表演等虚实结合的新型旅游服务。另外，首尔市还计划提供"元宇宙庆典、展示服务"，首尔鼓节、花灯节、贞洞夜行等首尔市的传统庆典将分阶段在平台上呈现；一些主要的博物馆、美术馆，游客即使无法亲自参观，也可以随时随地在平台上体验同等的观展感受。

此项计划有两大背景：其一，韩国的东南亚邻国们正处在数字经济空前发展的时期；其二，首尔计划成为元宇宙城市治理全球范围的先行者。

2020 年，韩国与东南亚经济贸易额突破 1400 亿美元。东南亚的数字经济蓬勃发展，市场规模有望在 2030 年增长到 1 万亿美元。谷歌近期的一份报告显示，2020 年，这一地区有 4000 万新互联网用户上网，推动了电子商务和金融科技的兴起。仅数字支付一项就扩大到 7070 亿美元，预计到 2025 年数字支付将达到近 1.2 万亿美元规模。这可能会推动 Grab 和 GoTo 等互联网独角兽以及新加坡 Sea Group 的快速增长——该集团最近的市值超过了 2000 亿美元。而越来越多的农村地区变得数字化，也为元宇宙在未来变得更加可行铺平了虚拟道路。

首尔耗资巨大的这一元宇宙平台，预计在 2026 年全面投入运营。首尔市长吴世勋在 2023 年 1 月 16 日的新闻发布会上宣布，"元宇宙首尔"平台经过测试后推出了第一阶段项目。据市长介绍，这个在线环境将成为首都市民的"交流场所"，他们可以在上面虚拟参观首尔的许多景点、访问官方文件、提交某些投诉并获得有关市政税务申报的回复。[一]

据报道，首尔市政府已为元宇宙首尔的第一阶段投入了大约 20 亿韩元，比原计划略低。吴世勋表示，第二阶段将使元宇宙首尔更易于老年人访问，因为他们可能无法亲自前往市政办公室。根据 Statistica 的数据，截至 2022 年，韩国超过 17% 的人口年龄超过 65 岁。

韩国是全球互联网连接速度最快的国家之一，随着互联网的快速发展，韩国各大城市在元宇宙和区块链采用方面都发起了一些创新倡议。例如：2012 年 8 月，釜山市宣布计划与最大的虚拟货币交易所 FTX 合作建立加密货币交易

　[一] 案例来源：https://english.seoul.go.kr/policy/smart-city/metaverse-blockchain/。

所。但在 FTX 于 11 月倒闭后，当地政府随后放弃了许多全球中心化交易所合作伙伴。这也是元宇宙和虚拟货币在 2022 年全球遇冷发展受阻的一个缩影[⊖]。

什么是治理

治理伴随着人类社会的诞生而出现，贯穿了人类社会发展的全过程。生产力革命推动社会治理的改革创新。不同阶段、不同国家的治理模式虽然不同，但人类社会从个体（个人、家庭）、群体（民族、国家）走向总体（全社会、全球）治理的演进，是历史发展的大致走向。

治理（governance）是一个政治学和社会学术语，学界对治理的定义有很多，最具代表性和权威性的是联合国下辖组织"全球治理委员会"（Commission on Global Governance）给出的定义："治理是或公或私的个人和机构，经营管理相同事务的诸多方式的总和。它是使相互冲突或不同的利益得以调和并且采取联合行动的持续的过程。它包括有权迫使人们服从的正式机构和规章制度，以及种种非正式安排。而凡此种种均由人民和机构或者同意，或者认为符合他们的利益而授予其权力。"

治理有四大特征：①治理不是一套规则条例，也不是一种活动，而是一个过程；②治理的建立不以支配为基础，而以调和为基础；③治理同时涉及公、私部门；④治理并不意味着一种正式制度，而确实有赖于持续的、非正式的相互作用。而追求善治是各国政府的共同目标，治理改革是政治改革的重要内容[⊖]。

全球治理理论，是顺应世界多极化趋势而提出的旨在对全球事务进行共同治理的理论。1992 年，数十位国际知名人士发起成立了"全球治理委员会"（Commission on Global Governance），该委员会于 1995 年发表了《天涯成比邻》（*Our Global Neighborhood*）研究报告，较为系统地阐述了全球治理的概念、价值以及全球治理同全球安全、经济全球化、改革联合国和加强全世界法治的关系。

治理包括五个核心要素。

⊖ Turner Wright. Seoul Government Opens City's Metaverse Project to Public[EB/OL]. (2023-01-16). https://cointelegraph.com/news/seoul-government-opens-city-s-metaverse-project-to-public.
⊖ 王晶 . 人类命运：治理简史——从国家的诞生到全球治理时代的来临 [M]. 北京：五洲传播出版社，2019.

- 治理的价值，即在全球范围内要达到的理想目标，它应当是超越国家、种族、宗教、意识形态、经济发展水平的全人类的共同价值。
- 治理的规制，即维护国际社会正常秩序，实现人类共同价值的规则体系，包括用以调节国际关系和规范国际秩序的所有跨国性的原则、规范、标准、政策、协议、程序等。
- 治理的主体，即制定和实施全球规制的组织机构，主要有三类：①各国政府、政府部门及地区的政府当局；②正式的国际组织，如联合国、世界银行、世界贸易组织、国际货币基金组织等；③非正式的全球公民社会组织。
- 治理的客体，指已经影响或者将要影响全人类的、很难依靠单个国家得以解决的跨国性问题，主要包括全球安全、生态环境、国际经济、跨国犯罪、基本人权等。
- 治理的效果，涉及对全球治理绩效的评估，集中体现为国际规制的有效性，具体包括国际规制的透明度、完善性、适应性、政府能力、权力分配、相互依存和知识基础等。

有学者把上述五个核心要素简化成五个问题，即为什么治理？如何治理？谁来治理？治理什么？效果怎样？

在各治理主体参与全球治理的过程中，由于其自身特色以及在国际体系中的不同地位，体现出三种不同的治理模式。

一是国家中心治理模式，即以主权国家为主要治理主体的治理模式。具体地说，就是主权国家在彼此关注的领域，出于对共同利益的考虑，通过协商、谈判而相互合作，共同处理问题，进而产生一系列国际协议或规制。

二是有限领域治理模式，即以国际组织为主要治理主体的治理模式。具体地说，就是国际组织针对特定的领域（如经济、环境等）开展活动，使相关成员国之间实现对话与合作，谋求实现共同利益。

三是网络治理模式，即以非政府组织为主要治理主体的治理模式。具体地说，就是指在现存的跨组织关系网络中，针对特定问题，在信任和互利的基础上，协调目标与偏好各异的行动者的策略而展开的合作管理。较具代表性的就是"万维网联盟"。

虽然全球治理理论还不十分成熟，尤其是在一些重大问题上还存在着很大的争议，但这一理论具有十分积极的意义。

根据上述"五个核心要素"的理论框架，本章所讨论的内容将主要针对元宇宙及数字技术治理层面，因此涉及"如何治理"的问题，换言之，主要讨论"规则如何实施的技术（哲学）议题"。

"元管辖权"原则与跨国治理

很多时候，都是一些大科技公司先搞创新业务，然后给全世界制造出道德难题、监管挑战，再进行小范围的治理修复，但通常为时已晚。稍微做些简单考察就会发现，多数大科技公司的服务条款中，通常并不保护用户的基本人权和基本权益。

元宇宙，可以直观地被定义为具有三维虚拟环境版本的互联网。通过 AR/VR 虚拟设备，元宇宙可以创造一个虚拟空间，支持娱乐、购物、教育、通信和工作。然而，因为元宇宙没有国界，哪个国家的法规更适用？哪些有关隐私、消费品安全、劳工标准和合同的法律将占主导地位？对于一些国家禁止而另一些国家放行的特定行为，又将如何管控？例如，如何禁止赌博，商事纠纷和违法行为的刑事诉讼要在哪个国家审理，等等。诸多的法律及合规问题，对所有国家都是新课题。

詹姆斯·库伯（James Cooper）是加州西部法学院的法学教授和国际法律研究主任，也是新加坡社会科学大学的研究员。2021 年 12 月，他在媒体上撰文表示，元宇宙的管辖权需要尽早纳入监管思考。

"在当前全球化时代，关于这类跨国行动的讨论大多围绕着管辖权的框架展开。虽然强制执行的管辖权具有严格的地域性，但规定的管辖权需要'真正的联系'。经典国际法规定了确认管辖权的六个传统基础，分别是属地（Territorial）、主动属人（Nationality，也称 Active Personality）、被动属人（Passive personality）、效力（Effects）、保护性（Protective）和普遍性（Universal）。"

简单来说，最常见的国际法形式是领土管辖权，它承认国家对本国领土边界内的行为的管辖权。因此，各国拥有处理其各自领土边界内产生的刑事问题的专属权力。还有一种常见的管辖权形式是国籍原则，该原则承认国家对该国国民所犯的任何行为具有管辖权，即使这些行为发生在国外。被动人格原则承认国家对任何侵害本国国民的行为具有管辖权，这一管辖权认为，一个国家可以用适用该国国民的法律去惩戒外国国民的行为，即使此外国国民实施犯罪行为时在该国领土之外。

库伯从国际法专业角度出发，主张所谓元管辖权（Meta-jurisdiction），即与元宇宙最相关的管辖权形式可能是普遍管辖权，包括必须认可国家对某些罪行的管辖权，即使与犯罪者或受害者没有事前的直接关联。例如，一个国家有权实施适用于世界任何地方任何人的行为的刑法，当这种行为被该国认定为破坏国际秩序时，包括种族灭绝、海盗、奴役、酷刑和战争罪等罪行。普遍管辖权不限于对罪行的起诉；各国还应认识到国际法可适用于非刑事法律事项，例如为侵犯人权行为中的受害者提供救济；同时，侵犯人权的人，将被认定是人类的共同敌人，等等。

库伯建议，这个元管辖权（普遍管辖权）的原则，应作为元宇宙监督管理讨论及制定适应元宇宙的法律的起点。应该有一份强制性规范清单，不允许任何国家、国际组织、公司或元世界的参与者对其进行减损。通过将这些规范纳入"平台—用户"协议，成为元宇宙元治理的一部分，确保新出现的虚拟世界的架构师和运营者若出现违法行为将受到广泛的跨境惩罚⊖。

由谁来实施呢？大致看来，无论是公共安全官员还是各国传统司法裁决人员，都将不可避免地会被引入执行这些元规则。从元管辖权的原则来看，这将是一个最终会加强每个单一国家主权的法律基础设施，而不是授权给一种更全球化、更具跨国监督性的国际机制，来解决问题和惩罚犯罪者。

如果元宇宙要释放互联网的全部潜力，它就不应该被恶意行为人、大型科技公司或个别实施数字政治的自私自利的国家所阻碍。元宇宙也不应该受到传统管辖权概念的约束。相反，我们需要全球规则的"元管辖权"，可以由许多利益相关者而不仅仅是国家来执行。技术人员、非政府组织和律师都需要戴着VR设备，肩并肩地共同工作。

可以判断，无论库伯教授提出的元管辖权的合规思路最终能够在多大程度上获得相应监管当局的采纳，笔者认为，他的法理出发点是相当合理的，即

⊖　"元管辖权"的法律理念在詹姆斯·库伯教授的 *Why We Need 'Meta Jurisdiction' for the Metaverse* 一文中首次倡议，已授权笔者编译发表其主要观点。

"通过坚持以基本人权、可持续环境保护和公平劳动标准为核心的元宇宙的创始原则，我们可以建立一个去中心虚拟世界，从而展现出人性的最美好一面"。

元治理：代码即法律

互联网早期发展史上，特别是在互联网发展的前 30 年，曾经有四个著名的"技术原教旨主义"宣言。按时间顺序，四个宣言分别如下。

- 1985 年由哈拉维（Donna Haraway）发表的《赛博格宣言》（*Cyborg Manifesto*）。《赛博格宣言》里创造了一个词语 Cyborg（半机器人），把"赛博空间"和"器官"放在一起，并且创造性地提出需要思考在未来的赛博空间中，如何面对人和机器合体的问题，形成一个人机共同体的世界。当然，因为哈拉维的女性身份，她在赛博格空间里面更加关心对女性主义或者说对男性中心主义的反思。
- 1988 年由 Intel 公司的科学家蒂姆·梅 (Tim May) 主笔的《加密无政府主义宣言》（*Crypto Anarchist Manifesto*）。在这个的宣言里，他的第一句话是："一个幽灵在现代世界中徘徊，加密无政府状态的幽灵。"
- 1993 年埃里克·休斯（Eric Hughes）在蒂姆·梅的基础上发表的《密码朋克宣言》（*CrypoPunk Manifesto*）。技术群体多数都知道密码朋克这个组织的建立始于密码朋克的邮件组的建立，事实上，它也是今天的虚拟币的技术思想来源之一。
- 1996 年由约翰·巴洛主导的《网络空间独立宣言》。跟前三个宣言最大的背景区别在于，1993 年美国宣布互联网进入商业领域，在信息高速公路计划基础之上，互联网对公众开放。因此，约翰·巴洛再次把密码朋克、赛博格在七八十年代的技术原教旨主义的思想进一步发扬光大，宣称跟传统的政治势力、传统的大型垄断商业机构划清界限！

其中，《密码朋克宣言》和《赛博格宣言》与本章的治理议题关联最大，接下来稍做展开。

《密码朋克宣言》

所谓"朋克"，原指一些主张彻底破坏然后彻底重建的人，在后现代文化语境中，特指一些穿着奇装异服的音乐人。但是密码朋克是指一些密码学的高手，他们主张用密码学的方式来最大限度地保护个体隐私。

密码朋克这个词，是诞生在密码朋克邮件列表里面的。邮件列表的创始人有三位，第一位是 Intel 的资深科学家蒂姆·梅，第二位是休斯，第三位是计算机科学家、硅谷程序员的偶像吉尔默（John Gilmore），吉尔默也是开源软件的早期核心人物之一。出于共同的价值理念，他们三个人经常聚会交流密码学相关话题，最后决定成立一个邮件列表。这样做可以让更多人参与进来，扩充邮件列表的规模。再然后，在 90 年代初，密码朋克组织就诞生了。

休斯在宣言的开篇声明："电子时代，对开放的社会而言，隐私是必不可少的。隐私并非秘密。隐私，是你不希望全世界都知道的事，而秘密，是你不想任何人知道的事。隐私是一种个人权力，让个人有选择地对外部世界披露自己的信息。"

所以，"开放社会的隐私权需要匿名的交易系统。当前，现金就是这样的系统。匿名交易系统并非秘密交易。在匿名系统中，个体只有在自愿的情况下才披露个人身份，这是隐私的本质"。

因此，"密码朋克要会写代码……写代码的目的是维护我们自己的隐私。密码朋克的观点是，任何大型组织都没有动力去维护个人隐私，这恰好与它们的核心利益冲突。我们密码朋克将投身于建设匿名的系统。我们要捍卫自己的隐私，用密码学，用匿名邮件系统，用数字签名，用电子货币……编写代码，这就是密码朋克的使命"。

《赛博格宣言》

1960 年，美国航空航天局（又是 NASA!）的两位科学家 Manfred Clynes 和 Nathan Kline，在"控制有机体"（cybernetic organism）这一词组中各取每个单词的前三个字母，构造了"赛博格"（cyborg）这一新词。本意是创造一种"在恶劣宇宙环境中也可以生存的人造物"，或者，最低要求也是"增强人类克服环境的能力"。

1985 年哈拉维发表了《赛博格宣言》，目标是倡议建设一个崭新的赛博格社会（cyborg society，见图 8-3）。

"在这里，人和机器的界限变得模糊，其他界限也变得模糊……它离我们并不遥远，广义上讲，今天在病人身体里植入人工心脏、人工角膜、人工耳蜗等器官的这些被动植入，也可以算是赛博格。赛博格社会发展阶段有高低之分。"

图 8-3　赛博格的未来

资料来源：开源图库 PIXABAY。

哈拉维还强调了"新社会"的"赛博格政治"：米歇尔·福柯⊖的"生命政治"或许可以是"赛博格政治"这一开放领域的一个微弱预兆。福柯的生命政治的主要观点是："规训权力"是权力机构引导你成为什么样的人，如学校；而"生命权力"是政府的职责，政府权力就是为了让人民过得更好，权力应为人民服务。

但哈拉维认为，她所倡导的赛博格社会不属于福柯的生命政治范畴，而是新型的技术化模拟政治，这将是一种更有效力的运作领域，因为"福柯的生命政治仍然是人的政治，生命政治所运行的社会环境仍然是'父权制'的和'资本主义'的"。

鉴于哈拉维的女性身份，不难看出，她是借由对赛博格社会的思考，来反对当时的"女权主义"的主张，她批判了传统女权观念，特别是女权主义者强调的"身份认同政治"。当时的女权主义主张"取消两性差别"，而哈拉维所主张的权利更为激进，她索性借由赛博格"取消性别"！她说应当以两个"无性别个体"的"亲近性"（affinity）来取代"女性与男性结盟"（coalition）的此类"女权话语"。她以赛博格的形象敦促女权主义者超越传统的性别、女权主义和政治的局限。该宣言因此被认为是女性视角在"后人类理论"的重要文本。

⊖　米歇尔·福柯，20世纪世界知名哲学家，著有《知识考古学》《词与物》《规训与惩罚》等。

更重要的，该宣言详述了"从现代到后现代的知识论范式转移"，即统一的人类身份主体已经转变为技术科学的、嵌合的"后人类主体"。为了描述她的赛博格社会，哈拉维列出了近30组"新旧社会"的概念对照，从"有机体"到"生物成分"，从"表达"到"模拟"，从"布尔乔亚小说"到"科幻小说"，从"再生产"到"复制"，从"白人资本主义父权"到"统治的信息学"⊖（见表8-1）。

表 8-1　人类社会与赛博格社会的区别

今天的人类社会	未来的赛博格社会	今天的人类社会	未来的赛博格社会
表达	模拟	家庭 / 市场 / 工厂	集成电路中的女性
布尔乔亚小说，现实主义	科幻小说，后现代主义	家庭工资	可比价值
有机体	生物成分	公共 / 私人	赛博格个体身份
生理学	通信工程	自然 / 文化	差异场域
生物群体	子系统	合作 / 协作	通信增强网络
完美无缺	最优化	弗洛伊德：意识 / 潜意识	拉康：建构主体
优生学	人口控制	性别	遗传工程
卫生学	压力控制	劳动	机器人学
微生物学，结核病	免疫学，艾滋病	思维	人工智能
再生产	复制	第二次世界大战	星球大战
生物决定论	新帝国主义，联合国	白人资本主义父权	统治的信息学
人本主义	科学的管理	……	……

结语：代码即法律

快速浏览过《赛博格宣言》后，笔者90%不赞同哈拉维的立场！她的"反本质主义"哲学立场，已走向了无聊的"相对主义"，是"为斗争而斗争"的话语放大。无论是对福柯，还是对女权主义的反对，哈拉维的赛博格概念，都是对诸多严格界限的彻底放弃，尤其是那些将"人与动物""人与机器"分开的界限。在哈拉维那里，"后人类"根本就是"非人类"了！取而代之地，她提出了一个"生物和机器"之间"嵌合"且"畸形"的世界。并断言，"赛博格政治，是为了话语的斗争，反对可以诠释一切意义的单一符号，反对一切男性逻各斯

⊖　本对照表来自《赛博格宣言》，参见：theanarchistlibrary.org/library/donna-haraway-a-cyborg-manifesto.

中心主义的核心教条。"

那么笔者所赞同的 10% 是什么？是"代码即法律"。"发表宣言的目的是行动"，包括《赛博格宣言》在内的几个宣言都表达了一种共识：相信整个世界的秩序需要寻求一种新的表达方式。这种表达方式在最近 20 年就转化成这样一句话，"代码即法律，一切皆计算"。

举一个例子。劳伦斯·莱斯格（Lawrence Lessig）在 2000 年写了《代码》，在 2006 年又写了《代码 2.0》，他提出的主张也是"代码即法律"。

劳伦斯·莱斯格认为："人们普遍认为网络空间无法被监管。比如，不受政府 (或其他任何人) 的控制。其实不然，网络空间本质上并非不受管制。网络空间没有'自然'，它只有'代码'——那些使网络空间成为今天这个样子的软件和硬件。"

"这些代码可以创造一个自由的地方——正如最初的网络架构发明人所做的那样；也可以创造一个压迫性和高管控的地方——在今天商业的影响力之下，网络空间正成为一个高度规制（Regulation）的空间，在这里，人们的行为受到了比现实空间更严格的控制。"

"但这也不是不可避免的，"莱斯格认为，"我们可以也必须选择我们想要什么样的网络空间，我们将保证什么样的自由。"这些选择都是关于架构的：关于什么样的代码将管理网络空间，关于谁将控制我们的网络空间。在这一领域，"代码是法律最重要的形式，由律师、政策制定者，尤其是每位公民，来决定法律所体现的价值"。

《代码》出版以来，这本影响深远的书已经赢得经典地位。有意思的，《代码 2.0》，正是通过作者的维基网站编写的，《代码 2.0》也因此成为第一本由读者共同编辑的畅销书修订版。

其实，Code 一词本身就有多重含义，包括：代码、密码、规则、法典等。西方历史上长期关于法律精神的表述，就是这句" Code of Law"（法律准则），甚至可以上溯到巴比伦汉谟拉比法典（约公元前 1760 年）时期。但今天，在工程师手里、在计算机科学家眼里，Code 和 Law 的关系发生了逆转，代码（Code）变成了法律（Law）的源头，这是一个根本性的治理颠覆！

最后也最重要的是，笔者在整本书都坚持一贯理念：机器不可取代人类。

"代码即法律"绝不意味着"代码即人类"！笔者赞同《赛博格宣言》的 10%
的观点，只是赞同以代码协助社会治理而已。

"代码即法律"，更深刻的剖析是"以知识施行治理"。这里的"知识"当
然是"人类的知识"。这就是著名哲学家维特根斯坦和罗素的"形式化知识"（代
码只是开始）在整整 100 年之后，听到了遥远的回响。

第三节 监管科技：金融业的监管应用

什么是监管科技

金融机构对监管合规并不陌生，但什么是监管科技（RegTech）？一个简单
的解释是，一种监管技术，旨在帮助金融机构和其他企业降低不遵守监管要求
的风险。

监管科技与金融科技行业的关联最为紧密。目前，RegTech 可能已经大量
开始为金融部门服务，RegTech 解决方案也正被用于面临合规和监管要求的各
个关键领域，包括医疗保健、政府工作、技术和网络安全等。这类技术的使用
可以令金融机构和 FinTech 企业减少监管风险，以及减少处理合规性问题的成
本。监管科技的这个词的定义曾经是准确的，但现在已经太过狭隘，无法充分
描述相关技术解决方案的重要性。

特别是到 2021 年以后，对 RegTech 的更准确和现代的定义是，"企业和监
管机构使用的技术解决方案，以确保合规性、提高效率和降低合规性成本"。
同时，RegTech 解决方案正在使用人工智能、机器学习、自然语言处理、区块
链技术等高端工具来彻底改变合规流程。新法规频繁出台，与此同时，违规罚
款越来越高。

因此，RegTech 解决方案对企业变得越来越重要，企业需要当监管合规成本
不断增加时依然保持领先地位。监管科技专家罗伯特·卡兹米（Robert Kazmi）
认为，监管科技可分为以下四大类。⊖

- 监管监控（Regulatory Monitoring）

⊖ 参见 Robert Kazmi 的文章《什么是监管科技？》，已由作者授权编译使用。

- 监管义务（Regulatory Obligations）
- 合规管理（Compliance Management）
- 合规执行（Compliance Execution）

监管监控

这是最基本的 RegTech 类型，但这并不意味着它为企业提供的服务没用。监管监控工具可以为企业提供最新的监管内容。

即使是专门的合规团队，也很难跟上所有不同法律管辖区域的最新的法规。监管监控使这项任务变得更加容易。通常，这些工具就像内容提要、资源中心或图书馆，可以访问和审查以简化研究和规划过程。

这些监管科技解决方案会获取所有监管合规信息并将它们整合到一个位置，包括许多不同的文件，例如法律、规则更新、指南和执法行动。

尽管这是较简单的监管技术之一，但它为企业提供了非常实用的服务和有效的资源。

监管义务

属于此类别的监管科技解决方案将监管合规性提升到另一个层次。因为只有当你知道该做什么或如何遵守时，才能访问相应的法律、指南、规则，从而使得执法合规行动富有价值。

监管义务工具扫描监管文件并返回企业，可以建议企业应该采取哪些实际行动，以保持合规性。这些解决方案通过消除流程中的猜测，为企业提供了一种更方便的方式来确保合规性。

例如，如果新的金融科技法规发布了，监管义务解决方案将告诉你需要采取哪些步骤，来确保合规性。这不仅可以提高组织内的效率，还有助于降低违规成本。

合规管理

这个监管科技解决方案比前面已经介绍的两个解决方案更为复杂。合规管理系统不仅为你的企业团队提供可操作的合规信息，而且还提供你的特定业务和特定行业的所有监管信息。基本上就是将合规管理嵌入到日常业务中，你可以实时跟踪和管理相应的合规工作。

做一个类比，这些解决方案类似于 CRM 或其他管理软件解决方案，但它们仅关注法规遵从性。这些工具在拥有大量部门、大量员工和复杂管理法规（如医疗保健、金融服务和政府工作）的组织中特别有用。

合规执行

这一类监管科技解决方案是最先进的，几乎已经达到全面数字化运营的层面，使用了最多的高科技技术，例如人工智能和机器学习。它们建立在前面提到的监管科技解决方案提供的服务的基础上，最终使组织能够以合规的方式完全数字化地执行任务。其中包括，任务自动化以及评估控制和义务合规性的自动化能力。

监管科技的发展

虽然监管科技一词直到 2015 年才在美国率先正式使用，但监管科技的历史可以追溯到 2008 年。2008 年发生了大规模的全球金融危机，我们不会深入探讨这场危机的复杂性，总之最终的结果是通过了《多德 – 弗兰克法案》[⊖]，该法案极大地改变了美国金融机构的监管合规实践。

越来越多的法规加上技术进步的破坏性导致了监管科技的兴起。RegTech 最早的采用者是金融机构和金融科技公司，但在不到五年的时间里，RegTech 市场从一个 10 亿美元的行业增长到了近 90 亿美元的行业。

尽管 2018 年美国颁布的《多德 – 弗兰克法案》的要求已经大幅放松管制，但随着金融业以外的更多行业和企业开始看到这些技术提供的价值，RegTech 解决方案继续获得更多关注和普及。

采用监管科技解决方案的主要好处如下。

- 准确性（Accuracy）
- 高效率（High Efficiency）
- 风险管理（Risk Management）

⊖ 全称是《多德 – 弗兰克华尔街改革和消费者保护法》（*The Dodd-Frank Wall Street Reform and Consumer Protection Act*），是一部规范金融市场和保护消费者的法律，旨在防止金融危机重演。金融稳定监督委员会（FSCO）会评估公司对整个金融业的风险影响力。如果任何公司变得太大，FSCO 将把它们移交给美联储进行更密切的监督。

- 内部对齐（Internal Alignment）
- 反洗钱（Anti-Money Laundry）
- 了解你的客户（Know Your Customer）

从业界平均水平来看，大量技术企业特别是金融科技企业已经过了 RegTech 的早期采用阶段，但这并不意味着你的组织采用这些技术为时已晚。监管合规性始终是许多行业和企业的关键考虑因素，你可以通过投资 RegTech 解决方案为未来的成功做好准备。

特例：监管科技加持金融科技

金融服务是地球上受监管最严格的行业之一。结合金融业的复杂性，监管措施会影响行业变化的速度和类型。今天，一种新的尝试意愿已经出现：通过考察法国兴业银行的实际应用规则，可以更深入地理解监管科技（RegTech）与金融科技（FinTech）是如何互动的。

法国兴业银行的全球销售与关系管理主管马蒂厄·莫里耶（Mathieu Maurier）认为："市场参与者的问题是，它们如何将监管限制转化为优势。同时，可以通过部署金融技术，为资产服务提供商及其客户创造更多价值，并为以智能方式利用数据带来更多可能性。"⊖

- 对全球托管人、分托管人及其客户而言，全球监管环境正变得越来越具有挑战性。对所有市场参与者来说，遵守法规是必要选项。然而，在多数情况下，监管被证明是一个不断变化的目标。
- 由于监管的要求，大量数据被共享和利用，特别是在信息报告方面。监管科技——金融科技的一个子集——正在兴起，以帮助企业从"大数据"转向"智能数据"。这意味着金融机构能够以更智能的方式利用监管机构要求的数据。目前行业中充斥着数据，但许多数据没有任何意义。RegTechs 将帮助组织产出对数据本身更有意义的见解。
- 海量数据无处不在，很难从中获取隐含的意义。资产服务提供商可以很好地提供帮助，因为资产服务和数据服务之间的边界已几乎不存在。通过投资开发工具来帮助客户从数据中获得真正的意义，并帮助他们专注

⊖ 参见 Mathieu Maurier 的文章《监管科技与金融科技的交互》，已由作者授权编译使用。

于其核心活动，如投资管理、交易执行或保险建议，是 RegTech 未来的重要性之一。

- 监管科技公司可以帮助现有资产服务商在履行监管义务和应对监管限制方面更加灵活和敏捷。大数据存在一种矛盾状况——利用的数据越多，违反某些合规义务的风险就越高。监管科技公司可以帮助交易后的行业，尤其是在可解客户、反洗钱和支票欺诈方面，既获得数据的全部含义，也能更合规地利用数据。

- RegTech 不仅可以帮助金融公司更加合规，还可以帮助监管机构在它们所要求的数据类型方面更加具体和精确，并制定更有意义的控制和数据收集计划。目前，所有参与者的投资合规回报是有限的，原因是收集的数据太多，而且很难从中得到数据的隐含含义。

- 与任何行业一样，金融科技和监管科技将会有赢家和输家。技术的目标应该是使大型组织（例如全球托管人和资产服务商）在响应监管和客户需求方面更加灵活和敏捷。监管技术和金融技术的结合，将在把非常复杂的环境转变为敏捷环境方面发挥重要作用。

- 驾驭监管环境似乎就像在雾中驾驶汽车：需要通过系好安全带、限制车速和打开雾灯来保护自己。为了驾驭金融监管环境，必须采用新技术来帮助我们清除迷雾，同时，将可能被视为限制的因素转化为机会，为我们和我们的客户及市场带来价值。

未来的 RegTech 技术

在 2019 年发布的监管技术报告中，安永咨询认为"RegTech 的未来涉及跨组织和行业，具备更多的自动化（Automation）、标准化（Standardization）和简易化（Simplification）"。

随着金融机构开发新产品和服务，RegTech 将继续发展，而新产品和服务又可能带来新法规的出台和合规成本的增加。在日益规范的行业中，降低这些成本的努力将促使组织寻找创新的替代现有技术的能力，以满足其监管要求。此外，"RegTech 在后台功能中发挥了作用，它的功能可以扩展，以促进前台功能和战略定义"。

另外，当前在金融业中率先采用了 RegTech，由于金融业的极高标准，许多不同行业的组织都可以以此为借鉴，利用这些解决方案更好地推动本行业的业务并满足监管要求。RegTech 的服务架构包括如下要素。

- 事件驱动。快速响应突发业务威胁和机会，实时处理内部和外部事件。
- 数据驱动。基于通过遥测和实时分析模型获得的见解，推动业务决策。
- 以客户为中心。开发一个基于客户体验的平台，提供个性化和差异化的体验。
- 云、移动、社交。在所有设备上启用可从云访问的产品，并与社交媒体平台集成。
- 基于开放标准的集成。基于标准的连接性和开放架构，实现内部和外部的集成。
- 环境敏感性。基于人、地点和事物的情境和环境信息，实现全渠道体验。
- 模块化和灵活性。设计独立的、可互换的、可扩展的、可复用的、可维护的、可适应的模块。
- 微服务基础。围绕业务能力构建服务，这些业务能力可以通过完全自动化的部署机制独立部署。
- 自助管理。通过基于规则的流程启用托管的自助服务，而不需要持续的人工监督。
- 自治。使用机器学习和人工智能系统来感知、了解和理解客户，提供方便和定制的体验。
- 安全。安全的数字通道、交易和应用程序编程接口，实现端到端安全。
- 加速度。采用 DevOps、持续集成和持续交付实践，以实现高速可靠性和高性能。

安永咨询特别强调，广泛的协同将推动 RegTech 走向未来。监管当局、RegTech 公司、专业服务组织和金融机构都需要共同努力，以继续创新，降低合规的总体成本，并准确有效地向监管机构报告。该领域正在不断发展，迅速变化，并将在未来几年继续发展。图 8-4 是跨法规、跨行业的各种 RegTech 解决方案的类别示例。

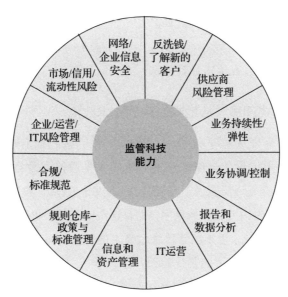

图 8-4　监管科技（RegTech）能力

资料来源：安永咨询 2019。

第四节　元问题：技术治理与技术政治

在 2022 年 5 月 25 日召开的"达沃斯世界经济论坛"上，元宇宙成为核心议题。达沃斯论坛观察员 Cathy Li 发表了署名文章《谁将治理元宇宙？》[一]，得出三条结论：

- 元宇宙将以创新但不可预测的方式，改变人们的沟通方式和企业的运营方式。
- 随着技术变得更加广泛和复杂，元宇宙的颠覆性潜力可能对社会产生重大影响。
- 元宇宙治理是一个多方面的挑战，需要考虑互操作性、隐私性、安全性和私密性。

"元宇宙是技术人员长期以来的一个熟悉的概念，但直到最近它才家喻户晓。人们普遍相信，结合连接设备、区块链和其他技术的虚拟世界将变得普及，

㊀　Cathy Li. Who Will Governance The Metaverse?[EB/OL]. (2022-05). www.weforum.org/agenda/
2022/05/metaverse-governance/.

以至于元宇宙将成为现实世界的延伸。"

笔者关注的治理元问题有三：其一，元宇宙是否可以治理？其二，元宇宙是否应当治理？其三，元宇宙如何治理？

元宇宙治理的范式迁移：从地缘政治到技术政治

谈到元宇宙治理或数字化治理，政治学者伊恩·布雷默（Ian Bremmer）认为大型科技公司将重塑全球秩序，而哈佛大学政治学教授斯蒂芬·沃尔特（Stephen Walt）则友好地反驳说，"国家仍将占主导地位。"我们不妨采取第三种观点："技术不仅已经改变了全球秩序，而且还在改变国家和公司本身的性质。21世纪不属于某一个国家，也不属于传统意义上的科技公司。21世纪属于互联网。"

其中最重要的原因，可能是比特币和以太坊等不受国家或公司控制的去中心化协议的兴起。许多研究者确实都提到了这些趋势，但他们仍然低估了它们的重要性。多数全球大科技公司通常在多国注册，它们依赖相应司法管辖区来运行业务、执行合同，却没有相关国家的确定的政治合法性，并且，它们的权力行使已经引起了全球的强烈反对。因为它们通过引入数字化加密协议来保护财产并执行超越传统国家边界的合约。

技术对传统地缘政治的挑战超越了加密协议、科技公司，甚至数字空间本身，因为它已经开始重塑物理世界。未来地图（FutureMap）战略咨询公司创始人帕拉格·康纳（Parag Khanna）在2021年12月发表了其重要的研究成果《从地缘政治时代过渡到技术政治时代的10种方式》[⊖]。

1. 网络邻近度现在与自然地理相当

传统地缘政治理论更关注领土主权的永恒地位，但随着时间的推移，俄罗斯和日本的地理位置保持不变，但它们却拥有了完全不同的意识形态。

互联网正在为此增加一个新的维度。它不仅是国家的被动数据层，而且是一种在范围上与物理世界相当的"新型地理"。可以把它想象成一个数字亚特兰蒂斯——漂浮在云端的新大陆，旧势力仍在竞争，新势力不断涌现。在这片"云端大陆"内，两个人之间的距离单位，不是他们在地球上所在位置之间的旅

⊖ 引自帕拉格·康纳（Parag Khanna）的《从地缘政治到技术政治的10种方式》一文，相关结论已由作者授权编译使用，已做删节。

行时间，而是他们在社交网络中的分离程度。

这意味着任何人都可以通过简单地在社交网络上关注其他人，或者通过在网络上屏蔽其他人，来让其他人接近或远离他们。这个"云端大陆"内的任何浮动实体，同样可以通过对接正确的 IP 地址，尝试与任何其他实体进行交互，以实现"从交易到网络入侵"的任何目的——不需要预先存在的邻近性。

"旧世界"的每个公民，只要能访问互联网，就可以通过屏幕远程办公，每天在云端度过几个小时，就像数十亿人经常做的那样——无须实际移民，就可以简单地成为新公民。加密技术相当于云端物理防御，允许任何用户保护其数字财产，而不需要动用武力。

网络邻近度现在与自然地理相当，因此需要为数字世界重新考虑关于公民身份、移民、权力投射和使用武力的基本地缘政治假设。

2. 各国货币将面临数字货币的竞争

想想传统报纸都发生了什么：首先，它们都上网了；然后，Google 新闻将它们全部编入索引；最后，当地报纸发现它们的地理垄断地位已经消失，因为不再需要通过卡车分发实体报纸。

各国货币也将面临与报纸相似的命运。本国货币已经与加密货币竞争，因为个人和机构持有装满各种资产的数字钱包，这些资产可以相互交易。一旦引入 CBDC，这些竞争只会加速。每项资产都将在称为"DeFi 矩阵"的巨大表格中与所有其他资产进行交易，包括 CBDC 本身。

我们即将进入一个全球货币竞争的时代，在这个时代，各国货币必须无时无刻不在某人的钱包投资组合中占有一席之地，即使在本国公民之间也是如此。日元的数字版本将陷入与瑞士法郎、巴西雷亚尔和任何其他开放资产（包括比特币）的正面竞争。每个人都成了外汇交易员，而且只有最好的本国货币或加密货币才能被任何人所持有。

与当前不受控制的通货膨胀和竞争性贬值的环境不同，DeFi 矩阵对本国货币施加了一种新规则，因为数十亿人将对持有或不持有哪种货币做出个人选择。

3. 偏远经济为公民创新了人才市场

沃尔特断言，由于无国籍数字技术乌托邦的支持者仍然需要生活在某个地方，因此国家最终可以控制他们。但在竞争激烈的司法管辖区市场中，可能没有任一政府如今天这样拥有如此多的权力。

爱沙尼亚、新西兰、新加坡、葡萄牙、阿拉伯联合酋长国和智利等地，都在通过"游牧（Nomad）签证"和其他类似项目，争夺新的流动人才。毕竟，生活的许多方面已经在云中（例如电子邮件、教育和电子商务），并且许多其他方面已经部分数字化了。只要人们负担得起或被允许离开，他们就有比以往任何时候更多的机会来选择一个更热情好客的东道国。只要看看分散在全球的900万美国侨民，这个数字在过去十年中翻了一番。

4. 比特终将重塑原子

过去20年，"数字技术取得了进步，而物理技术却停滞不前"。但如果考虑无人机、机器人、自动驾驶汽车、脑机接口、疫苗护照、基因编辑工具如mRNA疫苗、核能回归、太空竞赛和超音速飞机等，我们终于在最近10年看到物理世界创新的复兴。企业家彼得·蒂尔、开发商斯托尔斯·霍尔（J. Storrs Hall）和经济学家泰勒·考恩（Tyler Cowen）都提出了许多令人信服的案例，如在线支付、飞行汽车等。

然而，一旦某些东西在线运行，它就可以在任何地方被打印出来，并且比以往任何时候都更快地得到扩展。这就是沃尔特认为国家必然控制"物理环境"（一个被称为"领土"的概念）实际上并不成立的原因：不了解数字技术的政府可能无法控制物理环境，能力较弱的国家试图通过徒劳的、对抗的尝试来规范新兴数字技术以保持物理控制，而更有能力的国家接受它们。

换言之，认为技术将无限期地局限于数字领域是短视的。各个国家都需要将自己重塑为数字和物理新技术的主人，否则就会落后并目睹其最优秀的公民迁往更优秀的司法管辖区。

5. 基于云端的监管机构正在超越基于国家的监管机构

传统的出租车监管机构可能会对汽车所有人进行粗略的检查。但它们不像优步、Lyft、Grab、Gojek和滴滴那样对司机进行严格监管。也就是说，它们不会使用GPS跟踪每次行车，确保驾驶员或骑手都可以完成交易，记录双方的服务等级，并使用"云端监管器"的全套工具。

因此，这些科技公司遭受了希望保持对系统控制权的传统参与者的强烈反对，也许最好的例子是正在进行的立法努力，将21世纪共享经济的"方形挂钩"，塞进 20 世纪终身就业的"圆形孔洞"里。

然而，这将被证明也只是一种防御性行动。

第一，在重要的前提下，相关公司已经比相应国家更快地实现了国家目标。例如，拼车服务 Gojek 的母公司 GoTo Group 现在为印度尼西亚提供超过 1 万亿美元的 GDP、超过 2% 的就业支持（创造了数百万个就业机会），并将近 20 亿笔年度交易引入了正规的应税经济。这为 Gojek 提供了庞大的公众支持基础。

第二，这些公司也不会永远存活，它们将被与用户分享利益的协议逐步淘汰。从治理角度来看，反技术进步的活动家只能为新法规争取到微弱且有争议的支持：这些活动家声称，app 工作者从共享经济兴起中获的利不如 app 开发商多，但这些控诉的声音也是微弱的。

然而，下一步是完全基于 Web 3.0 的在线市场和共享经济服务的去中心化，这已经通过加密货币的点对点交易（去中心化交易所）进行。随着时间推移，新的跨国监管形式（app 用户对其平台的运行方式拥有发言权和控制权）将从加密货币扩展到更多商品和服务的点对点交易。

传统监管环境中，例如，美国食品药品监督管理局的设立是为了监管默克和辉瑞，而不是 100 万名生物黑客；美国联邦航空管理局是为波音和空客打造的，而不是为了 100 万名无人机爱好者；美国证券交易委员会的成立是为了追捕高盛和摩根士丹利，而不是 100 万名 Web 3.0 开发人员。管理这些机构的人通常有职业任期，他们不是民主选举产生的，也不容易被解雇。因此，他们显然不对他们声称服务的公众负责。

而现在，相比之下，加密协议允许市场中数以百万计的活跃参与者（包括客户和生产者）开发去中心化的监管机制，避免国家监管机构和企业自我监管机构的被俘获的风险，进行"去中心化监管"也只是时间问题。重要的是，这些机构将真正具有全球性和跨界性，这与当今受地域限制的国家监管机构完全不同。

6. 产权变成了加密货币

国家作为私有财产合法监护人的概念，至少可以追溯到欧洲启蒙时期的哲学家托马斯·霍布斯和约翰·洛克。但加密货币挑战了这一观点，因为它们在国家之外建立了成熟的数字产权理论。完整说明背后的机理，需要相当复杂的技术性解释，但简而言之，"再多的暴力也无法解决某些类型的数学问题，尤其是那些为安全加密而设计的问题"。

当财产成为密码时，我们所有的直觉都会改变。在加密时代，这不是一个国家必须有多少部门来捍卫其财产的问题，而是通过做多少算术题才能抓住小偷的问题。

7. 国际法规正在转向代码规则

经过长年的轰炸、制裁和监视，美国再也不能令人信服地声称自己是基于规则的国际秩序的公正仲裁者了。显然，任何这样的规则都不适用于美国自身。当然，其他大国也不能声称自己是基于规则的秩序的捍卫者。

为此，至少在商业领域，我们将越来越多地转向所谓的"代码规则"。无论是希腊人还是波兰人，中国人还是美国人，比特币和以太坊对所有人都是一样的。知识产权已经被编入区块链账本，从 NFT 开始，为去中心化的法律程序带来更多的透明度。

以土地产权为例，可以通过地理信息系统（GIS）制图和土地地籍（财产的测量和分割）进行数字化，从而消除有利于某些地区的掠夺性的不透明合同。

我们仍处于早期阶段，但至少在国际贸易的背景下，可执行的国际法可能成为"去中心化智能合约"的同义词。除了贸易，加密协议还为公民隐私、公民自由等提供跨国保护。这还不是基于代码规则的治理方式可以保护的全部内容，但这是向前迈出的重要一步。

8. Web 3.0 正在通过分享回报和风险来解决全球不平等问题

解决全球不平等的问题，最有希望的方法可能是通过 Web 3.0 协议，它可以被视为普遍基本收入的一种变体，它将在数百万名资产持有者之间重新分配大型技术服务的回报和风险。换句话说，如果 Meta、苹果、亚马逊和微软大约5 万亿美元的总市值被分配给 10 亿用户，每人分配到大约 5 000 美元，人们会更加支持新的业务模式和治理模式。

今天创建的各种 Web 3.0 协议的大部分资金，并非来自成熟的科技公司。比特币是由一位匿名创始人编码的，他没有接受风险投资。以太坊是由一名大学辍学生创办的，他在网上众筹启动资金。而且随着去中心化金融的兴起，现在有各种各样的融资机制可以让没有钱的聪明人找到有钱的聪明人来构建让所有人都能赚钱的工具。这就是 Web 3.0 如何完成反垄断行动或任意扣押无法做到的事情。

9. 公司、城市、社区、国家和货币都在成为网络

我们曾经认为图书、音乐和电影是截然不同的，但它们都由通过互联网发送的数据包表示。同样，今天我们认为股票、债券、黄金、贷款和艺术品是不同的，但今天所有这些都在区块链上表示为借方和贷方。

我们应该开始考虑将人的集合——无论是公司、城市、社区还是国家——视为自身的凝聚力所导致的，不受地域限制，不同层次在不断变化的组合中相互对齐。例如，实体政府可以与数字网络集成，公司可以作为专用区块链上的应用程序运行。

萨尔瓦多的比特币城、怀俄明州的去中心化自治组织法以及城市财政支持的项目，如迈阿密币和纽约币，都将是这个未来愿景的早期部分。在中美洲的萨尔瓦多，总统纳伊布·布克勒（Nayib Bukele）将比特币作为本国货币，并为他称之为"比特币城"的经济特区吸引来了全球投资，从而使他的国家成为社交媒体焦点。

在怀俄明州，新的 DAO 法规定了完全数字化组织与传统物理公司的平等竞争的规则，从而使许多公司的行为能够自动化。迈阿密市市长弗朗西斯·苏亚雷斯和纽约市市长埃里克·亚当斯已经接受了城市币的概念，它为公民提供了一种能够产生比特币的数字货币。

在这些案例下，城市和州政府都在与加密货币网络融合，为其公民提供新服务。

10. 权力正在分散

随着"去中心化协议"的兴起，预计处在中间地带的许多国家很可能会决定使用比特币、以太坊和其他区块链平台来建立替代的通信和金融渠道。

也就是说，除了为国内交易和通信构建国家堆栈（数据和应用生态系统）外，各国还可以使用中立的协议进行国际交易和通信。这给了每个国家一个选择：与其被迫在可能出现的"新冷战"中选边站，不如更新"不结盟运动"以形成"结盟运动"，在那里它们团结在 Web 3.0 协议中的共同主权利益周围，促进跨境贸易。比如，随着拉丁美洲国家采用比特币，这种早期迹象已经显现。

走向元宇宙善治

当前，由主要经济体推动的全球数字基础设施建设计划，以平等、绿色、

共享、可持续为特征，共商共建共享为原则，被视为国际合作以及全球治理新模式的积极探索。该计划以发展的眼光，致力于缩小发展差距、消减"数字鸿沟"，通过加强发展中国家在信息化建设、数字商业模式开发等方面的合作和交流，统一技术标准，推动国际标准化合作，为各国更好地接入全球化提供平台。更重要的是，该计划为各方广泛交流提供契机，逐步形成相关共识，最终形成区域治理规则，为全球数字治理注入新的力量。

"数字丝绸之路"为沿线国家搭建数字化公共服务平台。"一带一路"倡议是中国参与全球治理的顶层设计，数字丝绸之路建设作为其重要组成部分，依托数字技术，与沿线国家共建信息基础设施、推动信息共享、促进信息技术合作，最终实现公共利益的提升。一方面数字丝绸之路通过搭建国际会议、论坛等短期或持续性公共服务平台，建立双边或多边合作协议，制定国际规则和规范，助推基础设施标准建立。另一方面依靠互联网技术和公共服务平台，就数字丝绸之路建设的相关问题，与"一带一路"沿线国家协商各类政策、法律，签署合作协议、备忘录，最终打破数字丝绸之路建设中的相关约束。最后，通过多元主体数字化合作联盟构建的公共服务平台，实现公共价值的共创和跨国协调，建立数字化共享愿景、战略关系、规则和标准，实现价值的共享[⊖]。

结语：建设可持续发展的善治元宇宙

对许多人来说，元宇宙是一个难以置信但令人兴奋的机会。多数分析人士认为，它将以新经济、新工作环境以及与他人联系的新形式的方式，在几乎所有领域创造大量新机会。然而，如任何技术与产业创新一样，元宇宙需要得到仔细的考虑和实施才能真正可持续。

元宇宙必须建立在以下核心的治理原则之上。

- 数据主权、隐私和治理（Data sovereignty, privacy, and governance）
- 在无须信任的世界里诚实和开放（Honesty and openness in a world not reliant on trust）
- 多样性和对每个人的尊重（Diversity and respect for everyone）

⊖ 本节节选自 2021 年 12 月中国通信研究院发布的《全球数字治理白皮书》。

- 通用、开放和可互操作的环境（Universal, open, and interoperable environments）
- 去中心化和全球治理（Decentralization and global governance）
- 问责制和透明度（Accountability and transparency）
- 公平的价值交换（The fair exchange of value）

最后，为确保所有元宇宙参与者的共同长期利益，每个人都必须忠于这些重要的治理原则，同时，每个人都需要始终明确我们的共同目标是建设一个良善的元宇宙社会！善治（Good Governance）的最大宏观目标将包括以下内容。

- 环保意识（Environmentally Conscious）：我们在元宇宙中构建的技术，可以帮助创造积极的变化和机会来保护地球。但是，我们需要确保对这项技术的任何投资都考虑到环境的需求。例如，需要考虑如何负责任地为构成元宇宙环境的数据中心提供动力。
- 社会伦理（Socially Ethics）：元宇宙的一个核心概念是，数字世界应该对所有人开放和可连接，任何人都不应该比其他人更能控制元宇宙。我们都应该在虚拟世界中拥有平等的发言权和尊重。
- 经济稳健（Economically Sound）：随着世界的不断发展和演变，元宇宙需要支持新经济体的发展，以及确保现有环境的持续成功。一个强大的元宇宙景观，不仅应该在经济上使一部分人受益，而是应该为每个人提供公平的机遇。

元宇宙已经走在了治理的路上。比如，一些国家的政府在元宇宙中建立了市政服务大厅和大使馆，以提供公民服务；一些企业创新者正在创建虚拟社区并在其中出售虚拟房屋或实体房屋；数字货币可用于购买虚拟物品，包括各种虚拟的资产，等等。我们是否可以合并这些各异的元宇宙，以创建一个增强的、个性化的数字孪生？我们在元宇宙社区中，活跃的是哪一个虚拟化身？我们在数字孪生中的互动和交易是否安全？是否可信？有否执行机制？同互联网时代一样，在当今元宇宙虚拟世界中，社区（社会）治理面临着同样的挑战。

如果认为元宇宙是下一代的互联网，那么我们更倾向于定义元宇宙是一种进化而非革命。在笔者看来，元宇宙旨在进一步丰富我们在互联网上已有的个人、社会、公民和商业的体验。例如，应用程序使用我们手机上的传感器

（GPS、相机、麦克风、蓝牙设备）来感知我们的环境，然后使用手机的用户界面（屏幕和扬声器）来增强我们的内置世界体验（健康应用、地图、语音助手），甚至创造完全虚拟的体验，等等。我们也已经对通过智能手机提供的决策增强和现实增强相对满意。程度上而非性质上的区别在于，元宇宙中的最终互动，是使用高度集成的传感器和界面进行视觉、听觉、嗅觉和触觉的感官沉浸，甚至通过诸如 Neurallink 等神经传感器，来支持思维速度级别的交互的。

互联网是一种全球共享资源，它依赖于数十亿陌生人之间的信任与合作。互联网社区使用"互联网治理"来涵盖促进技术、商业、公民、社会和政治领域的用户和提供者之间的信任与合作的框架。相对有效的互联网治理帮助互联网上的这些陌生人合作管理各种事务。例如，互联网治理社区已经部分解决了我们在虚拟世界里出现的隐私问题。活跃在当前互联网治理中的倡导团体已经捍卫了个人的隐私利益。各国政府已经实施了隐私法的区域整合来保护其公民，例如欧盟的《通用数据保护条例（GDPR）》和美国的《美国加州消费者隐私法（CCPA）》。

元宇宙是最新的总体技术生态的风潮，和它的前辈互联网一样，它将主要由各类企业创建和运营。许多人担心文化、社会和经济影响，以及大型科技公司和某些国家行为可能滥用的不当影响。这些担忧是合理的，但笔者认为，关于这些问题（甚至元问题）的思考是一个难得的机会，我们可以重新审视如何与元宇宙（下一代的互联网）进行互动。

20 多年来，虽然存在种种问题，但世界各国已经共同打造了一个相对有效的互联网治理框架，该框架可以制定标准、制定法律、制定政策，并促进互联网的宣传和推广。这种有机发展的治理框架反映了过去 20 年人们在协调虚拟世界与个人、经济、公民、社会的种种关系的过程中所做的努力，相信我们可以期待一个乐观的元宇宙未来。